# 国土交通白書 **2023** 令和5年版

## デジタル化で変わる暮らしと社会

国土交通省 編

本書は、国土交通省が、「令和5年版国土交通白書」として公表したものです。

# 目　次

## 第Ⅰ部　デジタル化で変わる暮らしと社会

### 第1章　国土交通分野のデジタル化　　　　　　　　　　　　　　　　　　　　4

### 第2章　豊かな暮らしと社会の実現に向けて　　　　　　　　　　　　　　　58

## 第Ⅱ部　国土交通行政の動向

### 第1章　時代の要請にこたえた国土交通行政の展開 ……………………… 120

# 第8章　戦略的国際展開と国際貢献の強化 ……………258

# 第9章　DX及び技術研究開発の推進 ……………275

# コラム

## インタビュー

※本白書に掲載した我が国の地図は、必ずしも、我が国の領土を包括的に示すものではない。

# 令和5年版　国土交通白書　はじめに

　近年、デジタル化は急速に進展しており、国際社会や企業活動、そして一人ひとりのライフスタイルに至るまで、ありようを変化させている。また、人口減少による地域の足の衰退や担い手不足、気候変動に伴う災害の激甚化・頻発化、脱炭素化等が大きな課題となっている。技術の進歩は、これまでも私たちの生活や経済社会を大きく変革してきたが、デジタル化の特性を踏まえて効果的に取り込むことにより、直面する課題を解決し、豊かな暮らしと社会を実現することが重要である。

　このような中、デジタル庁の発足（2021年9月）、デジタル社会の実現に向けた重点計画の策定（2022年6月）、デジタル田園都市国家構想総合戦略の策定（同年12月）等、政府はデジタル化の取組みを進めている。

　とりわけ、国民の生命・財産を守る防災、日々の生活に密着した交通・まちづくり、暮らしや社会を支える物流・インフラ、そして行政手続のデジタル化など、「国土交通分野のデジタル化」は、持続可能で活力ある豊かな暮らしと社会を形作る上で必要不可欠であり、その取組みの加速化にあたって、同分野のデジタル化の動向や今後の展望について考察することが肝要である。

　こうした背景を踏まえ、令和5年版国土交通白書の第Ⅰ部では、「デジタル化で変わる暮らしと社会」をテーマとし、国土交通分野のデジタル化の動向について現状を俯瞰するとともに、同分野のデジタル化により実現を図る豊かな暮らしと社会を展望する。

　まず、直面する課題とデジタル化の役割を分析するとともに、行政や企業等の取組みとともに意識調査の結果を取り上げながら、デジタル実装の現在地と今後への期待について整理する。その上で、豊かな暮らしと社会の実現に向けて、国土交通省のデジタル化施策の方向性を示すとともに、デジタル化で変わる「新しい暮らしと社会の姿」を展望する。

　第Ⅱ部では、国土交通行政の各分野の動向を政策課題ごとに報告する。

# 第Ⅰ部
## デジタル化で変わる暮らしと社会

# 第1章　国土交通分野のデジタル化

　国土交通分野のデジタル化の動向について現状を俯瞰すべく、第1章では、まず、直面する課題とともに、それらの解決を図るにあたってデジタル化に期待される役割を整理するとともに（第1章第1節）、デジタル実装の現在地と今後への期待について、デジタル田園都市国家構想と国土交通分野における取組みを中心に記述する（第1章第2節）。

## 第1節　直面する課題とデジタル化の役割

　我が国の社会経済の課題解決に向けて、これまでの取組みを一層強化するとともに、急速に進展するデジタル技術を取り込み、新たな方策を講じていくことが重要である。その際、デジタル化をやみくもに推進するのではなく、直面する課題を明確にした上で、デジタル化の特性を踏まえつつ取り組んでいくことが必要である。

　ここでは、直面する社会経済の課題について国土交通分野を中心に整理するとともに、デジタル化の役割について以下の5つの観点から整理する。

　具体的には、
1．暮らしを支える生活サービス提供機能の維持・向上
2．競争力の確保に向けた新たな付加価値・イノベーションの創出
3．担い手不足の解消に資する生産性向上・働き方改革の促進
4．災害の激甚化・頻発化に対応する防災・減災対策の高度化
5．脱炭素社会の実現に向けたエネルギー利用の効率化
　の順に記述する。

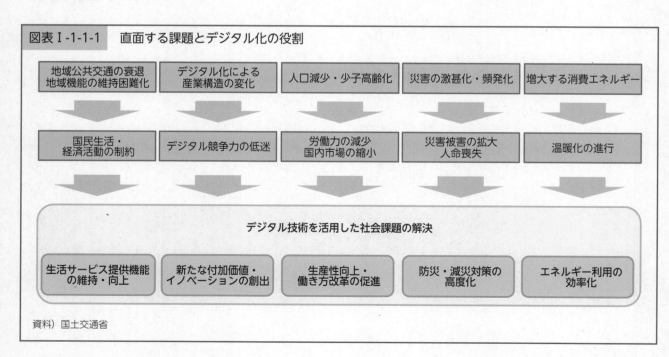

図表 I -1-1-1　直面する課題とデジタル化の役割

資料）国土交通省

## 1 暮らしを支える生活サービス提供機能の維持・向上

### （1）社会経済の課題

#### ①人口減少の加速化と生活サービス提供機能の低下・喪失のおそれ

　我が国では人口減少・少子高齢化が進行しており、今後、地方都市の人口減少の加速化が見込まれる。2050年時点における市区町村の人口減少率の推計によれば、人口規模が小さい市区町村ほど人口減少率が高くなる傾向にあるとともに、人口10万人以上30万人未満の市区町村に居住する人口についても約2割減少することが見込まれている。

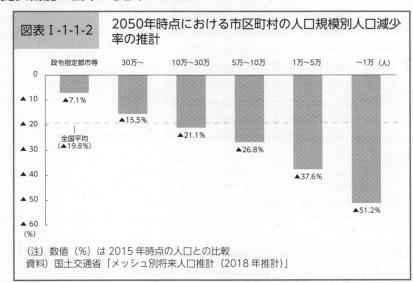

図表 I-1-1-2　2050年時点における市区町村の人口規模別人口減少率の推計

（注）数値（％）は2015年時点の人口との比較
資料）国土交通省「メッシュ別将来人口推計（2018年推計）」

　今後、人口減少の大波は、これまでの小規模都市のみならず、地方において日常生活の中心的な役割を担う中規模都市へも拡大することが見込まれ、暮らしを支える中心的な生活サービス提供機能の低下・喪失が懸念される。

#### ②地域の足の衰退と買物弱者の懸念

#### （買い物や公共交通の利便性への重要度の高さ）

　暮らしを支える生活サービスが多岐にわたる中、ここでは、まず暮らしや生活環境に対し、人々が重要視している項目や満足している項目を見ていく。

　国土交通省では国民の意識に関する調査[注1]（以下、国土交通省「国民意識調査」）を実施し、居住する地域での暮らしや生活環境に関する10項目について重要度をたずねたところ、「自然災害等に対する防災体制」に加え、「日常の買い物の利便性」、「公共交通の利便性」について「とても重要である」と答えた人が4割を超えており、「やや重要である」と答えた人を含めると8割を超えた。防災体制に加え、買い物や公共交通の利便性が重視されていることがうかがえる。一方、満足度については、公共交通の利便性について、「全く満足していない」と答えた人が約1割となっており、他の項目より高かった[注2]。

---

注1　2023年1月に全国に居住する18歳以上の個人3,000人を対象とし、インターネットを通じて実施（性別：男・女の2区分で均等割り付け、年齢：〜30代、40代〜50代、60代〜の3区分で均等割り付け、居住地：大都市、中都市、小都市の3区分※の人口構成比で割り付け）。
　　※大都市：東京都区部、横浜市、名古屋市、大阪市、政令指定都市
　　　　　　（札幌市、仙台市、さいたま市、千葉市、川崎市、相模原市、新潟市、静岡市、浜松市、京都市、堺市、神戸市、岡山市、広島市、北九州市、福岡市、熊本市）
　　　中都市：人口10万人以上の市
　　　小都市：人口10万人未満の市及び町村部
注2　「自然災害等に対する防災体制」や「お住まいの住宅の状況（敷地や住居の広さ、快適さ）」について「全く満足していない」「あまり満足していない」（以下、満足していない）と答えた人の割合はいずれも約3割であったのに対し、「公共交通（鉄道・バス等）の利便性」について満足していないと答えた人の割合は約4割となっており、「雇用機会や働く場（やりたい仕事に就く機会があるかどうか）」について満足していないと答えた人の割合（約5割）等とともに高く、公共交通の利便性の確保が重要な政策課題であることがうかがえる。

I

第1章

国土交通分野のデジタル化

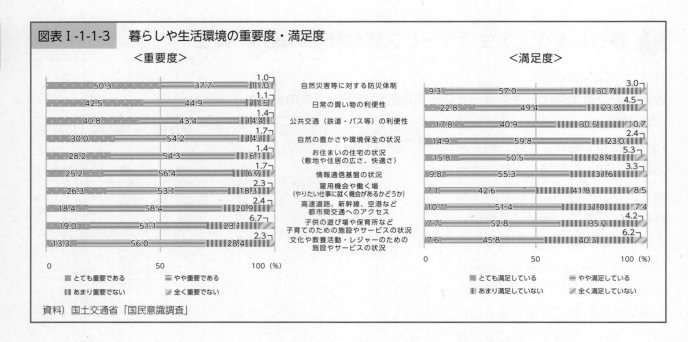

図表 I -1-1-3　暮らしや生活環境の重要度・満足度

＜重要度＞

| | とても重要である | やや重要である | あまり重要でない | 全く重要でない |
|---|---|---|---|---|
| 自然災害等に対する防災体制 | 50.3 | 37.7 | 11.0 | 1.0 |
| 日常の買い物の利便性 | 42.5 | 44.9 | 11.5 | 1.1 |
| 公共交通（鉄道・バス等）の利便性 | 40.8 | 43.4 | 14.4 | 1.4 |
| 自然の豊かさや環境保全の状況 | 30.0 | 54.2 | 14.1 | 1.7 |
| お住まいの住宅の状況（敷地や住居の広さ、快適さ） | 28.2 | 54.3 | 16.1 | 1.4 |
| 情報通信基盤の状況 | 25.2 | 56.4 | 16.7 | 1.7 |
| 雇用機会や働く場（やりたい仕事に就く機会があるかどうか） | 26.3 | 53.1 | 18.3 | 2.3 |
| 高速道路、新幹線、空港など都市間交通へのアクセス | 18.4 | 58.4 | 20.9 | 2.4 |
| 子供の遊び場や保育所など子育てのための施設やサービスの状況 | 19.0 | 51.1 | 23.1 | 6.7 |
| 文化や教養活動・レジャーのための施設やサービスの状況 | 13.3 | 56.0 | 28.4 | 2.3 |

＜満足度＞

| | とても満足している | やや満足している | あまり満足していない | 全く満足していない |
|---|---|---|---|---|
| | 9.3 | 57.0 | 30.7 | 3.0 |
| | 22.8 | 49.4 | 23.3 | 4.5 |
| | 17.8 | 40.9 | 30.5 | 10.7 |
| | 14.9 | 59.8 | 23.0 | 2.4 |
| | 15.8 | 50.5 | 28.4 | 5.3 |
| | 9.8 | 55.3 | 31.6 | 3.3 |
| | 7.1 | 42.6 | 41.8 | 8.5 |
| | 10.1 | 51.4 | 31.0 | 7.4 |
| | 7.7 | 52.8 | 35.2 | 4.2 |
| | 7.6 | 45.8 | 40.3 | 6.2 |

資料）国土交通省「国民意識調査」

**（高齢者等の買い物等の移動手段として必要とされる公共交通）**

前述の暮らしや生活環境に関する10項目に関する重要度と満足度について、調査結果を年代別で見ると、高齢者（60歳以上）ほど公共交通の重要度が高いものの、満足度は低い結果となった。

また、国土交通省「国民意識調査」では、移動手段が減少して困ることについてたずねたところ、「買い物」、「通院」と答えた人の割合が高かった。年代別で見ると、高齢者ほどその傾向がより一層強く、高齢者の買い物・通院の移動手段として公共交通が欠くことができないことがうかがえる。

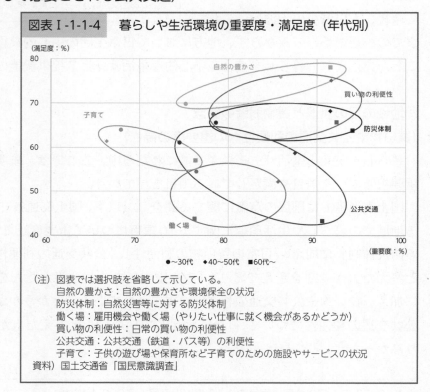

図表 I -1-1-4　暮らしや生活環境の重要度・満足度（年代別）

（注）図表では選択肢を省略して示している。
自然の豊かさ：自然の豊かさや環境保全の状況
防災体制：自然災害等に対する防災体制
働く場：雇用機会や働く場（やりたい仕事に就く機会があるかどうか）
買い物の利便性：日常の買い物の利便性
公共交通：公共交通（鉄道・バス等）の利便性
子育て：子供の遊び場や保育所など子育てのための施設やサービスの状況
資料）国土交通省「国民意識調査」

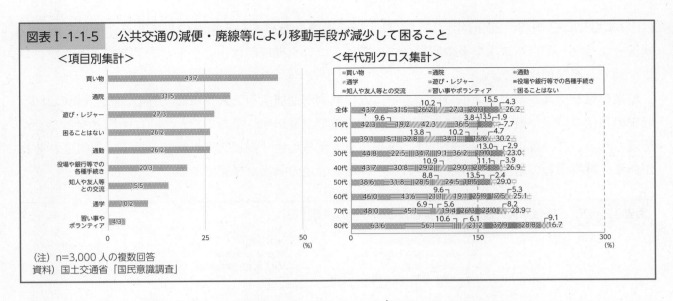

図表 I-1-1-5　公共交通の減便・廃線等により移動手段が減少して困ること

（注）n=3,000 人の複数回答
資料）国土交通省「国民意識調査」

これに関連し、食料品アクセス困難人口の推計結果（農林水産省）によると、65歳以上の4人に1人の割合でアクセス困難者（店舗まで500m以上かつ自動車利用困難な65歳以上高齢者）が存在するとの推計もあり、その割合は三大都市圏より地方圏で高くなっているとともに、三大都市圏では、その伸び率が全国より高くなっているとの指摘もある。

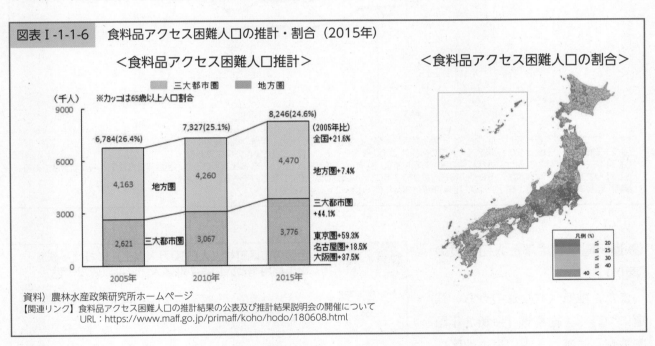

図表 I-1-1-6　食料品アクセス困難人口の推計・割合（2015年）

資料）農林水産政策研究所ホームページ
【関連リンク】食料品アクセス困難人口の推計結果の公表及び推計結果説明会の開催について
　　　　　URL：https://www.maff.go.jp/primaff/koho/hodo/180608.html

**（地域の足の衰退に伴う買物弱者の増加の懸念）**

　前述の通り、暮らしを支える生活サービス提供機能のうち、人々が買い物や公共交通の利便性を重視しており、特に高齢者の日々の生活において地域公共交通が欠かせないものであることがうかがえた。

　一方で、近年、地域公共交通の維持が特に地方圏において困難化している。

　我が国の人口は近年減少しているが、都市圏別に見ると、2000年と比較して、三大都市圏では増加傾向にある一方、三大都市圏以外では減少している。

　地域公共交通のうち、乗合バスについて見ると、輸送人員は、2000年度と比較して、三大都市圏では2019年度まで増減があり、2020年度はコロナ禍の影響により3割弱減少した。地方圏における人口減少等に伴い、三大都市圏以外については2000年度以降、輸送人員の減少傾向が続き、

2019年度には3割弱、2020年度にはコロナ禍の影響もあって約5割減少しており、極めて厳しい状況となった。乗合バス事業者の収支については、コロナ禍以前は、赤字率が約7割であったが、コロナ禍で一層深刻化した。

地域の足を支える乗合バスについて、特に人口減少が進展する三大都市圏以外で、輸送人員の減少、収支の悪化といった厳しい状況にあり、今後人口減少が進む中、その維持がさらに困難となることが想定される。このままの状況が続けば、暮らしを支える生活サービス提供機能の低下・喪失のおそれがあり、買物弱者の増加などが懸念される中、地域の足の確保が課題である。

図表I-1-1-7　乗合バスの輸送人員の推移及び事業者の収支状況

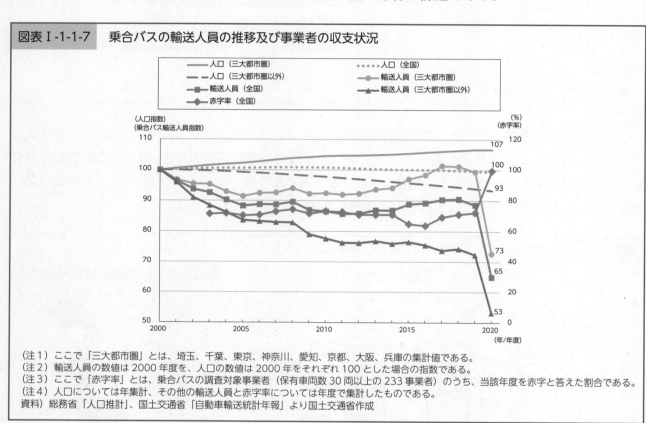

（注1）ここで「三大都市圏」とは、埼玉、千葉、東京、神奈川、愛知、京都、大阪、兵庫の集計値である。
（注2）輸送人員の数値は2000年度を、人口の数値は2000年をそれぞれ100とした場合の指数である。
（注3）ここで「赤字率」とは、乗合バスの調査対象事業者（保有車両数30両以上の233事業者）のうち、当該年度を赤字と答えた割合である。
（注4）人口については年集計、その他の輸送人員と赤字率については年度で集計したものである。
資料）総務省「人口推計」、国土交通省「自動車輸送統計年報」より国土交通省作成

**（鉄道・電車利用率と人口密度の関係）**

また、地域公共交通のうち、鉄道について、総務省「令和2年国勢調査」に基づき人口集中地区における人口密度と「鉄道・電車利用率[注4]」との関係について見ると、人口密度が高い地域において「鉄道・電車利用率」が高い傾向にあり、人口密度が低い地域において、「鉄道・電車利用率」が低

図表I-1-1-8　全国の市区町村（人口10万人以上）における鉄道・電車利用率と人口集中地区人口密度（2020年）

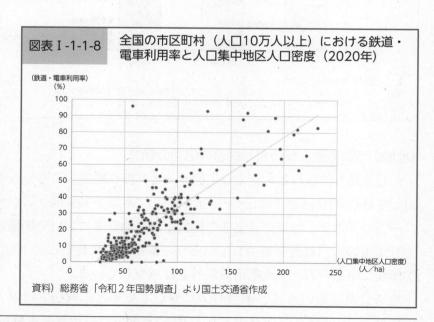

資料）総務省「令和2年国勢調査」より国土交通省作成

注3　鉄道・電車とは、電車・気動車・地下鉄・路面電車・モノレールなどを指す。
注4　当該市区町村の通勤者・通学者数のうち、鉄道・電車を利用する人の割合。

い傾向にある。

　これまで人口増加局面において、モータリゼーションとともに都市の郊外部などへの拡散が進行した一方、今後、人口減少加速化が見込まれる中、鉄道・電車利用率や人口密度からの観点など公共交通・まちづくり一体となった視点も必要である。

### ③都市における課題

#### （都市における暮らしや生活環境）

　前述の国土交通省「国民意識調査」の居住する地域での暮らしや生活環境に関する10項目について、重要度と満足度を都市規模別に見ると、特に「公共交通の利便性」での満足度が都市規模による差が大きく、都市規模が大きいほど重要度とともに満足度が高く、その他の多くの項目でも都市部において満足度が相対的に高かった。暮らしや生活環境の面で、都市部の人々は、相対的に満足していることがうかがえる。

図表 I -1-1-9　暮らしや生活環境の重要度・満足度（都市規模別）

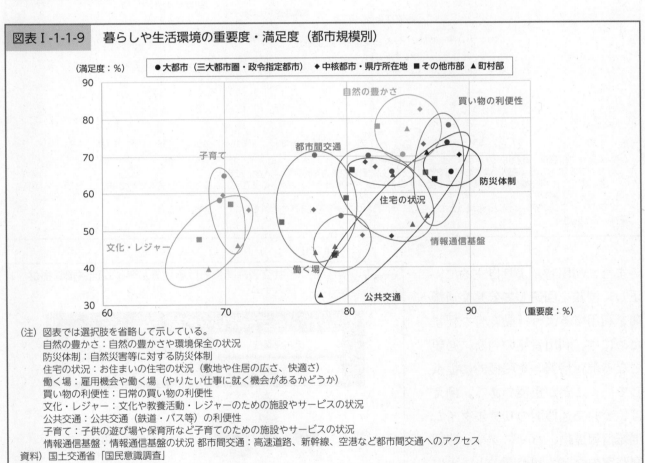

（注）図表では選択肢を省略して示している。
　　　自然の豊かさ：自然の豊かさや環境保全の状況
　　　防災体制：自然災害等に対する防災体制
　　　住宅の状況：お住まいの住宅の状況（敷地や住居の広さ、快適さ）
　　　働く場：雇用機会や働く場（やりたい仕事に就く機会があるかどうか）
　　　買い物の利便性：日常の買い物の利便性
　　　文化・レジャー：文化や教養活動・レジャーのための施設やサービスの状況
　　　公共交通：公共交通（鉄道・バス等）の利便性
　　　子育て：子供の遊び場や保育所など子育てのための施設やサービスの状況
　　　情報通信基盤：情報通信基盤の状況　都市間交通：高速道路、新幹線、空港など都市間交通へのアクセス
資料）国土交通省「国民意識調査」

#### （都市の公共交通機関における利便性）

　前述の通り、都市規模が大きいほど公共交通の利便性に対する満足度は高い一方、都市の公共交通機関においても利便性や混雑緩和などの課題がある。

　例えば、複数の鉄道事業者が乗り入れている結節駅では、列車の行き先表示や列車種別が多様化・複雑化しており、乗り入れる鉄道事業者ごとに車内の路線図が統一されていないなど、鉄道利用者にとっては、わかりにくい運行サービスとなっている場合がある。国土交通省が実施した鉄道利用者を対象とした意識調査（2022年2月実施）で、駅の案内サイン・案内ツールにおける利用頻度と利用

しやすさについてたずねたところ、回答者平均と比べて、駅利用時に支援・介助を伴う人の方が、「乗り換えアプリ」や「地図アプリ」などデジタル技術に関するものをはじめとして、利用しやすい、また、高い頻度で利用していると答えた割合が高かった。

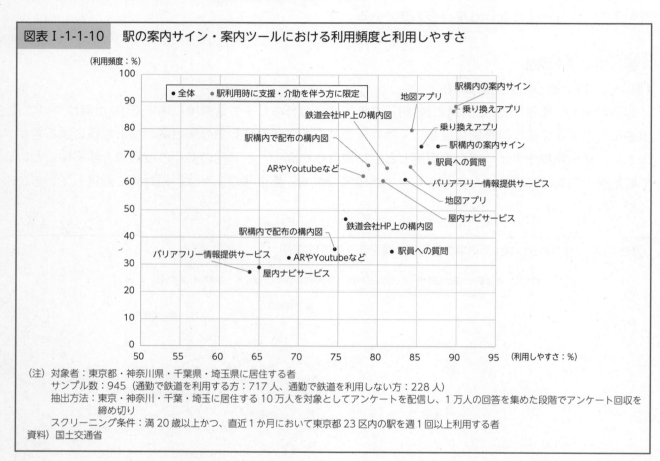

**図表 I-1-1-10　駅の案内サイン・案内ツールにおける利用頻度と利用しやすさ**

（注）対象者：東京都・神奈川県・千葉県・埼玉県に居住する者
　　　サンプル数：945（通勤で鉄道を利用する方：717人、通勤で鉄道を利用しない方：228人）
　　　抽出方法：東京・神奈川・千葉・埼玉に居住する10万人を対象としてアンケートを配信し、1万人の回答を集めた段階でアンケート回収を締め切り
　　　スクリーニング条件：満20歳以上かつ、直近1か月において東京都23区内の駅を週1回以上利用する者
資料）国土交通省

また、利用者がより自主的に、正しく混雑を回避して公共交通機関を利用するよう行動変容を促すためには、利用者側の判断に必要となる混雑情報等を積極的に提供していくことが重要である。例えば、公共交通機関のリアルタイム混雑情報提供、バリアフリー移動経路案内など、利用者一人一人に個別化された情報提供を行うことが必要である。

**（都市の災害への脆弱性）**
　我が国における少子高齢化の進行に伴い、高齢人口（65歳以上

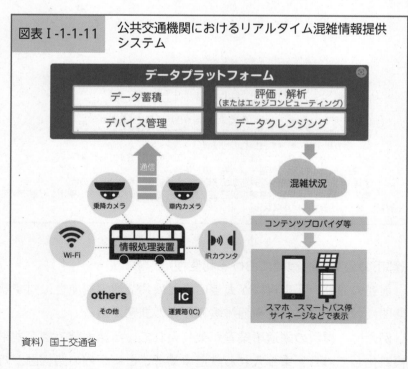

**図表 I-1-1-11　公共交通機関におけるリアルタイム混雑情報提供システム**

資料）国土交通省

の人口）が増加する地域での災害に対する脆弱性が懸念される中、高齢人口の将来推計を都市規模別に見ると、人口規模の大きい都市で高齢人口の増加率が高い。

　また、都市部において、地震時等に著しく危険な密集市街地が集中しており、防災・居住環境上の課題を抱えている。都市部居住者の高齢化に伴い、今後、地域防災力が低下することも懸念される中、防災公園や周辺市街地の整備改善などのハード対策に加え、ソフト対策なども含めたまちづくり全体での対策が課題である。

図表 I -1-1-12　都市規模別にみた65歳以上人口指数（2015年＝100）

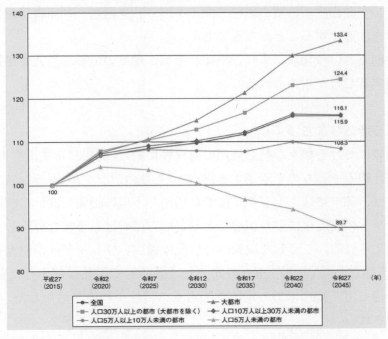

（注1）国立社会保障・人口問題研究所「日本の地域別将来推計人口（平成30（2018）年推計）」をもとに作成
（注2）カテゴリーごとに総計を求め、2015年の人口を100とし、各年の人口を指数化した。
（注3）「大都市」は、東京都区部及び政令指定都市を指す。
（注4）福島県のデータは含まれていない。
資料）内閣府「令和4年版高齢社会白書」

## （2）デジタル化の役割

　デジタル化による生活サービス提供機能の維持・向上により、暮らしを支えていくことが求められる。

### ①次世代型の交通システムへの転換

　人口減少に伴い地域公共交通の衰退が懸念される中、地域公共交通のあり方を検討し取組みを強化するとともに、デジタル化を通じて新たな手段での解決を図り、利便性・持続可能性・生産性の高い地域公共交通ネットワークへの「リ・デザイン」（再構築）を推進していくことが重要である。

　デジタル化により、需要が供給に合わせる（乗客がバス停でバスを待つなど）のではなく、供給が需要に合わせる（車両が乗客の望む時間・場所に迎えに行くなど）ことが可能となる。例えば、AIオンデマンド交通[注5]については、需要に応じた効率的な配車により、従来の公共交通の路線網以外の出発地・目的地間の乗客輸送を含めた柔軟な移動が可能となり、利便性向上による利用者の増加や効率的な公共交通網の維持などが期待される。また、今後、自動運転技術の実装が公共交通の持続性を更に高めることも期待される。

---

注5　AIオンデマンド交通とは、AIを活用した効率的な配車により、利用者予約に対し、リアルタイムに最適配車を行うシステムである（第 I 部第1章第2節2参照）。

## ②人口減少下でも持続可能で活力ある地域づくり（地域生活圏の形成）

人口減少、少子高齢化が加速する地方部において、人々が安心して暮らし続けていけるよう、地域の文化的・自然的一体性を踏まえつつ、生活・経済の実態に即し、市町村界にとらわれず、官民のパートナーシップにより、暮らしに必要なサービスが持続的に提供される地域生活圏[注6]を形成し、地域の魅力向上と地域課題の解決を図ることが求められる。

このためには、デジタル技術が不可欠であり、デジタル技術を活用した生活サービスの効率化・自動化等による、リアル空間の生活の質の維持・向上を図り、生活者、利用者目線でサービスの利便性を向上させる取組みを加速化することが重要である。

また、地域を共に創るという発想により、主体、事業、地域の境界を越えた連携・協調の仕組みをボトムアップで構築することが求められる。

## ③デジタル活用による新たなまちづくり

都市や地方など地域における様々な社会課題の解決等に向け、デジタル技術やデータの活用により、従来のまちづくりの仕組みそのものを変革する「まちづくりのデジタル・トランスフォーメーション」が可能となる。例えば、都市では、デジタル技術を活用し、混雑緩和に向けた都市空間再編や防災面でのエリアマネジメントの高度化に取り組むことや、地方における多様な暮らし方や働き方への支援を図ることなどが考えられる。こうした取組みを官民の幅広いプレイヤーが協働して進めていくことで、「持続可能な都市経営」、「Well-beingの向上」、「機動的で柔軟な都市」に重点をおいた新たな都市経営への転換を通じて、都市部でも地方部でもその特性や利点を活かした、「人間中心のまちづくり」の実現が期待される。

## 2 競争力の確保に向けた新たな付加価値・イノベーションの創出

### （1）社会経済の課題
### ①経済成長の維持・向上

我が国経済は、成長を維持しているものの近年伸び悩んでおり、例えば、実質GDPの成長率については、他の主要先進国と比べ緩やかに推移している[注7]。デジタル化による付加価値の向上等により、イノベーションを促進し、経済成長の維持・向上を図ることが課題である。

### ②競争力の確保

経済成長の維持・向上には、デジタル化により新製品・サービスの創出等に取り組むなど、我が国産業の競争力を高めていくことが重要である。

デジタル化の急速な進展により、新製品・サービスが提供されている中、個人のライフスタイルのみならず、産業分野においてもビジネスモデルの変革が誘発されている。

総務省「令和3年版情報通信白書」によると、デジタル・トランスフォーメーションは、デジタル技術の活用による新たな商品・サービスの提供、新たなビジネスモデルの開発を通して、社会制度や

---

注6 デジタル活用等を図ることにより、より大きな人口集積での様々な機能のフルセット型の従来の生活圏の発想にこだわらず、より小さな集積でも質の高いサービスの維持・向上が可能となる生活圏（生活圏内人口10万人以上を目安）。
注7 我が国の実質GDPは、1990年代半ば頃までは他の主要先進国と比べて増加テンポに大きな差はないが、その後は成長率に顕著な差が現れ、我が国の経済成長は緩やかに推移してきた（内閣府「令和4年度年次経済財政報告」より）。

組織文化なども変革していくような取組みを指す概念とされている。

　日本・米国・ドイツの企業を対象としたデジタル・トランスフォーメーションに取り組む目的についての調査によると、日本企業は「業務効率化・コスト削減」と答えた割合が高かったのに対し、「新製品・サービスの創出」、「新規事業の創出」などの目的については、米国やドイツと比較すると低かったとの指摘がある。

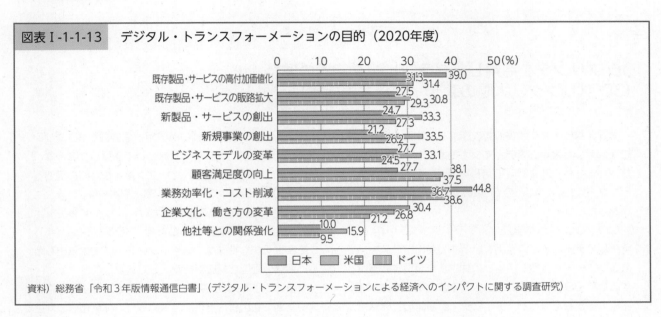

図表Ⅰ-1-1-13 デジタル・トランスフォーメーションの目的（2020年度）

資料）総務省「令和３年版情報通信白書」（デジタル・トランスフォーメーションによる経済へのインパクトに関する調査研究）

　また、国土交通省「国民意識調査」において、国土交通分野[注8]のデジタル化による産業競争力や付加価値の向上への期待についてたずねたところ[注9]、特に若年層で、「新技術（3Dプリンタ等）を活用した施工方法による自由度が高く、デザイン性の高い空間の創出」、「研究機関との連携やスタートアップの育成によるイノベーションの創出」に期待していると答えた割合が約７割と高く、若い世代を中心に、次世代技術による産業競争力や付加価値の向上への期待が高いことがうかがえる。

　今後、我が国の産業競争力を確保すべく、デジタル化を単に業務効率化や省人化のための手段として活用するにとどまらず、デジタル化による組織、文化、働き方の変革に取り組み、新製品・サービスや新たなビジネスモデルを生み出し、新たな付加価値・イノベーションを創出していくことが重要である。

（２）デジタル化の役割

　デジタル化による新たな付加価値・イノベーションの創出により、競争力の確保を図ることが求められる。

①新たな付加価値の創出

　近年、AI、IoT、ロボット、センサなどのデジタル技術の開発・実装が世界的に進展し、生産や消費といった経済活動を含め経済社会のあり方が大きく変化しつつある中、デジタル化を通じ、新たな

---

注8　国土交通省「国民意識調査」では、国土交通分野の業種を次のように例示：宿泊・旅行、運輸業（バス、タクシー、航空、鉄道、トラック運送、倉庫等）、不動産業、建設産業、住宅産業、都市開発
注9　全年代を通じて、「交通事故や災害リスクの予測・予防等によるレジリエントで安全な暮らしの創出」や「倉庫内作業の自動化や、次世代モビリティによるラストワンマイル輸送実現による、効率化・省人化された物流サプライチェーンの創出」、「高齢者や女性、若者など多様な担い手の活躍機会の創出」に対して期待していると答えた人が約７割を占めており、高付加価値化や省人化、担い手確保、働き方多様化に対する期待が高いことがうかがえる。

Ⅰ

第1章 国土交通分野のデジタル化

付加価値の創出を図っていくことが必要である。

　国土交通分野では、例えば、ドローンやセンサ等を活用したインフラ点検といった新たなサービスが考えられるとともに、3Dプリンタなど新技術を活用した施工方法により、自由度が高くデザイン性の高い空間の創出が可能となるなど、新たな付加価値につながることなどが期待される。

# Column コラム[注10]

## 3Dプリンタを活用したグランピング施設の建築<br>（3Dプリンタ、太陽の森ディマシオ美術館）

　太陽の森ディマシオ美術館を運営する㈱ミタカは、廃校を活用した太陽の森ディマシオ美術館の来館者数を増加させるため、2022年10月に美術館の敷地内にグランピング施設「DI-MACCIO GLAMPING VILLAGE」をオープンした。

　このグランピング施設は、フランス人幻想画家ジェラール・ディマシオの絵画を展示する美術館のテーマである「アートと自然と宇宙との共生」を表現する施設とするため、3Dプリンタで凹凸のある壁、卵形の建物の壁、曲線で描かれた塀など、ディマシオ美術館の世界感をコアコンセプトとした空間となっている。

　グランピング施設などの商業用宿泊施設を3Dプリンタを活用し鉄筋コンクリート造として建設したことは、国内で初の取組みであり、オープン後4か月間の宿泊者数は200名以上で宿泊者からも高い評価を得ている。

　3Dプリンタによる施工の魅力は、スピード施工による省人化・工期短縮であることと、3Dプリンタだからこそ実現可能な特殊な形状やテクスチャーを生み出し新しい建築の価値を創造できることである。

　今後、こうした3Dプリンタを活用したデザイン性の高い空間を利用者に提供する取組みが、体験価値の向上につながることが期待される。

### ＜3Dプリンタによるグランピング施設＞

資料）太陽の森ディマシオ美術館、DI-MACCIO GLAMPING VILLAGE

## ②イノベーションの創出

　AI、IoT、ビッグデータなどのデジタル技術を取り込み、従来の枠組みにとらわれないイノベーションの創出を図っていくことが必要である。例えば、インフラ分野や不動産分野のデジタル・トランスフォーメーションなどビジネスモデルの変革に向けた取組みや、空飛ぶクルマなど次世代モビリティの開発・実装を通じて実現する新たなサービスなど、新たな価値の創造に結び付くイノベーションの創出が求められる。

---

注10　本白書掲載のコラムは、2022年度に国土交通省が実施した調査・取材によるものである。

# Interview　インタビュー<sup>注11</sup>

## 「建設テック」による建設業でのイノベーション創出の可能性
（Obayashi SVVL, Inc.　COO/CFO　佐藤寛人氏）

　競争力確保に向けて、デジタル化による新たな付加価値・イノベーションの創出が欠かせない。シリコンバレーに現地法人（Obayashi SVVL）を設立し、スタートアップと共同で建設テックなどビジネスモデルの開発を進めている佐藤氏に、建設業を取り巻く環境の変化やイノベーション創出にあたっての課題についてお話を伺った。

### ●建設業を取り巻く環境の変化とデジタル化の遅れに対する危機感

　2000年頃のインターネットブーム時代の到来により、生産性を大きく向上させた業界もある中、インターネット技術との親和性が低かった建設現場にはそれほど大きな変化が訪れなかった。しかし、近年急速に進展するロボットやAI等のデジタル技術は、リアルの「物」を現場で動かすテクノロジーであり、建設業にも大きな変革がもたらされ得る機会が訪れたものとみている。

　例えば、インターネットのみでは現場でアクションを起こせなかった一方で、AI・ロボットは物を見て判断し、工程表に基づいて物を運搬することができ、建設プロセスが変わり得るものである。

　この観点で、「建設テック」の可能性への期待感から、日本の建設業が変わり、作業員がより少ない身体的負担で現場作業に従事することができ、生産性が向上するといった世界を思い描いて、SVVLを設立し、シリコンバレーでの活動に2017年から取り組んできた。

　ここで「建設テック」とは、建設プロセスそのものをデジタル化することとして捉えており、対象とする範囲は、設計、見積、施工、プロジェクト管理のツールまでを想定している。

　「建設テック」へ期待を持つ一方で、建設業におけるデジタル化の遅れに対する危機感も、本取組みに注力する原動力となった。例えば、SVVL設立当時、シリコンバレーにおいても建設テックを扱うスタートアップはごくわずかで、建設テックのコミュニティ、エコシステムは見当たらず、建設業が他の産業と比べてデジタル化の潮流から取り残されているような焦燥感を感じた。

### ●建設現場の課題をオープンにする

　建設業の特徴として、一旦、建設現場が開設されると現場は仮囲いで囲まれ、仮囲いの中で行われている「生の現場プロセス」を部外者が見る機会はほとんどない。この建設現場の閉鎖性により、スタートアップが自分達の技術を売り込む際に、建設市場がターゲットにされにくく、結果、建設テックが育ってこなかったのではないかと仮説を立てた。

　このため、建設現場の課題（痛み（pain））をオープンにし、シリコンバレーのスタートアップと課題を共有することで、最新のデジタル技術を適用した解決策（痛み止め（painkiller））を検討してもらうこととした。これらスタートアップに出資し、資金面でサポートするとともに、建設プロセスにおける生産性向上に資するデジタル技術を適用した製品・サービス開発・市場展開に力を注いでいる。

### ●シリコンバレーにおけるイノベーション創出の方法論

　シリコンバレーの技術開発、製品・サービス開発のプロセスの特徴として、エンジニアの直観的アプローチ（洞察力（insight））に基づいて、試行錯誤を繰り返しながら開発を進めていく「シリコンバレー流のイノベーションへのアプローチ」の存在が挙げられる。例えば、ベンチャーキャピタルにおける出資判断の基準においても、新製品・新サービスのアイディアの実現可能性を実証していくプロセスが重視され、時にはそのプロセスにおける「失敗の経験」も当該スタートアップの「成長の糧」として好意的にみなされる。一方で、投資家からのスタートアップに対するプレッシャーは強く、1か月、3か月、半年といった短期間で製品・サービス開発のマイルストーンが設けられ、そのマイルストーンをクリアしないと次の資金調達が危ぶまれる仕組みとなっている。

　こうした「シリコンバレー流イノベーションへのアプローチ」は、一般的な企業内の意思決定のアプローチ（過去の経験や定量的データに裏付けられた合意形成のアプローチ）とは大きく異なる。スタートアップ創業者の直感や洞察による仮説（事業実施前に客観的なデータでその正しさを説明できない仮説）に基づき、試行錯誤による実証実験を伴う事業遂行により当該仮説の正しさを証明していくことでイノベーション創出を図る方法論であり、試行錯誤型のアプローチを理解し、そのプロセスに

---

注11　本白書掲載のインタビューは、2023年1月〜2月に国土交通省が実施した取材によるものであり、記載内容・所属は取材当時のインタビューに基づくものである。

伴走する投資家の存在も、シリコンバレーを世界的に稀有な場所にしていると感じる。

●標準化が課題

SVVL設立当時、建設テックに関するスタートアップはシリコンバレーでも数少なかった。卓越した技術を持つスタートアップは他の産業分野のデジタル化で事業に取り組んでおり、建設市場向けの製品・サービスを開発するスタートアップは少なかったと考えている。この状況はこの数年で大きく変わったと思う。建設テック専門のベンチャーキャピタルやスタートアップが開発した試作品を意欲的に利用する建設会社が出現し、スタートアップ、投資家、ユーザーによる「建設テックエコシステム」が形成されてきたためである。

一方で、日米のスタートアップが置かれた市場環境を比較すると、その違いは大きいと感じる。米国では比較的ソフトウェアの業界標準化が進みやすいが、日本では業界標準のソフトウェアがなかなか現れてこない。この要因の一つには、建設エンジニア市場の人材流動性の違いが考えられる。例えば、米国のエンジニアの労働市場の流動性は高く、エンジニアが転職前に使用していたソフトウェアに必要なスキルは転職先企業に移転する傾向があり、業界内でソフトウェアの共有化に伴う業界標準が形成されてきたと思う。一方、日本では人材の流動性が低く、業界内でソフトウェアに必要なスキルが流通せず、個社のソフトウェアが独自に発展してきた。業界内でソフトウェアサービスの標準化が生まれにくい日本の環境は、今後、上述の建設市場向けの製品・サービスを開発するスタートアップ（サービスプロバイダー）からみても魅力の低い市場として映ることが懸念され、大きな課題であると思う。

●建設プロセスのデジタル化により建設業本来の魅力を取り戻す

今後、建設プロセスのデジタル化が進むことで、現場の生産性が飛躍的に向上するとともに、新たな価値・イノベーションが創出されるのではないかと考えている。建設業は、プロジェクトの過程とその成果においてロマンがあるし、社会的責任を伴うやりがいのある仕事である。しかしながら、現実的には労働者不足やその高齢化問題が喫緊の課題として挙げられ、解決策が求められている。デジタル技術を核にした建設テックの製品・サービスが今後、普及することにより、こうした課題が解決され、生産性を飛躍的に向上させることができれば、建設業の本来の魅力が取り戻せると期待して、今後も活動していきたいと考えている。

## ③ 担い手不足の解消に資する生産性向上・働き方改革の促進

### （1）社会経済の課題

#### ①労働生産性及び労働市場の動向と担い手不足

（労働生産性の動向）

我が国の労働生産性（全産業平均）は、2002年以降増加傾向にある。建設業及び運輸・郵便業の労働生産性（分野別）を見ると、全産業平均より低い水準で推移しており、労働生産性の向上を図ることが課題である。

図表 I -1-1-14　我が国の労働生産性の推移

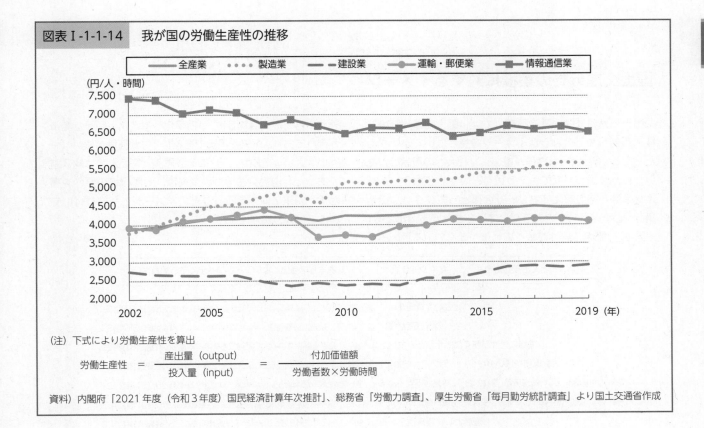

（注）下式により労働生産性を算出

$$労働生産性 = \frac{産出量（output）}{投入量（input）} = \frac{付加価値額}{労働者数 \times 労働時間}$$

資料）内閣府「2021年度（令和3年度）国民経済計算年次推計」、総務省「労働力調査」、厚生労働省「毎月勤労統計調査」より国土交通省作成

## （労働市場の動向）

　我が国の就業者はここ20年で急速な高齢化が進行している。建設業及び運輸業について見ると、就業者のうち55歳以上の占める割合が全産業平均より高い水準で増加傾向にある一方、就業者のうち29歳以下の占める割合の増加は緩やかであり、今後、高齢就業者の大量退職が見込まれることから、将来の担い手不足が懸念される[注12]。

図表 I -1-1-15　産業別就業者の年齢構成の推移

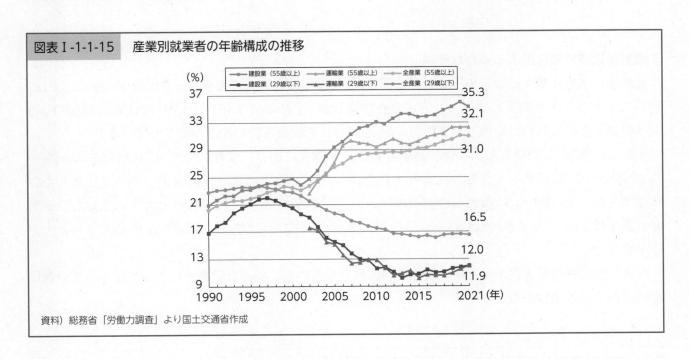

資料）総務省「労働力調査」より国土交通省作成

注12　建設業就業者は、55歳以上が35.3％、29歳以下が12.0％（2021年）、運輸業就業者は、55歳以上が32.1％、29歳以下が11.9％（2021年）と高齢化している（出典：総務省「労働力調査」）。

第
1
章

国土交通分野のデジタル化

# Column コラム

## 国土交通分野の業種に対するイメージ

国土交通省「国民意識調査」では、国土交通分野の業種[注1]に対してどのようなイメージを持っているかたずねたところ、「社会的な責任が重い」、「社会への貢献度が高い」にそう思う（とてもそう思う、ややそう思う）と答えた人は8割を超えており、社会にとって欠かせない業種といったイメージと結び付いていることがうかがえる。一方で、「職場に男性が多く高齢化が進んでいる」にそう

思うと答えた人は約8割、「効率化や省人化といった変革が遅れており、将来が不安である」、「労働環境が悪い（キツい・汚い・危険など）」にそう思うと答えた人は約7割であった。国土交通分野の業種は、労働環境の悪さや高齢化、将来に対する不安などのイメージとも結び付いていることがうかがえる。

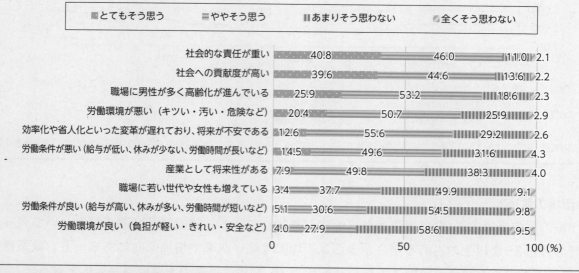

注1　第Ⅰ部第1章第1節2の脚注8参照。

資料）国土交通省「国民意識調査」

## ②就業者構成の変化による新たな課題

我が国の生産年齢人口は、少子高齢化に伴い、1995年の8,726万人をピークに減少に転じ、2020年に7,511万人へと減少している一方、全就業者数は1995年の6,457万人から2020年の6,710万人へ増加した。これには女性及び高齢者（65歳以上）の就業者数の伸びが寄与している[注13]。

また、就業率[注14]で見ると、女性、高齢者共に上昇傾向にあり、女性就業率は1995年の48.4%から2020年には51.8%へ、高齢者就業率は1995年の24.2%から2020年には25.1%へと上昇した。年齢別では、30歳から34歳の女性就業率は、同期間で51.1%から75.3%へと大きく上昇し、高齢者就業率は、60歳から64歳は53.4%から71.0%へ、65歳から69歳は38.9%から49.6%へと大きく上昇した。

今後、就業者の多様化が進む中、女性及び高齢者も含めた、様々な就業者にとって働きやすい職場環境の創出が重要である。

注13　総務省「労働力調査」によると、女性就業者は、1995年の2,614万人から2020年の2,986万人に、高齢者は、1995年の438万人から2020年の903万人に増加した。
注14　総務省「労働力調査」より。

# Column コラム

## 一人当たり労働時間の減少等に伴う労働投入量の減少

　就業率や就業時間を踏まえた労働投入量は、この20年生産年齢人口や就業時間の減少により、減少傾向にある。これは、65歳以上の人口や女性の就業率の上昇がプラスに寄与してきた一方で、15～64歳の人口や一人当たり就業時間の減少がマイナスに作用しているためである。

　長期的に労働投入量が総体として減少し、労働市場における担い手不足が課題となっている中、2024年度より建設業や運送業等の時間外労働の上限規制[注1]が適用されることにより、労働投入量の更なる下振れが予測されている。今後の担い手不足の緩和に向けては、女性や高齢者の一層の取込みとともに、デジタル化による対応が必須と言える。

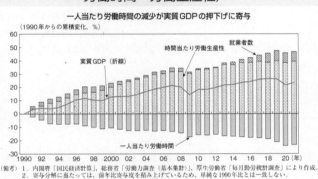

＜労働投入量の要因分解＞

＜実質GDP成長率の要因分解（就業者数・労働時間・労働生産性）＞

注1　今回適用される業種は、建設業、運送業、医師等で、その他業種は適用済み。

資料）内閣府「令和4年度年次経済財政報告」

## （2）デジタル化の役割

　デジタル化による生産性向上や働き方改革の促進により、担い手不足の解消を図ることが求められる。

### ①生産性向上

　デジタル化による機械化・自動化等により効率化を図り、生産性を向上させていくことが重要である。特に、担い手不足の進行が懸念される国土交通分野の業種[注15]において、デジタル化により単位当たりの生産に必要な労働力を削減し、労働生産性の向上を図ることが必要である。

　例えば、物流倉庫内の作業のうち、ピッキング（出荷するための商品を倉庫の棚から取り出す作業）やパレタイズ（箱や袋等に梱包された荷物をパレットに積み付ける作業）といった作業も現状多くの人手が必要であり、機械化・自動化等により物流業務の効率化[注16]を図ることが効果的である。

　また、住宅やビル等の建設時に必要な作業のうち、鉄筋の溶接や左官作業、内装施工といった多くの人手がかかる作業について、ロボット等による代替が可能な作業の機械化・自動化等を図ることが考えられる。

---

注15　第I部第1章第1節2の脚注8参照。
注16　QRコード等を活用した荷役作業時の物品認証、配送におけるAIを活用した最適な配達ルートの自動作成なども含む。

## ②働き方改革の促進

　デジタル技術を活用した機械化・自動化等による働き方改革により、新たな労働参加を促進することが期待される。

　国土交通省「国民意識調査」によれば、デジタル技術を活用した機械化・自動化等による働き方の変化として、「危険な作業の削減」、「長時間労働の削減・自由時間の増加」、「労働環境の改善による担い手不足の解消」への期待が高かった。

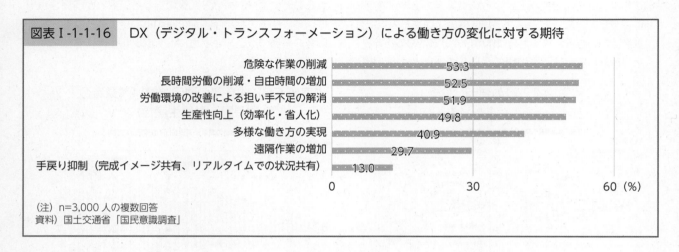

図表Ⅰ-1-1-16　DX（デジタル・トランスフォーメーション）による働き方の変化に対する期待

| | % |
|---|---|
| 危険な作業の削減 | 53.3 |
| 長時間労働の削減・自由時間の増加 | 52.5 |
| 労働環境の改善による担い手不足の解消 | 51.9 |
| 生産性向上（効率化・省人化） | 49.8 |
| 多様な働き方の実現 | 40.9 |
| 遠隔作業の増加 | 29.7 |
| 手戻り抑制（完成イメージ共有、リアルタイムでの状況共有） | 13.0 |

（注）n=3,000人の複数回答
資料）国土交通省「国民意識調査」

　高架道路やビル等における高所作業、災害時の被災現場での応急工事など、危険を伴う作業の遠隔操作が可能なロボットや重機等を活用することにより、人々が苦渋作業や危険作業から解放されるとともに、事故の削減を図ることが期待される。

　また、デジタル化を通じて就業場所や働き方の多様化など就業環境の改善を図り、新たな労働参加を促進することが期待される。例えば、テレワークの導入により、多様で柔軟な働き方を選択することが可能となれば、子育て世代の女性や高齢者等の取込みにつながることが見込まれる。

　また、デジタル化の進展により、現場作業を遠隔操作へ移行することにより、担い手の多様化や作業の効率化を図ることが考えられる。

　今後、担い手不足の深刻化が懸念される国土交通分野の業種[注17]において、技術の継承を図り、将来を担う若者の入職・定着を促すためにも、働き手にとって魅力ある産業となるよう、就業環境の改善や先進技術の取込みなどにより、働き方改革を促進することが求められる[注18]。

## 4 災害の激甚化・頻発化に対応する防災・減災対策の高度化

### （1）社会経済の課題

#### ①災害の激甚化・頻発化

#### （災害の激甚化・頻発化に伴う甚大な被害の発生）

　近年、災害の激甚化・頻発化により、甚大な被害が発生している。特に、「令和元年東日本台風」は全国各地に被害をもたらしており、2019年度の氾濫危険水位を超過した河川数は、403件と対2014年度比で約5倍に増加するなど、近年、洪水による被害が増加している。今後、気候変動に伴

---

注17　第Ⅰ部第1章第1節2の脚注8参照。
注18　国土交通省「国民意識調査」によれば、DXによる働き方の変化として、特に若年層において「多様な働き方の実現」への期待が高かった。

い災害リスクが更に高まっていくことが懸念される中、ハード・ソフト一体となった防災・減災対策が重要である。

　また、我が国は、人口の約3割が65歳以上の高齢社会であり、要配慮者（障がい者・要介護者・未就学児等）の安全・迅速な避難への対策が課題である。東日本大震災や近年の豪雨災害では、人的被害（死者）に占める60歳以上の割合が高かった[注19]。また、「令和2年7月豪雨」では、社会福祉施設（特別養護老人ホーム）の浸水被害が発生し、人的被害（死者14名）が生じた。防災・減災対策の主流化を図り、災害による被害を受けやすい要配慮者を含め、誰一人取り残さないための対策が求められる中、一人ひとりのニーズに応じたきめ細やかな対応が必要である。

**（デジタル活用に対するニーズ）**

　国土交通省「国民意識調査」において、防災対策・災害時の対応に関する項目について、重要度と満足度をたずねたところ、堤防やダム等の整備、災害時の輸送機関の確保、住まいの再建などハード面の対策に加え、気象情報の高度化、災害予測や被災状況等の情報収集手段、避難訓練・計画等の高度化といったソフト面の対策に対しても重要である（とても重要である、やや重要である）と答えた人の割合が高かった。また、満足度については、堤防やダム等の整備に対する満足度が相対的に高く、一定程度の施策効果がうかがえる一方で、「SNS等を通じた情報発信」、「災害リスク情報の整備・高度化（3D、アニメーションによるグラフィック化など）」といったソフト面での対策に対する満足度は相対的に低い水準にとどまっており、デジタル技術を活用した一層の対策が求められていることがうかがえる。

図表 I-1-1-17　防災対策・災害時の対応に関する重要度・満足度

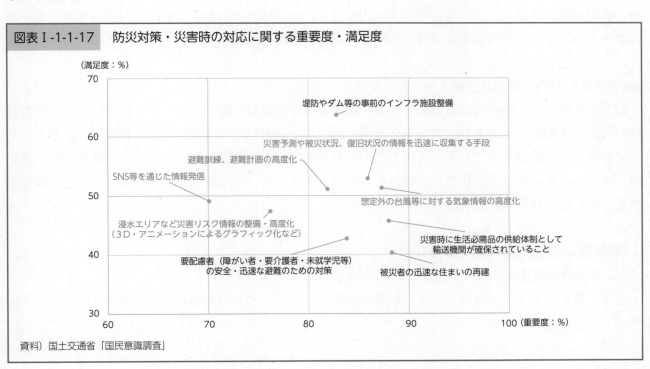

資料）国土交通省「国民意識調査」

注19　「東日本大震災」では、岩手県、宮城県、福島県での死亡者数（2012年8月31日時点）は60歳以上が約7割を占めている。また「平成30年7月豪雨」においても、被害が大きかった愛媛県、岡山県、広島県の死亡者数は60歳以上が約7割を占め、特に、岡山県倉敷市真備地区での死亡者数は、70歳以上が約8割を占めた。

Ⅰ

第1章

国土交通分野のデジタル化

| 図表Ⅰ-1-1-18 | 災害リスク情報の整備・高度化（3D、アニメーションによるグラフィック化）の例 |
| --- | --- |

資料）国土交通省

（リスクコミュニケーションの不足）

　浸水被害や土砂災害等を未然に防ぐべく治水対策を行うに当たって、リスクコミュニケーションが不足していては、対策への理解や円滑な実施が叶わない。水災害等リスク情報の充実により住民・企業等の危機感を醸成するとともに、治水対策の効果を明示し、上流下流を含むあらゆる関係者でリスクコミュニケーションを図ることが重要である。リスクコミュニケーションの円滑化のためには、その基盤となるリスク情報のオープン化やデジタルツールなどの環境整備を進めていくことが必要であり、関係者間での協働に向けて、デジタル化を通じ、災害リスクを抱える地域におけるリスクコミュニケーションを促し、合意形成を強化していくことが求められる。

（防災・減災対策に資する技術・サービス開発の必要性）

　激甚化・頻発化する災害に対応し、防災・減災対策を飛躍的に向上させていくためには、従来の行政の対応のみでは限界があり、デジタル技術を活用した情報分野での取組みが必要不可欠である。例えば、河川情報等のオープンデータ化とともにデジタルツインが整備されることで、避難行動を促す新たなサービスや洪水予測技術が開発されることも考えられ、官民連携により技術・サービス開発を促進していくことが求められる。

## ②情報収集・伝達を取り巻く環境の変化
（SNS の利用率の高まり）

　近年、スマートフォンやタブレットの普及が進み、SNS の利用率が全世代で高まっている。

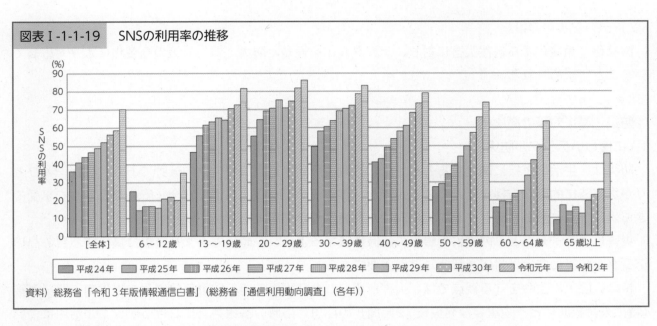

図表 I -1-1-19　SNSの利用率の推移

資料）総務省「令和3年版情報通信白書」（総務省「通信利用動向調査」（各年））

**（デジタル技術を活用した防災情報の取得に対する関心の高まり）**

国土交通省「国民意識調査」で、デジタル化により可能となる暮らしの実践状況についてたずねたところ、「携帯やインターネットで防災情報・災害情報を常に受け取れる」ことを実践している（すでに積極的に実践している、ときどき実践している）と答えた人は半数を超え、実践したことはないが取り入れたい人は3割となった。年代別では、20代で実践している割合は4割、60代は6割強、70代は7割弱など、高齢者ほど実践している人の割合が高かった。デジタル技術を活用した防災情報・災害情報の取得に対する関心の高さがうかがえる。

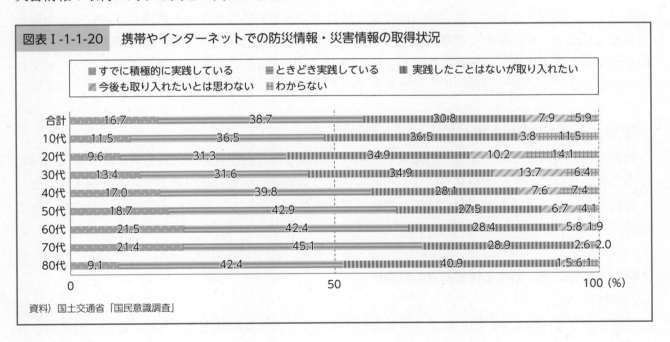

図表 I -1-1-20　携帯やインターネットでの防災情報・災害情報の取得状況

資料）国土交通省「国民意識調査」

SNSの利用率の高まりや防災情報の取得に対する関心の高さがうかがえる中、災害予測や被災状況、避難行動に関する情報収集・伝達にまつわる環境は変化している。従来の伝達手段であるテレビ・ラジオのみならず、利用者が増加しているSNSや、デジタル技術を活用することで、より効果的な情報伝達が期待される。

## （2）デジタル化の役割

　激甚化・頻発化する自然災害に対し、デジタル化を通じた防災・減災対策の高度化により対応していくことが求められる。

### ①防災・減災対策の高度化
#### （人に優しいデジタル防災）

　防災は、生活に密接に関連するとともに、行政と民間が支える準公共の分野であり、住民一人ひとりが災害時に的確な支援を受けることができ、誰もがデジタル化により安全・安心な暮らしを享受できるよう、人に優しいデジタル防災に向けた環境整備が必要である。

　災害による一人ひとりの被害や負担の軽減に資するよう、平時はもとより有事に機能する質の高いデジタル防災に向けた対応を行うことが重要である。

　特に、国民の生命を守る観点では、災害が切迫した発災直前での防災気象情報の提供や、発災直後（特に人命救助にとって重要な発災後72時間）の応急対応時の情報共有におけるデジタル活用について、重点的に取り組んでいくことが求められる。

#### （リスクコミュニケーションの促進）

　激甚化・頻発化する水害・土砂災害や高潮・高波等への対策として、河川管理者に加え、自治体や企業、住民といった河川の流域のあらゆる関係者が協働して流域全体で行う流域治水の取組みを推進していくことが期待される。その取組みを進めるためには、デジタル技術を活用したリスク情報の充実や、洪水予測技術の高度化、デジタルツイン化による治水対策の高度化等を通じて、リスクコミュニケーションを促すことで、災害時の円滑な危機管理対応を実現する体制を整備していくことが重要である。加えて、火山噴火や地震時等でも想定される大規模な土砂災害への迅速な初動対応のため、衛星活用による大規模土砂崩壊の把握や、火山噴火に起因する土砂移動のリアルタイムハザードマップの活用による土砂災害範囲想定の高度化が求められる。

#### （被災状況把握の早期化・省人化）

　発災前後の被災地では、救命・応急対応に向けて、限られた災害対応の人員を真に必要な業務に充てることが必要であり、デジタル化による被災状況の早期把握や省人化が重要である。例えば、センサ等によるリアルタイムでの浸水状況の把握など、デジタル化による効率的・効果的な対応が求められる。

### ②防災・減災対策に関する情報提供の高度化
#### （災害情報へのニーズ）

　災害への対応について、特にデジタル化を活用すべきと考える段階をたずねたところ、約半数の人が「発災前後（予測情報やリアルタイム情報の一元化、SNS等を通じた災害情報の伝達）」と答えており、発災前後における災害情報の伝達へのニーズが高いことがうかがえる。

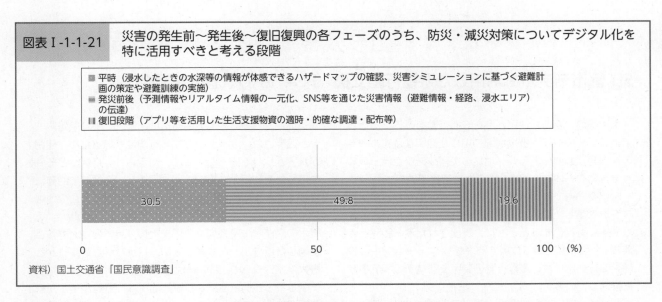

図表 I-1-1-21　災害の発生前～発生後～復旧復興の各フェーズのうち、防災・減災対策についてデジタル化を特に活用すべきと考える段階

■ 平時（浸水したときの水深等の情報が体感できるハザードマップの確認、災害シミュレーションに基づく避難計画の策定や避難訓練の実施）
■ 発災前後（予測情報やリアルタイム情報の一元化、SNS等を通じた災害情報（避難情報・経路、浸水エリア）の伝達）
■ 復旧段階（アプリ等を活用した生活支援物資の適時・的確な調達・配布等）

30.5　49.8　19.6

資料）国土交通省「国民意識調査」

　防災対応については、一人ひとりの行動変容が不可欠であり、そのフェーズに応じ、デジタル化の効果的な活用促進を図ることが課題である。

　平時等の発災前は、ハザードマップの確認や避難訓練などを通じ、自助・共助の充実を図ることが重要であるが、例えば、3D都市モデルといったデジタル技術と連携し、災害リスク情報の3次元化を図ることにより、住民に「わかりやすく」、「手軽に」、「広範囲に」情報を可視化することで、効果を高めることが期待される。また、浸水等の災害リスク情報の充実や避難支援、わかりやすい情報発信にもデジタル技術が有効である。

　最も関心の高い発災前後については、行政機関等がSNSなどデジタル化を活用し、予測情報・リアルタイム情報を一元化して情報発信することで、災害情報を利用者にタイムリーに提供し、適切な避難行動を促すことが可能となる。また、要配慮者等を含め地域住民による自助・共助による行動を促進すべく、ラストワンマイル支援や危険の切迫度の情報共有をデジタル活用により図ることも必要である。また、センサによる浸水域のリアルタイム把握や洪水予測、デジタル技術を活用した災害対応の強化も効果的である。

（防災気象情報の高度化）

　豪雨災害等による被害を減少させるため、デジタル技術を活用しつつ、地域の防災対応、住民の早期避難に資する防災気象情報の高度化を図ることが重要である。例えば、衛星等による観測の強化、最新のスーパーコンピュータシステムの導入による気象データの計算能力の向上、解析・予測技術の高度化等により、線状降水帯等の予測精度を向上させ、災害発生への警戒の呼びかけや住民の迅速かつ確実な避難等への活用を図ることが重要である。

（災害リスク情報の可視化）

　地域の様々な災害リスク情報と位置情報を組み合わせて理解することは、リスク管理の観点で重要である。例えば、3D都市モデル等のデジタル技術を活用することで、従来は平面で表現されていた、洪水等による浸水エリアを地図上に3次元で分かりやすく可視化することや、被害予測や避難行動のシミュレーションを行うことが可能となる。これにより、地図情報に馴染みのない人でも直感的に災害リスクを把握することができ、防災意識の向上につながるとともに、各地域の特徴に応じた避難経路の策定をはじめ、実効的な防災対策に活用できるなど、防災意識社会の形成への寄与が期待される。

# Column コラム

## 3D都市モデルを活用した避難行動支援（PLATEAU、国土交通省）

　洪水等の災害時、住民が命を守る行動をとるにあたっては、早めの避難や被災状況に応じた適切な避難ルートの選択等が必要であるが、地域の災害リスクと自ら取るべき行動を一体的に認識することは容易ではない。

　国土交通省では、時系列ごとの浸水の広がり、浸水リスクを考慮した避難ルート等を3D都市モデル上に分かりやすく可視化するとともに、算出された浸水範囲と避難ルートをAR空間で体験するアプリケーションなどの開発を行い、住民の避難行動の変容を促進する実証事業を推進している。

　例えば、東京都板橋区は、荒川の破堤により、破堤後30分未満で浸水5mを超え、さらにその後2週間以上浸水が継続すると想定されるエリアを含む、水害リスクの

高い地域である。氾濫発生時には、浸水により避難ルートが遮断され、建物が孤立する可能性もあるため、住民が水害から身を守るためには、想定されるリスクとそれに応じた避難行動を事前によく理解し、発災時に的確に行動できるよう備えておくことが重要である。この地域の住民に対して、3D都市モデルを用いた「洪水による浸水の広がりの時系列での可視化」、「時系列浸水推移と連動した避難ルート検索システム」及び「避難ルートと最大浸水深をAR空間に表現するアプリケーション」を体験してもらい、建物から避難場所への避難ルートが時間経過によって変化していく様子を可視化することで、防災意識の向上を図っている。

　このシステムは、洪水による浸水の広がりを時系列で可視化するものであり、建物から避難場所への最短避難ルート（赤線で示されたルート）が、浸水エリアの拡大とともに時間経過によって変わっていく様子をわかりやすく表現できる。

　また、熊本県熊本市は、2016年の熊本地震の際、渋滞により車での避難に課題が生じた経験を踏まえ、浸水被害予測や避難シミュレーションに加え、渋滞状況を加

味し、車又は徒歩の別に避難に要する時間やルートを示すシステムを開発し、住民に体験してもらうことで、防災意識の向上を図っている。

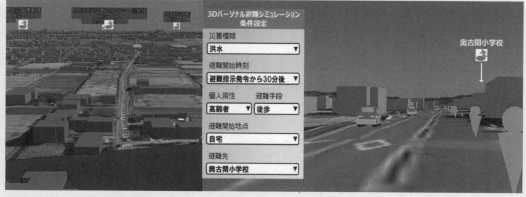

　このシステムでは、住民が避難開始地点・時刻、避難先や徒歩・車の別等を指定することで、浸水エリアや交通渋滞等の状況が動的に再現された避難行動の軌跡を視覚的に体験することができ、被災リスクの有無などを確認することが可能となる。

資料）国土交通省

【関連リンク】
PLATEAU by MLIT　URL：https://www.mlit.go.jp/plateau/

**（災害情報の提供の多様化）**

　従来の「重ねるハザードマップ」に音声読み上げソフトに対応した文字情報を追加するなど、視覚障害者等も災害リスクや災害時に取るべき行動に関する情報を確認できるようになることが期待される。

図表 I-1-1-22　ハザードマップ情報提供の多様化（視覚障害者への対応）

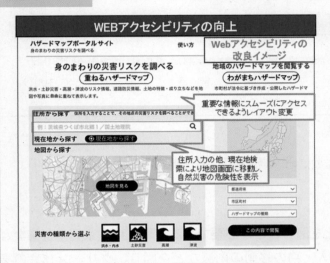
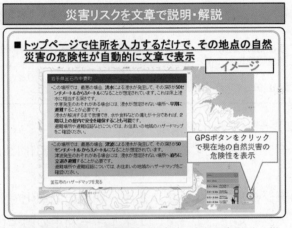

資料）国土交通省

## 5 脱炭素社会の実現に向けたエネルギー利用の効率化

### （1）社会経済の課題

#### ①脱炭素社会の実現に向けた課題

　我が国は、2030年度に温室効果ガス46％削減（2013年度比）や2050年カーボンニュートラルの実現を目指し取組みを加速化しており、その一つとして消費エネルギーの削減を図ることが課題となっている。

　国土交通省「国民意識調査」では、国土交通分野のデジタル化による産業競争力や付加価値の向上に対して期待するものについてたずねたところ、「省エネや創エネ等を活用し環境に配慮した建築物（ZEH・ZEB等）や交通機関（EV、FCV等）の整備」については、期待している（とても期待している、やや期待している）と答えた人の割合が7割を超え、環境分野への期待がうかがえる。

図表 I-1-1-23　デジタル・トランスフォーメーションによる産業競争力や付加価値の向上への期待

| とても期待している | やや期待している | あまり期待していない | 全く期待していない |
|---|---|---|---|

| 省エネや創エネ等を活用し環境に配慮した建築物（ZEH・ZEB等）や交通機関（EV、FCV等）の整備 | 18.3 | 57.0 | 21.3 | 3.4 |

資料）国土交通省「国民意識調査」

　また、スマートシティの分野で積極的に取り組むべきものについてたずねたところ、「新技術の応用によるエネルギーの総使用量の削減や、再生可能エネルギーの普及を進めるべき」との項目について、そう思う（とてもそう思う、ややそう思う）と答えた人の割合が約8割であり、エネルギー効率化の取組みへの期待がうかがえる。

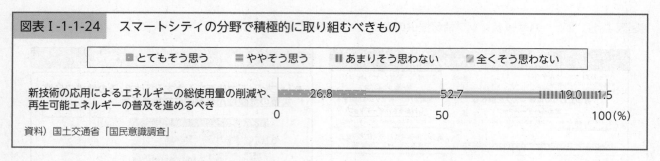

図表Ⅰ-1-1-24　スマートシティの分野で積極的に取り組むべきもの

■とてもそう思う　■ややそう思う　Ⅱあまりそう思わない　□全くそう思わない

新技術の応用によるエネルギーの総使用量の削減や、再生可能エネルギーの普及を進めるべき　26.8　52.7　19.0　1.5

資料）国土交通省「国民意識調査」

## （2）デジタル化の役割
　デジタル化によるエネルギー利用の効率化により、脱炭素社会の実現を図ることが求められる。

### ①デジタル化によるエネルギー利用の効率化
　デジタル化によって、エネルギー利用の効率化を図ることが必要である。例えば、家庭や企業など社会全体でICTを活用することで業務効率化や人・物の移動の削減などを図り、グリーン社会の実現を促進することも期待される（ICTによるグリーン化）。また、電化による自動制御や、デジタルツイン・プラットフォーム等の活用により、サプライチェーンや流通業における消費電力や二酸化炭素排出量を削減する取組みが必要である。企業のみならず一般家庭も含めた様々な活動の中で、ICTを用いて環境情報の計測及び予測を行いつつ、エネルギー利用効率の改善、人・物の移動の削減を図ることも重要である。さらに、デジタル技術の活用により、太陽光等の発電ポテンシャルの開拓を通じた再生可能エネルギーの普及拡大等により、地域単位で二酸化炭素排出量を削減することも期待される。

# Column コラム

## 3D都市モデルを活用した壁面太陽光発電ポテンシャルの推計
（PLATEAU、国土交通省）

　現在、カーボンニュートラルの実現に向けて、太陽光発電パネルの設置が進められている。都市部では、太陽光発電パネルの屋上設置スペースが限定的な建物が多いため、建物の外壁で発電するパネルが有効であると考えられている一方、壁面の日射量や発電量を推計する方法が確立されていないなどの課題があった。

　これらの課題に対して、国土交通省では横浜市と連携して、オープンデータとして提供している「3D都市モデル」を気象データ等と組み合わせることで、建物の影の影響が大きい都市部の建物壁面などの発電ポテンシャルを推計する実証事業を実施している。具体的には、参画する民間企業とともに、実際の壁面発電ポテンシャル推計を行うためのアルゴリズムの検討・開発や測定した同推計精度の検証などに取り組んでいる。

　今後、国土交通省は、この実証事業で得られた発電ポテンシャルの推計結果等を、自治体や再生可能エネルギー事業者、太陽光発電の研究機関などと共有し、脱炭素推進の施策や面的なエネルギー計画の基礎データとして利用することを目指している。

### ＜建物壁面の太陽光発電ポテンシャルの可視化＞

資料）国土交通省

Ⅰ

第1章　国土交通分野のデジタル化

## 第2節　デジタル実装の現在地と今後への期待

　近年、デジタル化は急速に進展しており、国際社会や企業活動、そして一人ひとりのライフスタイルに至るまで、そのあり様を大きく変化させている。

　デジタル化により、私たちの日々の暮らしを支えるとともに、新たな付加価値を創出することが重要である。また、深刻化する担い手不足を克服し、さらには、気候変動対策として防災対策や脱炭素化等に向けた取組みを加速化させることが必要である。

　ここでは、まず、デジタル実装の現在地について、デジタル化をめぐる我が国の現状やデジタル田園都市国家構想と国土交通分野における取組みについて記述し、今後のデジタル化による社会課題解決への期待について記述する。

## 1　世界水準のデジタル社会形成に向けて

### （1）　デジタル化をめぐる我が国の現状

**（デジタル化の動向）**

　我が国におけるデジタル化は、他の主要先進国より相対的に後れをとっているとの指摘がある。例えば、スイスのビジネススクール国際経営開発研究所（IMD）が発表した2021年の世界デジタル競争力ランキング[注1]によると、我が国は調査対象国63カ国中28位、主要先進7カ国中6位である。主要先進7カ国では、一人当たりGDPと世界デジタル競争力ランキングに相関がうかがえ、デジタル化が進んでいる国ほど一人当た

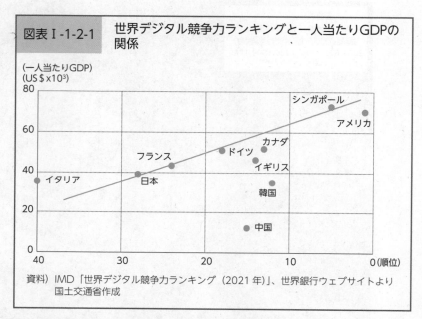

図表Ⅰ-1-2-1　世界デジタル競争力ランキングと一人当たりGDPの関係

資料）IMD「世界デジタル競争力ランキング（2021年）」、世界銀行ウェブサイトより国土交通省作成

りGDPが高い傾向にある。国際競争力の観点からも、デジタル化の一層の推進が必要である。

**（行政手続のデジタル化の動向）**

　デジタル社会の形成にあたっては、行政手続のデジタル化の推進が必要不可欠である。経済協力開発機構（OECD）によると、国の行政手続のオンライン利用率（公的機関のウェブサイトからオンラインの申請フォームに記入・提出した個人の割合）は、OECD諸国等で回答があった30カ国の中で日本が最下位（7.3%）となっており、改善の余地が残されていることがうかがえる。

---

注1　デジタル競争力ランキングとは、IMDが策定・公表しているデジタル競争力に関する国際指標。国によるデジタル技術の開発・活用を通じ、政策、ビジネスモデル及び社会全般の変革をもたらす程度を分析し、点数とランクを付けており、デジタル技術の利活用能力を知識、技術、将来への準備の3項目で評価している。

| 図表 I -1-2-2 | 国別行政手続のオンライン利用率（2018年） |

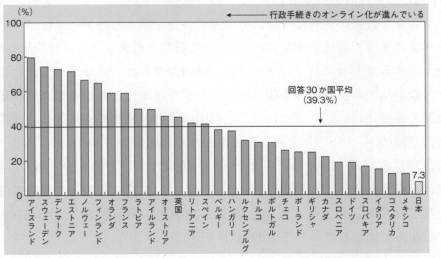

（注）行政手続のオンライン利用率とは、公的機関のウェブサイトからオンラインの申請フォームに記入・提出した個人の割合。
資料）内閣府「令和2年度年次経済財政報告」

**（デジタル化を支えるIT投資・IT人材の動向）**

IT投資を見ると、主要先進国ではIT投資が2000年以降増加傾向にあるのに対し、我が国は横ばいで推移している。また、IT資本の生産性の推移も主要先進国と比べ低い水準にとどまっており、IT投資を付加価値向上に十分結び付けられていない可能性がうかがえる。

また、就業者に占めるIT人材の割合を見ると、主要先進国と比べ我が国は低い水準にあり、我が国のIT人材の確保を図ることが重要である。

| 図表 I -1-2-3 | （1）IT投資額の推移　（2）IT資本の生産性の推移　（3）就業者にしめるIT人材の割合（2017年） |

（1）IT投資額の推移　　　　　　（2）IT資本の生産性の推移　　　　（3）就業者にしめるIT人材の割合（2017年）

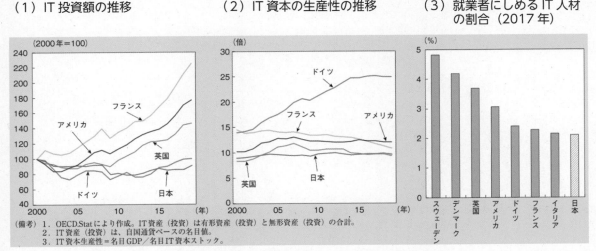

（備考）　1．OECD.Statにより作成。IT資産（投資）は有形資産（投資）と無形資産（投資）の合計。
　　　　　2．IT資産（投資）は、自国通貨ベースの名目値。
　　　　　3．IT資本生産性＝名目GDP／名目IT資本ストック。

（注）IT人材の割合：IT人材が全就業者に占める割合。IT人材：国際標準職業分類の「25．情報通信技術系専門職」．「35．情報通信技術者」の合計。
　　　日本の就業者は、「就業構造基本調査」における「有業者」を用いている。
資料）内閣府「令和4年度年次経済財政報告」

### （2）世界水準のデジタル社会形成に向けて

**（デジタル庁を中心とした政府の取組み）**

　我が国では、デジタル技術の進展に伴い、その重要性等が増大したデータについて、生成・流通・活用といったすべての側面で環境整備を進めてきたが、新型コロナウイルス感染症への対応において、国や地方の情報システムが個々にバラバラで十分な連携がなされていなかったことなどにより、行政機関同士の不十分なシステム連携に伴う非効率など、デジタル化をめぐる様々な課題が明らかになった。デジタル技術の高度化に対応しなければ、我が国は世界の趨勢に乗り遅れ、国際競争力の低下を招きかねないとの認識の下、2021年9月にデジタル庁が発足した。

　デジタル庁の創設は我が国におけるデジタル社会の実現に向けた第一歩であり、今後、「デジタル社会の実現に向けた重点計画」（2022年6月7日）に基づき、デジタル社会の目指す将来の姿を描き、その実現に向けて、国や地方自治体、民間企業などの関係者が連携し、行政手続のデジタル化やIT人材の確保等の取組みを推進していくこととしている[注2]。

---

注2　**【関連リンク】デジタル社会の実現に向けた重点計画**
　　URL：https://www.digital.go.jp/assets/contents/node/basic_page/field_ref_resources/5ecac8cc-50f1-4168-b989-2bcaabffe870/d130556b/20220607_policies_priority_outline_05.pdf

# *Interview* インタビュー

## デジタル化推進の国際動向と日本の立ち位置
（世界経済フォーラム　日本代表　江田麻季子氏）

　世界水準のデジタル社会形成に向けては、世界の趨勢を踏まえつつ、官民連携により社会システムの転換を進めていくことが重要である。インテル（株）での経営者経験を持ち、世界経済フォーラムでダボス会議での議論をリードする江田氏に、デジタル・トランスフォーメーションに向けた課題や国際社会との連携のあり方、日本の特徴を踏まえた今後の展開についてお話を伺った。

### ●デジタル技術がもたらす社会問題を事前に議論すべき

　日々加速度的にデジタル技術の発展が進んでいる中、世界経済フォーラムの年次総会でも、新しいテクノロジーを社会へ取り込んでいくことは参加者の共通の認識となっており、議論の焦点は、テクノロジーの取込みに際して生じる問題に対し、官民で国際的にどう協力して取り組んでいくかとなっている。

　例えば、メタバースは技術的に実現性が高まってきている一方で、メタバースの世界のガバナンス主体は誰であるべきか、個人の権利・プライバシー等を守りながら産業を発展させるにはどうしたらいいかといった問いに対しては未だ答えがない。また、SNSは、人々をつなげて便利になったという面がある一方で、民主主義や子供の教育のあり方などに関して様々な課題が提起されている。テクノロジーだけが独り歩きするのではなく、それが社会に浸透した際の問題等について事前にマルチステークホルダーで議論すべきである。

### ●未来志向での国際連携が重要

　世界の国々は、デジタル化によりつながりを深めており、他国との連携・協働なしに自国のリソースだけで生きていける国はない。このため、ダボス会議といったマルチステークホルダーによる未来志向での国際連携が重要である。

　デジタル化は、社会変化や技術発展に柔軟に対応していくこと（アジャイルガバナンス）を前提に進めていく必要がある。つまり、既に直面している課題への対応のみならず、数年後を見据えて、デジタル技術がもたらす社会変化を想像力豊かに考えていかなければならない。逆に、慎重な議論を重ねて詳細な制度設計を行っても、社会環境の変化が速すぎて実行に移す頃にはあまり意味をなさないおそれもある。このため、日本の行政も未来志向の想像力とスピード感をもって行動へ移していくことが重要である。

　また、デジタル技術そのものやその用途等が広く知れ渡る前の段階から、グローバルレベルの議論に参加することで潮流を学び、あるべき姿について発信していくことが日本のリーダーにとって重要だと思う。個社の垣根を超えてマルチステークホルダーで行われる取組みに初期の段階から関わることでの学びも大きく、課題を共有することによりグローバルレベルで一緒に取り組む仲間も見出せる。日本人は慎重な方も多く、素晴らしい取組みをしている企業であっても、「自社は世界から見ると遅れている」と感じて発言を控えるケースも見受けられるが、より積極的に国際協調の場に参加してほしい。

### ●日本は組織の硬直化を打破し、デジタル化の力を使いこなすべき

　デジタル・トランスフォーメーションは、既存の仕組みを壊すことが前提条件である。例えば、デジタル化の特徴である事象の透明化（データの入手・分析が容易になること等によりこれまで表面化していなかったものが可視化される）の影響を受けることにより、存在が脅かされる部署や産業も出るなど、様々な変化が生じることが予想される。一方で、デジタル化によって新たな事業のチャンスが生まれる側面もあるが、企業の経営層によっては、そうした変革に対して躊躇している傾向も見受けられる。企業の中間層の人たちがその必要性を理解していても経営トップ層のリーダーシップなしには変革は起こらないため、経営層の理解を深めることが重要である。

　ダボス会議での議論や様々な動向等を見ていると、海外の保守的と思われる産業のトップであっても、デジタル・トランスフォーメーションをどう進めるかという段階は既に過ぎ、テクノロジーを取り込んでどのように競争に勝っていくかとの意識を持っている。一方、グリーンフィールドである新興国の経営層は、元々確立した産業も少ない中で、デジタル技術を活用した新しい事業に果敢に取り組み、経済発展の加速化を目指していくとの認識がある。日本はその中間あたりに位置しており、能力が高い人材も多く、素晴らしい要素技術がある一方で、組織の硬直化を打破しなければデジタル化の力をうまく使いこなせない。官民で連携し、社会システムの転換をどう進めていくかという観点から、社会や組織のあり方といった根本的な課題についても考えていくべきである。

●**国土交通分野のデジタル化は全体的なシステムとして捉えるべき**

身近にある危機に対するソリューションは生まれやすい。日本では高齢化による人材不足も背景として、ロボット技術が生産の現場で発達しているのだと思う。加えて、日本は地震や異常気象といった多くの災害に対処してきた歴史があり、災害・危機対応といった分野における日本の技術は先行していると思う。例えば、被災状況をリアルタイムに伝達・共有し、避難経路等の必要な情報を各自がタイムリーに把握することが可能になれば、こうした技術や仕組みが世界中で活用されるのではないかと期待している。

国土交通分野の取組みは、インフラ、スマートシティ、防災など比較的大きな社会基盤に関するものだと理解している。そうした社会基盤をデジタルの力で変革していく際には、自然との共存、脱炭素、ダイバーシティの観点を加えるとともに、タコつぼ化することなく社会経済システム全体を俯瞰して捉えて取り組むべきである。そうすることで、より多くの人がデジタル化の恩恵を受けられるようになり、また、持続的な地域の発展につなげていくことができるのではないか。

●**世界に先駆けて社会に役立つデジタル技術の実装を**

日本人は理解力・適応力が高く、必ずしもユーザビリティが高いと言えないシステムやサービスであっても、個々人が工夫して使いこなしたり漸次的な改良を繰り返すことで、それらが温存されてきた側面があると感じる。そのために、新しいサービスや技術の誕生が阻害されていた側面もあるといえるのではないか。

一方でそうした特性は、一旦やるとなったらとことん突き詰めて組織力を発揮してものごとを成し遂げることにもつながる部分があり、海外と比べて大きな強みである。さらに、テクノロジーのプラスマイナスの二面性を認識したうえでテクノロジーの利用・活用方法に関する価値観のコンセンサスが取れている部分が多く、日本におけるデジタル技術の取込みにあたって、規制等について国民の合意形成が図られやすい特徴があると考えている。データ利用に関しても、他国・他地域に見られる両極端な考えに分断されることなく、ある程度のコンセンサスが取れていることでデジタル技術の実装スピード感が保てる利点があると思う。

日本の特性・課題を認識して必要な行動を起こせば、日本は世界に先駆けて、社会に役立つ形で人間を主体としたデジタル技術の実装を進めることが可能だと思っている。

## 2　デジタル田園都市国家構想と国土交通分野における取組み

### （1）デジタル田園都市国家構想の実現に向けて

#### （デジタル田園都市国家構想）

近年、テレワークの普及や地方移住への関心の高まりなど、社会情勢がこれまでとは大きく変化している中、地方における仕事や暮らしの向上に資する新たなサービスの創出、持続可能性の向上、Well-beingの実現等を通じて、デジタル化の恩恵を国民や事業者が享受できる社会、いわば「全国どこでも誰もが便利で快適に暮らせる社会」を目指す「デジタル田園都市国家構想」を政府の重要な柱としている。本構想の実現に向け、「デジタル田園都市国家構想総合戦略」（2022年12月）[注3]に基づき、東京圏への過度な一極集中の是正や多極化を図り、地方に住み働きながら都会に匹敵する情報やサービスを利用できるようにすることで、地方の社会課題を成長の原動力とし、地方から全国へとボトムアップの成長につなげていくこととしている。また、デジタルは、地域社会の生産性や利便性を飛躍的に高め、産業や生活の質を大きく向上させ、地域の魅力を高める力を持っており、地方が直面する社会課題の解決の切り札となるだけではなく、新しい付加価値を生み出す源泉として、官民双方で地域におけるデジタル・トランスフォーメーションを積極的に推進することとしている。

---

注3　【関連リンク】デジタル田園都市国家構想総合戦略
　　　URL：https://www.cas.go.jp/jp/seisaku/digitaldenen/sougousenryaku/index.html

# Interview　インタビュー

## これからの豊かな暮らし、地方での新しいサービスの創出
（㈱umari　代表取締役　古田秘馬氏）

　デジタル田園都市国家構想の実現に向けては、地方で新しいサービスの創出を図ることが重要である。「共助」のコンセプトで新しい取組みに挑戦している古田氏に、人口減少が加速する地域において、デジタル活用により暮らしを持続的に支えていく取組みについてお話を伺った。

### ●課題解決に向けた新しい挑戦が必要

　課題解決に向けて、新しいことに取り組んでいる地域は進展している。一方で、これまで通りの取組み方から抜け出せない地域は、今後、ますます硬直化していく。例えば、地域特有の産業を前提に地域の取組みを考えてしまうと、ゼロから新しい取組みを検討することが難しく、身動きがとりにくくなってしまいがちである。むしろ地域特有の産業がなかった地域でこそ、新しい取組みに挑戦できているケースもあるのではないか。

　デジタル化による社会の変革のためには、従来のやり方ではなく、本当に新しいことを始める必要があり、中央の体制から離れた場所の方が変革が生まれやすいとも捉えている。デジタル化は地域の価値を見える化する中、都心への近さなど地理性や機能性より、本質的な部分での価値が問われていくと思う。地域の課題は、その地域に特有の課題というよりは、社会全体の課題の縮図であり、課題解決に向けて新しいことに挑戦する地域が増えることにより、社会全体の課題解決にもつながっていくのではないか。

### ●デジタル・トランスフォーメーションによる新しい地域サービスの創出

　地域活性化においてデジタル活用は必須である。ただし、デジタル活用には、デジタイゼーション、デジタライゼーション、そしてデジタル・トランスフォーメーションといった段階がある。例えば「書類を廃止してメールにする」ことはデジタイゼーションであり、多くの自治体行政はこの部分に留まっている。デジタライゼーションは、それによって多くの書類を同時に送ることができるなど、今までにないことが可能となることで、これらをもう一歩進め、新しいサービスが創出されるとデジタル・トランスフォーメーションとなる。例えば、交通分野のデジタル・トランスフォーメーションは、今まで事業者が別々に保持していたデータを連携することで、リアルタイムで需要を予測し、地域住民の行動に合わせたタイミングで車が供給されることにも活用でき、オンデマンド型の新しいサービスの創出に繋がるかもしれないといったようなことである。

　地域における新サービスの創出に向け、業種や分野ごとの縦割りではなく、データ活用により連携を強化し、各企業の個別業務が横串で繋がれ、地元企業が一体となってサービスを検討していくことで、地域の暮らしを持続的に支えていくことが可能ではないかと考えている。

　また、分野横断的にみることで、資源配分を見直し、住民の満足度を上げながらコストを下げる方策を見出せる可能性も出てくるだろう。

　例えば、高齢者の活動量が上がると健康増進効果があり、高齢者の外出を支えるモビリティの維持には多面的な効果があり得るとの仮説を持った際、健康データや交通データなどを分野横断的に取得し分析することで、その地域にとって最適な配分が検討できる。特に地方部では、自治体予算や人的資源が限られる中、デジタル化により地域の見える化を図り資源配分を効率化することが可能となり、それが健康やモビリティ分野の新サービスに繋がっていくのではないか。

　この実現に向けては、事前の体制づくりや機運醸成が必要である。地域の事業者がディスカッションし、みんなで出資してみんなでリスクをとり、出資、経営、運営責任などを曖昧にせずに事業運営体制をしっかり整えることで、収益のある新たなサービスが生みだせると考えている。地域サービスを創出し、その対価としての収益を地域内で回すことができれば、地域に経済圏ができ、仕事を作ることにもつながり、安心して暮らせるようになると考えている。

### ●「共助」の考え方の重要性

　地方における人口減少・市場の縮小により、大企業等の撤退を招くことが懸念され、従来型の取組みに固執していては、地域の暮らしの維持が厳しい局面に立たされかねない。また、公助のセーフティネットの提供はもとより、「共助」で担い得るサービスの提供まで、自治体行政として賄わなければならない風潮があると思う。今後は、公助と「共助」を切り分けて考え、「共助」については、地元企業が一体となってより良いサービスの提供に向けて取り組み、収益を確保することとし、このような「共助」での取組みが難しい部分については公助でしっかりカバーをするなど、棲み分けを明確化することで、地域の暮らしを守ることができるのではないか。

　例えば、交通の分野では、地元企業が一体となって、複数の民間企業がチームを編成し、「共助」として利便性の高いオンデマンドバス運行を担うことで、収益性のあるサービスを構築し、受益者が会員となって支える一方、行政は公助としてコミュニティバス運行を担い、地域の足の確保としてセーフティネットの部分に取り組むといった棲み分けを図ることが重要である。教育であれば義務教育は公助、社会人学校は共助、医療であれば保険診療は公助、健康増進などは共助など、公助から共助を切り出していくことが大切である。

　つまり、地域にとって必要な生活機能やサービスの提供について、自分たち（複数の民間企業）が地域に共有する「共助」の考え方こそ、これからの地域づくりのコンセプトとして重要である。

　さらに、この考え方を発展させ、いずれは、地元企業が一体となって、異なるサービス事業者間で資源（稼働率の低い設備や人員）を共有することで各々の事業運営を効率化し、地域住民に必要な交通・教育などの生活サービスを「ベーシックインフラサービス」としてパッケージ化して提供するなど、「共助」での取組みの幅を広げて全く新しいサービスが提供できないかと考えている。この結果、住民側からみれば、必要な交通・教育などの生活サービスがより手軽に利用できる環境が整うと考え

ている。

　新しいことを生み出すためには、人材が必要であるが、1人のスーパーマンのような人材に頼ることは難しく、大きく分けて3つのレイヤーがある。1つ目は、例えていうとシステムエンジニア、2つ目はコンサルで（システムエンジニアに仕様を落とし込むなど、間に入って取りまとめを行う位置付けの人）、そして3つ目は、地域側の事業に精通したディレクター（地域の方々とコミュニケーションをとり、どう進めるべきか方向性を示す人）である。このようなバランスを考えた体制作りが大切である。

**●これからの時代の豊かな暮らしに向けて**

　現代社会は複雑化・多様化しており、人々が自分の中で何が幸せなのかを再定義していくことが大切である。答えは外ではなく、自分の内面にあるのではないだろうか。つまり、人が決めた価値観ではなく、一人ひとりが自分の中で、何が本当に良いと思っているかを決められていることが、真に豊かな暮らしにつながっていくのではないかと考えている。

　行政においても、社会が複雑化・多様化している現代、今まで以上に分野を横断して連携して課題に対応していくべきである。

## （2）地域におけるデジタル実装の現在地

　技術の進歩は、これまでも人間の生活や社会を大きく変革してきた。デジタル化による社会課題の解決に向けて、ICT（情報通信技術）の進展による変化や関連する先端技術の動向を踏まえつつ、デジタル化の特性を踏まえ目的に応じて効果的に取り込んでいくことが重要である。

　ここでは、デジタル技術に焦点を当て、地域におけるデジタル実装の現在地について、国土交通分野を中心に整理する。

### （地域課題の解決に向けたデジタル技術活用の機運の高まり）

　内閣官房が実施した調査では、デジタル技術を活用した地域課題の解決・改善に向けて、取組みを推進していると答えた自治体は2019年度の約15％から、2021年度には約45％へ増加した[注4]。自治体において、地域課題の解決に向けたデジタル技術活用の機運が高まっていることがうかがえる。

### （進展するデジタル技術）

　ICTの進展により、コンピュータやスマートフォン同士をインターネットで接続することによって「オンライン化」が進み、これまで多くの変化がもたらされた。例えば、SNSの普及により、これまでのメディアと異なり個人が情報発信者となることが可能となり、従来では想定されなかったような人とのつながりや新たなコミュニティが形成され、コミュニケーションのあり方が変わるなどの変化がもたらされた。また、コロナ禍を契機にテレワークやeコマースが広く普及するなど、働き方

---

注4　内閣官房「未来技術を活用した地域課題の解決・改善の取組等に関する調査結果概要（令和3年度）」より。

や購買方法が大きく変化した。

　IoT（Internet of Things）の進展により、車や家電等の日用品を含め、様々なものがインターネットにつながることが可能となった。また、相互情報交換や、遠隔制御を通じ、個々の機器により得られたものをはじめ多くの情報収集が可能となり、ビッグデータ化が容易になるなどの変化がもたらされた。このIoTやビッグデータの進展により、様々な分野で新しいサービスが創出されている。

　また、AI（人工知能）は、コンピュータやスマートフォン、インターネットの普及とも相まって、交通・物流、医療、災害対策など様々な分野において活用されており、私たちの身近な生活にも既に浸透している。例えば、スマートフォンのカメラは、AIの画像認識の能力向上に伴い、持ち主の顔を認証することによりロックの解除などが可能となり、AIの音声認識の能力向上に伴い、音声入力によるインターネット検索なども可能となった。また、AIが自らインターネット上にあふれた膨大な情報を学習・推論する「ディープラーニング」も可能となっている。さらに、AIやセンサが搭載された産業用ロボットの導入も進むとともに、一般家庭用の掃除ロボット等の普及についても広がりを見せている。

　以上のように、AI（人間の脳に相当）、IoT（人間の神経系に相当）、ロボット（人間の筋肉に相当）、センサ（人間の目に相当）といった第４次産業革命[注5]における技術革新は、私たちの暮らしや経済社会を画期的に変えようとしている。国土交通分野においても、技術革新を積極的に取り入れ、国民一人ひとりの暮らしを豊かにするとともに、経済社会を支えていくことが求められている。

　以下では、AI、ドローン、ロボット、自動運転技術の順に足元の動きをみていく。

**（AIの活用による移動サービスの多様化）**

　AIは、従来型の公共交通サービスを効率化・多様化させており、例えば、AIオンデマンド交通は、AIを活用し利用者予約に対しリアルタイムに最適配車を行うシステムである。これにより、限られたリソースが効率的に活用でき、例えば地方部の需要が少なく採算の得にくい地域における移動手段の確保につながっていくことや、都市部を含め、交通サービスの多様化により私たちの暮らしの利便性が向上することが期待される。

図表Ｉ-1-2-4　　AIオンデマンド交通

＜概念図＞

乗客はスマートフォンや電話から乗車予約

AIによる決定

資料）国土交通省

---

注5　第４次産業革命とは、1970年代初頭からの電子工学や情報技術を用いた一層のオートメーション化である第３次産業革命に続く、ビッグデータ、AI、IoT、ロボット等のコア技術の革新を指す（出典：内閣府「日本経済2016-2017」）。

# Column コラム

## 複数の交通手段を１つのアプリで検索・予約・決済するAIを活用したMaaS（スイス連邦鉄道モバイル、スイス）

スイス連邦は、人口約870万人の欧州の国であり、スイス連邦鉄道（SBB）は、1902年に設立された約3,000kmのネットワークを持つスイス最大の鉄道会社である。SBBは、私鉄各社と相互乗り入れしながらスイス全土をくまなく結んでおり、近隣諸国とはヨーロッパ高速鉄道網で接続している。

同国では、公共交通の輸送会社に対し、輸送手段や会社に関係なく、出発駅から目的駅まで単一のチケットで移動可能とするサービスを提供することが旅客の輸送に関する連邦法で義務付けられているとともに、政府は一貫してデジタルファーストを推進しており、「デジタルスイス戦略」の行動計画の中で、「インテリジェントでネットワーク化された、あらゆる分野における効率的なモビリティ」を目標に掲げている。こうした中、SBBはMaaSアプリ「SBB Mobile」を導入し、同アプリに自動発券システム「EasyRide」メニューを追加し、2019年よりサービスを開始した。

EasyRideの導入により、利用者は複数の交通手段を１つのアプリで検索・予約・決済することが可能となり、チケットレスで電車やバス、船といった公共交通を自由に乗り継ぐことができる。利用料金については、AIがGPS情報等に基づく移動経路を推定し、割引額（ワンデーパスやグループ料金等）や時間帯変動価格等を組み合わせ、通常購入時と比べより安価になるようなチケット金額を算出し利用者に請求する。なお、同アプリの「EasyRide」画面で、移動を始めるにあたりスタートボタンをスワイプして「チェックイン」することでサービスが開始され、車内では車掌がチケットを保持しているか携帯同士で確認することで無賃乗車を防ぐ運用をとっている。

2021年におけるSBBのチケット利用数約１億1,800万枚のうち、EasyRideによる販売数は前年の2.4倍となる約940万枚と利用が増えている。

SBBは、2030年に向けた戦略の中で、より利便性の高い移動に向けて、様々なモビリティについてMaaSアプリで利用可能とすることで、提供するサービスの質の向上や移動の効率性を高めることなどを目標として掲げている。

### < MaaSアプリ「SBB Mobile」>

©Schweizerische Bundesbahnen（SBB）

【関連リンク】
SBB　URL：https://www.sbb.ch/en

### （AIの活用による防災・減災対策の高度化）

AIにより、気象や災害等に関する膨大なデータを収集・解析し、浸水状況やインフラ・建物の損傷状況等を把握することが可能となった。AIによる被災状況等の把握は、災害時の意思決定支援などに用いられ、社会の安全性の向上につながっていくことが期待される。

近年、発災直前・発災直後において、AIなどの技術を活用して地域の被害状況を迅速に見える化し、起こりうるリスクを予測することにより、命を守る行動をとる上で重要な初動・応急対応へAIを活用していく動きがみられる。

# Column コラム

## AIを活用した防災・減災対策の高度化
## （AIやドローン等の先端技術を活用した防災情報システム、大分県）

近年、自然災害が頻発化・激甚化しており、災害発生時における初動対応に被害拡大の抑制のための即応性等が求められる中、被災状況など情報収集の重要性が増しており、AIなどの先端技術の活用が重要である。

例えば、大分県では、AIによる防災危機管理情報サービス（Spectee Pro）と県のシステムを連携している。同サービスを導入することで、複数のSNS情報から、AIを活用して「デマ情報」を排除し、正確な被害状況を自動的に地図上に可視化することができるようになり、浸水範囲の把握など初動対応に必要な情報収集が可能となった。「令和2年7月豪雨」時には、同サービスを被害状況の情報収集に際し活用し、土砂災害等による孤立からの救助や安否確認などを求める投稿を収集・リプライして被害状況の確認や適切な連絡先を伝えるなど、救助に活用することができた。

また、大分大学等が開発している災害情報共有活用プラットフォーム「EDiSON（エジソン）」と県のシステムを連携することにより、ドローンで撮影した災害現場の状況を確認できるようにしており、SNSに投稿された画像や動画付きの情報に加え、上空からの情報を組み合わせることにより、現場に出向かずともスピード感をもって状況判断を行うとともに、通常、人が入れないエリアの被災状況を把握し対応することも可能となった。

大分県では、今後も先端技術を取り入れながら、防災対策に取り組んでいくこととしている。

<Spectee Proの画面>

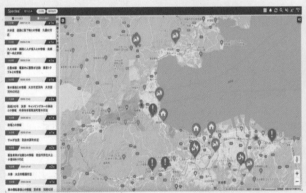

<大分県での活用状況>

資料）大分県、㈱Spectee

## （AIの活用によるインフラメンテナンスの高度化・効率化）

インフラの維持・管理にもAIの活用が進んでいる。インフラの膨大な点検画像をもとにAIが迅速に補修の必要性等を判断するなど、日常的な調査点検等の業務効率の改善が可能となっている。また、目視など人の目では確認できない損傷等を含め定量的に把握することが可能となっており、最新技術を活かしたインフラメンテナンスの高度化を図る動きがみられる。

近年、公共インフラの老朽化が進行しており、インフラメンテナンスにおいては、技術的知見を持つ人材不足やメンテナンス費用の継続的な確保が課題とされ、予防保全に向けた取組みも求められている中、AIを取り入れて効率化・高度化を図ることが期待される。

Ⅰ

第1章　国土交通分野のデジタル化

# *Column*　コラム

## AIを活用した空港滑走路点検の高度化・効率化（和歌山県・南紀白浜空港）

　地方自治体等の管理による地方管理空港は、資金面でも人材確保の面でも余裕のない側面もあり、安全・安心を継続的に維持するためには、より生産性が高く効率的な維持管理が重要である。

　和歌山県にある南紀白浜空港では、AIと市販のドライブレコーダー（以下、ドラレコ）を組み合わせることで航空機の安全運航に欠かせない空港滑走路の点検及び補修を実施し、予防保全を含む維持管理の効率化・高度化に取り組んでいる。

　同空港では、全長2,000m、幅員45mの滑走路を、365日、朝夕2回、職員1名が点検車を運転しながら、落下物の有無、滑走路のひび割れや損得等を目視で点検している。

　点検車にドラレコを設置し、点検時に路面の状況をドラレコに記録し、その画像から学習を重ねたAIが亀裂、滑走路のひび割れや損傷等の異常を自動検知する技術を実用化し、2021年4月から運用を行っている。

　これにより、熟練技術者のみならず、空港勤務経験が浅い職員であっても滑走路点検を行うことが可能となり、担い手確保の面で効果があった。また、予防保全の観点では、適切なタイミングで修繕工事を行うことで、滑走路の寿命を延ばすことにより相応のコスト削減が見込まれるが、AI導入により、熟練技術者でも目視で確認できない損傷進行度の定量把握・モニタリングが可能となった。

　同空港は、和歌山県より委託を受けた㈱南紀白浜エアポートが2019年より運営しており、コロナ禍で滑走路の稼働が低かった際にAIによる機械学習を重ねて本技術の実証に取り組んできた。また、同技術の横展開に向けて、他の地方空港への応用だけでなく、2022年3月より、紀南エリアの国道42号において空港リムジンバスに設置するドラレコを用いて道路管理者の目視点検をAIが支援する実証事業も行っている。今後とも、同社では、空港インフラを活用し、地方の課題解決に向けた汎用性のあるデジタル技術の実証・実装とともに、新サービスの創出に取り組んでいくこととしている。

ドラレコ内蔵の4G回線で撮影画像をクラウドへ送信

AIを活用して滑走路の**ひび割れ**や**ひび割れ率**を分析

Webブラウザで路面診断データ閲覧

パトロール車　ドラレコ　ドラレコ（拡大図）

画像データの認証例

拡大図（幅4mmのひび）

ドラレコを取り付けた車両で通常通りのランウェイチェック実施

✓ タイヤ痕等の誤検知は改善済み
✓ 気象条件によって異なるが、現状2-4mm程度のひびが検知可能

劣化状況から**点検・修繕の優先度**を判断

資料）㈱南紀白浜エアポート

（ロボットの活用による生産性向上・働き方改革）

　ロボットは、各種作業の支援・補完に加え、自動化・遠隔制御化等を通じ、省人化を可能とする。国土交通分野において、ロボットを様々な場面で取り入れることにより、人々の業務が支援・補完されるとともに、生産性向上や労働環境の改善等の社会課題の解決に資することが期待される。

　例えば、ロボットを物流分野で活用し、これまで人手に頼っていた荷物のピッキング作業等を機械化・自動化することにより既存のオペレーションを改善し、物流業務の生産性向上を図っていく動きがみられる。

## Column　コラム

### 物流施設における機械化・自動化を通じた省人化（ピッキング用ロボット）

　物流施設における業務については、人手不足の懸念もある中、自動化・機械化を図ることによる省人化が期待されるところ、現状では多くの人手がかかっている。

　例えば、倉庫業務のうちピッキング作業は、倉庫内の棚から必要な商品を取り出し、配送用ボックスに格納するという荷積み作業が必要であるが、倉庫内を人が徒歩で移動し棚から商品を取り出し、荷積み作業者に受け渡すといった労働集約的な性質を有する。このようなピッキング作業に「ピッキング用ロボット」を導入することで、商品を指定すればロボットが商品を格納したコンテナを自動的に判別し、必要なコンテナを搬送し、荷積み作業者に受け渡すことが可能となっ

ている。これにより、作業者は移動することなくピッキング作業を行えるなど、作業員の業務がロボットにより支援・補完され、省人化が可能となり、生産性の向上や労働環境の改善等が図られる。

　三井不動産㈱の物流施設「MFLP船橋Ⅲ」では、2022年より、倉庫業務にピッキング用ロボット（3次元ピッキングシステム）を導入し、倉庫業務のうちピッキング作業の機械化・自動化が可能となったことにより省人化が図られている。

　今後とも、このようなロボット等の先端技術の活用により、既存のオペレーション改善や働き方改革を図っていくことが期待される。

<ピッキング用ロボットの例>

3次元ピッキングシステム：㈱IHIにより仏国ユニコーン企業と協働でシステム構築が行われ、ピッキングをする人のもとへ、対象のコンテナを連続的に供給することが可能となるシステム。作業環境によるが、このシステムを導入することで、従来の人手のみによる作業と比べ、約5倍の速度で荷積み作業が行えるようになることが見込まれる。

資料）㈱IHI

**（ドローンの活用による生産性向上・新たな輸配送の実現）**

　ドローンは、カメラや輸送用のボックスを搭載することで活用の幅が広がり、様々な産業・分野において導入が進んでいる。人が直接出向くことが難しい、あるいは危険が伴うような場所での撮影・点検などでの活用のほか、人手不足が進行する建設業界や物流業界において生産性向上に寄与することが期待されている。

　物流分野では、山間部や離島等の生活物資等の災害時を含めた新たな配送手段としての活用が期待されている。前述のロボットとドローンとを連携して活用することで、それぞれの利点を活かした取組みを進める動きもみられる。

# Column　コラム

## ドローンと配達ロボットが連携した配達実証実験（日本郵便）

　日本郵便㈱は、年間200億通程度の郵便物を配達しており、毎日20万人程度が配達員として従事しているが、今後は人口減少や少子化などにより、人手不足になる可能性がある。

　また、過疎地域では、ラストワンマイルは、配達する荷物を車で複数回往復して配達している実態がある。このような地域における配達を将来に亘って持続可能なものとするため、ロボット・ドローン等による配達の効率化を目指して、2016年度からドローン等の実証を開始した。

　例えば、東京都西多摩郡奥多摩町にある奥多摩郵便局では、峰集落をはじめ管内に山間地の集落を複数箇所抱えており、管内における標高差は約240m、集落から奥多摩町の中心部にある奥多摩郵便局まで約15km、車で約30分かかる。そのため、郵便物の配達にはこうした集落を回って戻るのに多大な時間と労力がかかるとともに、冬季の路面凍結や降雪があると、山間地への配達が難しくなるといった課題があった。これらの課題解決に

向けて、2019年3月にドローンによる個人宅宛てのラストワンマイル配達の試行を実施し、さらに2021年12月より日本初となるドローンと配達ロボットを連携させた配達の実証実験を実施している（2023年3月現在）。具体的には、ドローンにより、郵便局から中継地へ荷物を空輸した後、中継地で荷物を積みかえ、中継地から住宅まで配達ロボット（UGV）が集落の道路を走行して住宅まで届けている。

　こうした配達ネットワークの高度化を通じた省人化・効率化の取組みにより、今後特に人手不足が懸念される山間地において、物流の持続性確保に貢献することが期待される。同社は、今後、2022年12月に実施可能となった「レベル4飛行」（ドローンの有人地帯における補助者なし目視外飛行）の実現に向けて技術開発を進め、2023年3月24日に第三者上空（有人地帯）を含む飛行経路での補助者なし目視外飛行（レベル4）を日本で初めて実現し、今後の社会実装に向けて取り組んでいくこととしている。

＜ドローンによる配達＞

＜配達ロボットによるラストワンマイル輸送＞

＜連携機構＞

連携機構の上部は、クッション性を備えたすり鉢状になっていて、ドローンが投下した荷物を受け止め、中央の穴から配達ロボットの荷台に落とす仕組み。

資料）日本郵便㈱

　また、建設分野においても、ドローンを用いた3次元観測とともに自動制御されるICT建設機械や拡張現実技術等を用いることにより、新技術を活用したインフラ整備・維持管理の高度化を図り、生産性を向上していくことが重要である。

# *Column* コラム

## 砂防工事における ICT 施工（ICT 施工、国土交通省・㈱鴻治組）

　「平成30年7月豪雨」で、広島県安芸郡坂町の総頭川上流域から138,000㎥<sup>注1</sup>の土砂が市街地に流入して国道31号、JR呉線が通行止めになり、人家被害839件<sup>注2</sup>の甚大な被害が発生したため、再度災害防止に向けて砂防堰堤の整備を推進している。

　国土交通省は、総頭川砂防堰堤工事について、受注者である㈱鴻治組は、ドローンや3次元モデル、ICT建設機械などを活用し効率的に工事を進捗している。

　具体的には、レーザースキャナやドローンを活用して3次元の地形データを取得し、3次元モデルを活用

するなどにより、受発注者間、作業者間で完成のイメージを共有することができるといった現場の見える化に取り組んでいる。現実世界と3次元モデルを重ね合わせるAR技術等を用いることで、現場での完成イメージや問題点の共有が可能になる。また、ICT建設機械を用いることで、熟練者でなくても効率的な施工を行うことができ、工期短縮が可能になる。

　今後とも国土交通省では、直轄工事等における最新のデジタル技術の導入により、建設現場の生産性向上を目指していく。

### ＜3次元データの重ね合わせ＞

総頭川砂防設備完成イメージ

### ＜AR技術活用状況＞

現場でタブレットにて確認している状況

タブレットで見ている画面

注1　流入した土砂については災害前後の航空レーザ測量より推定。
注2　坂町り災証明交付件数（坂地区被害2021年3月31日現在）

資料）国土交通省

（自動運転技術により変わる暮らしと社会）

　AI、IoT、ロボット、センサなどの技術を活用した取組みとともに、これらを総合的に活用した自動運転技術については、私たちの暮らしを大きく変えていくことが期待されている。また、自動車の普及により道路交通網が発展し、近代のまちのあり方が変化したように、今後の新技術の進展・普及は、私たちの暮らしとともにインフラやまちの形を大きく変えていく可能性も考えられる。

　自動運転技術とは、乗り物や移動体の操縦を人の手によらず、機械が自立的に行うシステムのことであり、技術段階に応じてレベル分けされている。大きくは、システムが人間の運転を補助するもの（レベル1～2）と、システムが運転操作するもの（レベル3～5）に分けられる。

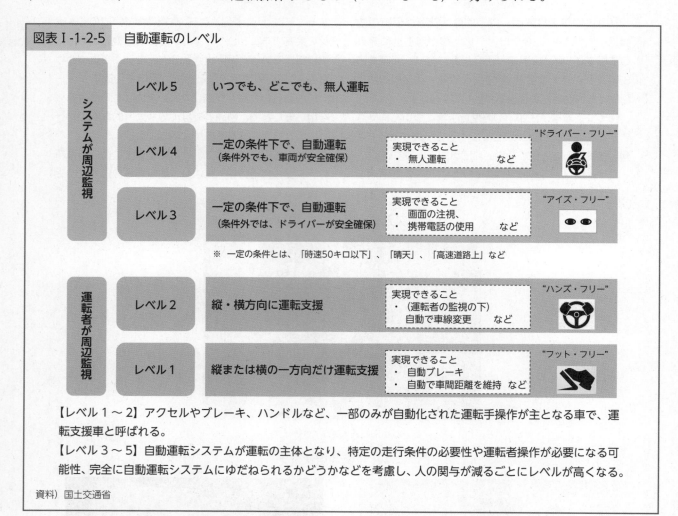

図表 I -1-2-5　自動運転のレベル

| システムが周辺監視 | レベル5 | いつでも、どこでも、無人運転 | | |
| | レベル4 | 一定の条件下で、自動運転<br>（条件外でも、車両が安全確保） | 実現できること<br>・　無人運転　　　　など | "ドライバー・フリー" |
| | レベル3 | 一定の条件下で、自動運転<br>（条件外では、ドライバーが安全確保） | 実現できること<br>・　画面の注視、<br>・　携帯電話の使用　　など | "アイズ・フリー" |

※　一定の条件とは、「時速50キロ以下」、「晴天」、「高速道路上」など

| 運転者が周辺監視 | レベル2 | 縦・横方向に運転支援 | 実現できること<br>・　（運転者の監視の下）<br>　　自動で車線変更　　など | "ハンズ・フリー" |
| | レベル1 | 縦または横の一方向だけ運転支援 | 実現できること<br>・　自動ブレーキ<br>・　自動で車間距離を維持　など | "フット・フリー" |

【レベル1～2】アクセルやブレーキ、ハンドルなど、一部のみが自動化された運転手操作が主となる車で、運転支援車と呼ばれる。
【レベル3～5】自動運転システムが運転の主体となり、特定の走行条件の必要性や運転者操作が必要になる可能性、完全に自動運転システムにゆだねられるかどうかなどを考慮し、人の関与が減るごとにレベルが高くなる。

資料）国土交通省

　我が国では、交通事故の削減や過疎地域等における高齢者等の移動手段の確保、ドライバー不足への対応等が喫緊の課題であり、自動運転車はこれらの課題解決に貢献することが期待されている。これまで人が運転する自動車を前提に道路・街路等を含めたまちづくりが展開されてきたが、自動運転技術等を活用した次世代モビリティを想定した際に必要なインフラのあり方を検討する必要があり、自動運転技術の活用に向けてインフラ側からの自動運転車の走行支援が求められる[注6]。

　なお、諸外国では、自動運転を取り込んだ貨物専用システムの構築など自動運転技術の貨物輸送へ

---

注6　例えば、車載センサで把握が困難な交差点等において、道路交通状況を検知して自動運転車や遠隔監視室へ提供するインフラからの支援などが考えられる。

の活用を検討する動きや、自動運転サービスを移動支援等に活用するための実証実験を実施する動き
もみられる。

# Column コラム

## 自動運転等の新技術の貨物輸送への活用
## （「Cargo Sous Terrain（CST）」、スイス）

スイスにおける貨物輸送量は、2010年から2040年にかけて最大37％増加（同国政府予測）する見込みもあり、将来的な輸送能力の不足が懸念されている。

そうした中、スイス主要都市間を結ぶ新たな輸送ルートとして、地上の既存の輸送インフラに加え、新たに、地下空間に全長500kmに及ぶ貨物輸送用のトンネル網を建設するプロジェクト（CST）が構想されている。これは、運輸、物流、小売、電気通信、エネルギー分野の多数のスイス企業からなる民間部門による出資で立ち上げられ、同国政府が法制度等の面から支援し、民間が整備・運営を行うものである。

CSTが導入されると、全路線（ジュネーブ～ザンクト・ガレンルート）運営時には、総重量3.5トン超の中型・大型トラックで運ばれる国内貨物台数の約40％、鉄道で運ばれる国内貨物台数の約15％が地下空間での輸送に転換されることが見込まれており、貨物輸送能力の改善や輸送ドライバー不足の解消等が期待されている。

今後、2045年全線開業に向け、まずは2031年にチューリッヒ～ヘルキンゲン・ニーダービップ間の約70kmの開業を目指して取り組むこととしている。

### ＜貨物専用地下輸送システム「Cargo Sous Terrain（CST）」プロジェクト＞

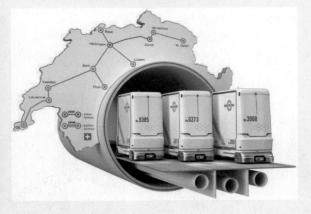

©Cargo Sous Terrain（CST）

CSTは、地下20～100mの深さに直径6mのトンネルを整備し、内部が温度管理されたモジュラー型の輸送ユニットが貨車レーンを時速30kmで走行、トンネル上部には小型荷物専用の輸送レーンを設置し、時速60kmで走行させるプロジェクトである。輸送ユニットは全自動で365日24時間走行するとともに、通常の貨物に加え、生鮮品や冷蔵品等の輸送が可能である。

【関連リンク】
CST　URL：https://www.cst.ch/

# Column コラム

## 自動運転の移動支援への活用（スマートコロンバス、米国・コロンバス市）

米国運輸省は、交通・運輸網において将来的に予想される人口増加や物流コスト増大等の課題に対応するため、データ駆動型の政策策定や新技術を活用した交通・運輸システムの改善を目的としたプログラムを複数立ち上げており、統合されたスマートな交通システムを実現することにより交通・運輸網の課題解決を目指すスマートシティ・チャレンジ（Smart City Challenge）等の取組みを実施してきた。

米国オハイオ州の州都であるコロンバス市（人口約90万人の地方都市）を含むコロンバス地域にはオハイオ州立大学や交通研究センターなどが立地しており、自動運転車の研究開発に関する取組み等が行われているところ、スマートシティ・チャレンジの枠組みを活用し、2017年から2021年にかけてモビリティ分野のスマートシティ化を進める総合的な取組みであるスマートコロンバス（Smart Columbus）を実施した。

本取組みでは、人々の生活の質向上を目的として、レベル4の自動運転シャトルの実証実験が同市の市街地及び住宅地で行われた。

このうち住宅地での自動運転については、移動サービスの行き届いていないコミュニティに居住する住民の職場へのアクセス確保、都市内への商品運搬の促進等が課題となっていた中、2020年2月の約2週間、自動運転車により移動手段を提供する実証実験が行われた。具体的には、住宅、職場、育児施設、コミュニティといった地域の拠点と住民とを繋ぐバス路線ルートを設定し、走行中に問題が起こった際に備えてオペレーターが1名乗車し、ルートのうち約7割以上を自動運転モードで運行した。また、コロナ禍を契機にプロジェクトの内容が見直され、当該自動運転シャトルによるフードパントリー活動（食料品や日用品の無償配布）が行われた（2020年7月～2021年4月の期間、約3,600個（約130,000食）のフードパントリーボックスと約15,000枚のマスクを配布）。

また、市街地での自動運転については、自動運転車の運用・評価、オハイオ州等の自動運転展開に向けたガイドライン作成を目的として、2018年12月～2019年9月の期間、実証実験が行われた。具体的には、ダウンタウン地域の文化施設などの施設を繋ぐバス路線ルートを設定し、オペレーターが同乗して必要に応じて車両を制御することにより、約16,000回の乗車を提供し、約19,000マイルを走行した。

### ＜自動運転シャトル＞

人間のオペレーターが同乗し、トラブルの際にはワイヤレスリモコンを使用して車両を制御する。

©Smart Columbus

【関連リンク】
Smart Columbus　URL : https://smart.columbus.gov/

## 3　今後のデジタル化による社会課題解決への期待

（デジタル化に対する意識の動向）

　国土交通省「国民意識調査」において、デジタル化に対する考え方についてたずねたところ、「デジタル化は私たちの日々の暮らしを便利に・豊かにする」と思う（とてもそう思う、ややそう思う）と答えた人は全体の約85％であり、デジタル化は暮らしを豊かにすると考えている人が多数を占めていることがうかがえる。

　年齢別に見ると、30歳未満では、「デジタル化は人と人とのつながりを広げる・深くする」と思うと答えた人が約6割だったのに対し、60歳以上の世代では約4割であった。また、「デジタル化は煩雑さやコストを増やし、非効率化や複雑化が進む」と思うと答えた人の割合は、30歳未満で約5割、60歳以上では約3割となった。さらに、「暮らしや社会を支える国土交通行政のデジタル化は進んでいる」と思うと答えた人の割合は全体で5割であり、30歳未満では約6割、60歳以上の世代では4割となった。デジタル化に対する人々の捉え方について、年代により差異があることがうかがえる。

図表 I-1-2-6　デジタル化に対する考え方

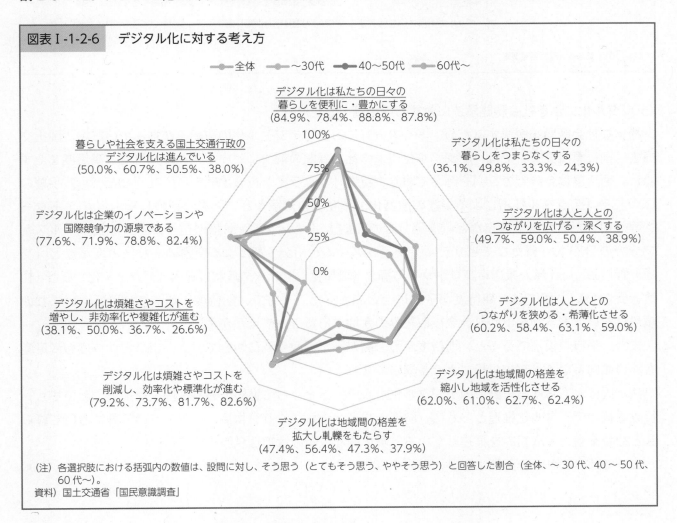

（注）各選択肢における括弧内の数値は、設問に対し、そう思う（とてもそう思う、ややそう思う）と回答した割合（全体、〜30代、40〜50代、60代〜）。
資料）国土交通省「国民意識調査」

（暮らしにおけるデジタル活用の状況と今後の活用意向）

　暮らしの中でのデジタル活用の状況や今後の活用意向についてたずねたところ、「携帯やインターネットで防災情報、災害情報を常に受け取れる」や「公共交通等のルート検索やチケット購入、クーポンの取得にアプリを活用する」、「オンラインサービスで用事を済ます（買い物、旅行、役所手続）」について過半数の人が実践していると答え、取り入れたいと答えた人を合わせると約8割となってお

り、暮らしに身近なサービスに対するデジタル活用の意向がうかがえる。

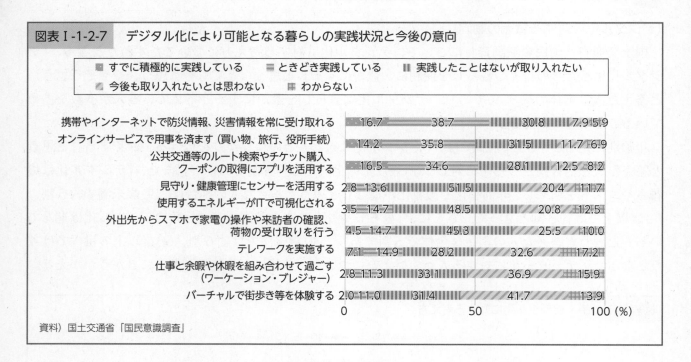

図表 I-1-2-7　デジタル化により可能となる暮らしの実践状況と今後の意向

■ すでに積極的に実践している　■ ときどき実践している　‖ 実践したことはないが取り入れたい
 今後も取り入れたいとは思わない　‖ わからない

| 項目 | すでに積極的に実践している | ときどき実践している | 実践したことはないが取り入れたい | 今後も取り入れたいとは思わない | わからない |
| --- | --- | --- | --- | --- | --- |
| 携帯やインターネットで防災情報、災害情報を常に受け取れる | 16.7 | 38.7 | 30.8 | 7.9 | 5.9 |
| オンラインサービスで用事を済ます（買い物、旅行、役所手続） | 14.2 | 35.8 | 31.5 | 11.7 | 6.9 |
| 公共交通等のルート検索やチケット購入、クーポンの取得にアプリを活用する | 16.5 | 34.6 | 28.1 | 12.5 | 8.2 |
| 見守り・健康管理にセンサーを活用する | 2.8 | 13.6 | 51.5 | 20.4 | 11.7 |
| 使用するエネルギーがITで可視化される | 3.5 | 14.7 | 48.5 | 20.8 | 12.5 |
| 外出先からスマホで家電の操作や来訪者の確認、荷物の受け取りを行う | 4.5 | 14.7 | 45.3 | 25.5 | 10.0 |
| テレワークを実施する | 7.1 | 14.9 | 28.2 | 32.6 | 17.2 |
| 仕事と余暇や休暇を組み合わせて過ごす（ワーケーション・ブレジャー） | 2.8 | 11.3 | 33.1 | 36.9 | 15.9 |
| バーチャルで街歩き等を体験する | 2.0 | 11.0 | 31.4 | 41.7 | 13.9 |

資料）国土交通省「国民意識調査」

**（デジタル化による社会課題解決に対する期待度・満足度）**

　様々な社会課題を解決するため、多くの分野においてデジタル化の取組みが進んでいる中、国土交通省「国民意識調査」では、デジタル化による社会課題の解決に対する人々の期待度と満足度をたずねた。期待度は全分野で5割を超えており、特に「オンライン行政手続や電子証明など（行政手続のDX）」や「デジタル技術による災害の激甚化・頻発化の対策など（防災分野のDX）」、「AI・ドローン等を用いたスマート農業など（農業分野のDX）」、「オンライン診療や電子カルテなど（ヘルスケア分野のDX）」、「新たなモビリティや交通システム、MaaS等による交通のあり方の変革など（交通分野のDX）」、「無人搬送車等ロボットの導入（機械化）やデータ基盤の導入（デジタル化）など（物流分野のDX）」等では、期待度が7割以上と高かった。一方で、期待度に比べて満足度はいずれの項目においても5割を下回り、今後取組みの余地があることがうかがえる。

　また、都市規模別で見ると、期待度が最も高かった行政手続について、大都市ほど期待度も満足度も高い傾向となり、都市規模による差異がみられた。

　我が国は、あらゆる分野でのデジタル化を政府一体となって進めており、国土交通省においても、行政手続のデジタル化推進とともに、防災、交通、まちづくり、物流、インフラの分野において暮らしと社会を支える取組みを推進している（具体的な取組みは第2章第1節参照）。

　ここでは、これら分野別に意識の動向をみていく。

図表Ⅰ-1-2-8　デジタル化による社会課題の解決に対する期待度・満足度

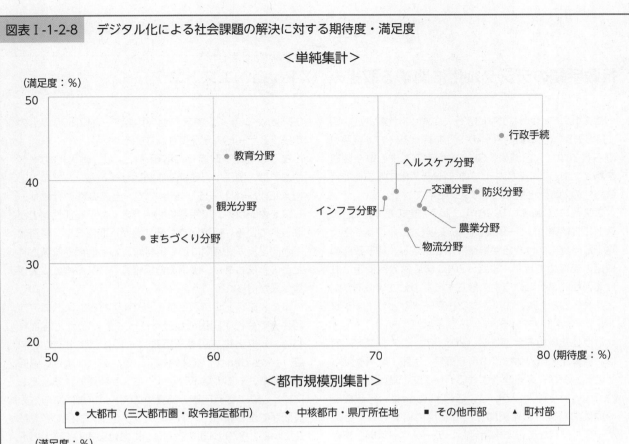

<単純集計>

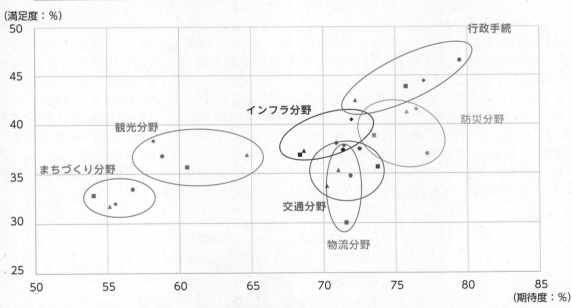

<都市規模別集計>

（注1）国土交通省「国民意識調査」では、「現在我が国では様々な分野でのデジタル化による社会変革（DX）が推進されています。あなたはそれぞれの DX についてどの程度期待していますか。」と聞いている。選択肢は「とても期待している」、「やや期待している」、「あまり期待していない」、「まったく期待していない」である。
（注2）図表では選択肢を省略して示している。
　　　　インフラ分野：建設現場の生産性向上やインフラサービスの高度化など
　　　　交通分野：新たなモビリティや交通システム、MaaS 等による交通のあり方の変革など
　　　　物流分野：無人搬送車等ロボットの導入（機械化）やデータ基盤の導入（デジタル化）など
　　　　観光分野：デジタルツール活用による旅行者の利便性向上、観光産業の生産性向上など
　　　　防災分野：デジタル技術による災害の激甚化・頻発化の対策など
　　　　まちづくり分野：スマートシティ、３D都市モデルの構築など
　　　　ヘルスケア分野：オンライン診療や電子カルテなど
　　　　教育分野：タブレット等端末の整備や AI ドリルなど
　　　　農業分野：AI・ドローン等を用いたスマート農業など
　　　　行政手続：オンライン行政手続や電子証明など

資料）国土交通省「国民意識調査」

I

第1章

国土交通分野のデジタル化

# Column コラム

## 行政手続のデジタル化に関する取組み（X-Road、エストニア）

エストニアは、人口約133万人に対して比較的広い国土4.5万km²（日本の約9分の1）を有する一方、資源も限られる中、人口減少、GDP成長率の減少という課題を抱えており、行政サービスをデジタル化することで行政経営の効率化を図ることが求められていた。

エストニア政府は、1998年に、ICT推進の基本方針「エストニア情報ポリシーの原則」を採択し、これに基づき、電子政府化に向けた各種推進計画を策定し、電子政府の取組みを進めてきた。また、2001年には公的使用における情報アクセスの自由を確立するため公共情報法が制定されるとともに、エストニア国民一人ひとりにデジタルIDが付与されている。

こうした取組みと連携し、2001年、エストニア政府は、各省庁・自治体などの行政機関、医療・教育機関などのデータベースを連携させるデータ交換基盤である、「X-Road」を導入している。このX-Roadは、行政機関や民間の医療・教育機関などで個別に構築されてきたデータベースをそのまま活用し、データベース間を繋ぐネットワーク上において、国民の個人IDデータをキーとして情報を紐づけることにより、データベースとデータベースの相互接続を行い、データベース間でデータの参照が容易にできることが特徴である。なお、X-Road及び関連システムは、エストニア政府が民間企業に委託して構築しており、行政サービスのデジタル化が進められてきた。これにより、納税、選挙、教育、健康保険、警察業務、土地建物・建設手続の取引、運輸・通信事業など幅広い分野で、電子行政サービスをオンラインで利用することが可能となっている。行政サービスのうち約

99％がオンラインでアクセス可能で、約2,600以上の電子行政サービスが提供されている。

こうした電子政府化の取組みにより、個人IDカードがあれば、国民は行政機関を訪問せずとも、パソコンと個人IDカードリーダーを用いて、上述の電子行政サービスをオンラインで手軽に利用できるなど利便性向上が図られている。行政側でも紙文書が不要になり、業務効率が向上し労働時間にして年間約300万時間が削減されたとの指摘もあり、職員の負担軽減やコスト削減に大きな効果が得られている。

また、エストニア政府は、2014年からエストニア非居住者でも電子国民の登録を行って個人IDが付与されれば、エストニアの電子行政サービスが利用できる制度「e-Residency」を開始している。これにより、国外からでも、一部の電子行政サービスが利用できるとともに、ビジネス銀行口座の開設やエストニア国内での法人登記ができるなど、スタートアップ企業の誘致にも貢献している。179か国以上の国々における80,000人以上の人々が「e-Residency」に登録した（2023年3月現在）。

エストニアの電子政府は、データベースを中央で一括管理するのではなく、各主体が独自のシステムを選択して管理するという分散型であることが特徴であるが、エストニア政府では、政府の基幹データのバックアップを国外に持ち、サイバー攻撃や大規模自然災害など非常事態が起こっても、すぐにシステムを再稼働できるようにする「データ大使館」と呼ぶ構想を打ち出した。2018年には、これを実践し、同盟国であるルクセンブルクにデータセンターを設置する取組みを開始している。

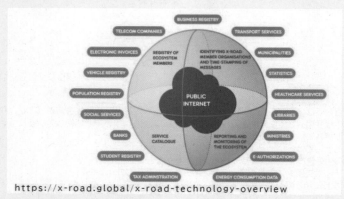

https://x-road.global/x-road-technology-overview
©Nordic Institute for Interoperability Solutions（NIIS）

（注）NIISへのヒアリング調査（2023年3月）に基づく。

【関連リンク】
NIIS　URL：https://www.niis.org/

**（交通分野・まちづくり分野のデジタル化に対する意識の動向）**

　地域公共交通のうち、一般路線バスは、第1章第1節で見たとおり、生活サービス提供機能など暮らしを支えるまちの機能の維持・向上を図るうえで欠かせない一方、ドライバー不足や赤字路線の増加等により路線維持が困難化する地域もあり、近い将来、人口減少の著しい地方部等において公共交通の空白地域の増加が懸念される。

　国土交通省「国民意識調査」では、交通分野、まちづくり分野について、特に今後の地域路線バスの方向性の観点から人々の意向をたずねたところ、「安全性や利便性の確保、市民への十分な説明・周知・ケアなど条件が揃えば、路線バスにおける自動運転車の導入など先進技術を活用した課題解決を推進すべき」や「公共交通の問題を強く認識しており、路線バスにおける自動運転車の導入など先進技術を活用した課題解決を積極的に推進すべき」と答えた人の割合が高かった。

　安全性や利便性の確保、市民への十分な周知等を前提として、自動運転車の導入など先進技術を活用した課題解決に肯定的である人が一定数存在することがうかがえる。

**図表 I-1-2-9　お住まいの地域の路線バスの方向性**

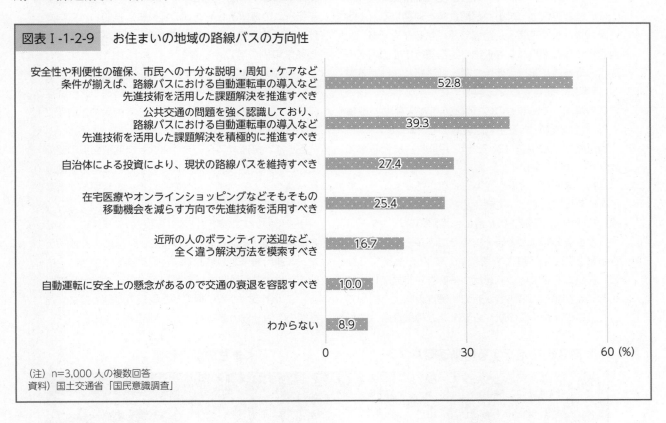

(注) n=3,000人の複数回答
資料) 国土交通省「国民意識調査」

　実際に、公共交通の課題が認識されている地域において、路線バスにおける自動運転車の導入という先進技術を活用した課題解決を図る動きがみられる。

## Column　コラム

## 地域で支える地域の足（自動運転バス、茨城県境町）

　境町は、鉄道駅がなく、路線バスを中心とした公共交通が脆弱なため、高齢者や子育て世代の移動手段の確保などの課題があった。課題の解決を図るため、境町では、高齢者や子育て世代をはじめとした、「住民の誰もが生活の足に困らない町」を目指して、2020年11月から自動運転バスの社会実装を開始した。

　この社会実装は、境町が民間企業と連携して、生活路線バスとして定時・定路線で運行するものであり、自治体が自動運転バスを公道で定常運行する国内初の取組みである。運行に使用する自動運転バスは海外製（走行実績の高いフランス製のナビヤ・アルマ、レベル2の車両）であるものの、境町の特性に応じた改良を行いつつ徹底した安全管理のもとで、2020年11月の運行開始から現在（2023年2月取材）に至るまで無事故で運行している。

　当初、スーパーマーケット、病院、郵便局、そして子育て支援施設など、主要生活拠点を結ぶルートから運行を開始し、2021年8月には境町高速バスターミナルから道の駅などの観光拠点を結ぶルートを新設、さらに2022年7月にも新たなバス停を追加するなど、住民ニーズに応じて運行ルートを随時見直し、住民と観光客などの来訪者双方の利便性の向上を図っている。このほか、道の駅やカフェなどの飲食店、美術

館などの拠点整備も並行して行い、外出目的となる魅力ある行先づくりを行うことで、地域内移動を増加させて地域経済の活性化に寄与するまちづくりを目指している。

　これら境町における自動運転バスの発展は、地域の支えがなくては成り立たないものであり、例えば自動運転バスの停留所が私有地の提供により賄われていたり、沿線上の路上駐車の削減や自動運転バスを見かけた通常車両の譲り合い運転が行われていたりするなど、沿線住民をはじめ町全体でこの自動運転バスの運行を支援していく姿が特徴的である。時速20km程度の低速であるものの、地域の足としての機能が地域で支えられている。

　さらに、高速バスターミナルなど交通結節点の整備により、東京からの高速バスでの訪問者による自動運転バスやシェアサイクルへの乗り換えを容易とするなど環境整備が行われている。

　今後について、運行ルートは住民のニーズに合わせて順次延伸するとともに、MaaSアプリによるオンデマンド運行も予定しており、住民の誰もが生活の足に困らないまちづくりを一層推進していくこととしている。このような地域に根差した取組みが他の公共交通機関の空白地域の参考となることが期待される。

### ＜商店街を走行する自動運転バス＞

### ＜まちの拠点整備＞

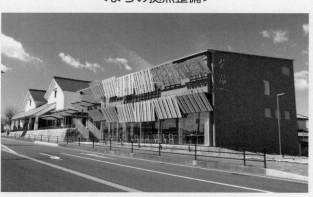

資料）茨城県境町

　諸外国では、自動車の交通量や道路の使い方など交通に係る課題を含め、地域課題の解決を図る際に、市民参加型の地域づくりを支えるデジタルプラットフォームの活用により、住民の意見を取り入れたまちづくりを展開している動きがある。

# Column コラム

## デジタルプラットフォームを活用したまちづくり（Decidim、スペイン・バルセロナ市）

　バルセロナ市は、人口約160万人のカタルーニャ州の州都である。公共施設の管理や公共交通の運営、防犯対策といった公共サービス提供等にIoT技術を活用する等、2000年頃からスマートシティープロジェクトに取り組んでいる。2014年には、欧州委員会により情報通信技術を活用してイノベーションを最も推進する都市（iCapital）に選定されている。また、2016年の「バルセロナ・デジタルシティ計画」（バルセロナ市議会）では、「真に民主的な都市では、市民の生活の質を向上させるため、市民の公共サービスへのアクセスを促すべき」との方針が示されている。

　このような中、市民参加型のデジタルプラットフォームである「Decidim」が、2016年から運用開始されている。Decidimを活用することで、バルセロナ市民は、提案・議論・投票などオンライン上でまちづくりに関する市政のプロセスに参加することが可能となり、Decidimにおける施策検討の経過や結果は一般に公開されている。

　Decidimには、これまで15,000人以上の市民が参加し、約10,000以上の提案が寄せられ、その多くが採択されている。例えば、バルセロナ市・ライエターナ通りの車道を自転車専用道路や歩道に置き換えることで自動車の交通量や汚染物質の排出量を低減する取組みや、公共広場におけるダンスや音楽のためのアーティスティックな空間の創出、リサイクル素材を使用したベンチや椅子の設置促進など、多岐に亘る分野で市民の意見を取り込みながらまちづくりが展開されている。

　こうした市政運営プロセスへの参加を促すオープン型のデジタルプラットフォームの活用により、市民の多様な意見がまちづくりに反映されることが期待される。

### ＜市民の意見が取り入れられながら街路が再編されたまちの様子＞

ライエターナ通り（車道を減らし歩道拡幅等を実施）
©Barcelona City Council

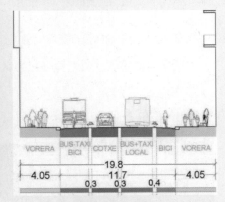

幅員変更後の道路断面図

【関連リンク】
Decidim.Barcelona　URL：https://www.decidim.barcelona/

I

第1章 国土交通分野のデジタル化

また、加古川市では、デジタル技術を活用して、高齢者や子どもも安心して暮らせるよう、小学生の登下校時などにおける見守り支援への取組みを強化するとともに、市民の幸福感向上に向け、参加型民主主義のためのデジタルプラットフォームを活用し、市民の多様なニーズやアイデアを取り入れたまちづくりへの取組みが進んでいる。

## Column コラム

## 私たちが手がける暮らしやすいまち
（市民中心のスマートシティ・地域の見守り支援、兵庫県加古川市）

加古川市は、人口約25万人、一級河川「加古川」を囲む兵庫県南部の都市である。大阪府や神戸市・姫路市への通勤の利便性が高いことからベッドタウンの側面も有しており、「夢と希望を描き 幸せを実感できるまち 加古川」を目指している。

加古川市は特に、安全・安心のまちづくりに注力してきた。これは、かつては刑法犯認知件数の水準が県内でも高く、市民に漠然とした不安感が広がった点に加え、登下校の安全確保に対する高いニーズ、さらに認知機能低下のおそれのある高齢者の捜索に行政としてマンパワーを要していたことなどから、子育て世代が安心して暮らしながら子育てができるまちづくり、高齢者が住み慣れた地域で自分らしく暮らし続けられることができるまちづくりが望まれていたことが背景事情として挙げられる。

課題解決のため、加古川市では、2017年度から小学校の通学路や学校周辺、公園周辺（1校区50台程度、全28校区）を中心に、住民のプライバシーに配慮しながら、「見守りカメラの設置及び運用に関する条例」を制定し、見守りカメラ約1,500台を設置し、地域総がかりで子どもや高齢者を見守る地域コミュニティの強化に取り組んできた。電柱にはカメラの設置位置を明示し犯罪抑止につなげ、犯罪発生時は捜査協力として撮影画像を警察に提供した。また、小学1年生及び認知機能の低下により行方不明となるおそれのある高齢者などに向けたBLEタグの費用を市（小学1年生は市と事業者）が全額負担し、見守りカメラにBLEタグ検知器を内蔵することで、BLEタグ所有者がカメラ付近を通過したことを家族などが確認できる民間サービス（企業3社が全国展開する既存事業）がより効果的に市内で普及するよう環境を整備した。BLEタグは、見守りカメラに加えて市公式アプリ「かこがわアプリ」、公用車及び郵便車両など移動体（アプリユーザーは4,500人程度）でも検知させ、面的な見守り機能を強化した。このような地域との連携や官民連携の強化、デジタル活用も功を奏し、取組み前と比較して刑法犯認知件数が半減したとともに県内水準を下回るようになるなど、安全・安心のまちづくりの進展に寄与した。

### ＜通学路に設置された見守りカメラ＞

### ＜カメラの設置位置を電柱に明示＞

また、新たな展開に向けて、「PLATEAU」と連携し、市が設置する見守りカメラの照射範囲を3Dで可視化し、犯罪発生箇所と重ね合わせた地図を作成した。デジタル技術活用によるスマートプランニングとして、犯罪抑止の観点からカメラの最適配置を検証し、既存の見守りカメラの更新などに活用している。さらに、AIを活用した

高度化見守りカメラを市内に150台設置し、従来の見守りに加えて、異常音検知や車両接近を検知して注意を促すなどにより、犯罪や交通事故の未然防止を図ることや、人流測定を行い、加古川駅周辺の周遊性向上など、データを活用したまちづくりを深化させるため、見守りカメラの多機能化を進めている。

他にも、加古川市では、「参加することではじめるまちづくり」（Make our Kakogawa）として、市民中心のスマートシティに向けた議論を深める場として市民参加型合意形成プラットフォーム「加古川市版Decidim」を2020年に国内初導入した。市民の多様なニーズやアイデアを取り入れ、市民の幸福感が向上するまちづくりの実現に向けて、ワークショップなど既存のオフラインイベントに参加できない働き盛りの層や10代の学生など若者の声をオンライン上で補完的に取り込み、市の施策に反映する取組みを進めている。例えば、「かわまちづくり」や加古川駅周辺のまちづくりへの意見募集、「加古川市スマートシティ構想」の着想から実施段階での意見募集、これら意見の市政への反映などに取り組んでいる。施策に反映されたものの例としては、サイクルポート設置希望が取り入れられたことが挙げられる。これにより、行政内部でのスマートシティのアイデアに限らず、より多くのアイデアをもとに、「市民中心の課題解決型スマートシティ」を目指した取組みを進めている。加えて高校などと連携し、若者の声を市の施策で実現するよう取り組むことで若者の加古川市への愛着形成を図り、ひいては就職後のUターンへの素地作りとするなど、より多面的で中長期的な視野でのまちづくりにも取り組んでいる。

<加古川市版Decidim
（Make our Kakogawa）>

<Decidimでの市民の提案などを
反映し設置したサイクルポート>

資料）加古川市

（物流分野・インフラ分野のデジタル化に対する意識の動向）

物流産業における労働力不足、災害の激甚化・頻発化により露呈した物流ネットワークの脆弱性など物流業界の課題が顕在化している中、「物流DX」の推進にあたり優先して解決すべき課題をたずねたところ、「長時間労働などの労働環境改善（荷待ちシステム等）」や「トラックドライバーなどの高齢化や担い手不足対策（自動運転等）」と答えた人の割合が高かった。

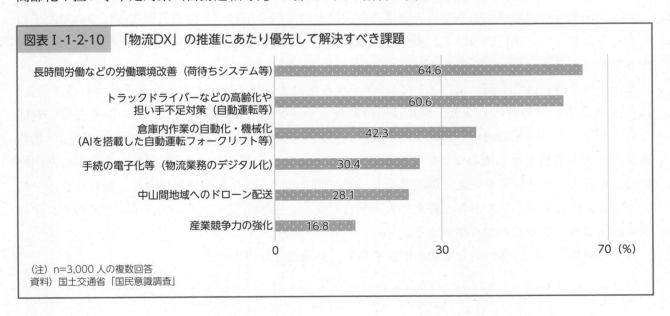

図表Ⅰ-1-2-10　「物流DX」の推進にあたり優先して解決すべき課題

| 課題 | 割合(%) |
|---|---|
| 長時間労働などの労働環境改善（荷待ちシステム等） | 64.6 |
| トラックドライバーなどの高齢化や担い手不足対策（自動運転等） | 60.6 |
| 倉庫内作業の自動化・機械化（AIを搭載した自動運転フォークリフト等） | 42.3 |
| 手続の電子化等（物流業務のデジタル化） | 30.4 |
| 中山間地域へのドローン配送 | 28.1 |
| 産業競争力の強化 | 16.8 |

（注）n=3,000人の複数回答
資料）国土交通省「国民意識調査」

　また、インフラ分野においても、デジタル技術の活用により従来のプロセスや実施方法等を変革し、インフラの整備・管理・利用等の効率化・高度化を図る取組みを進めている中、「インフラDX」の推進にあたり、優先して解決すべき課題をたずねたところ、「危険作業の解消などの労働環境改善」や「建設業の魅力向上、長時間労働の是正によるインフラ整備・管理従事者の高齢化等による担い手不足対策」と答えた人の割合が高かった。

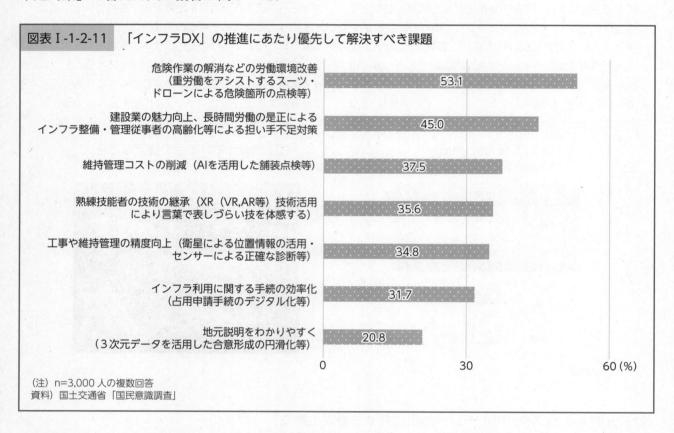

図表 I-1-2-11　「インフラDX」の推進にあたり優先して解決すべき課題

危険作業の解消などの労働環境改善
（重労働をアシストするスーツ・ドローンによる危険箇所の点検等）　53.1

建設業の魅力向上、長時間労働の是正による
インフラ整備・管理従事者の高齢化等による担い手不足対策　45.0

維持管理コストの削減（AIを活用した舗装点検等）　37.5

熟練技能者の技術の継承（XR（VR,AR等）技術活用
により言葉で表しづらい技を体感する）　35.6

工事や維持管理の精度向上（衛星による位置情報の活用・
センサーによる正確な診断等）　34.8

インフラ利用に関する手続の効率化
（占用申請手続のデジタル化等）　31.7

地元説明をわかりやすく
（3次元データを活用した合意形成の円滑化等）　20.8

（注）n=3,000人の複数回答
資料）国土交通省「国民意識調査」

　物流分野、インフラ分野ともに、労働環境の改善、担い手不足対策の観点について、優先して取り組むべきであると考える人が多いことがうかがえる。

**（デジタル化による社会課題解決への期待）**

　国土交通省「国民意識調査」では、課題の解決に向けて取り組むべき施策の優先度についてたずねたところ、すべての項目について、優先度が高い（とても高い、やや高い）と思うと答えた人の割合が6割を超えた。

　また、優先度がとても高い項目として、「デジタル化やオンライン化による行政手続等の迅速化」、「DXを支える人材の育成」、「デジタル技術の開発・イノベーションの促進」、「あらゆる主体に対応したわかりやすい情報の提供」が約2割となり、行政手続への期待とともに、人材面や技術面、情報基盤面での環境整備への関心が高いことがうかがえる。これらに次いで、「デジタルを活用した利便性の高い住まい方や移動を支える環境整備」、「地方部でのデジタル活用推進による、新たなライフスタイルの創出」に取り組むべきと答えた人の割合が高く、生活環境やライフスタイル面でのデジタル活用が望まれていることがうかがえる。

　人々の期待として、総合的な取組みが求められていることがうかがえる。

図表 I -1-2-12　デジタル化による社会課題の解決に向けて取り組むべき施策の優先度

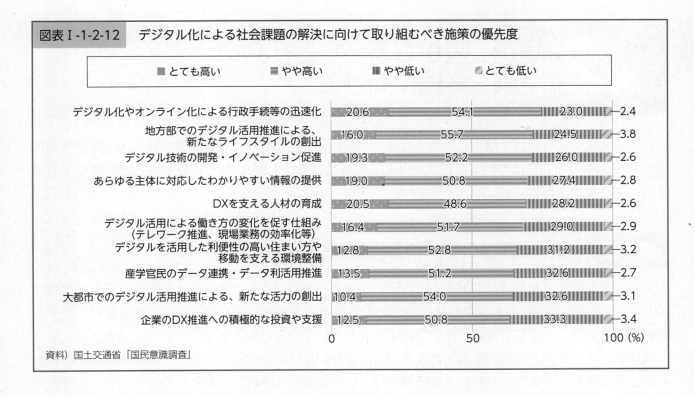

■ とても高い　　■ やや高い　　■ やや低い　　■ とても低い

| | とても高い | やや高い | やや低い | とても低い |
|---|---|---|---|---|
| デジタル化やオンライン化による行政手続等の迅速化 | 20.6 | 54.1 | 23.0 | 2.4 |
| 地方部でのデジタル活用推進による、新たなライフスタイルの創出 | 16.0 | 55.7 | 24.5 | 3.8 |
| デジタル技術の開発・イノベーション促進 | 19.3 | 52.2 | 26.0 | 2.6 |
| あらゆる主体に対応したわかりやすい情報の提供 | 19.0 | 50.8 | 27.4 | 2.8 |
| DXを支える人材の育成 | 20.5 | 48.6 | 28.2 | 2.6 |
| デジタル活用による働き方の変化を促す仕組み（テレワーク推進、現場業務の効率化等） | 16.4 | 51.7 | 29.0 | 2.9 |
| デジタルを活用した利便性の高い住まい方や移動を支える環境整備 | 12.8 | 52.8 | 31.2 | 3.2 |
| 産学官民のデータ連携・データ利活用推進 | 13.5 | 51.2 | 32.6 | 2.7 |
| 大都市でのデジタル活用推進による、新たな活力の創出 | 10.4 | 54.0 | 32.6 | 3.1 |
| 企業のDX推進への積極的な投資や支援 | 12.5 | 50.8 | 33.3 | 3.4 |

資料）国土交通省「国民意識調査」

## 第2章　豊かな暮らしと社会の実現に向けて

デジタル化により課題を解決し、豊かな暮らしと社会を実現すべく、第2章では、国土交通省のデジタル化施策の方向性について記述するとともに（第2章第1節）、新しい暮らしと社会の姿を展望する（第2章第2節）。

### 第1節　国土交通省のデジタル化施策の方向性

近年、デジタル化が急速に進展する中、防災、交通・まちづくり、物流・インフラ、そして行政手続など、「国土交通分野のデジタル化」の一層の推進を図るべく、ここでは、国土交通省のデジタル化施策の方向性について、分野ごとに整理するとともに、今後の施策展開について記述する。

具体的には、まず、国民の生命・財産を守る防災分野について記述し、次に、私たちの日々の暮らしに密接に関わるまちづくり分野や交通分野について記述し、さらに、暮らしや産業を支える物流分野やインフラ分野について記述し、最後に、行政手続やデータプラットフォームなど横断的な取組みについて記述する。

図表 I-2-1-1　国土交通省のデジタル化施策の方向性

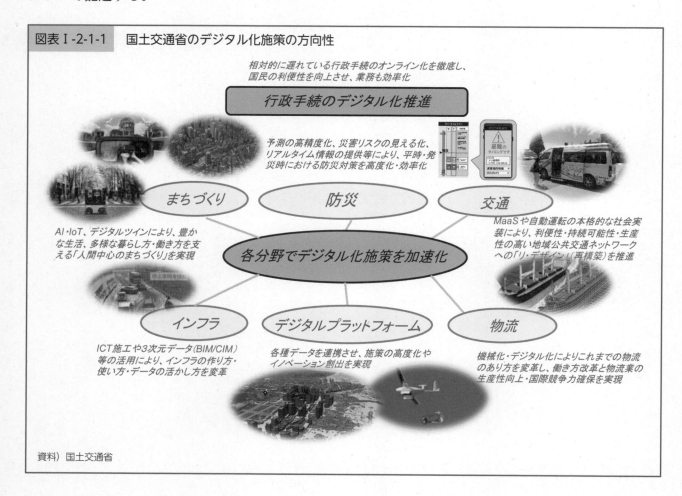

資料）国土交通省

　デジタル化施策の推進にあたっては、個々人の多種多様な環境やニーズを踏まえ、利用者目線できめ細かく対応し、誰もがデジタル化の恩恵を享受できる「人に優しいデジタル化」に向けて取り組んでいく。特に、防災、交通など、国民生活に密着した分野のデジタル化を中心に、個人のニーズに応じた最適なサービスが提供されるよう取り組んでいく。

## 1　防災分野のデジタル化施策

### （1）現状と今後の方向性

　近年、災害が激甚化・頻発化しており、今後、気候変動に伴い災害リスクが更に高まっていくことが懸念される中、ハード・ソフト一体となった防災・減災対策により、国民の生命・財産を守ることが喫緊の課題である。防災・減災対策を飛躍的に向上させていくためには、従来の対応のみでは限界があり、デジタル技術を活用した情報分野での取組みが必要不可欠である。

　これまでも、堤防やダム等の整備、災害時の輸送機関の確保などハード面に加え、気象情報の高度化、災害予測や被災状況等の情報収集手段の確保、避難訓練・計画の高度化といったソフト面の対策に取り組んできた。第1章で見た通り、これら防災・減災対策へのデジタル活用について国民の期待度は高い。平時・発災前・発災後のあらゆるフェーズでデジタル化に取り組み、地域の災害リスクに応じた対応やきめ細かな防災対策・防災情報の提供・避難支援など、防災分野で国民一人ひとりの状況に応じた人に優しいデジタル化を一層推進していく。

### （2）今後の施策展開

#### ①防災・減災対策を飛躍的に高度化・効率化する取組み

#### （デジタル技術を活用した流域治水の推進）

　平時においては、水害等リスク情報の充実や治水対策の効果を見える化するデジタルツインの整備等、デジタル技術を活用してリスクコミュニケーションを一層推進するとともに、災害時においては、浸水センサ等の観測網の充実や流域全体における高度な予測情報の共有等により、円滑な危機管理対応が可能な体制を整備していく。さらには、河川情報等のデータのオープン化やデジタルツインの整備により、官民連携によるイノベーションを通じた、防災・減災対策に資する技術・サービス開発の促進を図っていく。

I

第2章　豊かな暮らしと社会の実現に向けて

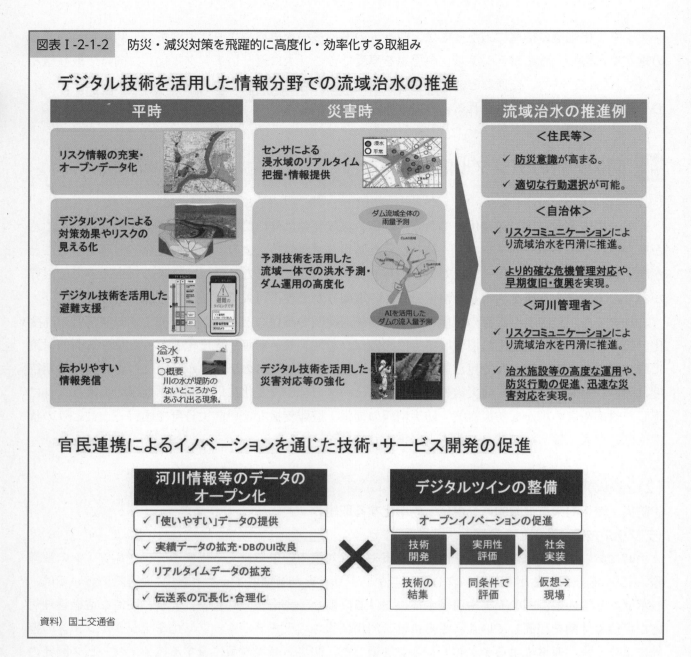

図表 I-2-1-2　防災・減災対策を飛躍的に高度化・効率化する取組み

資料）国土交通省

（技術開発や対策効果の見える化を実現するデジタルツインの整備）

　避難行動を促すサービスや洪水予測技術等の開発をオープンイノベーションにより促進するとともに、治水対策効果の見える化等により合意形成等を促進するため、サイバー空間上に流域を再現したオープンな実証試験基盤（デジタルテストベッド）の整備を進めていく。

## 図表 I-2-1-3　デジタルテストベッドの整備イメージ

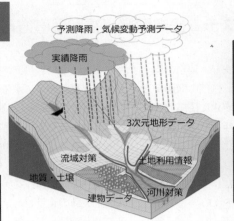

**サイバー空間に流域を再現 ＜デジタルツイン＞**

気候変動・流域関連の各種データと演算・評価機能を組み合わせた実証実験基盤を整備。

**3次元地形データ等の流域関連の各種データを活用できる機能**

**将来気候の予測等の気候変動関連データを活用できる機能**

**洪水予測や流出解析、効果の見える化等の演算機能や技術の評価機能**

予測降雨・気候変動予測データ

実績降雨

3次元地形データ

流域対策　　土地利用情報

地質・土壌

建物データ　　河川対策

**実証実験基盤による オープンイノベーションの加速**

実証実験基盤の下に官民の技術を結集し、オープンイノベーションにより技術開発・実用性評価に要する期間を短縮。新技術の早期の社会実装を実現。

**リスク・対策効果の見える化**

水害リスクや治水対策効果の見える化により流域治水の対策立案や地域合意形成、適切な避難行動等を促進。

資料）国土交通省

### （デジタル技術による迅速な被災状況把握）

　2022年の災害において、デジタル技術を活用したTEC-FORCE[注1]の強化（iTEC）として、オンラインで被災状況の集約などを可能にするTEC-FORCE用アプリを現地の被災状況調査で試行した。これにより、現地の情報をスマートフォンから地方整備局等や本省の対策本部に即時に共有可能となり、活動の効率化や調査結果の共有の迅速化といった効果が認められている。引き続き、iTECの取組みを推進し、ドローン等の活用も進め、被害全容把握の更なる迅速化などを図るとともに、総合司令部のマネジメント機能の強化に取り組み、TEC-FORCEの対応力強化を図っていく。

## 図表 I-2-1-4　現地調査を効率化するTEC-FORCE用アプリの試行

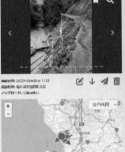

資料）国土交通省

注1　緊急災害対策派遣隊。大規模な自然災害等に際し、被災地方公共団体が行う被災状況の把握、被害の拡大の防止、被災地の早期復旧等に対する技術的な支援を実施している。
【関連リンク】「TEC-FORCE について」URL：https://www.mlit.go.jp/river/bousai/pch-tec/index.html

# Column コラム

## 遠隔監視制御型樋門管理システム研究開発（福岡県直方市）

I

第2章　豊かな暮らしと社会の実現に向けて

　直方市は、人口約5万5千人の市であり、河川の支川や小規模の水路等を多く有している。樋門の開閉操作は、集中豪雨等による急激な河川の変化に即応できるよう、近隣に居住する自営業者や定年退職者に業務委託をしており、操作員の確保や高齢化が大きな課題となっていた。また、樋門の開閉操作は、暴風雨や夜間の作業も必要で危険度が高く、重責な作業という点も、操作員の担い手不足を招く一因であった。

　これらの課題を解決するため、直方市は、2020年度から産学官が連携してデジタル技術を活用した研究開発を開始し、市内に設置されている樋門に、遠隔監視及び遠隔制御のために開発したユニットを取り付けて実証事業を実施してきた。

　具体的には、樋門を遠隔制御するため、電動化ギアユニットとIoT制御盤及び制御用コンピュータを取り付けるとともに、樋門の開閉状況を確認するためのIPカメラと樋門直下の水位を計測するための超音波式水位センサを設置した。樋門に設置した各ユニットの情報は、セキュリティが確保された専用クラウドにあるデータベースに送信される。操作員は、樋門から離れた場所で様子を確認し、専用の端末からボタン操作一つで樋門の開閉操作を実施できる。また、このシステムの荒天時の実証も行い、樋門の開閉作業が可能であることも確認してきた。コストを抑えるため、後付けの簡易な仕組みの開発を目指している点も特徴的である。

　今後、樋門の開閉操作の自動化に向けて、必要なデータを蓄積し担い手不足や減災に寄与するシステム開発を推進していくこととしている。

＜小規模水路での樋門操作自動化に向けた開発＞

資料）直方市

## ②人工衛星やスーパーコンピュータを活用した取組み

**（デジタル技術を活用した防災気象情報の高度化）**

　デジタル技術を活用した線状降水帯や台風等の予測精度向上等を図ることにより、地域の防災対応、住民の早期避難に資する情報提供を行うことが重要である。

　線状降水帯の予測においては、気象庁スーパーコンピュータシステムの強化、理化学研究所のスーパーコンピュータ「富岳」の活用、産学官連携での技術開発等を進めている。2022年6月からは、各種観測データに基づいて将来の大気の状態を計算する数値モデルの結果を用いたAI予測と予報官の判断を組み合わせながら、線状降水帯による大雨の可能性について、半日程度前から広域での呼びかけを行っている。

　今後、大気の3次元観測機能など最新技術を導入した次期静止気象衛星の整備をはじめ水蒸気観測の強化、予測の強化等を行い、最終的には2029年の市町村単位での呼びかけを目指していく。

　なお、緊急地震速報においても、デジタル技術を活用した改善に継続して取り組んでおり、2023年2月からは長周期地震動の予測を含めた緊急地震速報の発表を開始したほか、揺れの推定精度をさらに向上させていく。

---

図表 I -2-1-5　デジタル技術を活用した防災気象情報の高度化（線状降水帯の予測精度向上）

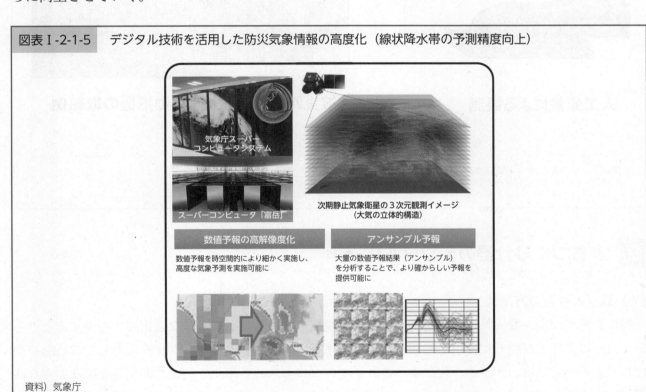

資料）気象庁

（人工衛星を活用した土砂災害の早期把握への取組み）

　現在、人工衛星を活用し、天候・昼夜を問わず大規模な土砂移動箇所を早期に把握し、市町村長が実施する避難指示等の判断を効果的に支援できるように、土砂移動把握に関する観測・分析の精度向上、作業時間短縮を図っている。

　今後、地すべり等の危険度が高い箇所を中心とした常時観測・移動検知手法の実証を行い、予兆現象の把握等による発災前の適切な情報提供が可能となるよう検討を進めていく。

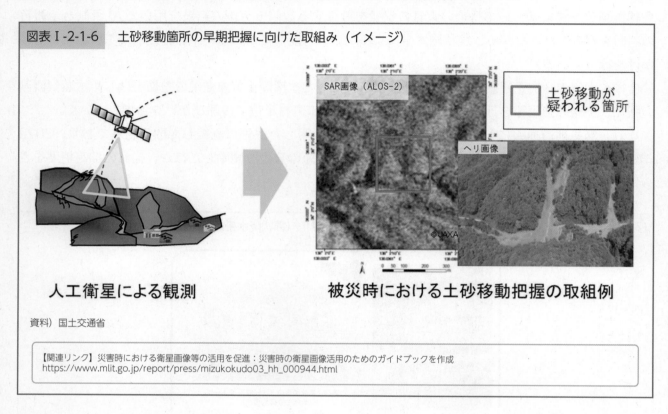

図表 I-2-1-6　土砂移動箇所の早期把握に向けた取組み（イメージ）

人工衛星による観測　　　　被災時における土砂移動把握の取組例

資料）国土交通省

【関連リンク】災害時における衛星画像等の活用を促進：災害時の衛星画像活用のためのガイドブックを作成
https://www.mlit.go.jp/report/press/mizukokudo03_hh_000944.html

## 2　まちづくり分野のデジタル化施策

### （1）現状と今後の方向性

　都市や地域が様々な人々のライフスタイルや価値観を包摂しながら多様な選択肢を提供するとともに、人々の多様性が相互に作用して新たな価値を生み出すためのプラットフォームとしての役割を果たしていくためには、デジタル化によりこれまでのプロセスの効率化や利便性向上等を図るのみならず、従来のまちづくりの仕組みそのものを変革し、新たな価値創出や課題解決を実現すること、つまりデジタル・トランスフォーメーションが必要である。

　このような中、2022年度に国土交通省で取りまとめた「まちづくりのデジタル・トランスフォーメーション実現ビジョン」注2では、インターネットやIoT、AI、デジタルツイン注3等の活用により、まちづくりに関する空間的、時間的、関係的制約を解放し、従来の仕組みを変革していくことで、豊かな生活、多様な暮らし方・働き方を支える「人間中心のまちづくり」の実現に向けて取り組むこと

注2　【関連リンク】まちづくりのデジタル・トランスフォーメーション実現ビジョン
　　　URL：https://www.mlit.go.jp/toshi/daisei/toshi_daisei_fr_000050.html
注3　インターネットに接続した機器などを活用して現実空間の情報を取得し、サイバー空間内に現実空間の環境を再現したもの。

としている。

このビジョンに基づき、「持続可能な都市経営」、「Well-beingの向上」、「機動的で柔軟な都市」といった都市の新しい価値の実現を目指していく。具体的には、デジタル技術を用いた都市空間再編、エリアマネジメントの高度化、データを活用したオープンイノベーション創出、デジタル・インフラである3D都市モデルの整備・活用・オープンデータ化プロジェクト「PLATEAU」を推進していく。

## （2）今後の施策展開
### ①市民生活等の向上に向けたスマートシティの取組み

スマートシティは、市民（利用者）中心主義、ビジョン・課題フォーカス、分野間・都市間連携を重視する基本原則に基づき、新技術や官民各種のデータを活用した市民一人ひとりに寄り添ったサービスの提供や、各種分野におけるマネジメント（計画、整備、管理・運営等）の高度化等により、都市や地域の抱える諸課題の解決を行い、新たな価値を創出し続ける持続可能な都市や地域である。

政府においても、新技術や各種データ活用をまちづくりに取り入れたスマートシティをSociety5.0[注4]、ひいてはSDGs[注5]の達成の切り札として推進している。

国土交通省では、先進的な都市サービスの実装化に向けて取り組む実証事業の支援を行い、これらから得られた知見を盛り込んだスマートシティ・ガイドブックの普及展開等を図っており、今後とも、内閣府、総務省、経済産業省と連携してスマートシティを推進していく。

図表 I -2-1-7　スマートシティ

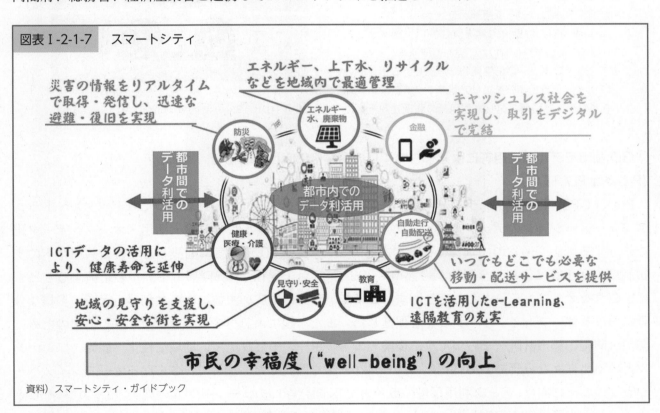

資料）スマートシティ・ガイドブック

注4　サイバー空間（仮想空間）とフィジカル空間（現実空間）を高度に融合させたシステムにより、経済発展と社会的課題の解決を両立する、人間中心の社会（Society）。狩猟社会（Society 1.0）、農耕社会（Society 2.0）、工業社会（Society 3.0）、情報社会（Society 4.0）に続く、新たな社会を指す。
注5　持続可能な開発目標（Sustainable Development Goals）

# *Column* コラム

## 街の価値の向上に向けたスマートシティの取組み（大手町・丸の内・有楽町地区）

大手町・丸の内・有楽町地区（以下、同地区）は、日本経済を牽引する東京都心のビジネスエリアであり、日本の国際競争力を牽引していくためにも、先進的なスマートシティ化を推進している地区である。区域面積は約120haで超高層ビルが軒を連ねるため建物延床面積は約880ha（建設予定含む）、建物棟数は103棟（建設予定含む）となっている。世界でも有数の業務地区（CBD）であり、就業人口は約28万人、約4,300社が拠点を構えている。

同地区では「Smart & Walkable」のコンセプトの下に、ロボットやモビリティが歩行者やくつろぐ人々を支援し共存するリ・デザインの都市像のあり方を検証するため、2022年度には完全遠隔監視・操作型自動搬送ロボットを活用した実証実験を実施した。公道を含む指定ルートを巡回しながら、特定の販売地点に停止し、無人でカプセルトイや飲料などを販売し、活用方策や実装に向けた課題整理を行った。

フレキシブルな販売形態を試験的に実施することで、将来の実装形態に向けた知見を蓄積するとともに、都市OSとロボットの位置情報を連携し、ロボットのリアルタイム走行情報をエリア回遊マップアプリ「Oh MY Map!」で情報発信し、利用者の利便性向上につ

いての検証も行った。

今後について、同地区は、リアルタイムにデータを利活用することで、まちの創造性、快適性、効率性をさらに向上させ、同地区の価値を高めることを目指していくこととしている。

<自動搬送ロボット>

パナソニック ホールディングス㈱開発のハコボ®
資料）（一社）大手町・丸の内・有楽町地区まちづくり協議会

### ② 3D都市モデルの活用等によるまちづくりの高度化に向けた取組み
### （Project PLATEAU）

Project PLATEAU（プラトー）は、スマートシティをはじめとしたまちづくりデジタル・トランスフォーメーションのデジタル・インフラとなる3D都市モデル[注6]の整備・活用・オープンデータ化を推進する国土交通省のプロジェクトである。これまで、2022年度に創設した地方公共団体への支援制度の活用等により、全国約130都市（2023年3月末現在）の3D都市モデルを整備するとともに、これをオープンデータとして公開することで、官民の幅広い主体による共創のもとで、多様な分野におけるオープンイノベーションを促進した。また、国によるベストプラクティスの創出のため、防災・防犯、都市計画・まちづくり、環境・エネルギー、モビリティ、地域活性化・観光・コンテンツといった様々な分野で100件程度のユースケースを開発した。加えて、さらなるオープンイノベーションの創出に向け、データ利用環境の改善（SDK開発等）、チュートリアルの充実、ハッカソン・ピッチイベントの開催等を実施した。2023年度は、「実証から実装へ」をプロジェクトコンセプトに掲げ、3D都市モデルの整備・活用・オープンデータ化のエコシステムを構築するための施策を展開してい

---

注6　3D都市モデルとは、現実の都市空間に存在する建物や街路などを、サイバー空間に3Dオブジェクトで再現し、さらにそのオブジェクトに、名称、用途、建設年といった都市活動情報を付与した、3D都市空間情報プラットフォームを指す。

く注7。

　今後、2027年度までに500都市の整備を中長期方針として掲げ、3D都市モデルの整備・活用・オープンデータ化の一層の推進に向け、取組みを加速させていく。

---

図表 I -2-1-8　Project PLATEAU

**3D都市モデルの整備**

・都市の形状全体をデータとして再現するとともに、建物等のオブジェクト一つ一つが用途や構造等の属性情報を保持し、「カタチ」だけでなく「意味」もデータ化。
・2020年度は自治体が保有する都市計画GIS等の既存データを活用した安価な整備スキームを確立。

名称：○○タワー
高さ：120m
用途：商業施設
構造：鉄筋RC …

3D都市モデル（新宿駅周辺）

**3D都市モデルのオープンデータ化**

・G空間情報センターにて、広く一般にデータを公開。
・オープンライセンスを採用し、二次利用を可能とすることで、各分野における研究開発や商用利用を促進。
・地方自治体職員向けのガイダンスから、民間企業、研究機関、エンジニア向けの技術資料、ソースコードまで幅広く知見を公開することで、3D都市モデルの全国展開を促進。

**国際標準を採用したデータフォーマット**

・データフォーマットには地理空間情報分野における国際標準化団体が国際標準として策定した"CityGML 2.0"を採用し、多様な分野における活用が可能な高い相互流通性を実現。

**ニーズに合わせた利用**

・洪水等の災害ハザード情報や人流データなどの様々なデータを重ね合わせることができ、ニーズに合わせた分析やシミュレーションを行うことが可能。

 ▶ 洪水浸水想定区域を3D表示

 ▶ 3D都市モデル上で人流データを可視化

資料）国土交通省

---

**（PLATEAUと連携した建築・不動産分野の取組み（建築・都市のDXの推進））**

　少子高齢化に伴う生産年齢人口の減少や災害の激甚化・頻発化等の社会課題への対応に資するため、建築生産や都市開発、不動産分野においても、生産性の向上や質の向上を図ることが求められている。

　このような中、国土交通省では、建築・都市・不動産分野のデジタル施策である建築BIM注8、PLATEAU、不動産ID注9を一体的に推進する「建築・都市のDX」に取り組んでいる。建物内部からエリア・都市スケールレベルまで、シームレスで高精細なデジタルツインを実現するとともに、不動産関係のベース・レジストリの整備を推進することで、都市開発・まちづくりの効率化や、新サービス・新産業の創出、地域政策の高度化に寄与することが期待される。

　今後、データ相互の連携手法の開発・実証や、幅広い分野におけるユースケースの横展開に取り組んでいく。

---

注7　具体的には、3D都市モデルの全国展開と社会実装を推進するため、国によるデータ整備の効率化・高度化のための技術開発、先進的な技術を活用した多様な分野におけるユースケースの開発等に取り組むとともに、地方公共団体による3D都市モデルの整備・活用等を支援する補助制度（都市空間情報デジタル基盤構築支援事業）や、地域の人材育成、コミュニティ支援等の活用による地域のオープンイノベーションの創出等を推進する。

注8　「建築BIM（Building Information Modeling）」：3次元の形状情報に加え、建物の属性情報を併せ持つ建物情報モデルを構築するシステム。設計・施工・維持管理といった建築生産プロセスを横断して建築物のデータを連携・蓄積・活用する建築分野のデジタル・インフラとしての役割が期待される。

注9　不動産ID：土地や建物を一意に特定するため、不動産登記簿の「不動産番号」（13桁）をベースに「特定コード」（4桁）を加えた17桁の番号（2022年3月「不動産IDルールガイドライン」を公表）。官民の幅広い不動産関連情報の連携のキーとしての活用が期待される。

図表Ⅰ-2-1-9　建築・都市のDXの推進

**官民連携のDX投資を推進**するため、DX投資に**必要な情報基盤**として、
**建築・都市・不動産に関する情報が連携・蓄積・活用できる社会を早期に構築することが必要。**

| 建築BIM | PLATEAU | 不動産ID |
|---|---|---|
| 個々の建築物情報の3次元デジタル化 | 都市全体の空間情報等の3次元デジタル化 | 官民の様々なデータ連携のキー |

不動産ID

例：不動産番号が［0100123456789］である
賃貸マンションの［203号室］

0100123456789-0203

不動産番号13桁　　　部屋番号4桁

**一体化・加速化**

**建物内からエリア・都市スケールまでシームレスに再現した高精細なデジタルツインを実現**
建築BIMからPLATEAUへの自動変換や不動産IDをキーとした連携などにより**データ整備・更新を自動化・効率化**
建物情報や都市計画・ハザード、インフラ事業者情報などの**多様なデータを連携・オープン化**

**都市開発・まちづくりのスピードアップ**
**オープンイノベーション（DX）による新たなサービス・産業の創出・地域政策の高度化**

資料）国土交通省

### ③新技術の活用等による新サービスの創出・観光まちづくりの取組み

デジタルツインなど3D都市モデルの構築とともに、AR・VR等のデジタルツール[注10]の利用環境の整備が進む中、観光における新技術やデータ利活用の促進を図ることが重要である。

# Column　コラム

## VRを用いた新サービスによる観光の高付加価値化
（VRを用いた街歩き体験の高度化、㈱たびまちゲート広島）

㈱たびまちゲート広島は、平和記念公園を巡りながら、被爆前の街並みから現代に至るまでの道のりをVRで体験する「PEACE PARK TOUR VR」を実施している。ツアーは、ガイドとともに約60分かけて平和記念公園などを巡りながら、被爆者の証言や過去の写真等の史実を基に制作した再現VRを、各ポイントで視聴することで、当時にタイムスリップすることができる（日・英の言語選択可）。

VR技術を用いることにより、原爆ドームといった現存する被爆建物を見るだけではなく、過去の街並みや被爆当時の様子を体験することで、戦争と平和について考える機会の創出につながることが期待されている。

このほか、平和記念公園エリアでは、広島の観光・平和学習に役立つデジタルマップ（デジタル3Dコンテン

ツ）を公開しており、オンライン上での体験にも寄与している。

＜視聴ポイントでVR技術を用いて再現した当時の様子を疑似体験＞

資料）㈱たびまちゲート広島

---

**注10**　AR（Augmented Reality、拡張現実）は、利用者がその空間（場所）に存在するとともに、実際に見ている現実世界に対して、コンピュータで作られた映像や画像を重ね合わせることで、現実世界を拡張する技術である。VR（Virtual Reality、仮想現実）は、利用者がその空間（場所）にいないにもかかわらず、あたかもそこにいるような感覚（没入感）を味わうことのできる技術である。

## ④ IoT技術等の活用による住生活の質の向上に向けた取組み

　少子高齢化、介護分野の人材不足等の社会情勢を踏まえ、健康管理の支援や家事負担の軽減・時間短縮など、IoT技術等の活用による住宅や住生活の質の向上が求められている。国土交通省では、子育て世帯・高齢者世帯など幅広い世帯のニーズに応え、健康・介護、子育て支援等に寄与するIoT住宅の実用化に向けて取り組んでいく。

# Column　コラム

## 住宅や住生活の質の向上に資する先進的なサービス
## （IoT住宅への支援、国土交通省）

　IoT住宅において、消費者・生活者にとってメリットや魅力のある新たな機能やサービスが提供されるとともに、安全かつ安心して活用できるものであることが必要である。

　また、住宅関連事業者だけにとどまらず、医療・介護・警備・小売りなどの日常生活サービス事業者も含めた多様な業種間で、様々なものとサービスが消費者・生活者本位で結びつけられるものであることが重要である。

　例えば、高齢者等では、病気の早期発見を可能とすることで、長く健康かつ自立的な生活を送ることを可能とするため、健康状態に関するバイタルデータを自動的に取得し異常の早期発見に役立てる住宅・サービスの実現や、スマートフォンと連動することで、ドアや窓の鍵のかけ忘れの確認ができ、子どもや居住者の安全・安心の確保を可能とする住宅やサービスが考えられる。

　このほか、スマートメーターやHEMS（Home Energy Management System）注1などを活用した省エネルギー化・省資源化や、スマートキーを活用した宅配ボックスの設置による再配達率の低減なども先進的なサービスとして期待される。

　これらの取組みにより、住生活の質を向上させるとともに、子育て世帯・高齢者世帯など幅広い世帯のニーズに応える住生活関連の新たなビジネス市場の創出・拡大の促進が図られる。国土交通省では、健康・介護、少子化対策等に寄与するIoT技術等を活用した住宅の実用化に向けた課題・効果等の実証を行う事業に対して、支援を実施していく。

### ＜IoT技術を活用した住宅の例＞

注1　HEMSとはHome Energy Management System（ホームエネルギーマネジメントシステム）のことであり、家庭でのエネルギー使用状況の把握や、エネルギー使用の最適化を図るための仕組み。

資料）国土交通省

## 3　交通分野のデジタル化施策

### （1）現状と今後の方向性

　これまで、増加する交通需要に対応するため、競争を基本とした効率的な交通システムの構築を進めてきた一方、地方部では、人口減少等を背景として、交通サービスの維持・確保が困難となる地域が増加している。昨今のデジタル技術の飛躍的な発展やライフスタイルの変化は、交通事業にも変革を促し、行政の制度や規制のあり方が問われるようになった。

　交通のうち特に、鉄道・路線バスなどのいわゆる地域公共交通は、国民生活や経済活動を支える不可欠なサービスであり、地方の活性化を図る上で重要な社会基盤であるが、人口減少や少子化、マイカー利用の普及やライフスタイルの変化等による長期的な需要減に加え、新型コロナウイルスの影響により、引き続き、多くの事業者が厳しい状況にある。こうした現状を踏まえ、国土交通省では、法制度や予算・税制措置などあらゆる政策ツールを活用し、交通DX・GXや地域の関係者の連携・協働（共創）を通じ、利便性・持続可能性・生産性の高い地域公共交通ネットワークへの「リ・デザイン」（再構築）を推進していく。

　これらの交通を取り巻く様々な課題を乗り越えるため、交通政策基本計画に基づき、多様な主体の連携・協働の下、あらゆる施策を総動員して次世代型の交通システムへの転換に向けて取り組んでいく。

　国土交通省が所管する交通インフラ・サービスは多岐にわたり、分野横断的・組織横断的な取組みを推進していくこととしており、ここでは、このうち特に、MaaSや自動運転の実現に向けた取組み等を中心に記述する[注11]。

### （2）今後の施策展開

### ①新たなモビリティサービスであるMaaSの取組み

　MaaS（マース：Mobility as a service）とは、スマホアプリ又はwebサービスにより、地域住民や旅行者一人ひとりのトリップ単位での移動ニーズに対応し、複数の公共交通やそれ以外の移動手段の最適な組合せについて検索・予約・決済等を一括で行うサービスを基本としており、AI等の技術革新やスマートフォンの普及を背景に、公共交通の分野におけるサービスを大きく変える可能性がある。また、AIオンデマンド交通、シェアサイクル等の新たな移動手段や、観光や医療等の目的地における交通以外のサービス等との連携により、移動に関連する消費の需要喚起や地域の課題解決に資する重要な手段である。

　国土交通省では、関係府省庁と連携して全国各地でMaaSの実装に係る取組みを支援するとともに、MaaSのさらなる普及のためには、交通事業者等のデータ連携が重要なことから、「MaaS関連データの連携に関するガイドライン」（2021年4月改訂）を策定し、データ連携に係る環境整備を推進している。

　また、高度で利便性が確保された公共交通等の移動サービスが提供されている日本において、交通分野におけるハード・ソフト両面の蓄積を活用しながらデータ連携の「高度化」を目指すことが重要である。このため、国土交通省では、「交通分野におけるデータ連携の高度化に向けた検討会取りまとめ」（2022年6月）を策定し、公共交通や移動サービスを利用するための手法や各移動手段のリ

---

注11　港湾物流手続の電子化による「サイバーポート」の構築、ドローンによる輸配送の効率化については、「4．物流分野のデジタル化施策」参照、交通分野の行政手続のオンライン化については、「6．デジタル化を支える横断的な取組み」参照。

アルタイムな情報の連携の重要性を示すとともに、これらのデータを束ねるデータ連携基盤の方向性を示すなど、引き続き、多様な交通手段を組み合わせたシームレスな移動の実現を目指すべく、検討を進めていく。

## *Column* コラム

### 交通系ICカードとマイナンバーの連携による地域住民サービスの提供等
（「MaeMaaS」、群馬県前橋市）

　前橋市は、人口減少社会において市域の一様な投資を続けるのではなく、居住地や都市機能を誘導する地域拠点を設け、都市をコンパクト化し、公共交通でネットワーク化するまちづくりに取り組んできた。このような中、官民が連携したまちづくりの一環として、デジタル基盤整備をベースにした交通サービス「MaeMaaS（前橋版MaaS）」等を推進している。

　「MaeMaaS」は、地域公共交通の維持、自家用車から「誰もが安心して利用できる公共交通」への転換の促進などを目的として、2020年12月から実証実験を開始、2022年11月から社会実装している。本取組みは、地域住民のみならず、市外からの来訪者にとっても使いやすい公共交通サービスとしての整備を推進するとともに、運賃施策として、国内初となる交通系ICカードとマイナンバーカード（以下、MNC）の連携・認証による一部公共交通の住民割引等を提供している。

　利用方法は、「MaeMaaS」アプリ上で交通系ICカードとMNCを登録・紐づけして、利用するデマンド交通の車内でMNCと紐づいた交通系ICカードを使用すると住民割引が適用される。デマンド交通の予約はアプリ上からの予約のほか、電話での予約も可能となっている。また、誰に対しても対面で登録手続等の支援ができるように市役所内に登録サポート窓口を設置している。

　加えて、交通分野で独占禁止法特例法に基づく国土交通大臣の認可を受けたバス事業者6社による共同経営を実現させ、各事業者、前橋市でダイヤを調整して、前橋駅から県庁前の区間を「本町ライン」として、2022年4月1日から5分から15分間隔での等間隔運行を開始し、さらなる住民サービスの向上を図っている。

　今後は、群馬県と連携を強化して2023年3月15日

から「MaeMaaS（前橋版MaaS）」から群馬版MaaS「GunMaaS」として広域化・高度化の実現に向けた取組みを推進していくこととしている。

#### ＜デマンド交通＞

● リアルタイム経路検索

● 交通チケット

資料）前橋市

## ②自動運転の実現に向けた取組み
### （自動車の自動運転）

　運転者に起因する交通事故の大幅な低減、高齢者等の移動支援や渋滞の緩和、生産性の向上、国際競争力の強化、旅客や貨物そして公共交通等の運転手不足の解消といった社会課題を解決する手段の

一つとして、自動運転の実現が求められている。

国土交通省では、2018年4月「自動運転に係る制度整備大綱」を策定し、レベル3以上の高度な自動運転の実用化を図るなど必要な整備を行うとともに、一般道路や道の駅における自動運転サービスの実証実験を行う等、自動運転を活用した公共交通サービスの導入に向けた取組みを進めている。また、自動車は国際流通商品であることから、国際的な基準調和が不可欠であり、国連自動車基準調和世界フォーラム（WP29）において、共同議長又は副議長等として自動運転に関する国際基準に係る議論を主導しており[注12]、今後とも国際基準化に向けた取組みを推進していく。

今後、国土交通省は、遠隔監視のみの無人自動運転サービス（レベル4）の実現などの技術開発・実証を推進するとともに、より高度な自動運転機能に係る安全基準の策定や道路上で生じ得る様々な事象に対し、システムが安全を保証しなければならない範囲や通行者や対向車等に対するシステム判断のあり方等の検討など、社会システムの整備に向けた取組みを行っていく。

また、自動運転の実現に向けたインフラからの支援について検討を進めていく。一般車や歩行者・自転車が混在する一般道での自動運転サービス実現に向けて、車載センサで把握が困難な交差点等において、道路交通状況を検知して自動運転車や遠隔監視室へ提供するインフラからの支援に関する実証実験を実施し、システムの技術基準について検討していく。

**（鉄道車両の自動運転）**

鉄道の運転には、運転免許を持つ運転士の乗務が原則であるが、人口減少や高齢化の進行等に伴う将来的な運転士不足の可能性に対応し、運転業務の効率化・省力化が課題である。

これらの課題を解決すべく、国土交通省は、列車の運転台に搭載したカメラによる列車前方の支障物を自動検知するシステムの開発や、運転士が列車運転中に行っている車内監視、列車制御、前照灯操作等の業務の自動化を検討していく。

また、踏切道がある等の一般的な鉄道路線を対象とした自動運転の導入について検討会を設置し、自動運転の技術的要件の基本的な考え方についてとりまとめた。この考え方を踏まえた具体的なルールづくりを進めていく。

---

注12　例えば、2020年6月、自動運転レベル3に関する国内基準と同等の国際基準が成立した。これに基づき、2020年11月に、世界で初めて自動運転車（自動運転レベル3）の型式指定を実施し、日本では2021年3月に、世界初となる自動運転レベル3の認定を受けた市販車が発売され、その動向が注目されている。自動運転レベルについては、第Ⅰ部第1章第2節参照。

# Column コラム

## 人型ロボットによる鉄道の架線メンテナンスに向けて
## （汎用人型重機、㈱人機一体ほか）

　鉄道の高所架線メンテナンスは、墜落や感電等の危険性が高い作業である。作業時間は深夜に限られ、さらに夏は暑く冬は寒い屋外での作業を強いられる過酷な職場環境のため、作業員不足が懸念されている。こうした状況の中、作業員の高所における危険作業・重作業の身体的負担を低減すること等を目的に、西日本旅客鉄道㈱（以下、JR西日本）、日本信号㈱、及び㈱人機一体は、JR西日本の所有する鉄道架線について、メンテナンス作業時の高所における点検、部材交換作業、重量物運搬、塗装・伐採作業等を人手に代わって遂行する「汎用人型重機」を共同で開発している。

　この汎用人型重機による作業現場では、高所作業車の地上付近（ブーム根元）に設けられた室内コックピット（操作機）にいるオペレータが、ブーム先端の汎用人型重機を遠隔操作し、高所作業を行う。これによって、作業員は危険な高所に昇る必要がなくなり、重量物運搬作業からも解放される。また、この汎用人型重機（作業機）と操作機との同期が円滑に行われ、作業機が受ける力・重さ・反動等の感覚が操作機を介してオペレータにフィードバックされることで、複雑な人型重機を自在に操れる直感的な操作性も重視されている。

　このような遠隔操作可能な大型の汎用人型重機について、㈱人機一体は、鉄道分野を嚆矢として建設現場等の汎用施工ロボットとしても活用が拡大することにより、作業性や生産性の向上のみならず、働き方改革の観点からも、社会基盤をメンテナンスする現場作業員が、危険な作業や長時間労働などを伴う職業ではなく、強大な力を自由自在に操る高度技能者（ロボットオペレータ）へと変わることを見据えて取り組んでいる。

　同社は、将来的には、「先端ロボット工学技術を駆使した汎用人型重機が当たり前に闊歩し、社会基盤が高度に維持され、持続的成長を享受できる世界」を目指し、取り組むこととしている。

<人型ロボットの例（汎用人型重機）>

<汎用人型重機の操作機>

資料）JR西日本（西日本旅客鉄道㈱）

**（船舶の自動運航）**

　近年、海上安全の一層の向上、船上の労働環境の改善、産業競争力の向上・生産性の向上等の観点から、船舶の自動運航技術の実用化への期待が高まっている。国土交通省では、2025年までの自動運航船の実用化を目指し、2018年度から自動運航技術の実証事業を実施してきた。また、2022年2月に自動運航船の設計、システム搭載、運航の各段階における安全確保に関する留意事項を取りまとめた「自動運航船に関する安全ガイドライン」を策定した。

　今後とも、国土交通省では、自動運航船の実用化に向けた取組みを進めていく。

# Column コラム

## 海上輸送を支える造船業のデジタル化（DX造船所、国土交通省）

　四面を海に囲まれる我が国では、海上輸送が貿易量の99.5％を担っており、海運・造船をはじめとする海事産業は、我が国の国民生活や経済活動を支え、経済安全保障を支える社会インフラである。特に、造船業は、海運事業者が調達する船舶の大半を建造するとともに、高性能・高品質な船舶の安定的な供給を通して、安定的な海上輸送の確保に貢献しているほか、艦艇・巡視船の建造・修繕を通じ、我が国の安全保障を支える重要な役割を担っている。

　一方で、我が国の造船業は、自動運航やカーボンニュートラルなどの新たな社会ニーズに応えつつ、諸外国との熾烈なコスト競争にも直面しており、デジタル化を通じた抜本的な生産性の向上やビジネスモデルの変革（デジタル・トランスフォーメーション）が不可欠である。国土交通省は、造船所がデジタル・トランスフォーメーションを実現するための技術開発や実証を支援している。具体的には、建造中の計画変更や手直し発生を減らすため、バーチャル空間上に船主、造船所、舶用メーカー等が集まり機器の配置などを調整できるメタバースの構築を目指すものや、設計工程における上流（基本設計）から下流（生産設計）までの3D設計情報の連携を目指すもの、運航・気象情報のビッグデータを学習し、最適な運航支援や船舶の開発設計を行うことで新たなビジネスモデルを目指すものなど、造船業のDX実現に向けた重要なテーマを幅広く支援している。今後、その成果を業界全体に普及させるとともに更に発展させて我が国造船業の国際競争力の強化を目指す。

### ＜船舶の開発・設計・運航におけるDXのイメージ＞

資料）国土交通省

# Column コラム

## 次世代モビリティとして期待される「空飛ぶクルマ」の実現に向けた取組み
（空飛ぶクルマ、国土交通省）

「空飛ぶクルマ」とは、電動化、自動化といった航空技術や垂直離着陸などの運航形態によって実現される、利用しやすく持続可能な次世代の空の移動手段であり、都市部での送迎サービス、離島や山間部での移動手段、災害時の救急搬送などへの利活用が期待されている。

国内外において機体開発が進められており、2021年10月に、㈱SkyDrive（日本）から我が国初となる空飛ぶクルマの型式証明[注1]申請がなされている。また2022年10月にJobyAviation社（米国）から、2023年2月にVolocopter社（ドイツ）から、同年3月にVerticalAerospace社（英国）から型式証明申請がなされており、国土交通省も各国政府と連携を図りながら審査を進めている。

国土交通省では、関係省庁と連携して、「空の移動革命に向けたロードマップ」に基づき、2025年の大阪・関西万博での飛行開始に向けて、機体や運航の安全基準、操縦者の技能証明、離着陸場等の基準の整備及び、空飛ぶクルマの初期運航に必要な情報提供・モニタリング等を行うための施設整備等を進めている。

### ＜空飛ぶクルマの例＞

©SkyDrive

注1　型式証明：機体の設計が安全性基準、騒音基準及び発動機の排出物基準に適合することを国が審査及び検査する制度のこと。国は、機体の開発と並行して審査及び検査を行う。

## 4　物流分野のデジタル化施策

### （1）現状と今後の方向性

物流業界では、2024年度からのトラックドライバーへの時間外労働の上限規制適用を控え、担い手不足が今後更に深刻化することが懸念されるほか、カーボンニュートラルへの対応も求められており、生産性の向上が喫緊の課題である。こうした課題解決に向けて、2021年6月に閣議決定された「総合物流施策大綱（2021年度～2025年度）」[注13]も踏まえつつ、物流施設における機械化・自動化やドローン物流の実用化、物流・商流データ基盤の構築などの「物流DX」や、その前提となる物流標準化をより一層強力に推進していく。

機械化・デジタル化により物流のこれまでのあり方を変革する「物流DX」により、他産業に対する物流の優位性を高めるとともに、我が国産業の国際競争力の強化につなげることとしている。具体的には、既存のオペレーション改善・働き方改革の実現を図ることや、物流システムの規格化、倉庫や配送業務における自動化・機械化、デジタル化により、物流業務の生産性向上を図っていく。

上述の「総合物流施策大綱」では、今後の物流が目指すべき方向性の一つとして、「物流DXや物流標準化の推進によるサプライチェーン全体の徹底した最適化」を挙げている。これまでの物流のあ

注13　【関連リンク】総合物流施策大綱（2021年度～2025年度）
　　　https://www.mlit.go.jp/seisakutokatsu/freight/content/001409564.pdf

り方を変革するに当たり、機械化・デジタル化により既存のオペレーションを改善し経験やスキルの有無だけに頼らない、ムリ・ムラ・ムダがなく円滑に流れる物流、「簡素で滑らかな物流」の実現を目指していく。

## Column コラム

### サプライチェーン全体の最適化に向けた取組み
（デジタルプラットフォームの構築、NIPPON EXPRESS ホールディングス㈱ほか）

今後、人口減少などに伴う担い手不足や、カーボンニュートラルなどの社会環境が変化していく中、物流は経済社会を支える基盤であることから、NIPPON EXPRESS ホールディングス㈱では、サプライチェーン全体を効率化するデジタル化に取り組んでいる。同社は、物流業界に中長期的に起こり得る変化を予測して、将来像からバックキャストして経営戦略を立てる一方で、社会や物流業界を取り巻く状況は、時事刻々と変化しているため、定点観測して逐次修正しながら事業を進めている。

このような中、日本通運㈱は、今後は各産業を超えた社会全体での効率的で環境に配慮したサプライチェーンが求められる社会が到来すると予測しており、その第一歩として、企業ごとの個別最適サービスとは異なる、各産業に共通する課題を見つけて解決を図るオープン型のデジタルプラットフォームの構築に力を注いでいる。同社は、まずはGDP注1対応が求められる医薬品業界において、温度管理や偽薬混入防止を担保しながらサプライチェーン全体のトレーサビリティを実現するプラットフォーム構築を進めている。

プラットフォーム型サービスは、リスクや変化の激しい時代に有効で、オープン型にすることですべての関係者が一つのプラットフォーム上で作業することができ社会効率性が高まるとともに、コロナ禍のような事態が発生した際も、関係者がワンチームとなって対応することが可能になることが期待されている。

注1　GDP（Good Distribution Practice）：医薬品の適正流通基準

## （2）今後の施策展開
### ①ドローン物流による輸配送の効率化に向けた取組み

ドローンを活用する局面としては、宅配便・郵便のほか、買い物支援、医薬品配送、農林水産物輸送等が考えられ、特に過疎地域等において、非効率なトラックや船舶の輸送の代替配送手段として、ドローン物流の社会実装が少しずつ進んでいる。また、2022年12月には、ドローンの有人地帯における補助者なし目視外飛行（レベル4飛行）が可能となったことから、ドローン物流の更なる発展が期待されている。ドローン物流の社会実装をより一層推進していくためには、ドローン物流に関する課題を抽出・分析し、その解決策や持続可能な事業形態を整理することが必要であることから、2023年3月には、これまでのレベル3飛行に加えてレベル4飛行も対象に、ドローン物流サービスの導入方法や配送手段などに関する具体的な手続を整理した「ドローンを活用した荷物等配送に関するガイドライン Ver.4.0」を公表した。今後、徐々に人口密度の高い地域に拡大し、より多くの機体の同時飛行が可能となることから、持続可能な事業形態としてのドローン物流の社会実装をより一層推進していく。

図表Ⅰ-2-1-10　ドローンにおける飛行レベル

資料）内閣官房

# Column　コラム

## 買い物難民への配送支援
## （条件不利地域におけるドローン物流、長野県伊那市・長崎県五島市）

### ■長野県伊那市（アルプス山岳地）

　長野県伊那市の長谷地域では小売店舗がなく、高齢者が免許返納や独居等により、買い物が困難であることが社会福祉協議会実施の調査により判明し、課題となっていた。そこで、伊那市は道の駅を拠点として、河川上空を航路とする安全な自動運転ドローンによる物流の実現に向けて2018年から実証実験を開始し2020年に国内自治体として初めて事業化した。

　平日午前11時までに注文した食品や日用品を注文者宅近隣の公民館に自動運搬し、注文者の移動なく当日に配送される。陸地輸送による自動車でのルートよりショートカットが図れることで、配送に要する時間の短縮や少量配送の減少に伴う自動車や運転手稼働の効率化も実現している。2020年8月より伊那市買い物支援サービス「ゆうあいマーケット」として開始以降、目視外飛行による物流サービスを提供している。

＜食品や日用品を配送するドローン＞

資料）伊那市

### ■長崎県五島市（離島）

　五島市は、2018年度から5か年計画で「ドローンi-Land プロジェクト」事業を推進している。

　本プロジェクトでは、民間企業や医療業界と連携して、五島列島の住民や医療機関などを対象に、ドローンで日用品・食品や医療用医薬品を配送する実証を実施している。

　2022年度に、そらいいな㈱が実証した際に使用したドローンは、固定翼機で遠距離の飛行や日用品・医薬品の配送に適している。配送方法は、パラシュート式の箱を使用し、予め設定した場所に荷物を投下した後に、自動で配送拠点まで帰還する。

　ドローン配送は、海上配送に比べて、配送にかかる時間が大幅に短縮されるとともに、船の最終便が出たあとの追加配送需要にも応えることができる。

　今後、同市は、広域ドローン物流網を活用した地域の生活基盤を支援する持続可能な配送サービスの実現に向

**＜日用品・食品や医薬品などを配送するドローン＞**

資料）Zipline International Inc.

けて、必要な地域連携体制の構築などに取り組んでいくこととしている。

## ②港湾物流等におけるデジタル化に向けた取組み

　港湾物流手続は、特定の民間事業者間や事業者グループ内での電子化は進んでいるものの、港湾物流に関わるいずれの業種においても、約5割の手続が依然として紙、電話、メール等で行われているのが現状である。結果として、情報を電子化するための再入力作業や、情報や手続状況の電話での問い合わせなど、非効率な作業が発生している。また、同様の手続であっても民間事業者毎に書類様式・項目や接続方法が異なるため、これらに個々に対応する必要が生じている。

　これらの課題を解決する手段として、民間事業者間の港湾物流手続を電子化することで業務を効率化し、港湾物流全体の生産性向上を図ることを目的としたプラットフォームであるサイバーポート注14を構築し2021年4月から運用を開始し、利用促進に取り組んでいる注15。

　今後、港湾物流・港湾管理・港湾インフラの3分野のデータを連携させることにより、港湾利用情報等を活用した効率的なアセットマネジメントの実現、災害発生時の早期の被災状況把握、インフラ利用可否情報の提供及び港湾工事等における利用者間調整の円滑化といった多くのシナジー効果の創出を目指す。

　また、我が国では生産年齢人口の減少による、港湾労働者不足や、大型コンテナ船の寄港増加に伴うコンテナターミナルの処理能力不足が課題となっている。これら課題の解決のため、コンテナターミナル全体のオペレーションの改善や、荷役機械の高度化、港湾労働者の安全性の向上等を目的として、港湾における技術開発を推進していく必要がある。このため、「ヒトを支援するAIターミナル」に関する取組みを深化させ、更なる生産性向上や労働環境改善に資する技術開発を推進する「港湾技術開発制度」を2023年度より創設した。

　このほか、2024年度からのトラックドライバーの時間外労働の上限規制等により、労働力不足の

---

注14　【関連リンク】サイバーポート①　https://www.mlit.go.jp/kowan/kowan_00002.html
　　　【関連リンク】サイバーポート②　https://www.cyber-port.net/
注15　導入実績をみると、2021年10月1日には52社であったが、2023年3月1日には399社まで導入が拡大している。サイバーポートを導入することで、業務時間の削減やIT投資の節減、手続の待ち時間の短縮のほか、在宅勤務の促進にもつながるなど導入効果は大きい。港湾行政手続情報等の電子化（港湾管理分野）、施設情報等の電子化（港湾インフラ分野）とあわせて、2023年度中の三分野一体運用を目指してシステムの機能改善、利用拡大を進めている。

問題が顕在化する中、情報通信技術等を用いた内航フェリー・RORO船ターミナルの荷役効率化等を図る次世代高規格ユニットロードターミナルの形成に向けた取組みを推進している。これらの取組みを通じて、我が国港湾の生産性向上、国際競争力の強化を図っていく。

## 5　インフラ分野のデジタル化施策

### （1）現状と今後の方向性

　国土交通省が所管するインフラ分野において、社会ニーズに対する施策展開を従来の「常識」にとらわれず柔軟に対応していくことが重要である。

　特に建設業では、就業者の高齢化が進行し、近い将来高齢者の大量離職が見込まれることから、建設業の魅力向上を図り若年層の入職促進を含めた担い手確保への取組みを一層強化するとともに、デジタル化による課題解決を図っていくことが求められる。

　陸海空のインフラ整備・管理など社会資本整備の担い手として国民の安全・安心を守るとともに、より高度で便利な行政サービスを提供すべく、関係者との連携・協調によりインフラ分野のデジタル化を推進していく。

　これまで、「インフラ分野のDXアクションプラン」を策定し取組みを進めており、今後、ネクストステージとして、本格的な挑戦に取り組んでいくこととしている。具体的には、「インフラ分野のDX」を「デジタル技術の活用でインフラまわりをスマートにし、従来の『常識』を変革」するものであると位置づけるとともに、関連する手続などいつでもどこでも気軽にアクセスでき、コミュニケーションをよりリアルに行え、現場にいなくても現場管理が可能となるよう、取り組んでいく。

　また、「インフラの作り方」の変革、「インフラの使い方」の変革、「データの活かし方」の変革を分野網羅的に、業界内外や産学官も含め、技術の横展開、シナジー効果の期待など、組織横断的に進めていくこととしている。「インフラの作り方」の変革とは、インフラ建設現場（調査・測量、設計、施工）の生産性を飛躍的に向上させるとともに、安全性を向上させ、手続等の効率化を実現することである。「インフラの使い方」の変革とは、インフラ利用申請のオンライン化に加え、デジタル技術を駆使して利用者目線でインフラの潜在的な機能を最大限に引き出すとともに、安全で持続可能なインフラ管理・運用を実現することである。「データの活かし方」の変革は、「インフラまわりのデータ」を誰にでもわかりやすい情報形式で提供するとともに、オープンに提供することで、新たな民間サービスが創出される社会を実現することを目指していく。

　国土交通省が所管するインフラは多岐にわたり、分野横断的・組織横断的な取組みを推進していくこととしており、ここでは特に、建設現場の生産性向上の取組み、次世代道路システム構築の取組み等を中心に記述する。

### （2）今後の施策展開

#### ①建設現場の生産性向上の取組み

（「i-Construction」（ICT施工））

　建設業の生産性向上は必要不可欠である中、国土交通省では、働き手の減少を上回る生産性向上を

【関連動画】
港の物流をもっと効率的に！サイバーポートでつながる港の未来。
URL：https://www.youtube.com/watch?v=mqlkKAJiq0M

図るため、2016年度より建設現場においてICT活用等を進める「i-Construction」を推進している。

「i-Construction」のトップランナー施策の一つであるICT施工は3次元設計データを活用することで、UAVやレーザースキャナを用いた3次元測量や自動制御されるICT建設機械等で施工の効率化を図るものである。2021年度末時点で直轄工事においては公告件数の約8割で実施されるなど普及が進んでいるが、その一方で中小建設企業への普及はまだ途上にあることから、ICTアドバイザー制度や講習・研修の実施による人材育成支援、小規模工事に適用できる基準類の作成等に取り組んでいる。今後はデジタルツイン等の最新のデジタル技術も駆使して、ICTによる作業の効率化からICTによる工事全体の効率化を目指し、ICT施工StageⅡとして更なる生産性の向上を図っていく。

図表Ⅰ-2-1-11　ICT施工StageⅡ

資料）国土交通省

**（建設機械施工の自動化・自律化）**

　現場の生産性向上に資する技術の一つとして、建設機械施工の自動化・自律化・遠隔化の取組みも進めている。2021年度に設置した「建設機械施工の自動化・自律化協議会」及びその下部組織であるワーキンググループにおいて、行政機関や建設施工関係の有識者・業界団体等の多様な関係者の参画のもと、自動・自律・遠隔施工の安全ルールや技術開発の協調領域の検討、自動・自律・遠隔施工機械の現場実証や新たな施工方法に対応する施工管理基準の策定に向けた検討等を進めている。今後も引き続き、自動・自律・遠隔施工技術の普及に向けた取組みを実施していく。

図表Ⅰ-2-1-12　建設機械施工等の自動化・自律化技術の導入、安全ルール等の策定

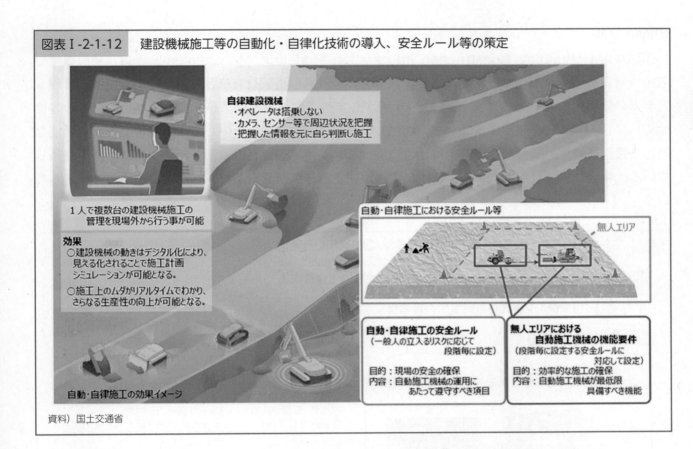

資料）国土交通省

# Column コラム

## 自律施工の実現に向けた産学官連携による技術開発の促進
（自律施工、土木研究所）

　建設機械施工の自律化技術とは、オペレータの搭乗しない建設機械がセンサ等で周辺状況を把握し、把握した情報とあらかじめ与えられた作業指示を基に、建設機械を含むシステムが、全体あるいは一部を自ら判断し施工を行うことが可能となる技術であり、一人のオペレータが複数台の建設機械の監理を遠隔地から行うことができるものである（自律施工）。

　現在、産学官の関係機関が各々、連携・共同して建設機械施工の自律化の研究開発や実証などを推進しており、ダムなどの一部の工事現場ではこういった技術の導入事例が見られ始めている。また、土木研究所では、自律施工技術の開発や普及の促進に資することを目的として、シミュレータと実機により検証可能な実環境で構成され、産学官がオープンに使用できる自律施工技術基盤OPERAの整備を進めている。

資料）土木研究所

　今後、建設機械施工が自律化することで、建設従事者の負担軽減、省人化につながるほか、建設現場の働き方改革や生産性の向上が期待される。

<自律施工のイメージ>

I

第2章　豊かな暮らしと社会の実現に向けて

（BIM/CIM）

　BIM/CIM（Building/Construction Information Modeling, Management）とは、建設事業で取扱う情報をデジタル化することにより、関係者のデータ活用・共有を容易にし、建設生産・管理システムの効率化を図るものである。2023年度からすべての直轄土木業務・工事（小規模なもの等は除く）にBIM/CIMを適用することを原則化し、視覚化による効果を中心に未経験者で取組み可能な内容を義務項目に、高度な内容を推奨項目に設定し、業務等の難易度に応じた効率的な活用を目指している。今後は、より高度なデータ活用に向け解決すべき課題を、プロジェクトチーム等で検討していく。

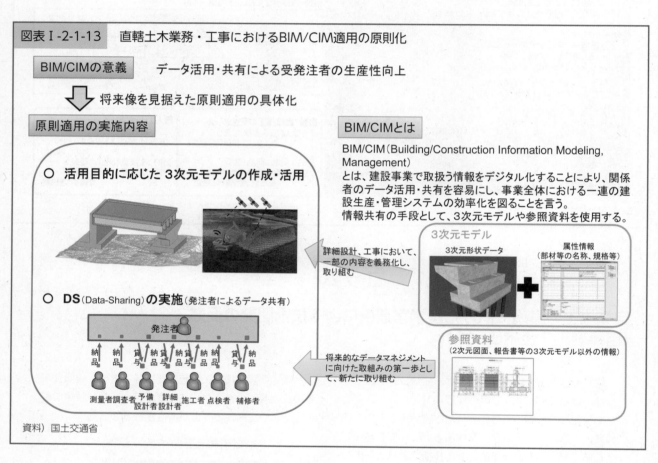

図表 I -2-1-13　直轄土木業務・工事におけるBIM/CIM適用の原則化

BIM/CIMの意義　　データ活用・共有による受発注者の生産性向上

将来像を見据えた原則適用の具体化

原則適用の実施内容

BIM/CIMとは
BIM/CIM（Building/Construction Information Modeling, Management）とは、建設事業で取扱う情報をデジタル化することにより、関係者のデータ活用・共有を容易にし、事業全体における一連の建設生産・管理システムの効率化を図ることを言う。
情報共有の手段として、3次元モデルや参照資料を使用する。

○ 活用目的に応じた 3次元モデルの作成・活用

詳細設計、工事において、一部の内容を義務化し、取り組む

3次元モデル
3次元形状データ ＋ 属性情報（部材等の名称、規格等）

○ DS（Data-Sharing）の実施（発注者によるデータ共有）

発注者

納品　納品　貸与　納品　貸与　納品　貸与　納品　納品　貸与　納品
測量者　調査者　予備設計者　詳細設計者　施工者　点検者　補修者

将来的なデータマネジメントに向けた取組みの第一歩として、新たに取り組む

参照資料
（2次元図面、報告書等の3次元モデル以外の情報）

資料）国土交通省

## ②道路システムのデジタル・トランスフォーメーション「xROAD（クロスロード）」の推進

　近年、技術者不足や厳しい財政状況などの制約がある中で、インフラの効率的な維持管理を可能とする新技術の開発及び活用が必要とされている。一方で、社会全体のデジタル化が喫緊の課題となっており、政府としてデジタル田園都市国家構想といった政策が進められているところである。こうした中で道路分野においても、道路利用サービスの質を高め、国民生活や経済活動の生産性の向上を図るため、道路の調査・計画や工事、維持管理、道路利用者の利便性向上など様々な場面におけるデジタル・トランスフォーメーションを「xROAD（クロスロード）」と名付け、取組みを推進している。

　今後、道路管理者の業務の高度化のみならず、道路の利用者に安全・安心、そして利便性を確保することを目的に、道路利用者や現場の声、民間の技術や様々な知見も取り入れつつ、「安全（Safe）で、賢く（Smart）使えて、持続可能（Sustainable）な」道路の実現に向けて取り組んでいく。

図表 I -2-1-14　　xROADの主な取組み

○新たな道路交通調査体系の構築　　○高速道路等の利便性向上
○道路の維持・管理の高度化・効率化　○次世代の ITS の推進
○行政手続の高度化　　　　　　　　　○データの利活用・オープン化

<道路の維持・管理の高度化・効率化>　　　　<データの利活用・オープン化の例>

AI を活用した交通障害の自動検知（イメージ）

除雪作業の自動化（イメージ）

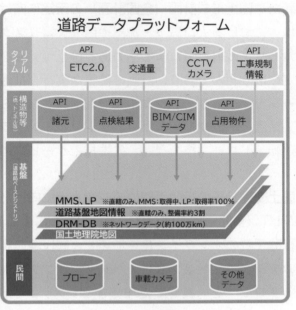

データプラットフォームの構築（イメージ）

資料）国土交通省

## 6　デジタル化を支える横断的な取組み

### （1）現状と今後の方向性

　国土交通省は、国土交通行政のデジタル化を推進するとともに、国土交通分野における諸施策の総合的かつ効果的な推進を目指し、横断的な取組みを行っている。これまでも、行政手続のデジタル化等や各種情報のオープンデータ化を推進してきた。コロナ禍を契機に、遠隔化・非接触での手続の充実など一層取組みを強化している。今後、デジタル技術の飛躍的な進展を活用し、事業改革・業務改善を通じて国土交通行政の諸課題に対応するべく「国土交通DX」を推進していく。

　まず、行政自らがデジタル化に取り組み、デジタル・トランスフォーメーションを牽引することが重要である。法令に基づく国に対する申請等については、原則としてオンラインで実施することとし、行政サービスの利用者の利便性向上や行政運営の簡素化及び効率化を推進していく。

　また、国土交通省が保有するデータを地図情報活用によってオープンデータ化しながら民間等のデータと連携し、施策の高度化や産学官連携によるイノベーションの創出を目指す取組みが重要であり、国土に関するデータ、経済活動、自然現象に関するデータを連携させ、分野をまたいだデータの検索や取得を可能とするデータ連携基盤（「国土交通データプラットフォーム」）のさらなる拡充など

に取り組んでいく。

このほか、担い手となる人材の育成及び国土交通省所管分野のサイバーセキュリティの更なる強化を推進していく。

**（2）今後の施策展開**

**①新たな国土形成計画（全国計画）の策定に向けた取組み**

地方における人口減少・流出や巨大災害リスクの切迫、暮らし方・働き方の変化等を踏まえ、デジタルとリアルの融合による活力ある国土づくりを基本的な方向性の一つとする新たな国土形成計画の策定に取り組んでおり、計画の確実な実行を推進していく。特に、市町村界に捉われず、官民パートナーシップにより、デジタルを徹底活用しながら、暮らしに必要なサービスが持続的に提供される地域生活圏の形成を進めるため、デジタルインフラ、データ連携基盤等の整備や地域交通の再構築、自動運転、ドローン技術など、先端技術サービスの社会実装等を加速化する。

**②国土交通分野の行政手続のデジタル化に向けた取組み**
**（eMLIT（業務一貫処理システム）の拡充によるデジタル・トランスフォーメーションの加速）**

行政手続のオンライン化を加速し、国民等の利便性向上や行政の業務効率化等に資する国土交通行政のデジタル・トランスフォーメーションを推進するため、申請受付から審査、通知等の申請業務に係るプロセスを一貫して処理できるシステムeMLIT（業務一貫処理システム）の対象手続を拡充することで、申請者の利便性向上や行政の業務効率化等に資する国土交通行政のデジタル・トランスフォーメーションを推進していく。

**（道路占用許可申請手続）**

道路占用許可については、既にオンライン化されているが、今後は占用物件の位置情報をデジタル化することで工事の際の事業者間の調整の円滑化など申請者の負担軽減を可能とし、道路占用申請許可手続の迅速化を推進していく。

**（建設業許可等申請手続）**

建設業許可、経営事項審査（経営規模等評価）については、書類での申請のみであり、確認書類も膨大であることから、申請書類準備、審査事務が申請者・許可行政庁双方にとって大きな負担となっていた。そこで、建設業許可等の申請手続を合理化するために、国と都道府県で統一のシステムを構築し、2023年1月から運用を開始した。

また、申請の際に添付を求めている登記事項証明書、納税証明書（国税）などの各種確認書類については、各行政機関等が保有する情報を連携（バックヤード連携）させることにより、添付省略を図っていく。

**（特殊車両通行手続等）**

特殊車両の通行手続は、従来は利用者の申請から許可まで平均で約1か月を要していたが、2022年度から登録を受けた車両について通行可能な経路をオンラインで瞬時に確認できる制度の運用を開始した。

また、事業者等が特定車両停留施設に車両を停留させるための許可申請等手続についてもオンライ

ン化を推進しており、2022年度中にオンライン化の整備を実施し、オンラインによる申請の実現を目指していく。今後とも、手続のデジタル化を推進し道路利用者等の生産性向上を図っていく。

# Column コラム

## 電子車検証（行政手続のデジタル化、国土交通省）

　2023年1月より電子車検証が導入され、従来の紙の車検証から大きさや様式が変わるとともに、車検証の情報を電子的に読み取る「車検証閲覧アプリ」の提供や、国から委託を受けた民間車検場（指定自動車整備工場）等が車検証のICタグに記録された有効期間を更新できる「記録等事務代行サービス」が開始されている。

　電子車検証の券面には、有効期間、使用者住所や所有者情報が記載されず従来の紙の車検証に比べてコンパクトになっている。また、電子車検証のICタグにすべての自動車検査証情報が記録され、その情報は汎用のカードリーダーが接続されたパソコンや読み取り機能付きスマートフォンで車検証閲覧アプリを活用する

ことにより読み取り可能となっている。

　自動車保有関係の行政手続については、道路運送車両法に基づく登録・検査のほか、自動車の保管場所の確保等に関する法律に基づく保管場所証明、各種税法に基づく納税など多岐にわたっていることから、これらをオンライン・一括で申請可能とするため、自動車保有関係手続のワンストップサービス（OSS）の運用を行っている。電子車検証の導入に伴い開始された記録等事務代行サービスを活用することにより、OSS申請の際には、車検証の受取りのための運輸支局等への来訪が不要となり、OSSを利用する申請者の利便性向上及び行政事務の効率化を促進する効果が見込まれる。

<車検証の電子化>

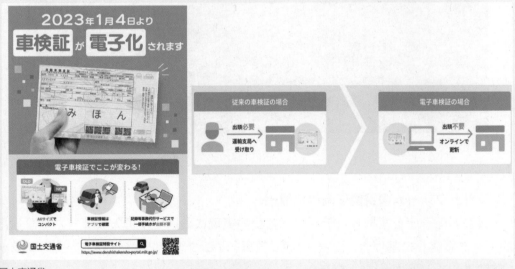

資料）国土交通省

# Column コラム

## 開発許可DX（PLATEAU、国土交通省）

　開発許可制度は、申請のあった開発行為が対象エリアの土地利用の計画や災害リスク等の状況と適合しているかの審査を行うものである。審査は、必要な関連資料の収集や関係者との協議等が多岐にわたるため、審査側の行政と申請側の民間の双方で多大な事務負担になっている。また、開発許可に関する申請と審査の煩雑さから、関係者が情報を把握しきれないために既存の施策と整合しない開発等が行われてしまうことが懸念されている。

　これらの解決策の一つとして、土地利用、都市計画、各種規制等の情報を3D都市モデルに統合し、対象エリアにおける開発行為の適地診断・申請システムを開発する取組みを推進している。

　このシステムは、土地利用、都市計画、景観規制、環境規制、災害リスク等の様々なデータを、3D都市モデルに統合してデータベース化し、開発行為の申請に対して適地診断を行うことができ、ワンストップかつオンラインで申請と審査が可能となる。今後とも行政と民間の双方の事務作業の効率化を目指していく。

**＜対象エリアにおける開発行為の適地診断・申請システム運用のイメージ＞**

資料）国土交通省

### ③データ・プラットフォームの整備に向けた取組み

　デジタル庁など関係省庁と連携し、デジタル社会の実現において不可欠なデータ基盤強化を図るため、「包括的データ戦略」に基づき、医療・介護、教育、インフラ、防災に係るデータ・プラットフォームを早期に整備することとされている。

### （国土交通データプラットフォーム）

　国土に関するデータ、経済活動、自然現象に関するデータを連携させ、分野を跨いだデータ検索・取得を可能とするデータ連携基盤として「国土交通データプラットフォーム」の構築を進めている。2023年4月には、検索性の高度化やデータ閲覧が容易になるユーザーインターフェースへの改良を実施し、リニューアル公開した。引き続き、データ連携を拡充するとともに、ユーザビリティ・可視化機能の高度化や、データの利活用促進のためのユースケースの創出に取り組み、これにより、業務の効率化や施策の高度化、産学官連携によるイノベーションを目指す。

---

## 図表 I -2-1-15　国土交通データプラットフォームの構築

### ■ 概要

2020年4月に一般公開開始、
順次データ連携拡充

国土交通データプラットフォーム上での
3次元都市モデルと洪水浸水想定データの重畳表示
（東京都、東京駅周辺）

### ■ 主な連携データ　　※2023年4月時点（一部連携も含む）

| 国土に関するデータ | 経済活動に関するデータ | 自然現象に関するデータ |
|---|---|---|
| ①電子成果品※1<br>　（工事基本情報）<br>②維持管理情報※1<br>③国土地盤情報<br>④基盤地図情報<br>⑤国土数値情報<br>⑥3D都市モデル<br>⑦海洋状況表示システム<br>　（海しる） | ①道路交通センサス<br>②全国幹線旅客純流動調査データ<br>③訪日外国人流動データ<br>④公共交通に関するデータ※2<br>⑤民間企業等の保有する人流データ※2 | ①気象データ<br>②水文水質データ<br>③SIP4D（基盤的防災情報<br>　流通ネットワーク）※2 |

※1 地方公共団体の保有するデータも含む　　　※2 国土交通省以外の機関が保有するデータ

### ■ リニューアル内容

・検索や結果表示、データ閲覧、データ取得が容易になる
　ユーザーインタフェースへの改良

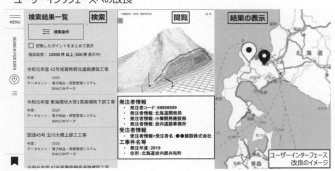

ユーザーインターフェース
改良のイメージ

### ■ 機能拡充

エリア・データ選択による検索に加え、複数の
キーワード入力によるフリーワード検索が可能

資料）国土交通省

---

## ④デジタル社会形成を支える各種取組み

### （DX社会に対応した気象サービスの取組み）

　気象情報・データは、全国を面的かつ網羅的にカバーするとともに、過去から現在、将来予測に至る内容を含むビッグデータとしての特性を有し、「DX社会」の基盤的なデータセットとして非常に重要である。気象情報・データの作成、流通、利活用を推進すべく、気象庁は、最新技術を踏まえた洪水等の予測精度の向上のため、民間の予報業務に関する許可基準の最適化を行うなど、民間気象事業者等によるきめ細かな予報の高度化に資する法制度の改正や、気象ビジネス推進コンソーシアム（WXBC）等と連携したセミナーの開催等を通じた気象情報・データの高度な利活用の促進等に取り組んでいる。また、気象庁が持つ気象情報・データへのアクセス性を向上させ、研究や事業での活用等が促進されることを目指し、大容量の気象データを共有し利用できるクラウド環境を2024年3月から運用開始すべく整備を進めていく。

### （位置情報の共通ルールである国家座標の取組み）

　i-Construction、自動運転など、高精度かつリアルタイムな衛星測位を活用したDXの取組みが進んでいる。これらの取組みで使用される位置情報が互いに整合し、データ連携を容易にするためには、あらゆる位置情報をその国の位置の基準である国家座標に準拠させる必要がある。この共通ルールに基づいた位置情報の流通を図るため、国土地理院では、電子基準点網の適切な運用、民間等電子基準点の登録制度の普及促進、新たな標高基準の整備等を実施している。

　一方で、地殻変動が激しい我が国では、時間の経過によって位置が変化し、国家座標とズレが生じ

るという問題がある。国土地理院では、このズレを補正する地殻変動補正の仕組みを構築し、地殻変動があっても国家座標に準拠できる取組みを行っている。

　今後とも、高精度測位の恩恵をどこでも、すぐに、誰もが安心して享受できる環境を整備するため、位置情報の共通ルールである国家座標の取組みを推進していく。

## 第2節　新しい暮らしと社会の姿

　前述の「国土交通分野のデジタル化」の一層の推進を図ること等により、一人ひとりのニーズにあったサービスが受けられ、住む場所や時間の使い方が選択できるよう取り組むとともに、「持続可能で活力ある豊かな暮らしと社会」を実現することが重要である。

　ここでは、デジタル化で変わる暮らしと社会について、デジタル化による暮らしと社会の変化とともに、新しい暮らしと社会の姿について将来を展望する。具体的には、まず、将来の暮らしと社会に対する意識の動向、時間的・空間的制約からの解放に対する意識の動向を考察した上で、リアル空間の質的向上に向けて進められている取組みについて記述する。次に、デジタルインフラの充実による仮想空間の活用拡大について記述し、これからの時代に求められる視点を考察する。

　そのうえで、新しい暮らしと社会の姿を展望する。

## 1　デジタル化による暮らしと社会の変化

### （1）将来の暮らしと社会に対する意識の動向

#### （将来の社会に対する意識の動向）

　国土交通省「国民意識調査」において、デジタル化により実現され得る2050年の新たな社会像についてどの程度望んでいるかをたずねたところ、「災害リスク管理が高度化し、災害から人命と暮らしが守られる社会」、「一人ひとりのニーズにあったサービスを受けられる社会」、「住む場所や時間の使い方を選択できる社会」について、全世代の5人に4人以上の人が望んでいる（とても望んでいる、やや望んでいる）と回答した。

　世代別に見ると、「バーチャル空間の充実により、物理的な障害に制約されず活動できる社会」、「仮想空間とともにリアル空間の魅力も高まり、付加価値が向上する社会」の仮想空間の活用に関する2項目について、10代に特徴的な傾向が見られ、他の世代と比べて望んでいると答えた人の割合が高かった。

I

第2章

豊かな暮らしと社会の実現に向けて

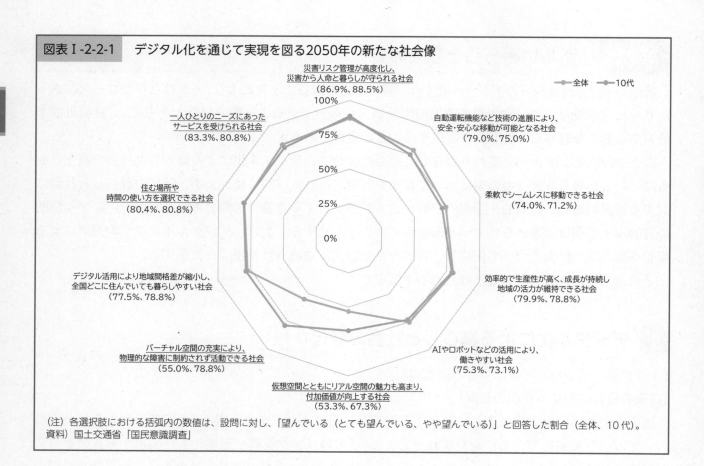

図表 I -2-2-1　デジタル化を通じて実現を図る2050年の新たな社会像

（注）各選択肢における括弧内の数値は、設問に対し、「望んでいる（とても望んでいる、やや望んでいる）」と回答した割合（全体、10代）。
資料）国土交通省「国民意識調査」

**（将来の暮らしに対する意識の動向）**

　また、デジタル化により実現され得る未来型のライフスタイルについてどの程度望んでいるかをたずねたところ、AI等の活用による災害や事故の「リスクを最小化できる暮らし」、自動運転機能などの技術により日々の事故リスクが減り、「次世代モビリティにより迅速に救急搬送される暮らし」の2項目について、全世代の4人に3人以上の人が望んでいる（とても望んでいる、やや望んでいる）と回答しており、デジタル化による安全・安心の向上に対する期待が高かった。

　世代別に見ると、10代については上記2項目の他、AI等により仕事や家事が効率化し、「働きやすくより多くの人の社会参加が可能となる暮らし」、テレワークや仮想空間（メタバース等）[注1]の活用により「住む場所を個人の嗜好に合わせて選べる暮らし」、AI・IoTや自動運転などの活用により「行きたい場所へのアクセスが可能となった暮らし」、デジタルツイン[注2]の活用による「新たな体験や創造的な活動が楽しめる暮らし」の4項目についても4人に3人以上が望んでいると回答しており、仮想空間の活用を含め、デジタル化による新しい暮らしへの期待が高いことがうかがえる。

---

注1　メタバースとは、コンピュータやコンピュータネットワークの中に構築された、現実世界とは異なる3次元の仮想空間やそのサービス
（出典「経済財政運営と改革の基本方針2022について」（2022年6月））。
注2　デジタルツインとは、現実空間の物体・状況を仮想空間上に「双子」のように再現したもの
（出典　総務省「Web3時代に向けたメタバース等の利活用に関する研究会」中間とりまとめ（2023年2月10日））。

図表Ⅰ-2-2-2　デジタル化を通じて実現を図る未来型のライフスタイル

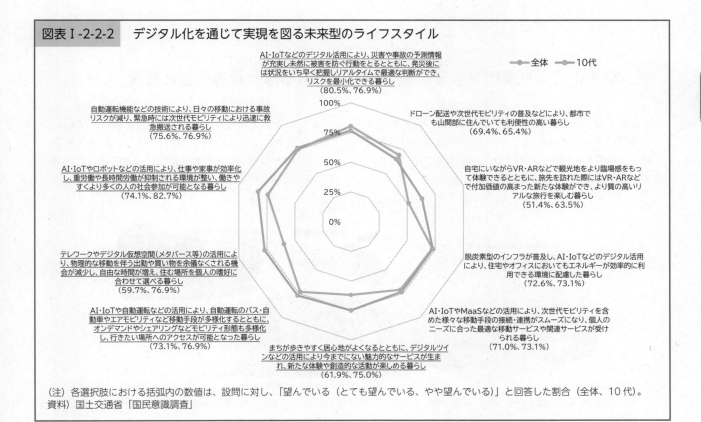

（注）各選択肢における括弧内の数値は、設問に対し、「望んでいる（とても望んでいる、やや望んでいる）」と回答した割合（全体、10代）。
資料）国土交通省「国民意識調査」

### （実現が望まれる将来の暮らしと社会）

　世代を問わず期待の高かった災害リスク管理等の安全・安心への取組みや一人ひとりのニーズに
あったサービス、住む場所や時間の使い方を選択できる社会に向けた取組みを加速させるとともに、
次世代を担う若者からの期待度が高い仮想空間の活用にも取り組み、デジタル技術を最大限活用した
より良い社会の実現を図っていくことが重要である。

# Column コラム

## デジタル化により実現を図る持続可能で活力ある豊かな暮らしと社会

　図表 I-2-2-2の通り、国土交通分野のデジタル化に対する期待度は全般的に高く、「災害情報充実」、「自動運転」、「移動の多様化・円滑化」、「住宅やオフィスのエネルギー効率化」への期待度が特に高い。

「安全・安心、生産性の向上」、「移動の制約解消・充実」、「日常生活やまちづくりの高度化」を図り、持続可能で活力ある豊かな暮らしと社会の実現に向けて、これらの取組みを進展させることが重要である。

### ○デジタル防災

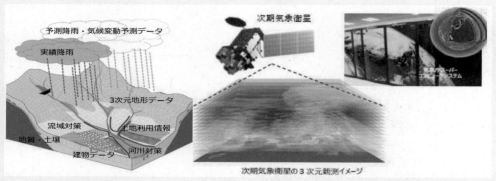

デジタルツインによる災害リスクや被災状況の推定・可視化、予測情報の精度向上、早期の情報発信・周知により、災害リスクを低減

### ○自動建機・ドローン

工事現場の完全無人化により、事故リスクを低減／作業を効率化／担い手不足を解消

### ○自動運転

自動運転車の普及により、事故リスクを低減／移動手段を確保／担い手不足を解消

### ○メタバース

メタバースなど仮想空間の活用により、コミュニケーションを遠隔化／交流を活性化／まちのデザインを最適化

| 安全・安心、生産性の向上 | 移動の制約解消・充実 | 日常生活やまちづくりの高度化 |
| --- | --- | --- |

資料）国土交通省

　以下では、デジタル化により一人ひとりのニーズにあったサービスが受けられ、住む場所や時間の使い方を選択できることに寄与する「時間的・空間的制約からの解放」とともに「デジタルインフラの充実」を見据えて、「リアル空間の質的向上」、「仮想空間の活用拡大」への取組みについて、（2）時間的・空間的制約からの解放を見据えたリアル空間の質的向上、（3）デジタルインフラの充実による仮想空間の活用拡大の順に記述する。

## （2）時間的・空間的制約からの解放を見据えたリアル空間の質的向上
### ①デジタル化による時間的・空間的制約からの解放に対する意識の動向
　デジタル化は時間と空間の制約を取り払うこともあり、デジタル化により時間の使い方が変化するとともに、居住地に対する人々の潜在ニーズが顕在化し、これまでとは違った社会移動が生じる可能性も考えられる。
　国土交通省「国民意識調査」では、デジタル化により時間と空間の制約から解放された将来を想定し、人々の暮らしや社会に対するニーズについてたずねた。

### （理想的な時間の使い方）
　時間の使い方は時代によって変化しており、総務省「社会生活基本調査」によると、1986年と2021年を比較すると、仕事や通勤、家事など社会生活を営む上で義務的な性格の強い活動時間（2次活動時間）は減少傾向にあり、各人が自由に使える時間における活動時間（3次活動時間）は増加傾向にある。
　このような中、国土交通省「国民意識調査」では、今後の理想的な時間の使い方をたずねたところ、2次活動より3次活動を増やしたいという傾向が示されたとともに、このうち最も増加した項目は「社会参加・会話・行楽・趣味・学習」であった。

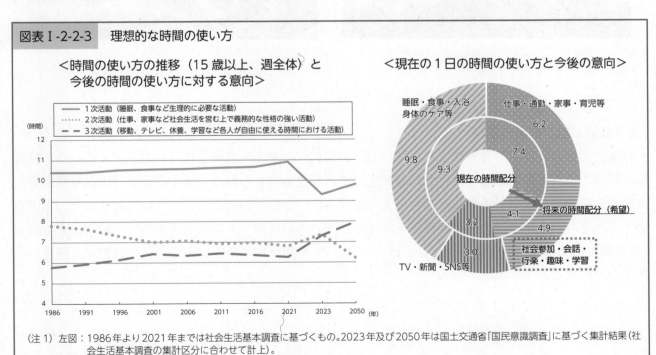

図表 I -2-2-3　理想的な時間の使い方

（注1）左図：1986年より2021年までは社会生活基本調査に基づくもの。2023年及び2050年は国土交通省「国民意識調査」に基づく集計結果（社会生活基本調査の集計区分に合わせて計上）。
　　　　右図：国土交通省「国民意識調査」に基づく集計結果。
（注2）国土交通省「国民意識調査」では、「平日と休日の1日の時間の使い方について、現状の時間の使い方はどのような割合ですか。今後、デジタル化による効率化により時間の使い方の選択肢が増えた場合、理想的な時間の使い方はどのような割合ですか。」と聞いている。
資料）国土交通省「国民意識調査」、総務省「社会生活基本調査」に基づき国土交通省推計

　今後、デジタル技術の進展により、従来は場所や時間の制約で実現できなかった新たなサービスや活動が可能となり、私たちの時間の使い方が多様化していくことが期待される。

## Column コラム

### 車内空間の高度化を通じた移動時間の高付加価値化
### （自動運転、ソニー・ホンダモビリティ㈱）

　自動運転技術の進展により、過疎地域における移動手段の確保やドライバー不足への対応等の課題解決が見込まれているが、その先には、将来の暮らしにおける新しい価値創出につながっていくことも考えられる。

　例えば、車内空間の高度化により、移動時間の価値を変えていく可能性のある自動車が生まれつつある。

　ソニー・ホンダモビリティ㈱は、2023年1月、同社の新ブランド「アフィーラ（AFEELA）」を発表した。5G移動通信システムの搭載や、特定の条件下で運転操作が不要になる「レベル3」の自動運転機能の搭載を目指す電気自動車の試作車を初披露した。

　この試作車は、車内外のセンサから交通状況や周辺の情報を収集・解析、安心・安全な運転に寄与するだけでなく、臨場感のある映画や音楽、ゲームなど様々なエンターテイメントや人に寄り添うサービスの提供を通じ、移動空間を感動空間に変える、モビリティの新しい体験価値の提案をめざしている。

　自動運転技術等の開発が進めば、自動車は、単なる目的地への移動のためのものから、移動時間の価値を向上させるものへと変わっていくことが期待される。

ソニー・ホンダモビリティの電気自動車「AFEELA（アフィーラ）」
資料）ソニー・ホンダモビリティ㈱

体験を主役にした、無駄のない車内空間

### （住みたいと思う都市の規模）

　将来、デジタル技術の発達により、住む場所の選択肢が増え、多様な暮らし方ができる社会が実現した場合、これまでとは違った社会移動が生じる可能性も考えられる。国土交通省「国民意識調査」では、そのような社会が実現した場合に人々が住みたいと思う都市の規模についてたずねた。本調査結果で示された人々の社会移動の希望を加味し、国立社会保障・人口問題研究所「地域別将来推計人口」をもとに簡易なシミュレーションを行ったところ、県庁所在地や中核市での居住に対する潜在ニーズがうかがえた。

図表 I-2-2-4　時間的・空間的制約から解放された社会が実現した場合に住みたいと思う都市の規模への意向を加味した人口分布（シミュレーション）

| | 関東1都3県の市区部 | 近畿2府1県の市区部 | 政令指定市 | 県庁所在市・中核市 | その他の市部 | 町村部 |
|---|---|---|---|---|---|---|
| ①人口分布（2015年）※総務省実績「国勢調査」 | 3,504（28%） | 1,641（13%） | 1,280（10%） | 1,571（12%） | 3,623（29%） | 1,091（9%） |
| ②将来推計人口分布（2045年）※社人研予測 | 3,316（31%） | 1,361（13%） | 1,179（11%） | 1,305（12%） | 2,737（26%） | 744（7%） |
| | ▲185 | ▲351 | ▲96 | ＋734 | ▲180 | ＋78 |
| ③デジタル化を加味した将来人口分布※意識調査を基にシミュレーション | 3,131（29%） | 1,010（9%） | 1,083（10%） | 2,039（19%） | 2,557（24%） | 822（8%） |

※単位：万人

(注1) 地域分類
1. 関東1都3県の市区部：東京都・神奈川県・埼玉県・千葉県の政令指定都市を含む市区部
2. 近畿2府1県の市区部：大阪府・兵庫県・京都府の市区町村の政令指定都市を含む市区部
3. 政令指定都市：東京都・神奈川県・埼玉県・千葉県・大阪府・兵庫県・京都府以外の道県の政令指定都市
4. 県庁所在市・中核市：東京都・神奈川県・埼玉県・千葉県・大阪府・兵庫県・京都府以外の道県の県庁所在市・中核市
5. その他の市部：全国の都道府県うち上記1〜4に属さない市
6. 町村部：市に属さない町村
(注2) 「②将来推計人口分布（2045年）」は、国立社会保障・人口問題研究所「日本の地域別将来推計人口（平成30年推計）」における市区町村別人口推計を上記地域分類ごとに振り分けたもの（「日本の地域別将来推計人口（平成30年推計）」は、地域毎の過去の人口動態に基づき、出生・死亡・人口移動といった人口変動に関する仮定値を用いて推計したもの）。
(注3) 「③デジタル化を加味した将来人口分布」は、「②将来推計人口分布（2045年）」に、今回の国民意識調査の結果（現在の居住地域と将来移住を希望する地域）を上乗せしてシミュレーションしたもの。将来人口の代替として、「日本の地域別将来推計人口（平成30年推計）」による2045年の将来推計人口を用い、「②将来推計人口分布（2045年）」の人口規模を所与とした上で、将来時点の社会経済要因（デジタル化）及びこれに伴う意識の変化による社会移動を加味すべく、国民意識調査の結果を踏まえて簡易なシミュレーションを実施（当該シミュレーションでは移動希望のみを加味しており、出生や死亡による人口変動を考慮せず、現在人口を基準人口とした推計を行っていない）。
(注4) 国土交通省「国民意識調査」では、「デジタル化を通じて住む場所の選択肢が増え、多様な暮らし方ができる社会が実現した場合、あなたはどの程度の規模の都市に住みたいとお考えですか。2050年になると、30年歳をとっていることは想定せず、今のあなたが2050年の未来社会にタイムワープしたと想定してお答えください。」と聞いている。
資料）総務省「国勢調査」、国立社会保障・人口問題研究所「地域別将来推計人口」、国土交通省「国民意識調査」に基づきシミュレーション

　前述のシミュレーション結果を現在居住する都市の規模別に見ると、県庁所在地や中核市での居住希望を持つ人は、その他の市部・町村部に加え、関東圏・近畿圏の市部等の居住者にも一定数存在している[注3]。

注3　これら地方の県庁所在地や中核市への居住希望を持つ人を属性別に見ると、都市部（関東圏・近畿圏の市区部）及び政令指定都市からの居住希望者であって50代以上の男性の割合が他の年齢層より高く、町や村からの居住希望者であって50代以上の女性の割合が他の年齢層より高かった。

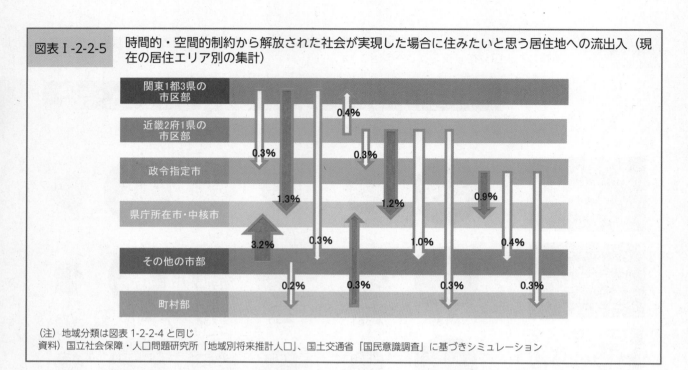

図表Ⅰ-2-2-5　時間的・空間的制約から解放された社会が実現した場合に住みたいと思う居住地への流出入（現在の居住エリア別の集計）

（注）地域分類は図表 1-2-2-4 と同じ
資料）国立社会保障・人口問題研究所「地域別将来推計人口」、国土交通省「国民意識調査」に基づきシミュレーション

（将来の居住地に求めるもの）

　国土交通省「国民意識調査」において、デジタル化が進んだ将来の居住地選定にあたって重視するものをたずねたところ、「日常の買い物の利便性」、「生活コストが安い」、「公共交通の利便性」、「病院や介護施設、公共施設が整っている」などを重視すると答えた人の割合が高く、居住地へのニーズとして、総じて、日常生活の利便性や生活コストの安さが重視されていることがうかがえる。

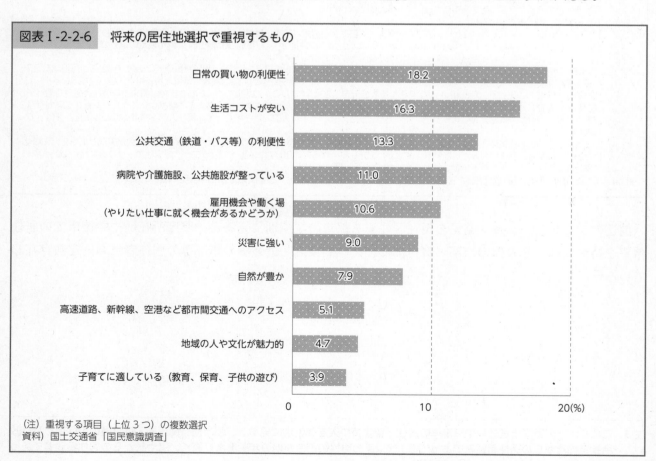

図表Ⅰ-2-2-6　将来の居住地選択で重視するもの

（注）重視する項目（上位 3 つ）の複数選択
資料）国土交通省「国民意識調査」

また、生活コストの安さについては、可処分所得から基礎支出を除いた余剰分で比較すると、三大都市圏より地方圏の方が優位にあることがうかがえる。地方での暮らしは、こうした面において、経済的豊かさの優位性が認められる。

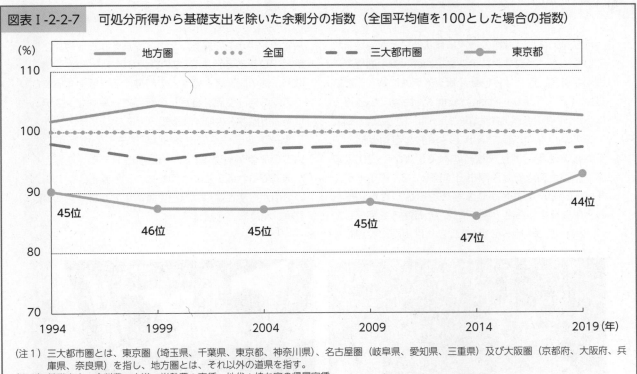

**図表 I -2-2-7**　可処分所得から基礎支出を除いた余剰分の指数（全国平均値を100とした場合の指数）

（注1）三大都市圏とは、東京圏（埼玉県、千葉県、東京都、神奈川県）、名古屋圏（岐阜県、愛知県、三重県）及び大阪圏（京都府、大阪府、兵庫県、奈良県）を指し、地方圏とは、それ以外の道県を指す。
（注2）基礎支出＝食料費＋水道・光熱費＋家賃・地代＋持ち家の帰属家賃
（注3）2014年以前は各年9月〜11月3か月間の収支、2019年は同年10月及び11月2か月間の収支を基に算出
資料）総務省「全国家計構造調査」（旧全国消費実態調査）より国土交通省作成

## ②リアル空間の質的向上に向けて進められている取組み

　デジタル化は、時間と空間の制約を取り払うこともあり、地域が直面する課題を解決する可能性を飛躍的に増大させる[注4]とともに、データ収集、アイデアや手法の共有、さらにはそれらの全国展開を容易にする力を持っている。今後、国民や政策ニーズの変化に迅速に対応すべく、効果的にデータを収集・活用し、デジタル化により暮らしやすさを実現していくことが求められる。

　各地やそれぞれが解決すべき課題を整理し、地域の活力を高め、心豊かな暮らしを実現すべく、デジタル化の力を活用した地域活性化を図っていくことが必要である。特に、人口減少が進む地方において、デジタル技術を活用し、生活サービス提供の効率化等を図るとともに、これまでは場所や時間の制約で実現できなかった生活サービスの実現可能性を高めるなど、リアルの地域空間の生活の質の維持・向上を図ることが期待される。

---

**注4**　地域空間におけるデジタル活用の意義として、場所や時間の制約を超え、多様な暮らし方や働き方を自由に選択できる地域社会の形成が挙げられる。

I

第2章 豊かな暮らしと社会の実現に向けて

# *Column* コラム

## オープンデータを活用した簡易な自動運転車の自己位置推定システム構築（PLATEAU、国土交通省）

自動運転は地域課題の解決に資することが見込まれている一方、必要なシステムは技術面・費用面等での課題がある。例えば、自動運転システムには自己位置推定（VPS、Visual Positioning System）が必要であるが、精度の確保に加え、高コストな点が課題である。

このような中、低コストで効率的な自動運転システムへの活用可能性を検証すべく、2021・2022年度に、国土交通省は沼津市と連携し、3D都市モデル（PLATEAU）とカメラ画像等を組み合わせたVPSへの活用に資する実証・実装に向けた取組みを実施した（2023年度も取組みを継続）。これは車両に設置した

スマートフォンで撮影したカメラ画像から取得した情報と、3D都市モデル（建物の詳細な形状のほか、外構、道路、都市設備等も整備）の特徴点とを照合することで車両の自己位置を推定し、安価で効率的なシステム構築の可能性を検証する取組みである。

オープンデータである3D都市モデルを活用したVPSの実装が実現すれば、3D都市モデルが整備された地域であればどこでも簡易に自己位置推定システムの活用が可能となり、自己位置指定アルゴリズムの改善等、精度向上を図っていく。

資料）国土交通省

また、持続可能で活力ある地域づくりを目指すにあたっては、地域が主体となって、自らの地域ビジョンを描き、そこに向けた地域活性化の取組みを進めていくことが重要である。

ここでは、これからの地域づくりについて、既に取組みが進んでいるデジタル化を取り込みながらの地域づくりの事例を紹介する。

### （集約型で暮らしやすいまちづくり）

前述の通り、日常生活の利便性や生活コストに対する人々のニーズや、県庁所在地・中核市等への潜在的な居住ニーズがうかがえる中、例えば、地方圏の県庁所在地や中核市において、住民の生活に身近な課題をデジタル化により解消する取組みから先端技術サービスの実装まで、生活の利便性を向上する取組みを加速化することが重要である。その際、リアルの地域空間において、デジタル活用を図りつつ、地域空間の機能集約によるコンパクト化と地域公共交通の再構築の有機的連携を一層推し進めることが必要である。

# Column コラム

## デジタル化を通じたコンパクトシティの深化（富山版スマートシティ、富山市）

　富山市は、人口約40万人の日本海側の県庁所在地である。少子高齢化等を背景に、公共交通を軸とした拠点集中型のコンパクトなまちづくりにより、まちなかや公共交通沿線への居住の促進が図られ、地価の上昇や転入超過となる効果が生じた一方、沿岸部や中山間地域を含む郊外部では人口減少や高齢化が顕著に進んでおり、地域コミュニティの維持や住民の生活の質の向上などの課題に直面している。

　このような中、データ駆動型スマートシティの実現による課題解決に向けて、IoT技術や電子申請による新たなデータ取得を図るとともに、データ活用による業務効率化やEBPM（エビデンス・ベースト・ポリシー・メイキング、証拠に基づく政策立案）の実施、オープンデータ化による官民連携での新サービス創出を目指している。具体的には、データ取得・集積のため、2018年、約100施設の公有財産等にLPWA（Low Power Wide Area）を設置し、市域の98.9%をカバーするIoT用通信網と都市OSからなる「富山市センサーネットワーク」を整備し、利活用を図っている。従来から実施していたGIS等を用いた住民基本台帳等の自治体保有情報の活用に加え、IoTセンサーによるリアルタイム情報を組み合わせること等により、ビッグデータの利用・解析を行い、自治体業務の効率化を図っている。また、当該センサーネットワークを企業等に実証実験環境として無償で提供

することでSociety5.0における新産業の創出や、社会課題の解決に資するサービス創出に取り組んでいる。

　これにより、例えば、IoT水位計による小規模河川水位監視システムや消雪装置遠隔監視システム等が実装され、省力化が図られるなどの効果があった。また、センサーを活用した市民との協同事業として、毎年2,000名程度の児童にGPSセンサーを貸与して、登下校路の実態データを取得し、そのデータを富山大学と共同で分析・「見える化」して小学校や地域の方と共有することで、地域全体で児童の安全・安心の向上を図る事業も展開している。データを活用した登下校路の安全の向上という直接的な効果だけでなく、地域が運営するコミュニティバスにおける児童に合わせたバス路線・ダイヤの変更なども検討されている。

　さらに、市民情報公開サイト「Toyama Smart City Square」により、河川水位情報、道路工事・通行制限情報、消防車両出動情報、除雪車による除雪情報、行政窓口の混雑状況などリアルタイムでの提供が効果的な情報をウェブ配信し、例えば窓口混雑の平準化による市民の利便性向上と行政業務の効率化が図られている。今後、都市OSへ集約されたセンサー情報等を活用し、市民サービス、インフラ監視、民間利用などを図り、スマートシティの更なる発展を目指すこととしている。

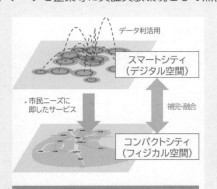

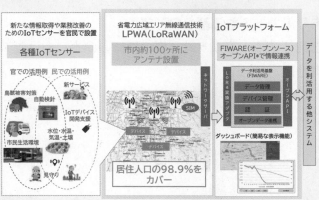

　市ではこれまでもコンパクトシティ政策を進めるにあたり、住民基本台帳による人口分布等をGISに展開することで、都市構造やその変化等を把握・分析・可視化し、まちづくり施策の立案や効果検証などを実施してきた。例えば、居住誘導エリアにおける身近な商業施設の立地と利用圏域人口を分析するとともに、不足エリアに対する移動販売支援を踏まえた充足状況の把握を可能とすることで、市民の生活の利便性向上を図っている。

　2022年、市は、「富山市スマートシティ推進ビジョン」を策定し、デジタル技術・データの更なる利活用によりコンパクトシティ政策を補完し、市民生活の質や利便性の向上、地域特性に応じた市内全域の均衡ある発展を目指す取組みを推進していくこととしている。

　一方、富山県では、「富山県成長戦略」（2022年2月策定）に、国内外で注目が高まる「ウェルビーイング（Well-being）」を中心として掲げ、「幸せ人口1000万

～ウェルビーイング先進地域、富山～」のビジョンのもと、まちづくり戦略を含む6つの柱の取組みを進めている。成長戦略では、ウェルビーイングを「社会的な立場、周囲の人間関係や地域社会とのつながりなども含めて、自分らしくいきいきと生きられること」と説明し、県民意識調査結果の分析を基に策定した、多面的な主観的要素で構成される県独自の指標を2023年1月に公表し

た。この指標を政策の羅針盤として捉え、今後、各種統計等の客観データに加え、継続的に測定する県民意識の主観的データをベースとして活用し、ウェルビーイングの観点からの課題・ニーズの可視化、政策立案、政策間の横連携促進、効果検証等、ウェルビーイング政策の展開にチャレンジしていくこととしている。

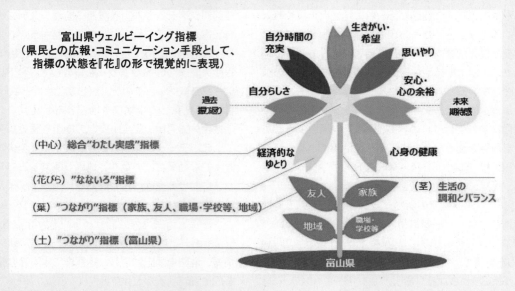

資料）富山市、富山県
【関連リンク】Toyama Smart City Square（富山市情報公開サイト）
　　　　　URL：https://tscs.city.toyama.lg.jp/
　　　　　わたしの、みんなのウェルビーイング・アクション！（富山県特設サイト）
　　　　　URL：https://wellbeing.pref.toyama.jp/

**（活力があり魅力あふれる都心の形成）**
（第Ⅰ部第2章第1節コラム「街の価値の向上に向けたスマートシティの取組み（大手町・丸の内・有楽町地区）」参照）

# Interview インタビュー

## 日本の Well-being 型スマートシティに向けて
### （㈱国際社会経済研究所　研究主幹　西岡満代氏）

デジタル化により暮らしやすさを実現していくためには、実効性のあるデジタル活用を息長く続けることが肝要である。データ利活用を通じた価値創出などの研究に従事し、これまでスマートシティの社会実装に取り組まれてきた西岡氏に、持続可能なスマートシティに向けたポイントについてお話を伺った。

### ●日本におけるスマートシティの特徴

デジタル技術で社会や暮らしの向上を図り、社会インフラをデジタル化で変えていく取組みは、スマートシティに集約されるが、技術先行ではなく、目的や課題を設定し、関係する様々な人や団体、産官学民での連携を図ることが重要である。そのため最初に取り組むべきことは、まちが強みをどう伸ばし、弱みをどう補うか、これからどうありたいかといったビジョンを持つことである。そうしたビジョンをまち全体の共通認識として、地域社会のあり方を、地域が主体となってデジタル化で変えていくことが肝要である。

欧州では、過去は個別最適のスマートシティであったが、近年は全体最適のスマートシティに移行している。日本は欧州より後発な分、データ連携基盤をもとに当初から全体最適を意識した取組みが志向されていると思う。スマートシティを目的で大別するならば、欧州等の環境配慮型のもの、インドなどインフラ開発型のもの、そして北欧や日本などWell-being型のものなどそれぞれ社会背景に応じた特色がある。また、取組みの進め方では、中国など中央集権的で迅速に進めるものもあれば、日本のように官民連携により、地域に近いところで意思決定を行い、取得されたデータも分散型でより現場に近いところで管理されるような民主的なプロセスで進めるやり方もある。

Well-beingについては、近年、指標整備が進展し、主観と客観、双方の観点からまちのWell-beingを定量的に評価することが可能となっており、自治体によってはWell-beingを軸に取組みを評価する動きも見られている。技術を取り込んだらすなわち何かが解決するという考えではなく、ありたい姿や目的を定め、何に取り組むのか取捨選択していくためには、データを活用してEBPMを推進し、社会的効果についてもデータを活用して、Well-beingの面から定量的に測定することで、継続的に改善していくことが可能となる。デジタル化は

ハードインフラと比べると書き換えが容易であるので柔軟に改善を図りやすい。日本の取組みは概して海外と比べ慎重な面があり、試行錯誤が許容されにくいとも捉えられるが、今後、日本の自治体の取組みにおいて、効果が上手く現れなかった際に失敗だったと取組みを終えるよりは、定量的な振り返りから、次は少しやり方を変えて取り組んでみようというマインドで進められると、スマートシティが一層展開しやすくなるのではないか。

### ●持続可能なスマートシティに向けて

スマートシティは私たちの暮らしに関わるものであり、暮らしは分野を隔てず横断するものである。例えば、朝起きてから、乗り物に乗って出かけ、学校や病院へいくとして、これらは行政の所管としては別の分野になるが、人々にとっては一体となっている。このため、住民目線で必要なサービスを支えるデータシステムも、教育分野、交通分野など分野を横断してつながることがスマートシティの観点で重要である。そうした分野を超えた連携が、使い勝手の良さを支え、使い勝手の良い魅力的なシステムは使い続けられ、サービスの持続性を高められるという好循環となり、持続性を支えることが期待される。

また、スマートシティには多くの人の合意を必要とする。このことは合意形成が難しいという側面もあるものの、多くの関係者の知見が集まることで、新たな共創が可能であるとも捉えられる。そのまちにとって何が最も重要な課題かを洗い出し、共創によって課題解決を検討していく。その過程を通じて多くの人が自分ごととしてコミットすることになるため、結果的にそれがまちの持続性につながる側面がある。

さらに、まちづくりを担う自治体の目線では、スマートシティを計画する際、支出というより投資という目線を持ち、投資効果として回収できるものに目を向けていくことが重要であると考える。投資効果が表れれば、さらに次の投資へとつなげていくことも可能であり、持続性が支えられると考えられる。

スマートシティは人々のWell-beingを向上させるものとして企図され、共創や投資効果などプラスの効果が発現されていくことで持続性が担保されるのではなかろうか。これにより、スマートシティが実証段階から実装へとステップアップしていくことが可能になると考えている。

## （持続可能な生活サービスの確保）

地方圏の市部など人口減少・少子高齢化が進む地域では、持続可能で活力ある地域づくりに向けて、デジタル技術を幅広い政策分野で横断して利用する仕組みなどにより、異なる分野での共通の課題に対して、各自が有する資源を融通・共有しあうことで、地域課題を解決できる可能性を広げていくこ

とが重要である。

　分野の垣根を超えたデータ連携を促進しつつ、その基盤を活用したデジタル技術の社会実装を加速化し、これとあわせて、地域経営の仕組みの再構築や交通等の国土基盤の高質化を通じて、デジタルでは代替できないリアルの地域空間における利便性の向上に取り組んでいくことが重要である。

## Column　コラム

### 生活サービスを「共助」で育むサステナブルなまち
### (香川県三豊市、ベーシックインフラ構想)

　三豊市は、人口約6万人弱であり、瀬戸内海に面する日照条件のよい香川県の市である。2006年に7つの町が対等合併し、市域が広く中心市街が存在せず、自家用車を中心とした移動に依存している。他の市町と同様に人口減少、少子高齢化や市場規模の縮小などにより、採算性が無くなったサービスが地域から撤退しており、住民生活を支えるサービスが不足し、安心で便利な暮らしが支えられなくなることが懸念されている。

　このような中、人口減少時代に即した新たなあり方として、単一のサービスを個別で考えるのではなく、デジタルを活用し、市民、行政、地域企業が連携した新たな「共助」によるサービスで暮らしを支えることとしている。

　市は、2022年4月より、「ベーシックインフラ構想」を掲げ、地域で既にサービスを提供している事業者などがアイデアを出し合い、人材・設備などをシェアすることで事業運営の効率化を図りつつ、地域住民が豊かに暮らせるサービスを提供する事業実施に取り組むことにより、生活の土台となるサービスの維持を支え、安心・便利な暮らしを支えるべく取組みを進めている。具体的には、2022年10月より、データ連携基盤の構築に取り組み、これを基盤とした交通、教育、健康、土地の有効活用などの新サービスの実証・実装に取り組んでいる。

　例えば、市では、中高生の通学や免許返納後の高齢者が利用できる日々の移動手段が少ない中、地域企業等が協力し合い、新たなまちの交通を考えるべく、2022年に複数の地域企業の出資により設立された暮らしの交通㈱がAIオンデマンド交通を運行し、サブスクリプション型のサービスを提供している。

　これにより、学生の通学など教育面や高齢者の買い物など生活面等が支えられるとともに、父母ヶ浜を中心に増大する観光客（2022年度約50万人）の移動手段としても活用され、地域の活力の面でも支えられている。

　今後、取得された乗降データなど移動ニーズの他分野への活用、また、各種サービスと交通サービスを掛け合わせた暮らし全般サービスとしてのサブスクリプション化なども視野に取り組んでいる。

　このほか、市では、例えば移動支援を行った免許返納後の高齢者の健康データを取得・分析し、地域交通が与える健康への影響を検討して施策反映に活かすなど、分野横断したデータの利活用に向けた実証事業を実施している。

　このような官民が連携した様々な取組みの実施により、2022年には、三豊市への移住者が約300人と香川県内で高松市に次いで多い水準となった。今後も、「健康、教育、脱炭素」を重点として三豊市での暮らしの高質化を図るべく、データを活用しつつ「共助」により、行政の地域課題の解決、民間サービスの創出、市民の利便性向上に向けて持続的に取り組んでいくこととしている。

<＜ベーシックインフラ構想により目指す効果＞

<＜三豊市父母ヶ浜＞

父母ヶ浜（SNSを通じて観光スポットとなった海岸）

資料）三豊市観光交流局
【関連リンク】三豊市ベーシックインフラプロジェクト
　　　　　　URL：https://basicmitoyo.jp/

**（個性あふれる地域）**

　我が国は、国土に占める森林面積の割合が高く、特に町村部においては、緑と自然が豊かであるとともに、農山漁村を含め多様な地域が広がっている。豊かな地域資源を活用して、観光業や農林水産業など多様な分野における連携により、交流人口や関係人口の増加を図るとともに、デジタル化を取り込みつつ、個性あふれる地域を形成し、ワーケションや田園回帰の動きも踏まえ、都市との相互貢献による共生を目指すことが重要である。

# Column コラム

## 顔認証技術を活用したホスピタリティ向上（和歌山県白浜町）

　南紀白浜エリアは、日本三大古湯に数えられる歴史ある白浜温泉と、真っ白な砂浜のビーチで有名な白良浜があるリゾート地である。このリゾート地で、ホスピタリティや利便性の向上を図るため、顔認証技術の活用に関する実証事業が行われている。

　例えば、㈱白浜館が運営しているホテルシーモアは、一部の客室で顔認証による施錠システムを導入し、鍵を持たずに身体一つで客室ドアの開閉が可能となるとともに、ホテル内のレストラン・売店等の施設でも顔認証決済を導入し、財布を持たずに手ぶらで食事や買い物をすることが可能となる実証事業を、2019年より、地元空港や周辺施設とともに実施している（2023年3月末現在）。

　この技術が実装されれば、例えば温泉やビーチに出かける際も、鍵や貴重品を持たずに外出できるので、置き忘れや置き引きなどを心配せずに、安心してレジャーを楽しむことができ、防犯面においても有益なシステムとして期待されている。

　今後、このような生体認証を含むデジタル活用により、観光客への利便性の向上を目指すとともに、地域住民への利用促進による地域活性化が期待される。

<＜顔認証のイメージ＞

<白良浜>

資料）㈱白浜館

## （3）デジタルインフラの充実による仮想空間の活用拡大

### ①仮想空間への意識の動向

**（メタバースをはじめとする仮想空間の進展）**

　仮想空間では、各人がどこにいても実際に一つの場所にいるかのような体験ができることなどの特徴がある。例えば、メタバースはインターネット上の仮想空間であり、利用者はアバターを操作して他者と交流するほか、仮想空間上での商品購入等の試験的なサービスも行われており、メタバースを活用したサービスの市場規模は拡大傾向にある。

　メタバース（Metaverse）は「Meta（超越）」＋「Universe（世界）」を組み合わせた造語であり、

オンライン上の仮想空間を意味している。メタバースは、特定の機能を特定のプロセスに用いるための要素技術というよりも、様々な活動のあり方を変え得る仮想空間上のプラットフォームとしての役割が大きいと考えられる。例えば、現実世界を模したメタバース上の店舗において商品を販売する、店舗従業員がメタバース上のアバターとして接客をするなど新たなサービス提供の機会を創出することが可能となる。

---

**図表 I-2-2-8　メタバースの例**

＜αU metaverse と関連サービス＞

アバターを通して渋谷での回遊体験が可能
（αU metaverse）

360度・自由視点映像で、リアルなライブ体験が可能（αU live）

再現性の高い店舗空間と商品展示によるショッピング体験が可能。
リアル店舗のスタッフから接客を受けることもできる。（αU place）

資料）KDDI㈱

---

また「Project PLATEAU」では、まちづくりや地域活性化・観光等の様々な分野において、都市のデジタルツインによるメタバース空間を活用したソリューションを開発している。このような幅広い活用事例や既存技術との関係を踏まえると、メタバースは、これまでに全く存在していなかった概念ではなく、複数の既存の概念を一段と抽象化した上位概念として捉えることができる。

メタバースによって新たな市場が創出、拡大していくことは新たなサービスの創出への機会となる。一方で、メタバースによって、時間や空間の制約が取り払われ、仮想空間において価値が生み出され、移動をせずとも目的を達成できるようになることは、現実空間や移動の価値について再定義が求められているとも考えられ、その特性を捉えていくことが必要である。

**（メタバースをはじめとする仮想空間の利用意向）**

ここでは、将来、技術の進展により十分なリアリティを持つ仮想空間が普及した場合、「現地に行く」ための移動需要が変わり得る中、このような仮想空間（メタバース等）の利用意向について見ていく。

国土交通省「国民意識調査」では、仮想空間の普及によって、仮に「現地に行かなくてもあらゆることが体験できるようになる」としたら、仮想空間をどのように活用したいかをたずねたところ、「日

常的な買い物をデジタル仮想空間上で商品を確認し、オンラインで購入する」、「引っ越しや住宅見学など、住まいに直結する空間をデジタル仮想空間上で確認する」について、全世代の過半数の人が利用したい（とても利用したい、やや利用したい）と回答した一方で、「懇親会やデートなど人との交流」について、利用したいと答えた人は3割程度にとどまり、交流目的の場合はリアルで交流したいと望む人が一定程度存在することがわかった。

　世代別で見ると、10代の半数以上の人がすべての項目について利用したいと回答しており、ほかの世代と比較して出勤や出張、家事、観光体験など様々な場面での「仮想空間の活用」への期待度が相対的に高いことが明らかになった。

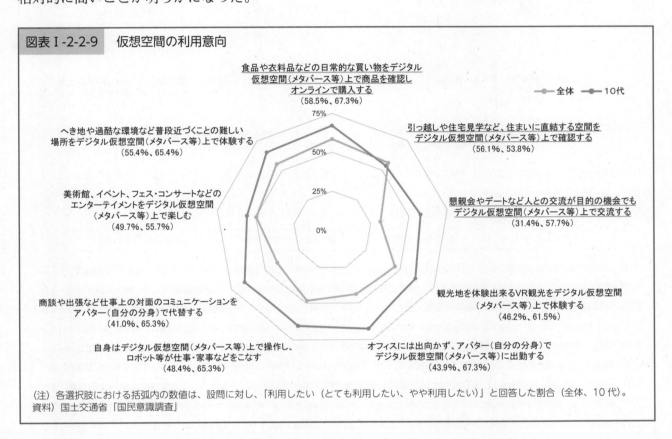

**図表Ⅰ-2-2-9　仮想空間の利用意向**

(注) 各選択肢における括弧内の数値は、設問に対し、「利用したい（とても利用したい、やや利用したい）」と回答した割合（全体、10代）。
資料) 国土交通省「国民意識調査」

**（メタバースをはじめとする仮想空間によるリアルの代替性と移動需要）**

　国土交通省「国民意識調査」では、「今までリアルで対応しなければいけなかったものも、デジタル仮想空間上で対応すれば、わざわざ移動する必要がない将来」における考え方についてたずねたところ、全世代の5人に4人以上の人が「デジタル仮想空間では代替できないことがある」、現地の状況を「直接五感で感じたい」について、そう思う（とてもそう思う、ややそう思う）と回答した。

　世代別に見ると、「デジタル仮想空間では代替できないことがある」について、60代・70代の約9割の人がそう思うと回答した一方で、10代・20代は約7割程度と、高齢者と比較して若年層では仮想空間でも代替可能とする傾向がうかがえたものの、国民の多くは、仮想空間では代替できないリアルに対する価値を認識していることがうかがえる。

　仮想空間の充実により、例えば自宅にいながら仕事・買い物などが可能となり、物理的な障害に制約されず活動できるとともに、移動を余儀なくされる機会が減少することも考えられる一方で、人との交流や現地の状況を五感で感じるなど、リアルに対する価値が存在し、「現地に行く」ための移動需要は存続することが予想される。

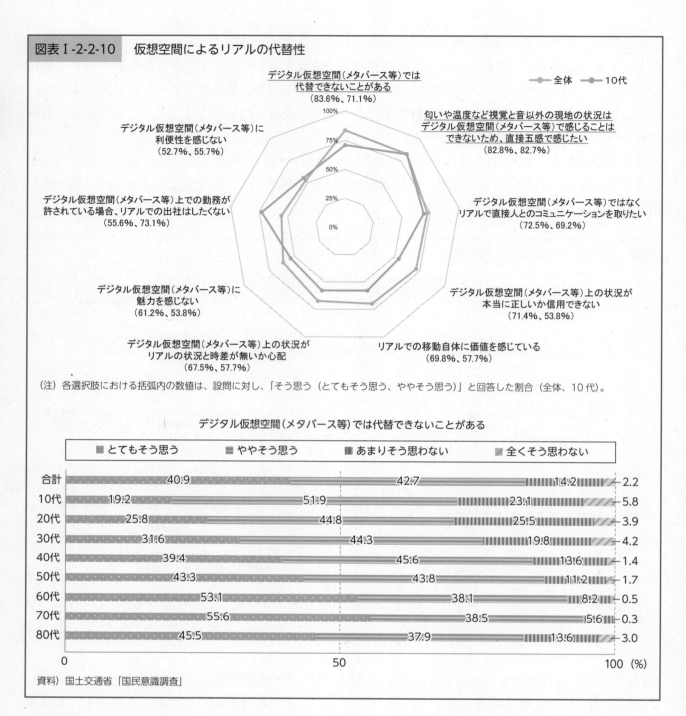

**図表Ⅰ-2-2-10 仮想空間によるリアルの代替性**

（注）各選択肢における括弧内の数値は、設問に対し、「そう思う（とてもそう思う、ややそう思う）」と回答した割合（全体、10代）。

資料）国土交通省「国民意識調査」

仮想空間の活用により、移動時間の短縮など効率化のみならず、物理的制約のために普段訪れることのできない観光地や商業施設を体験することなどが可能となることや、旅行意欲・消費意欲が誘発されて交流人口の拡大が図られるなど、多様な効果も考えられる。また、物理的制約のために連携できなかった主体とコミュニケーションを図ることが可能となり、創造的な製品・サービスの開発も期待される。

# Interview インタビュー

## 仮想空間への期待とこれからのデジタルインフラ整備
### （立命館大学情報理工学部　教授　木村朝子氏）

デジタル化により一人ひとりのニーズにあったサービスが受けられ、住む場所や時間の使い方を選択できる社会に向けて、仮想空間の活用拡大への期待が寄せられている。複合現実感などの技術とともに、ユーザーインタフェースなど習熟していない利用者への使いやすさの観点なども研究されている木村氏に、デジタル時代を支える仮想空間の活用に関し、ユーザーや国土交通行政に求められる視点について、お話を伺った。

### ●仮想空間の活用可能性はユーザー次第

コロナ禍で日本においてもデジタル化が進み、例えば「会議は対面で」という従来の常識が薄れ、オンライン会議が違和感なく浸透したと思う。これらオンライン化や、ロボット等の活用による作業の遠隔化は、人々の移動時間の節約を通じ、時間制約のある子育て世代含め、働き手・働き方の多様化につながる。また、場所を選ばず仕事ができ、過疎化など地方の課題解決に資する可能性もある。仕事以外でも移動を伴わず活動が可能となることで、高齢者や障がい者含め、人に優しいデジタル化の面でも利点がある。

コロナ禍を通じて、世代による考え方の差異も浮き彫りになり、年配の方を中心に対面でなければ伝わらないと考えている一方、若年層を中心にオンラインや仮想空間でも十分伝わると考えているなど、見解の相違も見受けられる。オンラインや仮想空間の活用可能性は、ユーザー次第の部分がある。例えば、私の教え子の中には、仮想空間で多くのことを成し遂げ、よりリアルで質の高い意思疎通をユーザー同士で密に行っている人がいるが、これはメタバース上でアバターの表情を豊かに表現することができるなど、仮想空間でのツールをユーザーが使いこなしている部分が大きいと思う。

### ●対面での価値を意識した使い分けが大切

既にインターネットショッピングなどオンラインでの買い物も普及しているが、今後、メタバース等での買い物など情報量の増大が伴えば、利便性は更に向上する。既に仮想空間の取込みが様々な業界で進められており、例えば住宅関係では、360度で室内を内見するサービス、ARでインテリアをシミュレーションする新しいサービスなども出てきている。

一方、技術がどれほど進展してもすべてメタバースなど仮想空間に頼る必要はなく、旅行や人とのコミュニケーションなど対面での価値が残る場面もある中、使い分けが重要である。例えば、教育の現場では、オンライン授業で移動時間を節約し、対面でしかできない実機を使った実験等にその時間を充てるなど、私自身も工夫を図っている。オンラインと対面の双方の価値を熟成することが大切である。また、オンラインのみならず、PLATEAUなど仮想空間について、シミュレーションやプランニングに活用することで、現実の活動に活かすことも重要である。例えば、旅行前に仮想空間で観光地を予習し、優先順位をつけ、現実空間でリアルに旅行する際には効率よく観光地を回ることもできる。予習の段階で旅行意欲が増加し、旅行日程が増えることもあるかもしれない。さらに事前にバリアフリールートを仮想空間で確認するなど、人に優しいデジタル化としても期待できる。

### ●新しいサービスを支えるデジタルインフラの整備が肝要

新しいサービスが誕生するための土壌として、一般に開かれたオープン型のプラットフォームがデジタルインフラとして必要不可欠である。現在、国が推進しているデジタルツインやPLATEAUのように、新しいサービスを制作・更新する基盤があることで、企業や個人による付加価値の創出が可能となる。インフラの重要性については強調しすぎることはなく、例えば、地図が作成されていなかったら、郵便や宅配システムの実現が遅れていたかもしれず、地図があったからこそ様々なサービスが発達したと考えている。デジタルツインやPLATEAUなどのプラットフォーム構築に尽力することで、数年後・数十年後にこれまでにない新しいサービスが次々と生まれるだろう。

また、旅行の際、各自治体等のアプリがバラバラに提供されているため個別ダウンロードする必要があったり、アプリ間でデータを共有できないなど、不便を感じた経験がある方もいると思うが、アプリ一つで多様なサービスが可能など、利便性の面でも基盤的なデジタルインフラでは共通化が必要であり、この点で国が先頭に立って推進することに意義があると思う。

### ●国土交通行政は、複合現実・拡張現実技術との相性がよい

私自身は、人がどのように仮想世界や複合現実世界と関わり合うのかとのテーマで研究している。例えば、現

I

第2章

豊かな暮らしと社会の実現に向けて

実世界にいる私の目前にマグカップがあるとして、これに特殊なペンや筆（インターフェース）を使って「デジタルのインク」で絵を描く場合、仮想上で立体物に絵を描き、ゴーグルを通してのみ絵が見えていることとなる。デジタルインクを用いることで何度も描きなおすことができ、最後は3Dプリンターを用いてリアルのマグカップに着色することもできる。これにより、今までは現実世界で行っていた作業（着色）が、仮想世界で簡単に、そして省資源で実施することができる。このような、特殊な筆などインターフェースに関する技術が進展することで、複合現実世界がより使いやくなると思う。また、「バーチャル旅行」として仮想空間内でまちを歩きながら、現実空間で実際にウォーキングをして、旅先の状況など五感を表現する研究も行われており、今後、仮想空間を活用したリアルの活動の充実が期待される。

さらに、複合現実感により、現実世界には情報として表示されていなかった情報がプラスアルファで表示され、使用者に便利で有益な情報が付加されるといったような技術もある。例えば、洪水被害が想定される現場で、現実世界のまちに洪水情報を重ね合わせることで、より

リアリティをもって避難訓練を行うこともできる。

完全にバーチャルだと現実世界が置き去りになるので、仮想世界と現実世界の融合を図りつつ技術をどう活用するかが大切であり、リアルのモノを扱う国土交通行政とVR/ARの活用は相性がよく、今後可能性が広がる技術ではないかと思う。

●先端技術を取捨選択しつつ、積極的に活用してほしい

現状では、例えば、メタバースが実現された際に生活でどう活用するかなど「わたしごと感」が醸成されていないと思う。コロナ前を振り返ると、年間を通じたオンライン授業など考えられなかったが、コロナ禍での経験を経て、現状ではその利点・課題、活用の仕方も見えてきている。仮想空間に関する先端技術は、未体験の人も多くその良さが伝わりづらく、普及には時間を要するかもしれないが、活用方法によっては画期的に便利になり得るものである。今後、社会で活用する先端技術を取捨選択しつつも積極的に活用し、これからの幸福で楽しい未来の創出に役立ててもらいたい。

### ②仮想空間の活用に向けて進められている取組み

近年、IoT等により現実空間の情報を取得し、仮想空間内に現実空間の環境を再現するデジタルツイン[注5]や3Dモデルの活用が進んでいる。

例えば、仮想空間においてシミュレーションや分析ツールが提供されることにより、実証試験やサービスの企画、社会課題の解決のための研究開発等が仮想空間で可能となることから、従来、製造業における業務効率化を中心に活用されてきたデジタルツインについて、まちづくりや防災等への活用など、より広範な領域で付加価値向上に活用が図られる[注6]など、広がりが見られる。前述のとおり、次世代を担う若年層を中心に仮想空間への利用意向が示されている中、仮想空間の充実とともにその活用拡大が期待される。

また、仮想空間と現実空間とを高度に融合させたシステムを前提として、新しい価値を創出していくことが可能となる。仮想空間と現実空間の相互作用により、新たなサービスが創出され、より暮らしやすい社会の実現が図られることが考えられる。

---

注5　デジタルツインによって現実世界のリアルタイムなモニタリング及びシミュレーションが可能になることで、デジタルツインのユーザーは業務効率化やリードタイムの縮小などの効果を得ることができる。例えば、デジタルツインを建築業の企画・設計プロセスに導入することで、デジタル空間上でのシミュレーションが可能となり、実際にプロトタイプを製作しなくても各種試験の実施が可能になったことで、コスト削減だけでなく製品開発のリードタイム縮小効果が期待される。

注6　例えば、防災分野において、技術開発や対策効果の見える化を実現するデジタルツインの整備により、仮想空間上に流域を再現したオープンな実証試験基盤（デジタルテストベッド）の整備を進めることにより、避難行動を促すサービスや洪水予測技術等の開発をオープンイノベーションにより促進するとともに、治水対策効果の見える化等により合意形成等を促進することが可能となる。現実世界では試すことが難しい想定外の洪水シミュレーションや評価などを行い、試行錯誤の結果を現実世界で活用することなどが可能である。様々な実験・訓練を仮想空間上で行うことで関係者がリアルの場で一堂に集まらなくても技術開発やイノベーションに取り組むことが期待される。これにより、「災害リスク管理が高度化し、災害から人命と暮らしが守られる社会」が図られることが期待される。

さらに、仮想空間でシミュレーション・分析を行い、その結果を現実空間にフィードバックすることにとどまらず、現実空間において自動運転やドローンなどデジタル技術の実証等に3D都市モデル等を用いて取り組み、市民参加型で技術をより良いものとし、現実空間で得られたデータ等を再度仮想空間にフィードバックすることで、実際の生活における現実空間を新技術の実験場としたサービス・商品の研究・開発を行うリビングラボ[注7]といった取組みとの連携も考えられる。このような仮想空間・現実空間を相互に作用する取組みを行うことで、テクノロジーを活用したWell-beingな都市づくり（デジタルツインを取り入れたリビングラボ）を進め、デジタルツインが人々の活動の多様化・高度化を支えていくことも考えられる。

図表Ⅰ-2-2-11　デジタルツインが支える人々の活動の多様化・高度化

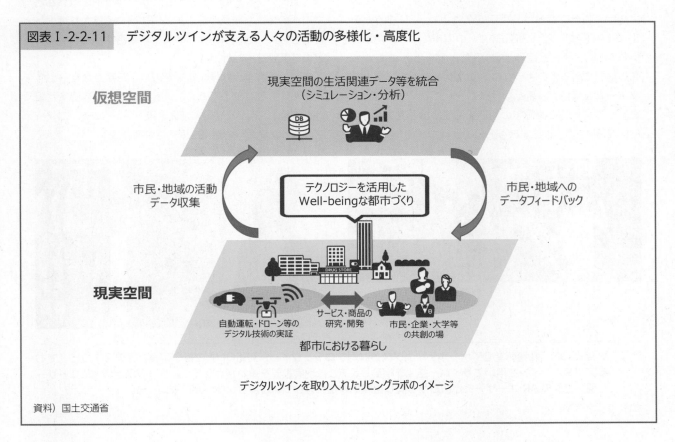

デジタルツインを取り入れたリビングラボのイメージ

資料）国土交通省

　ここでは、仮想空間の活用に向けて進められている取組みについて、3D都市モデルを活用したオープンイノベーションの促進に向けた足元の動きを紹介する。

---

注7　リビングラボとは、まちの主役である住民が主体となって、暮らしを豊かにするための物・サービスを生み出すことなどを通じて、暮らしをより良いものにしていく活動である。主にヨーロッパで広まってきているが、近年日本でも注目されてきている地域・社会活動である（国土交通省「首都圏整備に関する年次報告（令和元年度）」より）。

# Column コラム

I

第2章　豊かな暮らしと社会の実現に向けて

## AR・VR活用によるサイバー・フィジカル横断コミュニケーションの取組み（PLATEAU、国土交通省）

コロナ禍を契機として、事業者によるサービス提供のリモート化、非接触決済の導入等に向けた動きが進んでいる。

例えば、次世代のコミュニケーションツールの実装に向け、国土交通省は、官民連携により、3D都市モデル（PLATEAU）と「GIBSON[注1]」の活用により、現地にいるARユーザーと遠隔地のVRユーザーとがあたかも同じ空間に居るかのようなコミュニケーションプラットフォームを構築し、新たなサイバー・フィジカル横断のコミュニケーション価値の創造に関する検証を2021年度に渋谷区を実施地として実施した。

具体的には、渋谷区内の現地ARユーザーと遠隔地より参加したVRユーザーとが、物理的距離を超え、同じ街歩き体験を共有した。通常の街歩きでは立ち止まらない場所でコンテンツを介したコミュニケーションを取ることで街への新たな発見が促され、街に感じる魅力が高まったとともに、他の街歩き体験者との親密感が高まったなどの結果が得られた。

今後、このような検証結果を取り込み新たなサービスモデルに発展させることで、人と人とをつなぎ直す仕組みを構築し、街歩き体験に加え、観光やイベント、コマースといった産業への活用も期待される。

注1　㈱MESON、㈱博報堂DYホールディングスの共同プロジェクト。「GIBSON」では、現実世界の3Dコピーであるデジタルツインを用いてサイバー空間を構築し、そこに現実世界を重ね合わせることで、遠隔地のVRユーザーと現実世界のARユーザーとがあたかも同じ空間で場を共有しているような体験が可能になる。

資料）国土交通省

デジタル仮想空間と人々の接点となる新たなヒューマンインターフェースの開発・実装等と相まって、都市のデジタルツインの構築・利活用を図ることなどにより、人々の活動・体験の高度化・多様化を支える環境づくりが重要である。行政やデベロッパーなどの開発側と住民を結ぶ実用的なコミュニケーションツールの開発や活用が期待される。

## Column コラム

### XR技術を用いた体感型アーバンプランニングの取組み（PLATEAU、国土交通省）

行政機関やデベロッパーによる都市開発やまちづくりにおいて、開発側である行政やデベロッパーは住民参画を促進してきたが、複雑な都市計画の認知の難しさやコミュニケーションツールの不足といった課題があった。

これらの課題に対して、神奈川県の政令指定市である横浜市では、3D都市モデル（PLATEAU）を活用し、目の前の模型の配置を変えたり、入れ換えたりすることで、VR空間内のモデルも対応して変化するタンジブルインターフェースの技術を用いたワークショップなどを開催して、市民にわかりやすいまちづくりの取組みを推進している。

具体的には、タンジブルインターフェース内に「駒」を配置し、建物模型を移動したり、無くしたりすること

で都市をダイナミックに検討することが可能で、さらにVRゴーグルを着用すると、実際に「駒」を動かした空間に入り込み、リアルに体験することが可能である。

3D都市モデルのコントロールにタンジブルインターフェースを使用することで、年代やテクノロジーリテラシーに関わらず、誰もが3D都市空間をコントロールできるようになる。自ら手を動かして検討した結果が、VR空間に即座に反映されるため、参加者の持つ様々なアイデアを可視化することができる。

今後のまちづくりを検討するうえで、行政やデベロッパーなどの開発側と住民を結ぶ実用的なコミュニケーションツールとして発展してくことが期待される。

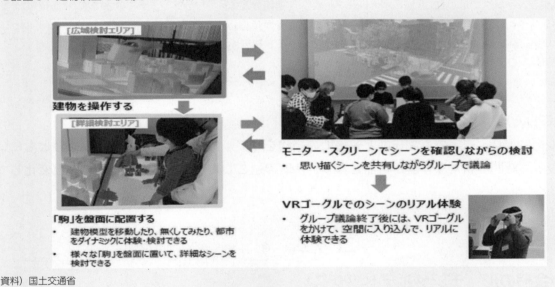

資料）国土交通省

## 2 新しい暮らしと社会の姿

我が国の社会課題の解決に資するデジタル化が加速した新しい暮らしと社会の姿について、一人ひとりのニーズにあったサービスが受けられ、人に優しいデジタル化が図られるとともに、私たちの暮らしや社会がより豊かになる側面に焦点を当てて展望する。

### （1）新しいライフスタイル

デジタル活用により、働き方や余暇の過ごし方、デジタル化との付き合い方など、暮らしの様々な側面でこれまでにない新しいライフスタイルの選択肢が提供されている。

**（働き方）**

AI・IoTやロボットなどの活用により、仕事や家事の効率化が進み、長時間労働などが抑制され、担い手不足も解消されている。また、遠隔化・自動化などにより働く時間や場所の自由度が高まることで、一人ひとりが自分のライフスタイルに合わせて生き生きと働けるようになっている。

## Column　コラム

### 新しい働き方（ロボットオペレータ）

デジタル化の進展の先には、これまでになかった新しい産業や職種が生まれている可能性がある。例えば、「ロボットオペレータ」という職種が普及しているかもしれない。

「ロボットオペレータ」は、現場の重機やロボットを遠隔で操作することにより、インフラ整備や維持管理を担うプロフェッショナルとして、若い人が憧れ、魅力のある職種となっている。

人気職業ランキングでは、「ロボットオペレータ」が上位にランクインしている。建設業等の現場作業員は、従来のきつい、危険といったイメージから、大きなロボットをリモコン一つで操れる高度専門人材という新たな魅力をもったものへと変わり、「かっこいい」職種との認識が広まり、若年入職者も増えて担い手が確保されることも期待される。

当該職種は、操作やシステムオペレーションに関する高い技術が求められ、高度専門人材としてロボットを自由自在に操り、作業の精度は熟練の作業員にも匹敵している。また、作業効率や安全性も上がる。多様なロボットを操ることで、ビルなどの建設現場はもちろん鉄道・道路などのインフラメンテナンスまで様々な分野のインフラに対応することができるプロフェッショナルとして、幅広く活躍している。

**（余暇の過ごし方）**

デジタル化により、自宅でも旅先など遠隔地の経験をリアルに体験できるようになるとともに、現実空間での余暇時間も新たな体験が可能となり、余暇の過ごし方がより魅力的なものへと変化している。

## Column　コラム

### 新しい余暇の形（デジタルデトックス）

デジタル化が進展した将来では、デジタル化との新しい関わり方をしている可能性がある。ユーザーインターフェースが多様化し、「デジタルデトックス」をデジタル技術により支える地域が増えることで、新しい余暇の形が浸透しているかもしれない。

顔など体の一部で認証する技術により、財布はもとよりスマートフォンといったデジタルデバイスも持ち歩くことなく、手ぶらでまちなかを歩いても、レストランでの食事やバスの乗車、お土産の購入などが済ませられたり、空港やホテルのチェックインなども顔パスで済ませたりできるようになっている。デジタルデバイスと距離をおくことで「オフライン」を保って心身をリフレッシュすることができ、デジタル化が進展した将来においても余暇をさらに充実させることが期待される。

**（空間の使い方）**

デジタル化により時間的・空間的制約から解放されることで、より柔軟に空間を使えるようになっている。

# Column　コラム

## 新しい移動空間の形（自動運転）

　自動運転や空飛ぶクルマの技術の発展・普及により、自動車は「移動手段」から「目的に合わせた居室」に変わっているかもしれない。

　例えば、将来のクルマなどの移動空間は、一つの居室として移動の目的に合わせて最適な時間を過ごすことができるようになっている。ビジネスマンにとっては会議室としてリモート会議に参加したり、観光客にとっては移動時間中に快適に睡眠や食事ができる寝室・レストランとして使われるようになり、子供たちにとっては勉強部屋や遊び部屋となったり、従来に比べ、個々人の目的に合わせて自由な時間を増やすことができるようになっている。

# Interview　インタビュー

## デジタル化によりもたらされるセルフマネジメント型の暮らし
（東京大学未来ビジョン研究センター　客員教授　西山圭太氏）

　デジタル化による新しい暮らしを見据えて、一人ひとりのライフスタイルに合ったデジタル活用が図られることが期待される。国土審議会計画部会の有識者委員であり、これまでデジタル化の推進に取り組まれてきた西山氏に、デジタル化の特性を踏まえつつ、デジタル化のプロセスやもたらされる効果についてお話を伺った。

### ●デジタル化によりもたらされるセルフマネジメント型の暮らし

　デジタル化は多面的な効果をもたらすものである。一つには、ソフトウェアはハードウェアと異なり構成を瞬時に変更できる。そのため、デジタル化の進展により、サービス内容の多様性と自由度が高まり、利用者の個々の状況に応じた「カスタマイゼーション」が可能となる。また、利用者の裁量の余地が高まることで、消費者としてのサービスの利用という局面に限らず、例えば働き方でも「セルフマネジメント」の形態へと移行する点に着目すべきだと思う。コロナ禍を通じてオンライン化に伴う変化が強調されるが、デジタル化がもたらしたセルフマネジメントの視点、平たく表現すると、自分の取り組みたい時に取り組みたいことを好みの場所で実施できるという形態にこそ、一層目を向けるべきだと考えている。

　例えば、研修について、対面での実施から、デジタル活用によりオンライン配信へと変更した場合、予め決められた時間・場所に研修生が一堂に会する必要がなくなる。それは、研修生の位置する場所と研修所が離れることが可能だという「オンライン」の効果もあるが、それだけではない。研修生は、自宅や勤務先など場所を選ばず、手の空いた時間など好みのタイミングで、聞きたい研修の自分にとって大事な部分だけを学習することができる。また、人によって理解度は異なるが、個人の学習進度に応じて繰り返し研修を視聴できるなど、カスタマイズが可能となる。つまりは、いつ、どこで、どのように研修を受講するかは研修生に委ねられ、個々人のセルフマネジメントの力が試されることにもなる。

### ●「分ける」から「兼ねる」へ

　デジタル化は、これまでの「分ける」機能を、「兼ねる」方向へと変化させ得るものである。共通の仕組みやツールを個々人がカスタマイズすることで様々なことへ応用でき、複数のサービスが同じプラットフォーム上で提供されることとなり、分野の異なるサービスが「兼ねる」形に変化していく、これを可能とするのもデジタル化だと考えている。

　例えば、交通分野では、ダイナミックルーティングというAI技術を用いた新たな仕組みがある。従来型の路線バスは、決まった時間・決まった場所に運行するものであるが、ダイナミックルーティングは、通勤・通学、買い物・通院など行先に応じ、乗車する時間帯も含めて乗客の需要に合わせてルートを変えながらバスを運行するものである。また、同じバスで宅配便の集荷などもできるようになると、路線バス、病院の送迎バス、スクールバス、さらには乗客と貨物の輸送とを別々に「分けて」運営する形から、これらサービスを「兼ねる」形に変えていくことが可能となる。これは、オンライン化という領域を超え、一つの仕組みで分野の異なる様々なサービスがカスタマイズされた形で提供可能となり、分けて経営するより場合によって収支が向上し、ユーザーの利便

性も高まるといった多面的な効果が期待できる点が重要である。特に人手不足と人口減少に直面する地域では、「兼ねる」アプローチが必須であり、デジタル技術はそれを支えるものである。

#### ●利用者ニーズの吸い上げがポイント

デジタル化の本質であるカスタマイズは、利用者のニーズに基づいて形作られていくものである。また、デジタル化は先行者に有利である。それは最適を求めて時間をかけて作り込むよりも、まずサービスの提供を始めて、利用者ニーズを踏まえた試行錯誤を繰り返した方が、早く・良いサービスの質に到達できるからである。一旦フォロアーになると、先行者にはサービスの質の面で追いつくのが難しくなる。

国土交通分野では、例えばスマートシティの取組みにおいて大事なのは、データ連携そのものではなく、それを利用したサービスの柔軟な創造と組み替えである。その方向性を決めるのはあくまでも住民の声であり、それを効率的に吸い上げる仕組みもまたデジタル技術の活用で作ることができる。提供者の視点だけでサービスの内容を考えて、データ提供の同意を利用者に求めるというアプローチに陥らないよう注意すべきである。

#### ●アジャイルに取り組むべき

DXはデジタル技術を使って何かをトランスフォーメーション（変革）するものであり、今までの仕事の仕方を変えなければ意味がなく、これまでの仕事にアドオン（新規追加）すべきものではない。今までの取組みを大きく変えるためには、ビフォアとアフターを常に意識すべきで、必ず不要なビフォアを廃止することが伴うべきである。

また、デジタル化による新たな取組みの結果は、実装して検証してみないと明らかにならない部分が多い。そのため、デジタル化は、実験的に進めていくことが求められるが、日本ではなかなかそうならない。日本の職場等における意思決定の際には、何かを始める前に結果が完全に予測できること、そのために十分時間をかけることを求められることが多いと思う。しかし、大まかな仮説を立ててまず取り組み、修正を繰り返すことで、今よりも良い状態に短期間で到達できると発想することが、デジタル化を進めるということである。

デジタルのよさは、ソフトウェアのため修正が容易で、明日から全く違うようにできる点であり、先述のダイナミックルーティングの例でいえば、ハードウェアであるバス自体を製造し直すことは大変だが、利用者のデマンドを汲み取るソフトウェアは、書き直してアップデートさえ行えば、瞬時に修正・実装することができる。アジャイルに進めることは、トータルなリスクとミスを減らすことにつながる、と考える点も重要である。

#### ●デジタル化をより広い視点から捉えるべき

デジタル化は、一面ではGAFAに代表されるプラットフォーマーにより仕組みが単一化・共通化されるという集中が進みがちな一方で、共通の仕組みを個々人が自分に合った方法で使うセルフマネジメントの実現を通じて、分散と個性化が進む側面もある。例えば住むところと仕事の場所が離れてもいい、住む場所や働く時間が選べるようになることだ。この二面性に、デジタル化の面白さがあると思う。

国土交通行政では、国土形成計画の大きな方向性として、以前から集中型か分散型かという議論が主軸で、この10年でいけばネットワーク化の概念が示されている。これからの時代には、ネットワーク化のさらに先の世界、つまり集中と分散の両面をもった世界、重層的な世界を構想するというアプローチが必要だと考える。コロナ禍を通じ、テレワークができるなどオンライン化の議論が進んだが、国土交通行政では、サービスやインフラの変革や、国土の重層的な理解など、より広い視点からデジタル化を捉え、国民に伝えていくことが重要であると考えている。

### （2）インフラメンテナンスや物流の新たな姿、デジタルツイン

デジタル化により、インフラメンテナンスや物流が変化し、産業のあり方が変わるとともに、デジタルツインや3Dモデルなどの活用により、新しいサービスや体験等が可能となり、これまでにない革新的な取組みが展開され、Well-beingが向上している。

### （進化するインフラメンテナンスや物流のあり方）

AI・IoT、ドローンやロボット等の活用により、インフラやモノの効率的な維持・管理が可能となっている。AI等を活用することで修繕を行うタイミングが適切に判断されるようになり、インフラも良好な状態が維持され、安全・安心な国土となるとともに、配送計画や物流業務などの自動化等により、サプライチェーン全体が最適化され競争力が高まっている。

# Column　コラム

## 新しい管理の仕方（自律化）

　デジタル化が進展した将来の先には、建機や倉庫内作業の"機械化・自動化"のみならず、インフラやモノの管理のあり方も"自律化"している可能性がある。

　例えば、これまで点検・管理を頻繁に行う必要があったインフラ老朽化度合いは、AIやドローンなどの技術により精度高く管理され、適切な補修タイミングになると

インフラ側から通知が届くようになるかもしれない。

　また、物流業務における配送ルート決定が自律化されることで、例えば近場で運びたいモノがあるときに、行先を指定すると次世代モビリティが効率的な運搬を支援してくれるなど、ラストワンマイル輸送がより効率的なものへ変化している。

## （デジタルツインによる防災まちづくり）

　デジタルツインの普及により、仮想空間・現実空間を相互に行き来する機会が増え、防災やまちづくりなど幅広い分野での活用により、多様な主体によるオープンイノベーションが展開されている。また、メタバースをはじめとする仮想空間に関する技術の進展により、好きな場所で自由に使える時間がより増えているとともに、様々な場所や相手と関わり合うことができるようになっている。

# Column　コラム

## 新しいまちづくり（デジタルツイン）

　デジタルツインが進展すれば、今までにない新たなまちづくりが生まれる。

　例えば、「どのような施策をしたらより多くの人が訪れ、回遊してくれるか」、「どのような施設をつくると周辺の人の流れにどのような影響を与えるのか」といった観点から詳細な分析を行うことが容易になり、人の流れを予測することで、まちのあり方に必要な施策や施設が誰にとっても分かりやすく、そのプロセスに参画しやすくなるかもしれない。

　また、事業に携わる側にとっては、限られた資源を効率的な投資にまわすことが可能となり、住民にとっては、例えば人の流れを予測した通勤や外出など混雑を避けれた移動ができ、その地域を訪れる人にとっては、まちの魅力が分かりやすいなど、合理性や快適性の高いまちとなっている。

　「住みたい」、「行きたい」と思われる付加価値の高いまちづくりが多くの人によって支えられ、地域への誇りや愛着が高まり、Well-beingも向上している。

# Column　コラム

## 新しい防災の形（デジタル防災）

　デジタル化で防災・減災対策が飛躍的に高度化・効率化した未来では、あらゆる災害でリスクを最小化でき、生命・財産が守られるような、どこにいても安心して暮らせるような社会をデジタルのフル活用により支える、デジタル防災が主流になっているかもしれない。

　デジタルツインの活用により洪水・津波・地震・火災

といったハザードを想定し、発災時の人流や避難経路をシミュレーションすることで、被災状況を精度高く予測することが可能となり、被災状況の見える化により災害を未然に防ぐための公共インフラの整備、交通機関の運行制御、企業等のBCP強化などを進めることができるようになっている。

# Interview インタビュー

## 自動化技術を使いこなす人間中心の社会デザインに向けて
（東京大学生産技術研究所　教授／
次世代モビリティ研究センター　センター長　大口 敬氏）

デジタル化で暮らしと社会が変わる時代にあって、私たちは将来像をどう思い描き、どのように歩みを進めていけばよいのだろうか。

これからの新しい暮らしと社会に大きな影響を与え得る運転自動化技術の動向を中心に、企業や行政に求められる視点について、交通制御工学やモビリティシステムなどを研究されている大口氏にお話を伺った。

### ●運転自動化技術をどう使いこなすのかを問うべき

暮らしや社会の将来像を思い描くに当たっては、社会として、あるいは人類として、「テクノロジーをどう使いこなし、どう受け入れていくのか」との問いに向き合う必要がある。

歴史を振り返ると、二足歩行である人類は、知恵をしぼり、技術を開発し、「少しでも遠くへ、速く、安全に、そして多くの往来を」と望み、交通システムを「発展」させたつもりでいると思う。しかしながら、いわゆる、現代の自動車と呼ばれるタイプの乗り物を受け入れ、私たちが現状目にしている道路や街路、歩道や車線などの社会インフラが築き上げられたのは、所詮この100年程度のことであり、人類数百万年の歴史からすれば、ほんの一瞬のできごとである。自動車により利便性が向上した一方で、交通事故や温暖化の進展など課題にも直面している。この観点で、将来像として現状と全く異なる絵姿を思い描いたとしても、それは夢物語ではなく十分あり得るものであり、現在を生きている我々が今見ている世界の方が、むしろ泡沫の夢のようなものかもしれない。

自動化の進展を突き動かすものは、自動車の運転操作について「少しでも楽に、快適に、安全に、排ガスや二酸化炭素を抑えて」走りたいという欲求であると思う。自動化技術がもたらす価値に対する人々のニーズや社会的プレッシャーに対し、一過性でなく、汎用性のある解決策を提示し、デファクトスタンダード化されないと社会に普及しないと考えている。例えば、衝突被害軽減ブレーキは、安全な車両を望む社会ニーズを反映したものである。パワーウィンドウは、窓の開け閉めの手間を楽にした自動化である。新しいシステムに社会も徐々に適応し、例えばオートマチック限定免許も現在は市民権を得ている。

つまり、社会やユーザー側が望む機能を踏まえて運転自動化の技術開発が進むことで、本質的な価値が生まれ

るものだと思う。自動運転のレベル分けに固執せず、地域の足の確保、高齢者や子の送迎ニーズへの対応など、運転自動化技術の使い道について、格差のない移動を社会システムとして支えるといった目的の部分に目を向けるべきである。

### ●自動運転への信頼を支える制度、プレーヤーが課題

道路を走る車両の運転自動化技術について、この数年で見えてきたことは、基本的には人間の指令により責任をもって移動体を動かすことを前提としつつも、その一部を機械、つまり、アルゴリズムに任せるとの文脈で、自動化が図られていることである。これは、バス・タクシー、トラックでも、また、鉄道、船、飛行機にも当てはまることである。

日本の車両の安全基準の仕組みや道路のメンテナンスは、交通システムの高信頼度、高品質に貢献する面において世界的にも稀有である。このため、日本では、自動運転技術に同程度の信頼度が要請されることが大きな課題となっている。とくに、人間による運転が存在しない「レベル4」の自動運転という全く新しい技術に対し、時代に合わせた制度設計が必要となるかもしれない。

さらに、日本ではすでに「レベル4」自動運転が制度として可能となる中、新しいことにチャレンジする企業等のプレーヤーがもっと出てきてもよいと思う。海外と比べ、取組み機運という観点で忸怩たる思いがある。

### ●自動運転の最終形は決まっていなくてよい

将来に何を望むかは人それぞれであり、自動運転の最終形は決まっていなくてよいと思う。個人的にはすべての移動が完全に自動化するとは思っていない。例えば「行き先さえ指定すれば、経路設定から運転まで全自動化され、渋滞もなくなる」といった状況は、全地球的なAIにより全体最適が図られる世界だが、このような社会では人間の気分次第での寄り道など認められなくなる。人間を中心に据えて、人々が幸福を感じる社会を思い描くとすると、自動運転モードと人間が運転するモードが選べて、人間がある程度責任をもって自ら決定できる自由度を残し、自動化技術を上手に取り入れることが理想ではないかと考えている。これは曖昧で、先鋭的でも美しくもないようだが、技術水準の高さにばかり気を取られるより、ある程度の冗長性をもった交通システムが現実解

ではなかろうか。

　また、自動運転により移動時間の使い方が変わる、もしくは、「移動時間を積極的に活用しながら空間を移動すること」により、移動体を新しい価値を生む場とすることができるかもしれない。例えば、時速を70キロから30キロに落とすなど自動運転で低速にて移動することにより、食事や運動を楽しんだり、針に糸を通すような作業が可能となるような移動体が作れるかもしれない。様々なアイディアが持ち寄られ、そこに投資も行われて経済が動いていくことで、よりよい未来が開けることを期待している。

### ●人間性の回復の一環としてインフラのあり方を考えるべき

　日本と海外の道路に対する歴史を比較すると、既にローマ時代から馬車が存在していた西洋社会においては、馬車があったことで道路の幅員などが発達した。一方で、日本は江戸末期まで、徒歩か籠か馬が移動手段であったため、西洋と道路のあり方がまるで違う。最近、人間性の回復の一環として、ニューヨークやパリでは市街を歩行者中心に新たに造り変えている点は注目に値する。

　なお、海外で進められる自動運転の実証事業などが、先進事例として日本で大きく取り上げられることも多いが、実はまだ試行錯誤段階で、一過性となる場合もある。萌芽的な動向を把握することは大切であるが、たかが100年、でも100年掛けて発展してきた自動車産業の21世紀型の変容へ向けて、やみくもに海外の動きを日本に取り入れていくのではなく、将来の展望を見極めていくことが重要である。

　日本は、雪国から離島や山間部まで地域差が大きいことが特徴であり、その特性に応じた様々なソリューションを提案できれば、世界が注目するようになるのではなかろうか。このとき、地域や状況に応じた個別的なソリューションが必要となるとともに、普遍性、汎用性を意識して取組むことが大切である。

### ●新しいフレームを構築する気概をもつことが大切

　現在の道路、自動車に関わる制度は、歴史的には所詮100年程度、日本に限っては戦後70年程度のものである。新技術により既存制度に不具合が生じるようなら、既存制度に固執せず、長い歴史観を持ってすべてを見直し、新しいフレームを構築する気概をもつことも必要である。行政官は中長期的な構想やビジョンを持ち、社会に真に役立つ制度を作り上げていくやりがいのある時代に差し掛かったと前向きに捉えていただきたい。

# 第Ⅱ部
## 国土交通行政の動向

## Ⅱ　第1章　時代の要請にこたえた国土交通行政の展開

## 第1節　東日本大震災からの復旧・復興の現状と対応策

　東日本大震災からの復旧・復興事業については、国土交通省の最優先課題の一つであり、一日も早い復興を目標に全力で取り組んできた。その結果、道路、鉄道、港湾等の基幹インフラの復旧・整備や住宅の再建・復興まちづくりのハード事業が、地震・津波被災地域ではおおむね完了するなど、復興は着実に進展している。

　他方で、特に福島の原子力災害被災地域を中心に、未だに不自由な生活を強いられている被災者も多くいる。国土交通省としては、「「第2期復興・創生期間」以降における東日本大震災からの復興の基本方針」（令和3年3月9日閣議決定）等に基づき、引き続き、被災者に寄り添いながら、被災地の復興に向けて、総力を挙げて取組みを進める。

　具体的には、地震・津波被災地域においては、引き続き、海岸や下水道など、残る基幹インフラ事業の早期完了に向けて着実に事業を実施する。

　原子力被災地域においては、令和4年度に避難指示が解除された双葉町、大熊町などの特定復興再生拠点区域等における市街地整備の支援を継続するとともに、特定復興再生拠点区域外への帰還・居住も見据え、被災者の生活や生業が再建できるよう取り組む。また、ALPS処理水の海洋放出による風評への対策としてのブルーツーリズムや福島県が推進するホープツーリズム等における滞在コンテンツの充実、プロモーションの強化等の取組みを引き続き支援し、観光復興を促進する。加えて、「福島国際研究教育機構基本構想」（令和4年3月29日復興推進会議決定）に基づき、関係省庁と一丸となって取組みを進める。

## 第2節　東日本大震災を教訓とした津波防災地域づくり

　東日本大震災を契機として平成23年12月に制定された「津波防災地域づくりに関する法律」に基づき、各地で津波防災の取組みが進められており、令和5年3月末時点で、最大クラスの津波に対応した津波浸水想定の設定（40都道府県）、警戒避難体制を整備するための津波災害警戒区域の指定（25道府県）、さらに津波災害特別警戒区域の指定（静岡県伊豆市）、津波防災地域づくりの総合的な推進計画の作成（19市町）が行われている。

　また、東日本大震災被災地では、24地区の「一団地の津波防災拠点市街地形成施設」が都市計画決定される（令和4年3月末時点）など、同法を活用した復興の取組みも進められている。国土交通省は、関係部局で構成される支援チームを設置して地方公共団体によるこれらの取組みに係る支援を実施しており、今後も国民の命を守るための津波防災地域づくりを積極的に推進していく。

## 第3節　国土政策の推進

　国土形成計画は、総合的かつ長期的な国土づくりの方向性を示すものである。第二次国土形成計画（全国計画）（平成27年8月閣議決定）では、「対流促進型国土」の形成を国土の基本構想とし、そのための国土構造、地域構造として、「コンパクト＋ネットワーク」の形成を提示した。

　第五次国土利用計画（全国計画）（平成27年8月閣議決定）では、国土の安全性を高め、持続可能で豊かな国土を形成する国土利用を目指しており、国土利用計画（都道府県計画・市町村計画）の策定及び変更並びに市町村管理構想・地域管理構想の全国展開に向けた支援等を実施している。

　第二次国土形成計画（広域地方計画）（平成28年3月国土交通大臣決定）では、全国8ブロックごとの特性、資源を活かした広域連携プロジェクトを特定し、推進している。

　地方における人口減少・流出や巨大災害リスク、コロナ禍を契機とした暮らし方・働き方の変化など、我が国国土が直面するリスクと構造的な変化を踏まえ、国土審議会計画部会で新たな国土形成計画（全国計画）・国土利用計画（全国計画）の検討を令和5年夏の策定に向けて進めている。国土形成計画（全国計画）については、国土づくりの目標として「新時代に地域力をつなぐ国土　～列島を支える新たな地域マネジメントの構築～」を、そのための国土構造の基本構想として「シームレスな拠点連結型国土」を掲げる予定としている。具体的に、国土の刷新に向けた4つの重点テーマとして、人口減少下でも生活サービスを維持するデジタルとリアルが融合した地域生活圏の形成、持続可能な産業への構造転換、グリーン国土の創造、人口減少下の国土利用・管理を掲げ、これらを効果的に実行する分野横断的なテーマとして、国土基盤の高質化と地域人材の確保・育成を位置付けるべく検討を進めている。広域地方計画については、基本的な考え方の取りまとめに向けた議論を進め5年夏に公表する。

## 第4節　社会資本の老朽化対策等

### （1）社会資本の老朽化対策

　我が国においては、高度経済成長期以降に集中的に整備されたインフラの老朽化が深刻であり、今後、建設から50年以上経過する施設の割合が加速的に進行していく。老朽化が進むインフラを計画的に維持管理・更新することにより、国民の安全・安心の確保や維持管理・更新に係るトータルコストの縮減・平準化等を図る必要がある。

　このため、平成25年11月、政府全体の取組みとして、計画的な維持管理・更新等の方向性を示す基本的な計画である、「インフラ長寿命化基本計画」が取りまとめられた。

　この基本計画に基づき、国土交通省が管理・所管するインフラの維持管理・更新等を着実に推進するための中長期的な取組みの方向性を明らかにする計画である「国土交通省インフラ長寿命化計画（行動計画）」を平成26年5月に策定し、メンテナンスサイクルの核となる個別施設毎の長寿命化計画である「個別施設計画」の策定促進や、インフラの大部分を管理する地方公共団体への技術的・財政的支援などを実施してきた。

　さらに、令和3年6月に策定した第2次とな

【関連リンク】
社会資本の老朽化の現状
URL：https://www.mlit.go.jp/sogoseisaku/maintenance/_pdf/roukyuukanogenjou.pdf

る「国土交通省インフラ長寿命化計画（行動計画）」に基づき、損傷が軽微な段階で補修を行う「予防保全」に基づくインフラメンテナンスへの本格転換、新技術等の普及促進によるインフラメンテナンスの生産性向上、集約・再編等によるインフラストック適正化などの取組みを推進し、インフラが持つ機能が将来にわたって適切に発揮できる、持続可能なインフラメンテナンスの実現を目指していく。

## （2）地域インフラ群再生戦略マネジメントの推進

平成25年を「社会資本メンテナンス元年」として位置づけ、メンテナンスサイクルの確立など様々な取組みを行ってきた。平成30年には、国土交通省所管分野における社会資本の将来の維持管理・更新費の推計を行い、将来、維持管理・更新費の増加は避けられないものの、「事後保全」から「予防保全」に転換することにより、今後30年間の累計で約3割縮減できる見込みを示した。このことから、今後、予防保全への転換を進めることにより費用の縮減・平準化を図り、持続的・効率的なインフラメンテナンスを推進することが重要である。

しかし、特に小規模な地方公共団体において、体制面・予算面に課題を抱え、予防保全への転換が不十分な状況も見受けられる。そのような状況を踏まえ、令和4年12月に社会資本整備審議会・交通政策審議会技術分科会技術部会において、今後のメンテナンスのあり方に関する提言『総力戦で取り組むべき次世代の「地域インフラ群再生戦略マネジメント」～インフラメンテナンス第2フェーズへ～』が取りまとめられた。

提言では、各地域の将来像を踏まえ、複数・広域・多分野のインフラを「群」として捉え、総合的かつ多角的な視点から地域のインフラを戦略的にマネジメントする「地域インフラ群再生戦略マネジメント」という考え方を示している。提言を踏まえ、様々な主体と連携し、持続

可能なインフラメンテナンスの実現に向けて取組みを進めていくこととしている。

また、産学官民が一丸となって総力戦でメンテナンスに取り組むプラットフォームとして平成28年に設立された「インフラメンテナンス国民会議」の参画数は令和5年3月末時点では2,756者に達している。4年4月には、地方公共団体における効率的・効果的なインフラメンテナンスの推進を後押しするため、メンテナンスに高い関心を有する市区町村長で構成する「インフラメンテナンス市区町村長会議」が設立された。今後、先進的な取組み事例の共有、メンテナンスの今後の方向性に関する意見交換、社会に対するメッセージの発信といった取組みを通じて首長のイニシアティブにより市区町村におけるインフラメンテナンスの取組みを強力に推進していくことが期待される。

## （3）新技術等の導入促進

社会インフラの維持管理における業務効率を飛躍的に高めるため、維持管理に資する革新的技術の研究開発・現場実証を促進させ、戦略的に新技術の社会実装を進める。具体的には新技術の導入を促進するため令和3年3月末に新技術導入の手引き（案）を公表しており、それらの普及・促進を進めている。

また、国民会議では、設立以来、シンポジウム・セミナーの開催や、自治体等の施設管理者が抱える技術的な課題（ニーズ）と民間企業等が保有する技術（シーズ）のマッチング等、インフラメンテナンスの技術導入を支援するイベントを全国で実施している。さらに、インフラメンテナンスに係る優れた取組みや技術開発を表彰するため平成28年に創設した「インフラメンテナンス大賞」について、第6回では195件の応募から37件の表彰を選定し、令和5年1月に開催した表彰式を通じて好事例の横展開を図った。

また、道路分野においては、行政の技術開発ニーズを踏まえた新技術について、研究開発か

ら現場への活用まで積極的に推進している。具体的には、道路分野に携わる広範な研究者の技術研究開発を支援する新道路技術会議において、行政ニーズに応じた研究を中心に支援し、その中でも活用が期待される研究開発については、新技術導入促進計画に位置づけ、必要な技術基準類の整備を迅速化する等、現場実装を推進していく。橋梁・トンネル・舗装・土工につ

いて、点検支援技術性能カタログの充実等の取組みを推進するとともに、直轄国道の定期点検（橋梁・トンネル・舗装）においてカタログ掲載技術の一部の活用を原則化するなど、新技術を積極的に活用し、点検業務の効率化・高度化を図る。また、これら点検や、補修・補強への新技術・新材料の活用に対し、道路メンテナンス事業補助制度において優先的に支援する。

## 第5節　社会資本整備の推進

　社会資本整備重点計画は、「社会資本整備重点計画法」に基づき、社会資本整備事業を重点的、効果的かつ効率的に推進するために策定する計画である。第4次計画の策定（平成27年）以降、自然災害の激甚化・頻発化やインフラの老朽化の進展、人口減少による地域社会の変化や国際競争の激化、デジタル革命の加速やグリーン社会の実現に向けた動き、ライフスタイル・価値観の多様化など、社会情勢は大きく変化した。加えて、新型コロナウイルス感染症の拡大が、社会経済活動のあり方や人々の行動・意識・価値観に多大な影響を及ぼしている。こうした点を踏まえ、第5次計画（令和3年5月閣議決定）では、計画期間内（5年）に達成すべき6つの重点目標を設定するとともに、インフラのストック効果を最大限発揮させるため、「3つの総力」と「インフラ経営」の視点を追加した。「3つの総力」については、様々な主体の連携による「主体の総力」、ハード・ソフト一体で相乗効果を生み出す「手段の総力」、整備だけでなく、将来の維持管理・利活用まで

見据えた取組みを行う「時間軸の総力」により、社会資本整備を深化させていく。「インフラ経営」については、インフラを、国民が持つ「資産」として捉え、整備・維持管理・利活用の各段階において、工夫を凝らした新たな取組みを実施することにより、インフラの潜在力を引き出すとともに、インフラによる新たな価値を創造する。また、持続可能で質の高い社会資本整備を下支えするための取組みとして、「戦略的・計画的な社会資本整備のための安定的・持続的な公共投資」と「建設産業の担い手の確保・育成、生産性向上」が必要である。

　さらに、新たに設定された重点目標を達成するため、全国レベルの第5次計画に基づき、北海道から沖縄まで全国10ブロックにおいて「地方ブロックにおける社会資本整備重点計画」を令和3年8月に策定し、個別事業の完成時期や今後見込まれる事業費を記載するなど、事業の見通しをできるだけ明確化した。これにより、各地方の特性、将来像や整備水準に応じた重点的、効率的、効果的な社会資本の整備を推進する。

II

第
1
章

時代の要請にこたえた国土交通行政の展開

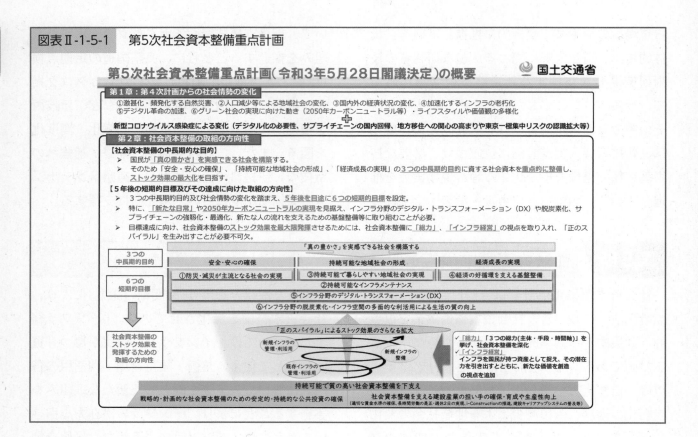

図表II-1-5-1　第5次社会資本整備重点計画

## Column コラム

### ストック効果最大化を目指して

　我が国が持続可能な発展を遂げ、現在を生きる我々や将来の世代が安全・安心に活力ある日々を送るためには、ストック効果（整備された社会資本が機能することで継続的に中長期的にわたり得られる効果）を最大限に発揮する社会資本整備が求められています。このため、国土交通省では、主体・手段・時間軸の「3つの総力」を挙げ、社会資本整備を深化させていきます。また、インフラを「経営」する発想に立ち、整備・維持管理・利活用の各段階において工夫を凝らした取組みを行うことにより、インフラの潜在力を引き出し、新たな価値を創造する取組みを進めていきます（ストック効果の詳細や具体的な事例は「関連リンク」をご覧ください）。

■インフラ経営の取組事例

Park-PFIによる公園整備・管理（福山市中央公園）
サイクリングロードの整備（瀬戸内しまなみ海道）
釣り施設として一般開放（相馬港5号ふ頭防波堤）

【関連リンク】
インフラストック効果（ストック効果の事例等）
URL：https://www.mlit.go.jp/sogoseisaku/region/stock/index.html

【関連リンク】
日本のインフラの今
URL：https://www.mlit.go.jp/sogoseisaku/infra/

## 第6節　交通政策の推進

### 1 交通政策基本法に基づく政策展開

「交通政策基本法」に基づき、令和3年5月に閣議決定された「第2次交通政策基本計画」は、3年度から7年度までを計画期間としており、「交通政策基本法」の規定に則り、基本的な方針、施策の目標、施策等について定めている。具体的には、基本的方針として、A「誰もが、より快適で容易に移動できる、生活に必要不可欠な交通の維持・確保」、B「我が国の経済成長を支える、高機能で生産性の高い交通ネットワーク・システムへの強化」、C「災害や疫病、事故など異常時にこそ、安全・安心が徹底的に確保された、持続可能でグリーンな交通の実現」の3つの柱を掲げている。

### 2 年次報告の実施

交通政策白書は、交通政策基本計画の着実な推進を図るため、「交通政策基本法」に基づき、交通の動向並びに政府が交通に関して講じた施策及び講じようとする施策について、毎年国会に報告するものであり、令和4年版交通政策白書は、令和4年6月に閣議決定・国会報告した。

### 3 持続可能な地域旅客運送サービスの提供の確保に資する取組みの推進

人口減少等による長期的な需要の減少に加え、新型コロナウイルス感染症の影響により、地域公共交通を取り巻く状況は厳しいものとなっている。他方、高齢者の運転免許の返納件数は依然高い水準にあり、受け皿としての移動手段を確保することは重要性を増している。

これまで、地方公共団体が中心となって、「地域公共交通の活性化及び再生に関する法律」に基づき、令和4年度末までに835件の地域公共交通計画が策定されるなど、持続可能な地域旅客運送サービス提供の確保に資する取組みが進められている。

また、依然として厳しい状況を踏まえ、交通政策審議会交通体系分科会地域公共交通部会における議論も受け、令和4年度補正予算及び令和5年度当初予算において、「共創」の取組みを支援する予算や、新たなメニューとして「社会資本整備総合交付金」の基幹事業の追加、「エリア一括協定運行事業」を盛り込むなど予算面の支援を大幅に強化するとともに、「地域公共交通の活性化及び再生に関する法律等の一部を改正する法律案」が令和5年4月に成立した。これらにより、地方公共団体・公共交通事業者等の地域の関係者の連携・協働を推進し、利便性・持続可能性・生産性の高い地域公共交通ネットワークへの「リ・デザイン」（再構築）の実現を図る。

Ⅱ

第1章
時代の要請にこたえた国土交通行政の展開

図表Ⅱ-1-6-1　地域交通の現状と課題

○ 地方部では、人口の減少等を背景に、乗合バスの利用者は依然として減少傾向。
○ 自動車の運転業務の**人手不足が年々深刻化**しており、**有効求人倍率は全職業計を大幅に上回っており、**2022年平均は2.30倍となっている。
○ 乗合バス事業者の94.0%が赤字事業者となっているなど、**大変厳しい経営状況**にあり、地方部においては、路線廃止が進み、経営破綻した事例も発生。
○ **高齢者の免許返納の数**は、近年**大幅に増加**。

【関連データ】
地域交通の現状
URL：https://www.mlit.go.jp/statistics/file000010.html

## 第7節　海洋政策（海洋立国）の推進

### 1　海洋基本計画の着実な推進

　四方を海に囲まれている我が国では、海洋の平和的かつ積極的な開発及び利用と海洋環境の保全と調和を図る新たな海洋立国の実現を目指して制定された「海洋基本法」に基づき、平成30年5月に閣議決定された「第3期海洋基本計画」の下、関係機関が連携し、海洋政策を推進しているところである。

　国土交通省においても、「第3期海洋基本計画」に基づき、海上保安体制の強化、海洋由来の自然災害対策、海洋状況把握（MDA）の能力強化、洋上風力発電の導入拡大に向けた環境整備、海洋産業の国際競争力強化に向けた「海事生産性革命」の推進、海上輸送の確保、沖ノ鳥島等の保全・管理、低潮線の保全、海洋人材の育成のほか、ASV（小型無人ボート）やいわゆる海のドローンとして活用が期待されるAUV（自律型無人潜水機）、ROV（遠隔操作型無人潜水機）等の「海の次世代モビリティ」の活用促進、昨今の情勢を踏まえた北極海航路の利活用に向けての調査等、各般の施策を推進している。

# Column コラム

## さらに羽ばたく"海のドローン"

社会のあらゆる分野でロボティクス技術等の活用の必要性が高まる中、海の分野でも、ASV（小型無人ボート）やいわゆる海のドローンとして活用が期待されるAUV（自律型無人潜水機）、ROV（遠隔操作型無人潜水機）等の「海の次世代モビリティ」の利用と改良が進展しつつあります。

一方、我が国の沿岸・離島地域には、高齢化・過疎化による担い手不足や老朽化が進むインフラの管理、海域の自然環境劣化等、海域の利活用・保全に係る様々な課題が存在しています。

国土交通省では、沿岸・離島地域の課題解決や、国内での新たな技術革新、地域や海洋産業の活性化、ブルーテッククラスター注の形成促進に資するよう、海の次世代モビリティの社会実装や国内での海洋産業の振興に向けた取組みを進めています。令和3年度より、海の次世代モビリティ技術と海域利用者のニーズをマッチングさせ、海の次世代モビリティの新たな利活用方策を検証するための実証実験を行っており、令和3年度は6件、4年度には7件の実証実験を実施しました。

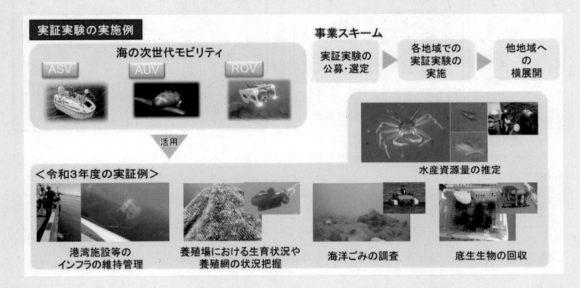

【関連リンク】海における次世代モビリティに関する産学官協議会
URL：https://www.mlit.go.jp/sogoseisaku/ocean_policy/seamobi.html

注　海洋科学技術（ブルーテック）を核とした地域の産業集積。

## 2　我が国の海洋権益の保全

### （1）領海及び排他的経済水域における海洋調査の推進及び海洋情報の一元化

我が国の領海及び排他的経済水域には、調査データの不足している海域が存在しており、海上保安庁では、この海域において、海底地形、地殻構造、底質及び低潮線等の海洋調査を重点的に実施し、船舶交通の安全や我が国の海洋権益の確保、海洋開発等に資する基礎情報の整備を戦略的かつ継続的に実施している。

また、海洋情報の所在を一元的に収集・管理・提供する「海洋情報クリアリングハウス」を運用している。さらに、政府関係機関等が保有する様々な海洋情報を地図上に重ね合わせて表示できるウェブサービス「海洋状況表示システム（海しる）」を構築し、平成31年4月から運用を開始した。

# Column コラム

## 海のデータの総合図書館　海しる（海洋状況表示システム）

「海しる」はウェブブラウザ上で、様々な海洋に関する地理空間情報を一元的に閲覧することができる情報サービスです。政府機関などが保有する250項目以上の海のデータを地図上に重ねて見ることができます。また、「海しる」上で見るだけでなく、外部のアプリやシステムがデータを直接扱えるようAPI注を公開しています。「海しる」を通じて海上安全、海洋開発、

環境保全、水産等の分野を横断したデータの共有・連携が可能となり、海洋教育といった新たな分野での利用シーンの拡大にもつながっています。今後も「海のデータの総合図書館」として、様々な分野の利用者のニーズに応えられるよう、掲載情報の充実や機能強化を進めていきます。

【関連リンク】海しる
URL：https://www.msil.go.jp/

注　API（Application Programing Interface）とは、ソフトウェアやアプリケーションの一部を外部に向けて公開することで他のソフトウェアと機能を共有できるようにするもの。

## （2）大陸棚の限界画定に向けた取組み

国連海洋法条約に基づき我が国が平成20年11月に国連の「大陸棚限界委員会」へ提出した200海里を超える大陸棚に関する情報について、24年4月、同委員会から我が国の国土面積の約8割に相当する大陸棚の延長を認める勧告を受領し、26年10月、四国海盆海域と沖大東海嶺南方海域が延長大陸棚として政令で定められた。一方、隣接する関係国との調整が必要な海域と同委員会からの勧告が先送りされた海域について、海上保安庁では、内閣府総合海洋政策推進事務局の総合調整の下、関係省庁と

連携し、引き続き大陸棚の限界画定に向けた対応を行っている。

## （3）沖ノ鳥島の保全、低潮線の保全及び活動拠点の整備等

### ①沖ノ鳥島の保全・管理

沖ノ鳥島は、我が国最南端の領土であり、国土面積を上回る約40万km$^2$の排他的経済水域の基礎となる極めて重要な島であることから、基礎データの観測・蓄積や護岸等の点検、補修等を行うほか、観測拠点施設の更新等を行い管理体制の強化を図っている。

【関連リンク】
沖ノ鳥島の保全・管理
URL: https://www.mlit.go.jp/river/kaigan/main/kaigandukuri/pdf/okinotori.pdf

## ②低潮線の保全

「排他的経済水域及び大陸棚の保全及び利用の促進のための低潮線の保全及び拠点施設の整備等に関する法律（低潮線保全法）」等に基づき、排他的経済水域等の外縁を根拠付ける低潮線の保全が必要な海域として185の低潮線保全区域を政令で指定し、掘削等の行為規制を実施している。

また、防災ヘリコプターや船舶等による巡視や衛星画像等を用いた低潮線及びその周辺の状況の調査を行い、排他的経済水域及び大陸棚の基礎となる低潮線の保全を図るとともに、保全を確実かつ効率的に実施していくために、低潮線に関する各種情報を適切に管理している。

## ③特定離島（南鳥島・沖ノ鳥島）における活動拠点の整備・管理

「低潮線保全法」等に基づき、本土から遠隔の地にある南鳥島・沖ノ鳥島において、排他的経済水域及び大陸棚の保全及び利用に関する活動拠点として、船舶の係留、停泊、荷さばき等が可能となる港湾の施設の整備とともに、国による港湾の管理を実施している。

## 第8節　海洋の安全・秩序の確保

### （1）近年の現況

尖閣諸島周辺海域においては、ほぼ毎日、中国海警局に所属する船舶による活動が確認され、領海侵入する事案も発生しており、令和4年には、尖閣諸島周辺の接続水域での中国海警局に所属する船舶の年間確認日数が過去最多を更新した。また、中国海警局に所属する船舶が領海に侵入し、日本漁船等に近づこうとする事案も繰り返し発生しており、これに伴う領海侵入時間も過去最長を更新するなど、情勢は依然として予断を許さない状況となっている。また、昨今では、中国海警局に所属する船舶の大型化、武装化、増強が確認されており、3年2月には中国海警法が施行されるなど、中国の動向を引き続き注視していく必要がある。海上保安庁では、現場海域に巡視船を配備するなど、我が国の領土・領海を断固として守り抜くという方針の下、冷静に、かつ、毅然として対応を続けている。

また、東シナ海等の我が国排他的経済水域等においては、外国海洋調査船による我が国の事前の同意を得ない調査活動等も確認されており、海上保安庁では、関係機関と連携しつつ、巡視船・航空機による監視警戒等、その時々の状況に応じて適切に対応している。

さらに、大和堆周辺海域では、外国漁船による違法操業が確認されるなど、依然として予断を許さない状況が続いており、海上保安庁では、違法操業外国漁船に対し、退去警告を行う等、関係省庁と連携して同海域で操業する日本漁船の安全確保を最優先とし、厳正に対処している。

この他、日本海沿岸部への北朝鮮からのものと思料される木造船等の漂流・漂着が確認される等、我が国周辺海域を巡る状況は、一層厳しさを増している。

図表II-1-8-1　領海警備を行う巡視船

Ⅱ

第1章 時代の要請にこたえた国土交通行政の展開

### （2）海上保安能力強化の推進

海上保安庁では、平成28年12月に決定された「海上保安体制強化に関する方針」に基づき、海上保安体制の強化を進めてきた。尖閣諸島周辺海域における中国海警局に所属する船舶の活動の活発化をはじめとして、我が国周辺海域を取り巻く情勢が一層厳しさを増していることを踏まえ、新たな国家安全保障戦略等の策定にあわせて、同方針を見直し、令和4年12月16日に開催された「海上保安能力強化に関する関係閣僚会議」にて「海上保安能力強化に関する方針」が決定された。

旧方針においては、主に巡視船・航空機等の増強整備などのハード面の取組みを推進してきたところであるが、新方針では、ハード面の取組みに加え、無操縦者航空機等の新技術の積極的活用、警察、自衛隊、外国海上保安機関などの国内外の関係機関との連携・協力の強化、サイバー対策の強化などのソフト面の取組みを推進することにより、海上保安業務に必要な6つの能力（海上保安能力）を一層強化することとしている。

~強化すべき6つの能力~
①新たな脅威に備えた高次的な尖閣領海警備能力
②新技術等を活用した隙の無い広域海洋監視能力
③大規模・重大事案同時発生に対応できる強靱な事案対処能力
④戦略的な国内外の関係機関との連携・支援能力
⑤海洋権益確保に資する優位性を持った海洋調査能力
⑥強固な業務基盤能力

なお、令和4年度は、大型巡視船1隻、中型ジェット機1機が就役し、無操縦者航空機1機の運用を開始した。

図表Ⅱ-1-8-2 海上保安能力強化の推進

海上保安能力強化に関する関係閣僚会議にて
発言する岸田総理大臣

令和4年度に運用を開始した
無操縦者航空機

令和4年度に就役した大型巡視船

### （3）「自由で開かれたインド太平洋」の実現に向けて

我が国は「自由で開かれたインド太平洋」（FOIP＝Free and Open Indo-Pacific）の実現に向け、①基本的原則の定着とそれに基づく秩序形成（法の支配、航行の自由、自由貿易の普及・定着）、②平和と安定の確保（海上法執行能力の向上、人道支援、災害救援、海賊対策などでの協力）、③経済的繁栄の追求（連結性、EPAや投資協定を含む経済連携強化）の3点を「三本柱の施策」と定め、地域全体の平和と繁栄を確保するため、各種取組みを推進している。

海上保安庁では、この「自由で開かれたインド太平洋」の実現に向け、多国間及び二国間の連携・協力の取組みを強化するとともに、シーレーン沿岸国等の海上保安機関の能力向上を支援し、年々深化・多様化する国際業務に適切に対応する体制を構築している。多国間の連携・協力に関しては、グローバル化あるいはボーダ

レス化する傾向にある国際犯罪や、大規模化する事故や災害、環境汚染について、各国で連携して対応していくことが重要であるという認識の下、平成12年から北太平洋海上保安フォーラム（NPCGF）、16年からアジア海上保安機関長官級会合（HACGAM）のほか、29年から世界海上保安機関長官級会合（CGGS）を日本の主導で開催し、海上保安機関間の連携・協力を積極的に推進している。なお、令和4年度は、9月に第22回NPCGFにオンラインで参加し、12月にインドにて開催された第18回HACGAMに参加した。さらに、11月にCGGSのオンラインシンポジウムを日本財団との共催により開催した。

　一方、二国間の連携については、覚書や協定を締結して二国間の枠組を構築しており、5月には、2010年に米国沿岸警備隊と締結した協力覚書の付属文書を作成し、日米共同の取組みを「SAPPHIRE（サファイア）」と呼称することとなった。

　また、増加する諸外国からの海上保安能力向上支援の要望に応えるため、平成29年に発足した能力向上支援の専従部門である「海上保安庁Mobile Cooperation Team（MCT）」を、令和4年度末までに、16か国へ合計81回派遣、8か国1機関に21回のオンライン研修を実施するほか、各国海上保安機関等の職員を日本に招へいして各種研修を実施するなど、各国の海上保安能力向上を支援した。

## 第9節　土地政策の推進

### 1　土地政策の動向

　人口減少等に伴い、相続件数の増加、土地の利用ニーズの低下と所有意識の希薄化が進行しており、不動産登記簿などの公簿情報等を参照しても所有者の全部又は一部が直ちに判明せず、又は判明しても所有者に連絡がつかず、円滑な土地利用や事業実施の支障となる土地、いわゆる所有者不明土地や、適正な利用・管理が行われず草木の繁茂や害虫の発生など周辺の地域に悪影響を与える土地の増加が懸念されている。

　これらの課題に対し、平成30年に所有者不明土地等対策の推進のための関係閣僚会議が立ち上げられ、同年の「所有者不明土地の利用の円滑化等に関する特別措置法」（平成30年法律第49号。以下「所有者不明土地法」という。）の制定、土地に関する基本理念として土地の適正な「管理」に関する土地所有者等の「責務」

や、所有者不明土地の円滑な利用及び管理の確保に関する規定を追加した令和2年の「土地基本法」（平成元年法律第84号）の改正、3年の民事基本法制の総合的な見直しなど、政府一丸となって所有者不明土地に対する取組みを進めてきた。

　令和4年には、所有者不明土地の「利用の円滑化の促進」と「管理の適正化」に対応するとともに、これらの取組みを支える「推進体制の強化」を図る観点から、「所有者不明土地法」が改正された。同改正では、地域福利増進事業（地域住民等の共同の福祉又は利便の増進を図るため所有者不明土地を利用することができる事業）の対象事業の追加や、管理不全所有者不明土地等の管理適正化のための代執行制度の創設、市町村による所有者不明土地対策計画の作成や所有者不明土地利用円滑化等推進法人の指

【関連リンク】
人口減少時代における土地政策の推進〜所有者不明土地等対策〜
URL：https://www.mlit.go.jp/totikensangyo/totikensangyo_tk2_000099.html

定を可能とする措置等が講じられた。あわせて、制度運用の参考となる基準や手続を示すガイドライン等を作成・改訂し、公表した。

地籍調査は、市町村等が土地の境界、面積、所有者等を調査し明確にすることにより、災害からの迅速な復旧・復興やインフラ整備の円滑化等のほか、所有者不明土地の発生抑制等に貢献するものであり、その推進も重要である。

第7次国土調査事業十箇年計画に基づき、令

和2年の「国土調査法」（昭和26年法律第180号）の改正等で新たに措置された、所有者が不明な場合等の調査手続や、都市部での街区境界調査及び山村部でのリモートセンシングデータを活用した調査の手法について、4年には、市町村等への財政支援のほか、調査事例の横展開、手引きの作成、研修会の開催等に取り組み、着実にその活用が進展してきている。

## 2 年次報告の実施

土地白書は、「土地基本法」の規定に基づき、毎年国会に報告するものである。令和4年版土地白書では、令和3年度の不動産市場等の動向や、所有者不明土地対策等における取組状況、「所有者不明土地法」の改正、関連施策の動向、

3年度に政府が土地に関して講じた基本的施策、4年度に政府が土地に関して講じようとする基本的施策を取りまとめ、4年6月に閣議決定・国会報告した。

## 第10節　新たな国と地方、民間との関係の構築

### 1 官民連携等の推進

官民連携事業（PPP/PFI）の案件形成を推進するため、地方公共団体等への支援や産官学金の協議の場（地域プラットフォーム）の形成を促進している。

令和4年度は、複数の地方公共団体が連携してインフラ維持管理・修繕等における包括的民間委託を導入検討する調査や、人口20万人未満の中小規模団体枠における公共施設の集約・再編や管理のバンドリングの検討調査など、先

導的官民連携支援事業で26の案件を採択した。また、地方公共団体における利用料金の生じないインフラの維持管理・修繕等に係る官民連携手法の活用やグリーン社会実現に向けた官民連携事業の導入検討を支援した。加えて、ブロックプラットフォームを活用し、官民対話を通じて案件形成を促進するためのサウンディングや計128団体が参加したPPP/PFI推進首長会議等を開催した。

## 第11節　政策評価・事業評価・対話型行政

### 1 政策評価の推進

「行政機関が行う政策の評価に関する法律」に基づく「国土交通省政策評価基本計画」により、①各施策の達成状況を定期的に測定・評価する政策チェックアップ、②特定テーマに絞り

込み詳細な分析を行う政策レビュー、③新規施策の必要性等について分析を行う政策アセスメントの3つを基本的な政策評価の方式として実施し、それらの方式を連関させて政策のマネジ

メントサイクルを推進している。令和4年度は各方式で①116業績指標等のモニタリングを実施、②4テーマ、③3新規施策について評価を実施した[注]。加えて、個別公共事業、個別研究開発課題、規制及び租税特別措置等の政策評価を政策の特性に応じた政策評価の方式として実施しており、その結果を予算要求や新規施策等の立案へ反映させている。また、「独立行政法人通則法」に基づき、主務大臣として所管15独立行政法人の業務実績評価を実施した。

## 2 事業評価の実施

個別の公共事業について、事業の効率性及び実施過程における透明性の一層の向上を図るため、新規事業採択時評価、再評価及び完了後の事後評価による一貫した事業評価体系を構築している。

直轄事業等の評価結果については、新規採択時・再評価時・完了後の事後評価時における費用対効果分析のバックデータも含め、評価結果の経緯が分かるように整理した事業評価カルテを作成し、インターネットで公表している。また、新規事業採択時評価の前段階における国土交通省独自の取組みとして、直轄事業等において、計画段階評価を実施している。

## 3 国民に開かれた行政運営と対話型行政の推進

### （1）国土交通ホットラインステーション

国民生活に極めて密接にかかわる国土交通行政の推進に当たっては、国民からの意見・要望等を幅広く把握し、国民に直結した行政を展開することが重要である。このため、「国土交通ホットラインステーション」を開設しており、月平均約1,700件の意見等が寄せられている。

### （2）消費者等に対する情報提供

従来の行政による監督に加え、消費者等による適切な選択及び市場による監視を通じた安全・安心の確保を図ることを目的に、住宅等の建築物や公共交通機関に関する事業者等の過去の行政処分等の履歴を集約した「ネガティブ情報等検索サイト」を国土交通省ウェブサイト上に公開している。

---

[注]　国土交通省政策評価　https://www.mlit.go.jp/seisakutokatsu/hyouka/index.html

# 第2章　観光立国の実現と美しい国づくり

## 第1節　観光をめぐる動向

### 1　観光立国の意義

　観光は、成長戦略の柱、地域活性化の切り札である。新型コロナウイルス感染症によりインバウンド需要はほぼ消滅するなど、甚大な影響を受けたところではあるが、我が国には、国内外の観光客を魅了する素晴らしい「自然、気候、文化、食」が揃っており、これらの魅力は失われたわけではない。ウィズ・ポストコロナにおいても、人口減少を迎える日本において、観光を通じた国内外との交流人口の拡大を通じて、地域を活性化することの重要性に変わりはないことから、持続可能な形での観光立国の復活に向けて、引き続き、政府一丸となって取り組む。

### 2　年次報告の実施

　観光白書は観光立国推進基本法（平成18年法律第117号）第8条第1項及び第2項の規定に基づき、観光の状況及び政府が観光立国の実現に関して講じた施策並びに観光に関して講じようとする施策について、毎年国会に報告しているものであり、令和4年版観光白書は、令和4年6月に閣議決定・国会報告した。

## 第2節　観光立国の実現に向けた取組み

　「明日の日本を支える観光ビジョン」を踏まえ、新型コロナウイルス感染症により甚大な影響を受けた観光関連産業への多面的な支援を講じつつ、観光立国の復活に向けて政府一丸となって取り組んできた。

### 1　観光資源の魅力を極め、地方創生の礎に

#### （1）魅力ある公的施設・インフラの大胆な公開・開放

　インフラを観光資源として活用・開放し地域振興を図るインフラツーリズムを推進している。

#### （2）新たな観光資源の開拓と新たな交流市場の開拓

　インバウンドの回復に備え、国際的に持続可能な観光への関心・意識が高まる中、地域固有の自然や文化等の観光資源を活用したコンテンツの造成、磨き上げ、受入体制整備を行った。

【関連リンク】
インフラツーリズムポータルサイト
URL：https://www.mlit.go.jp/sogoseisaku/region/infratourism/about/

また、近年の働き方や住まいのニーズの多様化等を踏まえ、「第2のふるさとづくり」（何度も通う旅、帰る旅）やテレワークを活用したワーケーションの推進といった国内における新たな交流市場の開拓に向けてモデル実証を実施した。

### （3）広域周遊観光の促進

地方部への誘客を図りつつ、旅行者の各地域への周遊を促進するため、調査・戦略策定、滞在コンテンツの充実、受入環境整備、旅行商品流通環境整備、情報発信といった、地域の関係者が広域的に連携して観光客の来訪・滞在促進を図る取組みを支援している。また、地域の魅力・課題の発見や施策提案、関係者のスキル向上等に助言するため、地域へ専門家を派遣している。

また、訪日外国人の移動の実態（利用交通機関や周遊ルート等）が把握できる訪日外国人流動データ（FF-Data）は、新型コロナウイルス感染症の影響により、令和3年データの作成に必要な調査が実施できていないが、今後のデータ作成に向けて利用者ニーズの把握を行った。

### （4）東日本大震災からの観光復興

福島県では教育旅行や延べ宿泊者数の回復に課題が残ることから、同県における観光復興を最大限に促進するため、同県が実施する風評被害対策及び震災復興に資するホープツーリズム等の滞在コンテンツの充実・強化や国内外へのプロモーション等に対して支援を行っている。

また、ALPS処理水の海洋放出による風評への対策として、海の魅力を高めるブルーツーリズムの推進を目的として、海水浴場等の受入環境整備やプロモーションの実施等に対して支援を行っている。

# Column コラム

## かわみなと石巻の復興　～石巻地区かわまちづくり（宮城県石巻市）～

旧北上川を中心に川湊として栄えた石巻市では、大きな被害を受けた東日本大震災を契機に、基本的に堤防のなかったまちに、初めて河川堤防が整備されることとなりました。住民等との継続的な話し合いを通し、川とともに生きる新しい石巻の姿として、まちづくりと水辺が一体となった「かわまちづくり」が進められ、堤防と背後の商業施設の2階部分を盛土等で繋いだ一体空間を創出するなど、水辺が新たな観光・交流拠点となり、市の年間観光客入込数の約4割をかわまちづくり周辺施設等が占めました。

商業施設と堤防の一体空間

イベント時の堤防の様子

【関連リンク】
かわまち大賞
URL：https://www.mlit.go.jp/river/kankyo/main/kankyou/machizukuri/taisyo.html

## 2 観光産業を革新し、国際競争力を高め、我が国の基幹産業に

### （1）観光関係の規制・制度の適切な運用及び民泊サービスへの対応

平成30年1月に施行された「通訳案内士法及び旅行業法の一部を改正する法律」に基づき導入された地域通訳案内士制度について、市町村及び都道府県とも連携して育成を推進し、令和5年4月1日時点で40地域にて導入し、3,622名が登録されている。また、旅行サービス手配業の登録制度について、登録行政庁である都道府県等とも連携して制度周知を図り、同年4月1日時点で1,800社の登録がなされている。

また、「住宅宿泊事業法」に基づき、健全な民泊を推進している。住宅宿泊事業の届出住宅数は、令和5年3月13日時点で18,760件となった。健全な民泊サービスの更なる普及に向けて、営業日数を効率的に集約するシステムの活用等により、違法民泊対策の実効性を向上させた。

### （2）ポストコロナ時代を支える観光人材の育成・強化

観光庁では、これまでの観光庁の人材育成施策に関する効果検証等を行うとともに、実務人材の確保・育成に向けて、多様な人材が働きやすい環境の整備や新たな働き方の提案、地域や事業経営の改善に向けたスキルの向上に関する取組みを推進した。あわせて、これからの時代に求められる新たな観光人材の育成に向けて、令和4年度に産学連携協議会を開催し、「ポストコロナ時代における観光人材育成ガイドライン」を策定した。今後は、同ガイドラインで明示した知識・技能を効果的に修得できる教育プログラムを地域・大学等が連携し作成・実践する取組みを支援し、その広域展開を図ることとしている。

### （3）観光地域づくり法人（DMO）を核とする観光地域づくりの推進

観光地域のマネジメント及びマーケティングを担う観光地域づくり法人（DMO）[注1]を核とする観光地域づくりを推進するため、令和4年10月28日時点で320団体（登録DMOが255団体、候補DMOが65団体。）を登録するとともに、観光地域づくり法人に対する各種情報提供や観光地域づくり法人の体制強化、観光地域づくり法人が行う着地整備の取組みに対する支援を行った。また、「住んでよし、訪れてよし」の観光地域づくりを実現するため、地域主体で住民理解を深めつつ、オーバーツーリズムを引き起こすことなく、観光で得られた収益を地域内で循環させることにより、地域の社会経済の活性化や文化・環境の保全・再生を図っていく。

### （4）観光遺産産業化ファンド等の継続的な展開

観光庁では、観光庁と包括的連携協定を締結している㈱地域経済活性化支援機構（REVIC）が、地域金融機関等と連携して組成した観光遺産産業化ファンド等も活用し、関係事業者や関係省庁、自治体と連携して、地域の観光資源の磨き上げ等を図るための取組みを行った。

### （5）コロナ禍の訪日プロモーション

令和4年10月の水際措置の更なる緩和を踏まえ、インバウンドの本格的な回復に向けて、日本政府観光局を通じ、ウェブサイトやSNS等により我が国の観光再開や全国各地の魅力を世界へ広く発信するとともに、航空会社や旅行会社との共同広告、商談会や旅行博への出展等を実施し、国・地域ごとの特性を踏まえたきめ細かな訪日プロモーションに取り組んだ。

また、自然・アクティビティやサステナブル

---

注1　DMO：Destination Management/Marketing Organization

な観光コンテンツのニーズが高まっていることなど、ポストコロナの旅行者のニーズ変化を踏まえたプロモーションにも取り組み、海外の消費者の訪日意欲の向上につなげた。

さらに、地方部への誘客を促進するため、日本政府観光局において、地方自治体・DMO等を対象とした研修会やコンサルティングのほか、全国各地の観光コンテンツ収集やウェブサイト等による地域の情報発信等を実施した。

## （6）MICE誘致の促進

MICEの安全な再開と発展に向けて、官民のMICE関係者による「安全なMICEの再開と発展に向けた関係者協議会」にて議論した結果を公表し、MICE再開に向けた今後の取組みの方向性を示し、関係者の取組みを促した。また、MICEの誘致・開催に意欲的な地方都市に対す

る誘致競争力強化を支援するとともに、ハイブリッド形式のMICEの開催に関する実証事業を実施した。さらに、ポストコロナにおけるMICEの総消費額及び経済波及効果の算出の方向性の検討や会議施設等の整備支援に取り組んだ。

## （7）ビザの戦略的緩和

令和4年10月の水際措置の更なる緩和を踏まえ、インバウンド需要の回復に向けて、今後のビザ緩和の実施について関係省庁と連携して検討を行った。

## （8）訪日教育旅行の活性化

日本政府観光局が運営する訪日教育旅行のウェブサイトを通じ情報発信を行った。

## 3　すべての旅行者が、ストレスなく快適に観光を満喫できる環境に

### （1）訪日外国人旅行者の受入環境整備

観光地や公共交通機関等における多言語対応、無料公衆無線LAN環境の整備や公衆トイレの洋式化等に対する支援を行った。また、旅館・ホテル等の宿泊施設におけるインバウンド対応の取組みへの支援を実施した。また、インバウンド需要の本格的な回復を見据え、免税制度の利用促進や、令和5年4月の免税購入対象者の明確化等に向けた必要な情報の周知広報に取り組んだ。加えて、免税販売手続を行う自動販売機（別途国税庁長官が観光庁長官と協議して指定するものに限る。）の指定の告示が行われ、空港等への設置が7か所（令和5年3月31日現在）で進んでいる。さらに「道の駅」について、外国人観光案内所のJNTO認定取得や多言語表示の整備等のインバウンド対応を促進し、地域のインバウンドの受入拠点とする取組みを推進した。

### （2）急患等にも十分対応できる外国人患者受入体制の充実

外国人患者を受け入れる医療機関について、令和4年度に2,135（うち都道府県が指定する「外国人患者を受け入れる拠点的な医療機関」は1,623）の医療機関をリスト化し、情報発信を行うとともに、多言語案内機能等の整備に対する支援を行った。また、引き続き外国人旅行者が医療費の不安なく治療が受けられるように、旅行保険への加入を促進した。

### （3）「地方創生回廊」の完備

バスタプロジェクトの全国展開を推進している。その際、民間ノウハウを活用しつつ効率的に整備・運営するため、官民連携での整備・運営管理を可能とするコンセッション制度等を活用しつつ、多様な交通モード間の接続を強化し、MaaSなどの新たなモビリティサービスにも対応可能な施設としている。

訪日外国人旅行者をはじめ、すべての利用者

にわかりやすい道案内を実現するため、観光地と連携した道路案内標識の改善などに取り組んでいる。

高速道路会社等において、地域振興や観光振興のため、周辺地域や観光関係事業者等と連携し、一定の期間及びエリア内の高速道路が乗り降り自由となる観光周遊パス[注2]を販売している。また、各鉄道事業者において、「ジャパン・レール・パス」をはじめとする訪日外国人旅行者向けの企画乗車券販売に取り組んでいる。

### （4）クルーズ船等の受入環境の整備を通じた地域の活性化

国内クルーズについては、関係業界団体による国内クルーズ用のガイドラインについて新しい知見や社会全体の感染症対策の進展等に応じた改訂の支援を行った。また、船内や旅客ターミナル等での感染予防対策を徹底した上でのクルーズの実施を促進した。

国際クルーズについては、国内外の感染状況や水際対策の動向を踏まえつつ、関係者間で再開に向けた安全対策について検討を進め、令和4年11月に国際クルーズ用のガイドラインが関係業界団体から公表された。その後、同年12月に日本船による国際クルーズの運航が再開し、5年3月には外国船による国際クルーズの運航が再開された。

また、クルーズ再興に向け、感染防止対策を含む旅客ターミナル等における受入環境整備や、クルーズ船社と寄港地の相互理解促進に資する取組等、ハード・ソフト両面にわたる支援を行った。

### （5）公共交通利用環境の革新

「外国人観光旅客の来訪の促進等による国際観光の振興に関する法律（国際観光振興法）」

に基づき実施している外国人観光旅客利便増進措置については、令和4年4月及び9月に同措置を講ずべき区間等として、鉄道241区間・バス262区間・旅客船33区間・旅客船ターミナル3港・エアライン16事業者・空港ビル64空港を指定しており、公共交通事業者等から外国人観光旅客利便増進措置実施計画が提出され、訪日外国人旅行者受入環境整備緊急対策事業費補助金（交通インバウンド環境革新等事業）などを活用して取組みを進めている。

JNTO（日本政府観光局）と連携して手ぶら観光のウェブサイトをリニューアルすることで認知度向上を図るとともに、手ぶら観光カウンターを2件新たに認定した。

### （6）サイクリング環境向上によるサイクルツーリズムの推進

インバウンド効果を全国へ拡大するために、自転車を活用した観光地域づくりは有望であるものの、サイクリングの受入環境や走行環境は不十分な状況である。このため、官民連携による先進的なサイクリング環境の整備を目指すモデルルートを設定し、関係者等で構成される協議会において、走行環境整備、受入環境整備、魅力づくり、情報発信を行う等、サイクルツーリズムの推進に取り組んでいる。

また、国内外のサイクリストの誘客を図るため、日本を代表し、世界に誇りうるサイクリングロードを国が指定するナショナルサイクルルートについて、令和元年11月につくば霞ヶ浦りんりんロード、ビワイチ、しまなみ海道サイクリングロードを第1次ナショナルサイクルルートとして、3年5月に、トカプチ400、太平洋岸自転車道、富山湾岸サイクリングコースを第2次ナショナルサイクルルートとして指定した。

---

注2　観光周遊パスは、従来平均約3割お得であるところ、令和4年11月からは、平日のみの利用を対象として合計で約4割お得となる拡充措置を実施している。

# 第3節　良好な景観形成等美しい国づくり

## 1　良好な景観の形成

### （1）景観法等を活用したまちづくりの推進

「景観法」に基づく景観行政団体は令和5年3月末時点で806団体に増加し、景観計画は655団体で策定、景観計画に基づく重点的な取組みは393団体で進められるなど、良好な景観形成の取組みが推進されている。また、「屋外広告物法」に基づく条例を制定している景観行政団体は、同年4月1日時点で231団体に増加し、総合的な景観まちづくりが進められている。

### （2）無電柱化の推進

良好な景観の形成や観光振興、安全で快適な通行空間の確保、道路の防災性の向上等の観点から、新設電柱の抑制、低コスト手法の普及、事業期間の短縮等により、無電柱化推進計画に基づき無電柱化を推進している。

### （3）「日本風景街道」の推進

多様な主体による協働の下、道を舞台に、地域資源を活かした修景・緑化を進め、観光立国の実現や地域の活性化に寄与することを目的に「日本風景街道」を推進している。令和5年3月末現在145ルートが日本風景街道として登録されており、「道の駅」との連携を図りつつ、道路を活用した美しい景観形成や地域の魅力向上に資する活動を支援している。

### （4）水辺空間等の整備の推進

地域の景観、歴史、文化、観光基盤などの「資源」や地域の創意に富んだ「知恵」を活かし、市町村、民間事業者及び地元住民と河川管理者の連携の下、河川空間とまち空間が融合した良好な空間の形成を目指す「かわまちづくり」や河川空間をオープン化する「河川敷地占用許可準則の緩和措置」、ダムを活用した水源地域活性化を図る「水源地域ビジョン」、広く一般に向けて川の価値を見いだす機会を提供する「ミズベリングプロジェクト」等により、水辺空間を活用した賑わいの創出を推進している。

また、下水処理水のせせらぎ水路としての活用等を推進し、水辺の再生・創出に取り組んでいる。さらに、汚水処理の適切な実施により、良好な水環境を保全・創出している。

図表Ⅱ-2-3-1　盛岡地区かわまちづくり

脱・電柱社会 キーワードは低コスト化！
URL：https://www.youtube.com/watch?v=w0sJdcjKIh4

【関連データ】
欧米やアジアの主要都市と日本の無電柱化の現状
URL：https://www.mlit.go.jp/statistics/file000010.html

## 2　自然・歴史や文化を活かした地域づくり

### （1）我が国固有の文化的資産の保存・活用等に資する国営公園等の整備

我が国固有の優れた文化的資産の保存及び活用等を図るため、国営公園等（22箇所）の整備及び維持管理を行っている。令和4年度には、首里城正殿の復元整備工事（本体工事を同年11月着工）等を実施した。

### （2）歴史的な公共建造物等の保存・活用

地域のまちづくりに寄与するために、長く地域に親しまれてきた歴史的な官庁施設の保存・活用を推進している。歴史的砂防関係施設（令和4年12月31日現在、重要文化財3件、登録有形文化財204件）については、土砂災害を防止する施設及びその周辺環境一帯を地域の観光資源として位置付け、環境整備を行うなどの取組みを推進している。

### （3）歴史文化を活かしたまちづくりの推進

地域の歴史や伝統文化を活かしたまちづくりを推進するため、「地域における歴史的風致の維持及び向上に関する法律（歴史まちづくり法）」に基づき、90市町（令和5年3月31日現在）の歴史的風致維持向上計画を認定し、計画に基づく取組みを支援している。また、良好な景観や歴史的風致の形成を推進するため、景観・歴史資源となる建造物の改修等の支援を行った。

### （4）グリーンインフラの推進

社会資本整備や土地利用等のハード・ソフト両面において、自然環境が有する多様な機能を活用し、持続可能で魅力ある国土・都市・地域づくりを進める「グリーンインフラ」の社会実装を推進している。令和4年度は、グリーンインフラの導入を目指す地域を対象に技術的・財政的支援を実施するとともに、グリーンインフラ官民連携プラットフォームの活動を通じて、グリーンインフラの社会的な普及等に取り組んでいる。

【関連リンク】
～我が国の歴史的な砂防施設を紹介します～
URL：https://www.mlit.go.jp/mizukokudo/sabo/sabo01_fr_000014.html

【関連リンク】
グリーンインフラ官民連携プラットフォーム
URL：https://gi-platform.com/

# 第3章　地域活性化の推進

## 第1節　地方創生・地域活性化に向けた取組み

少子高齢化の進展に的確に対応し、人口の減少に歯止めをかけるとともに、東京圏への人口の過度の集中を是正し、それぞれの地域で住みよい環境を確保して、将来にわたって活力ある日本社会を維持していくため、政府は、平成26年11月に成立した「まち・ひと・しごと創生法」に基づき、地方創生の取組みを推進してきた。

令和4年においては、仕事・交通・教育・医療をはじめとする地方が抱える課題をデジタル実装を通じて解決し、地域の個性を生かした地方活性化を図る、「デジタル田園都市国家構想」の具体化を進めるため、「デジタル田園都市国家構想総合戦略」を策定した。同構想を通じて、全国どこでも誰もが便利で快適に暮らせる社会を目指し、施策を展開していくこととし、国土交通省においては、主に以下の取組みを行う。

・地域公共交通について、法制度や予算・税制措置などあらゆる政策ツールを総動員し、交通DX・GXの活用や、地域の関係者の連携・協働（共創）を通じ、利便性・持続可能性・生産性の高い地域公共交通ネットワークへの「リ・デザイン」（再構築）を進める。

・多様な暮らし方を支える人間中心のまちづくりを実現し、持続可能な都市を形成するため、コンパクトでゆとりとにぎわいのあるまちづくりを進めるとともに、地方都市と大都市の交流・連携や、3D都市モデルと建築・不動産分野との連携を図るなど、まちづくりのDXを推進する。

・観光分野のDXを推進し、観光消費の拡大、観光産業の生産性向上等を図り、稼ぐ地域を創出するとともに、事業者間・地域間のデータ連携により、旅行者の周遊エリアの拡大による滞在期間の長期化を図るなど、広域で収益の最大化を図る。

・「流域治水」の取組みをソフト面から推進するため、例えば、一級水系において、本川・支川が一体となった洪水予測の高度化を図り、早期の災害対応や避難を支援しつつ、浸水範囲と浸水頻度の関係を示した水害リスクマップを新たに整備して、防災まちづくり等での活用を促進する。

・コンテナ物流全体の生産性向上につながる港湾におけるDX、生産性向上に資する道路ネットワークの整備等、国土の状況把握・見える化などの国土利用・管理DXなどを推進する。

以上の取組みを令和5年夏に策定予定の新たな国土形成計画にも位置付けて、デジタルとリアルが融合した地域生活圏の形成を進める。

都市再生については、民間活力を中心とした都市の国際競争力の強化や地方都市と大都市の連携促進等を図るとともに、「居心地が良く歩きたくなる」まちなかの創出等による都市再生の推進に取り組んでいる。

## 第2節　地域活性化を支える施策の推進

### 1 地域や民間の自主性・裁量性を高めるための取組み

**（1）地方における地方創生・地域活性化の取組み支援**

地域間の交流・連携による地域づくり活動の奨励を目的に、創意工夫を活かした自主的かつ広域的な優れた地域づくり活動に対し、各団体と協働し「地域づくり表彰（国土交通大臣表彰等）」を昭和59年度より実施している。令和4年度は、全国より32件の推薦があり、計8件を表彰した。財政面の支援としては、デジタル田園都市国家構想交付金や、地方創生応援税制（企業版ふるさと納税）等により、地方が地方創生に中長期的見地から安定的に取り組めるよう、支援を行っている。

国土交通省においても、全国各地の個性的で魅力ある地域づくりに向けた取組みを一層推進するため、社会インフラと関わりのある地域活性化の取組みを「手づくり郷土賞（国土交通大臣表彰）」として昭和61年度より表彰している。37回目となる令和4年度は17件（一般部門16件、大賞部門1件）が同賞を受賞した。

**（2）民間のノウハウ・資金の活用促進**

地方都市の成長力・競争力の強化を図るため、地方公共団体が行う都市再生整備計画事業と連携した民間都市開発事業で国土交通大臣認定を受けた優良な民間都市開発事業等に対し、一般財団法人民間都市開発推進機構による出資等の支援を行った。あわせて、同機構が地域金融機

関や地方公共団体等との間で設立するまちづくりファンドを通じて、一定のエリア内において連鎖的に行われるリノベーション事業、クラウドファンディングを活用した事業、老朽ストックを活用したテレワーク拠点等の整備を含む事業を出資等により支援した。

また、まちの魅力・活力の維持・向上を通じた地域参加型の持続可能なまちづくりの実現と定着を図るため、民間まちづくり活動における先進団体が持つ、活動を行う中で一定の収益を継続的に得ることができるノウハウ等を、これから活動に取り組もうとする他団体に水平展開するための普及啓発に関する事業や、「都市再生特別措置法」の都市利便増進協定に基づく施設整備等を含む先進的な民間まちづくり活動に関する実験的な取組み等への支援を行っている。

さらに、まちなかにおける道路、公園、広場等の官民空間の一体的な利活用等による「居心地が良く歩きたくなる」まちなかの創出を推進する観点から、官民が連携して賑わい空間を創出する取組みを市町村のまちづくり計画に位置づけることなどの措置を講ずる「都市再生特別措置法」等に基づき、引き続き法律・予算・税制のパッケージで支援した。

加えて、首都高速道路日本橋地区の地下化の取組みでは、老朽化対策のみならず、その機能向上を図るとともに、日本橋川周辺の水辺空間の再生や都心のビジネス拠点の整備などの民間

【関連リンク】
手づくり郷土賞ウェブサイト
URL：https://www.mlit.go.jp/sogoseisaku/region/tedukuri/

【関連リンク】
国土交通省「地域づくり表彰」ウェブサイト
URL：https://www.mlit.go.jp/kokudoseisaku/chisei/crd_chisei_tk_000020.html

【関連リンク】
官民連携まちづくりポータルサイト
URL：https://www.mlit.go.jp/toshi/toshi_machi_tk_000047.html

再開発プロジェクトと連携している。さらに、地域の賑わい・交流の場の創出や道路の質の維持・向上を図るため、道路を有効活用した官民連携による取組みを推進している。このほか、

平成27年度に改正「構造改革特別区域法」が施行され、民間事業者による公社管理有料道路の運営が可能となった。

## 2 コンパクトシティの実現に向けた総合的取組み

　都市のコンパクト化と公共交通網の再構築をはじめとする都市の周辺等の交通ネットワーク形成は、居住や都市機能の集積を図ることにより、住民の生活利便性の維持・向上、サービス産業の生産性の向上等による地域経済の活性化、行政サービスの効率化等による行政コストの削減などの具体的な行政目的を実現するための有効な政策手段であり、中長期的な視野をもって継続的に取り組む必要がある。

　コンパクトシティの実現に向けた市町村の取組みを促進するため、経済的インセンティブによって居住と都市機能の立地誘導を進める「立地適正化計画制度」を創設した。令和4年度末時点において、立地適正化計画の作成については、675市町村が具体的な取組みを行っており、そのうち、504市町村が立地適正化計画を作成・公表済みとなった。地域公共交通計画については、835団体が公表済みとなった。

　また、こうした市町村の取組みが、医療・福

祉、住宅、公共施設再編、国公有財産の最適利用等のまちづくりに関わる様々な関係施策との連携による総合的な取組みとして推進されるよう、関係府省庁で構成する「コンパクトシティ形成支援チーム」(事務局：国土交通省)を通じ、現場ニーズに即した支援施策の充実、モデル都市の形成・横展開、取組み成果の「見える化」等に取り組んでいる。

　さらに、頻発・激甚化する自然災害に対応した安全なまちづくりを推進するため、災害ハザードエリアにおける開発抑制、災害ハザードエリアからの移転の促進、立地適正化計画と防災との連携強化を進めるとともに、まちづくりの将来像の実現に必要な都市の骨格となる基幹的な公共交通軸を形成し、そのような公共交通軸で結ばれる拠点内の回遊性や滞在快適性を向上させ、多極連携型のまちづくりの取組みを推進していく。

## 3 地域特性を活かしたまちづくり・基盤整備

### （1）民間投資誘発効果の高い都市計画道路の緊急整備

　市街地における都市計画道路の整備は、沿道の建替え等を誘発することで、都市再生に大きな役割を果たしている。このため、残りわずかな用地買収が事業進捗の隘路となっている路線について、地方公共団体（事業主体）が一定期間内の完了を公表する取組み（完了期間宣言路

線（令和4年4月現在56事業主体143路線）を通じ、事業効果の早期発現に努めている。

### （2）交通結節点の整備

　鉄道駅やバスターミナル等の交通結節点には、様々な交通施設が集中し、大勢の人が集まるため、都市再生の核として高い利便性と可能性を有する。このため、品川駅及びその西口や

【関連リンク】
品川駅西口駅前広場の将来イメージ
URL：https://www.ktr.mlit.go.jp/toukoku/toukoku00018.html

神戸三宮駅、虎ノ門ヒルズ駅等の交通結節点及びその周辺において、社会資本整備総合交付金や国際競争拠点都市整備事業、都市・地域交通戦略推進事業、鉄道駅総合改善事業等を活用し、交通機関相互の乗換え利便性の向上や鉄道等により分断された市街地の一体化、駅機能の改善等を実施し、都市交通の円滑化や交通拠点としての機能強化等を推進している。

### （3）交通モード間の接続（モーダルコネクト）の強化

バスタ新宿をはじめとする集約型公共交通ターミナル「バスタプロジェクト』について、官民連携を強化しながら戦略的に展開して、多様な交通モードが選択可能で利用しやすい環境を創出し、人とモノの流れの促進や生産性の向上、地域の活性化や災害対応の強化などのため、バスを中心とした交通モード間の接続（モーダルコネクト）の強化を推進している。

また、民間と連携した新たな交通結節点づくりの推進に向けて、交通混雑の緩和や物流の円滑化のため、バス・タクシー・トラック等の事業者専用の停留施設（特定車両停留施設）を道路附属物として位置づけるとともに、施設運営については、民間の技術やノウハウを最大限に活用するため、コンセッション制度の活用を可能とする事業スキームの構築等を内容とする「道路法」等の改正法が令和2年5月に成立し、11月に施行された。

このほか、カーシェアリングやシェアサイクルといった新たな交通モードについて、道路空間を有効活用しながら、公共交通との連携を強化させる取組みを推進している。東京都においては、地下鉄大手町駅及び新橋駅付近に、カーシェアリングステーションを設置し、公共交通の利用促進の可能性を検証する社会実験を実施している。今後は、この社会実験の結果を踏ま

えながら、道路空間の有効活用による道路利用者の利便性向上に向けた検討を進めていく。

### （4）企業立地を呼び込む広域的な基盤整備等

各地域が国際競争力の高い成長型産業を呼び込み集積させることは、東アジアにおける競争・連携及び地域活性化の観点から大きな効果がある。このため、空港、港湾、鉄道や広域的な高速道路ネットワーク等、地域の特色ある取組みのために真に必要なインフラへ集中投資を行い、地域の雇用拡大・経済の活性化を支える施策を推進している。

#### ①空港整備

国内外の各地を結ぶ航空ネットワークは、地域における観光振興や企業の経済活動を支え、地域活性化に大きな効果がある。アジア等の世界経済の成長を我が国に取り込み、経済成長の呼び水となる役割が航空に期待される中、我が国全体の国際競争力や空港後背地域の地域競争力強化のため、空港の処理能力向上や空港ターミナル地域再編による利便性向上等を図っている。

#### ②港湾整備

四方を海に囲まれている我が国においては、海外との貿易の大部分を海上輸送が担っており、国内においても、地域間の物流・交流等に海上輸送が重要な役割を担っている。こうした中で、港湾インフラは海外との貿易の玄関口であるとともに、企業活動の場として日本の産業を支えている。物流効率化等による我が国の産業の国際競争力の強化、雇用と所得の維持・創出を図るため、地域の基幹産業を支える港湾において、国際物流ターミナルの整備等を行っている。

【関連リンク】
バスタプロジェクト
URL：https://www.mlit.go.jp/road/busterminal/

### ③鉄道整備

　全国に張り巡らされた幹線鉄道網は、旅客・貨物輸送の大動脈としてブロック間・地域間の交流を促進するとともに、産業立地を促し、地域経済を活性化させることで、地域の暮らしに活力を与えている。特に全国一元的なサービスを提供する貨物鉄道輸送は、カーボンニュートラルの達成やトラックドライバー不足の中で、環境に優しく効率の高い大量輸送手段として大きな役割が期待されている。

### ④道路整備

　迅速かつ円滑な物流の実現等により国際競争力を強化するとともに、地域活性化の観点から、高規格道路等の幹線道路ネットワークの形成を進めている。

## （5）地域に密着した各種事業・制度の推進

### ①道の駅

　「道の駅」は道路の沿線にあり、駐車場、トイレ等の「休憩機能」、道路情報や地域情報の「情報発信機能」、地域と道路利用者や地域間の交流を促進する「地域の連携機能」の3つを併せ持つ施設で、令和5年2月28日現在1,204か所が登録されている。

　近年、地元の名物や観光資源を活かして、多くの人々を迎え、地域の雇用創出や経済の活性化、住民サービスの向上にも貢献するなど、全国各地で「道の駅」を地域活性化の拠点とするだけではなく、災害時の防災拠点としての活用や子育て応援施設の整備などの取組みも進展している。

　『地方創生・観光を加速する拠点』及び『ネットワーク化で活力ある地域デザインにも貢献』というコンセプトを実現するための取組みを推進していく[注1]。

### ②高速道路の休憩施設の活用による拠点の作成

　高速道路利用者だけの使用を前提とした「高速道路の休憩施設」は、近年、ウェルカムゲートやハイウェイオアシス等により、沿道地域への開放による地域活性化が図られており、その促進のため、関係機関が連携の上、進捗状況に応じた支援を実施している。

### ③官民連携による道路管理の充実

　道路管理にあたっては、これまでも地域と協働した取組みとして、ボランティア・サポート・プログラム（VSP）などにより民間団体等の協力を得てきている。「道路法」に基づき指定した道路協力団体は、道路の魅力向上のための活動の実施や、その活動により得られた収益により道路管理の活動を充実させることが可能であり、令和5年3月末までに直轄国道において40団体を指定している。また、道路協力団体が行う道路に関する工事や維持及び道路の占用について、行政手続を円滑、柔軟化する措置を講じている。

### ④「かわまちづくり」支援制度

　河口から水源地まで様々な姿を見せる河川とそれにつながるまちを活性化するため、地域の景観、歴史、文化、観光基盤などの「資源」や地域の創意に富んだ「知恵」を活かし、市町村、民間事業者及び地元住民と河川管理者の連携の下、「かわまちづくり」計画を作成し、河川空間とまち空間が融合した良好な空間形成を推進している。令和4年8月末までに252か所が「かわまちづくり」支援制度に登録している。

【関連リンク】
道の駅
URL：https://www.mlit.go.jp/road/Michi-no-Eki/index.html

【関連リンク】
海の駅
URL：https://www.umi-eki.jp/

注1　令和元年の『「道の駅」第3ステージの提言』に示されたもので、令和2年からを「道の駅」第3ステージとして位置づけている。

### ⑤地域住民等の参加による地域特性に応じた河川管理

河川環境について専門的知識を有し、豊かな川づくりに熱意を持った人を河川環境保全モニターとして委嘱し、河川環境の保全、創出及び秩序ある利用のための啓発活動等をきめ細かく行っている。

また、河川に接する機会が多く、河川愛護に関心を有する人を河川愛護モニターとして委嘱し、河川へのごみの不法投棄や河川施設の異常といった河川管理に関する情報の把握及び河川管理者への連絡や河川愛護思想の普及啓発に努めている。

### ⑥海岸における地域の特色を活かした取組みへの支援

海岸利用を活性化し、観光資源としての魅力を向上させることを目的に、砂浜確保のための養浜や海岸保全施設等の整備を行う海岸環境整備事業の支援を行っている。海岸保全に資する清掃、植栽、希少な動植物の保護、防災・環境教育等の様々な活動を自発的に行う法人・団体を海岸協力団体に指定することにより、地域との連携強化を図り、地域の実情に応じた海岸管理の充実を推進しており、令和4年11月末時点で25団体が指定されている。

### ⑦港湾を核とした地域振興

地域住民の交流や観光の振興を通じた地域の活性化に資する「みなと」を核としたまちづくりを促進するため、住民参加による地域振興の取組みが継続的に行われる施設を港湾局長が「みなとオアシス」として登録している（令和5年3月31日時点、157か所）。

「みなとオアシス」は、「みなとオアシス全国協議会」等が主催する「みなとオアシスSea級グルメ全国大会」などの様々な活動を通じ、地域の賑わい創出に寄与している。

近年では、クルーズ船寄港時のおもてなしなど港湾の多様化するニーズに対応するため、官民連携による港湾の管理等を促進するなどの目的で、港湾管理者が適正な民間団体等を指定する「港湾協力団体」制度を活用し、みなとを核とした地域の更なる活性化を図ることとしている（令和5年3月31日時点、42団体）。

### ⑧プレジャーボートの利用振興

ボートの利用振興や市場拡大を目的に、既存のマリーナや漁港等の施設を活用して、ボート利用者がクルージング時に気軽に寄港して憩える「海の駅」の設置を推進しており、令和5年3月末時点で177駅が登録されている。コロナ禍において屋外レジャーが見直されている中で、ボート免許の取得者も増えており、利用拡大が期待されている。

### （6）地籍整備の積極的な推進

災害後の迅速な復旧・復興、インフラ整備の円滑化等に資する地籍整備を円滑かつ迅速に推進するため、第7次国土調査事業十箇年計画（令和2年5月26日閣議決定）に基づき、地籍調査を行う市町村等への財政支援のほか、新たな調査手続や効率的な調査手法の活用促進、国が実施する基本調査による効率的な調査手法の事例の蓄積・普及、地籍調査以外の測量成果の活用を推進している。

### （7）大深度地下の利用

大深度地下の利用については、大深度地下使用制度に関する内容をウェブサイトに掲載する等、大深度地下の適正かつ合理的な利用を図っている。

【関連リンク】
「みなとオアシス」の概要
URL：https://www.mlit.go.jp/kowan/kowan_tk1_000001.html

## 4 広域ブロックの自立・活性化と地域・国土づくり

### （1）対流促進型国土形成のための国土・地域づくり

#### ①広域的地域活性化のための基盤整備の推進

自立的な広域ブロックの形成に向け、広域にわたる活発な人の往来又は物資の流通を通じた地域の活性化を図るため、令和4年度においては、38府県が、2～4府県ごとに協働して36の共通目標を掲げ、延べ86の府県別の広域的地域活性化基盤整備計画を作成しており、同計画に基づくハード・ソフト事業に対して、交付金を交付した。

#### ②官民連携による地域活性化のための基盤整備推進支援事業

官民が連携して策定した広域的な地域戦略に資する事業について、民間の意思決定のタイミングに合わせ、機を逸することなく基盤整備の構想段階から事業実施段階への円滑かつ速やかな移行を図るため、令和4年度においては、地方公共団体が行う概略設計やPPP/PFI導入可能性検討といった事業化に向けた検討に対して、25件の支援を行った。

#### ③連携中枢都市圏等による活力ある経済・生活圏の形成

地方圏の政令指定都市・中核市等を中心とする一定規模以上の人口・経済を擁する都市圏においては、経済成長のけん引、高次都市機能の集積・強化及び生活関連機能サービスの向上の実現を目指す「連携中枢都市圏」の形成を促進

しており、令和4年4月1日時点で合わせて37圏域が形成されている。国土交通省では、地域公共交通確保維持改善事業等について、連携中枢都市圏で策定された都市圏ビジョンに基づき実施される事業に対して一定程度配慮するなどの支援を行っている。

### （2）地域の拠点形成の促進等

#### ①多様な広域ブロックの自立的発展のための拠点整備

「多極分散型国土形成促進法」に基づく業務核都市において、引き続き、業務施設の立地や諸機能の集積の核として円滑に整備が実施されるよう、必要な協力を行っている。さらに、「関西文化学術研究都市建設促進法」に基づき、文化・学術・研究の拠点形成を目指すため、地元関係機関等と連携し、関西文化学術研究都市の建設を推進している。

#### ②集落地域における「小さな拠点」づくりの推進

人口減少や高齢化の進む中山間地域等では、買物、医療等の生活サービス機能やコミュニティ機能が維持できなくなりつつある地域がある。このため、小学校区等複数の集落を包含する地域において、必要な機能や地域活動の拠点を歩いて動ける範囲に集め、周辺の集落との交通ネットワークを確保した「小さな拠点」の形成を推進しており、関係府省と連携して普及・啓発に取り組んでいる。

## 5 地域の連携・交流の促進

### （1）地域を支える生活幹線ネットワークの形成

医療や教育等の都市機能を有する中心地域への安全で快適な移動を実現するため、日常の暮らしを支える道路網の整備や現道拡幅等による隘路の解消を支援している。また、合併市町村

の一体化を促進するため、合併市町村内の中心地や公共施設等の拠点を結ぶ道路、橋梁等の整備について、社会資本整備総合交付金等により推進している。

### （2）都市と農山漁村の交流の推進

幹線道路網の整備による広域的な交流・連携軸の形成、農山村地域、都市の近郊等における優良な住宅の建設を促進するための住宅・宅地供給、交流の拠点となる港湾の整備等を実施している。

### （3）二地域居住等の推進

二地域居住等を推進するため、地方公共団体等からなる全国二地域居住等促進協議会と連携し、地方公共団体向けガイドラインを作成するなど、関連する支援策や先駆的な取組みの情報提供等に取り組んでいる。また、若者の地方圏での交流拡大を推進するため、国土交通省ウェブサイトに地方公共団体等が実施する体験交流プログラムの情報を集約して掲載している。

### （4）図柄ナンバーの導入について

地域・観光振興の促進を目的に「走る広告塔」として、平成30年10月より、地域の観光資源等を施した地方版図柄入りナンバープレートを導入した。令和5年10月には新たに10地域を追加し、全国68地域で交付予定である。

同ナンバープレートの申込時には地域を支援する取組みへの寄付が可能であり、集まった寄付金は各地域の交通改善や地域・観光振興等の取組みに充てられる。

また、「2025年日本国際博覧会（大阪・関西万博）」の開催機運の醸成を図ることを目的に、大阪・関西万博特別仕様ナンバープレートを令和4年10月から7年12月まで交付する。同ナンバープレートの申込時には大阪・関西万博の開催を支援する取組みへの寄付が可能であり、集まった寄付金は大阪・関西万博の開催に関連した交通サービスの充実等に充てられる。

## 6　地域の移動手段の確保

### （1）地域の生活交通の確保・維持・改善

地域社会の活性化を図るため、日常生活等に必要不可欠な交通手段の確保は重要な課題である。

このため、地域公共交通確保維持改善事業において、多様な関係者の連携により、地方バス路線、離島航路・航空路などの生活交通の確保・維持を図るとともに、地域鉄道の安全性向上に資する設備の整備、バリアフリー化等、快適で安全な公共交通の構築に向けた取組みを支援している。また、地方自治体における交通施策の立案に当たって参考となるよう、デジタル技術の活用事例等、地域交通体系を支えるために必要な調査を行い、今後の地域交通のあり方を検討した。

### （2）地域鉄道の活性化、安全確保等への支援

中小民鉄や第三セクターが運営する地域鉄道は、通勤や通学の足として沿線住民の暮らしを支えるとともに、観光等地域間の交流を支える基幹的な公共交通として、重要な役割を果たしているが、その経営は極めて厳しい状況にある。このため、鉄道施設総合安全対策事業費補助や地域公共交通確保維持改善事業等及び税制特例により、安全設備の整備等に対して支援している。

【関連リンク】
地域公共交通確保維持改善事業
URL：https://www.mlit.go.jp/sogoseisaku/transport/sosei_transport_tk_000041.html

# Column コラム

## JR只見線　豪雨災害からの全線運転再開

平成23年7月新潟・福島豪雨により大きな被害を受け、長らく不通となっていたJR只見線の只見駅〜会津川口駅の復旧工事が完了し、令和4年10月1日に全線での運転が再開されました。只見駅〜会津川口駅は、被災前から利用状況が非常に厳しく、バスへの転換も含めて復旧のあり方が検討されましたが、地域の振興のためには只見線が必要不可欠であるとの沿線自治体の強い意思を踏まえ、平成29年6月、福島県とJR東日本は運行と鉄道施設等の保有を分離する上下分離方式を導入し、鉄道により復旧することで合意しました。

また、平成30年7月には議員立法により鉄道軌道整備法が改正され、黒字事業者の赤字路線も国の災害復旧補助の対象に追加され、全国で初めて只見線に適用されました。

只見線の復旧に向けた取組みは、鉄道事業者と沿線自治体が協働し、将来のまちづくりや観光振興など大きなビジョンの中で、鉄道の役割や意義、活用方策について丁寧な検討を行った上で、関係者が適切に役割分担をしながら地域の公共交通の再構築を図る先駆的な事例と言えます。

第5只見川橋りょう（左：被災直後、右：復旧後）

只見線の列車

## （3）地域バス路線への補助

地域の需要規模や人口特性に応じた最適な生活交通ネットワークの確保・維持が可能となるよう、地域をまたがる地域間幹線バスや地域内のバス交通・デマンド交通等への補助や、バス車両の更新への支援を行うとともに、バス事業者によるデジタル化等の経営効率化・経営力強化を図る取組みや、観光と連携した取組み等に対して支援を行い、利便性・持続可能性・生産性が向上する形で地域交通の再構築を促進する。

## （4）地方航空路線の維持・活性化

人口減少に伴う利用者の減少が見込まれるなか、地域航空の路線を持続可能なものとするため、「持続可能な地域航空のあり方に関する研究会」及び「地域航空の担い手のあり方に係る実務者協議会」において検討を行い、平成30年12月に報告書を公表した。

## （5）離島との交通への支援

離島航路は、離島住民が日常生活を行う上で必要不可欠な交通手段である。令和3年度は290航路で輸送人員需要は28.5百万人（ここ5年で約34％減少）となっているが、その多くは本土より深刻な人口減少、高齢化により、航路の運営は極めて厳しい状況である。このため、唯一かつ赤字が見込まれる航路に対し、地域公共交通確保維持改善事業により運営費への補助、離島住民向け運賃割引への補助、運航効率の良い船舶建造への補助を行っている（令和5年3月末現在の補助対象航路：127航路）。

離島航空路については、地域の医療の確保をはじめ、離島の生活を支えるのに欠かせない交通手段であることから、安定的な輸送の確保を図るため、離島に就航する航空運送事業者に対して、総合的な支援（予算：機体購入費補助、運航費補助等　公租公課：着陸料の軽減、航空機燃料税の軽減措置等）を講じている。なお、令和4年度の離島航空路線の数は65路線、う

Ⅱ

第3章　地域活性化の推進

ち国庫補助対象は15路線となっている。

## 第3節　民間都市開発等の推進

### 1　民間都市開発の推進

#### （1）特定都市再生緊急整備地域制度等による民間都市開発の推進

　都市の再生の拠点として都市開発事業等を通じて緊急かつ重点的に市街地の整備を推進すべき地域として、全国52地域（令和5年3月末現在）が「都市再生緊急整備地域」に政令指定され、各地域で様々な都市開発事業が着々と進行している。また、昨今の成長が著しいアジア諸国の都市と比較し、我が国都市の国際競争力が相対的に低下している中、国全体の成長をけん引する大都市について、官民が連携して市街地の整備を強力に推進し、海外から企業・人等を呼び込むことができるような魅力ある都市拠点を形成することが、重要な課題になっている。このため、特に都市の国際競争力の強化を図る地域として、15地域（令和5年3月末現在）が「特定都市再生緊急整備地域」に政令指定され、多くの地域において、官民連携による協議会により整備計画が作成されている。整備計画に基づき、地域の拠点や基盤となる都市拠点インフラの整備を重点的かつ集中的に支援する補助制度として、「国際競争拠点都市整備事業」を設けている。

#### （2）都市再生事業に対する支援措置の適用状況

##### ①都市再生特別地区の都市計画決定

　既存の用途地域等に基づく規制を適用除外とした上で、自由度の高い新たな都市計画を定める「都市再生特別地区」は、令和5年3月末現在で118地区の都市計画決定がなされ、うち83地区が民間事業者等の提案によるものとなっている。

##### ②民間都市再生事業計画の認定

　国土交通大臣認定（令和5年3月末現在154件）を受けた民間都市再生事業計画については、一般財団法人民間都市開発推進機構による金融支援（メザニン支援事業[注2]）や税制上の特例措置が講じられている。

#### （3）大街区化の推進

　我が国の主要都市中心部の多くは、戦災復興土地区画整理事業等により街区が形成されており、現在の土地利用や交通基盤、防災機能に対するニーズ等に対して、街区の規模や区画道路の構造が十分には対応できていない。大都市の国際競争力の強化や地方都市の活性化、今日の土地利用ニーズを踏まえた土地の有効高度利用等を図るため、複数の街区に細分化された土地を集約し、敷地の一体的利用と公共施設の再編を推進している。

【関連リンク】
都市再生緊急整備地域
URL：https://www.chisou.go.jp/tiiki/toshisaisei/kinkyuseibi_list/index.html

---

注2　公共施設の整備を伴う優良な民間都市開発事業のうち、国土交通大臣の認定を受けたものに対して、一般財団法人民間都市開発推進機構がミドルリスク資金（金融機関が提供するシニアローンと民間事業者等が拠出するエクイティとの間に位置し、一般的に調達が難しいとされる資金）を提供する事業をいう。

## 第4節　特定地域振興対策の推進

### 1　豪雪地帯対策

　毎年の恒常的な降積雪により、住民の生活水準の向上や産業の発展が阻害されてきた地域の経済の発展と住民生活の向上に寄与するため、令和4年3月に改正された「豪雪地帯対策特別措置法」及び同年12月に変更（閣議決定）された「豪雪地帯対策基本計画」に基づき、交通の確保、生活環境・国土保全関連施設の整備、除排雪の担い手の確保及び親雪・利雪の取組み

の促進等の豪雪地帯対策を推進している。特に、除排雪時の死傷事故が多発していることを踏まえ、「豪雪地帯安全確保緊急対策交付金」により、将来を見据えた戦略的な方針の策定と、持続可能な除排雪体制の整備等に取り組む自治体を支援している。なお、豪雪地帯に指定されている市町村数は532市町村、国土の51％に及ぶ広大な面積を占めている。

### 2　離島振興

　「離島振興法」に基づき、都道県が策定した離島振興計画による離島振興事業を支援するため、公共事業予算の一括計上に加え、「離島活性化交付金」により、離島における産業の育成による雇用拡大等の定住促進、観光の推進等による交流の拡大促進等の取組みへの支援を行っている。また、「離島広域活性化事業」により、

移住者受入れのための空家の改修やシェアオフィスの整備、安全な定住環境のための避難施設の整備等への支援を行っている。加えて、ICTやドローン等の新技術を離島の課題解決に役立てる「スマートアイランド推進実証調査」を行っているほか、離島と都市との交流事業「アイランダー」を開催している。

### 3　奄美群島・小笠原諸島の振興開発

　世界自然遺産に登録された自然環境をはじめとする様々な魅力を有する奄美群島や小笠原諸島について、自立的で持続可能な発展や定住の促進を図るため、「奄美群島振興開発特別措置法」、「小笠原諸島振興開発特別措置法」に基づ

く振興開発事業等により社会資本の整備等を実施しているほか、交付金等により地域の特性に応じた産業振興等の地域の取組みを支援している。

### 4　半島振興

　「半島振興法」に基づき、道府県が作成した半島振興計画による半島振興施策を支援するため、半島振興対策実施地域（令和4年4月現在23地域(22道府県194市町村)）を対象として、「半島振興広域連携促進事業」により、半島地

域における資源や特性を活かした交流促進、産業振興、定住促進に資する取組みへの補助を行うとともに、「半島税制」による産業の振興等や、半島循環道路等の整備を図っている。

## 第5節　北海道総合開発の推進

### 1　北海道総合開発計画の推進

**（1）北海道総合開発計画について**

　我が国は、北海道の豊富な資源や広大な国土を利用し、国全体の安定と発展に寄与するため、明治2年の開拓使設置以降、特別な開発政策の下、積極的に北海道開発を推進してきた。「北海道開発法」（昭和25年法律第126号）制定後は、同法に基づき北海道総合開発計画を策定し、国民経済の復興や人口問題の解決、産業の適正配置、さらには食料やエネルギーの供給など、その時々の国の課題の解決に貢献するとともに、地域の活力ある発展に寄与してきた。現在は、計画期間をおおむね令和7年度までとする第8期の北海道総合開発計画（平成28年3月閣議決定）を推進している。

**（2）新たな北海道総合開発計画の策定について**

　新型コロナウイルス感染症の拡大やカーボンニュートラルの実現に向けた取組みの加速等、近年の社会経済情勢の変化を受け、新たな北海道総合開発計画の策定に向けた検討[注3]が進められており、令和5年3月には、その中間整理が取りまとめられた。

　中間整理においては、2050年における北海道の将来像を見据えた上で、北海道が我が国に貢献するための土台を固め、北海道の価値を更に高めるため、「我が国の豊かな暮らしを支える北海道」と「北海道の価値を生み出す北海道型地域構造」の2つの目標が設定されるとともに、食料安全保障を支え、観光立国を先導し、さらには脱炭素化についても高いポテンシャルを持つ北海道の生産空間[注4]の維持・発展と強靱な国土づくりに資する施策等が整理された。

　新たな北海道総合開発計画については、令和5年度中の策定を目指し、継続的な調査審議が進められている。

### 2　特色ある地域・文化の振興

**（1）アイヌ文化の振興等**

　アイヌ文化の復興・創造等の拠点であるウポポイ（民族共生象徴空間）においては、国内外から多くの人々が訪れ、アイヌ文化の素晴らしさを体験し、民族共生の理念に共感してもらえるよう、年間来場者数100万人を目指し、コンテンツの充実、誘客促進に向けた広報活動等を行っている。このほか「アイヌの人々の誇り

【関連リンク】
第8期北海道総合開発計画の概要
URL：https://www.mlit.go.jp/hkb/hkb_tk7_000059.html

【関連リンク】
計画部会における中間整理
URL：https://www.mlit.go.jp/policy/shingikai/hok01_sg_000114.html

【関連リンク】
ウポポイ（民族共生象徴空間）
URL：https://ainu-upopoy.jp/

アイヌ文化に出会う旅
URL：https://www.youtube.com/watch?v=X18o6t6QBDk

注3　令和4年3月以降、国土審議会北海道開発分科会計画部会において検討。
注4　主として農業・漁業に係る生産の場（特に市街地ではない領域）を指す。生産空間は、生産のみならず、観光その他の多面的・公益的機能を提供している。

が尊重される社会を実現するための施策の推進に関する法律」（平成31年法律第16号）に基づき、アイヌ文化等に関する知識の普及啓発等を推進している。

## （2）北方領土隣接地域の振興

　領土問題が未解決であることから、望ましい地域社会の発展が阻害されている北方領土隣接地域[注5]を対象に、「北方領土問題等の解決の促進のための特別措置に関する法律」に基づく第8期北方領土隣接地域の振興及び住民の生活の安定に関する計画（平成30年度〜令和4年度）の下、必要な施策を総合的に推進してきた。令和5年3月には、第9期計画（令和5年度〜令和9年度）が新たに作成されたところであり、引き続き、同計画の下、必要な施策を推進している。

【関連リンク】
北方領土隣接地域の振興及び住民の生活の安定に関する施策
URL：https://www.mlit.go.jp/hkb/hoppo.html

注5　根室市、別海町、中標津町、標津町、羅臼町（1市4町）

# 第4章　心地よい生活空間の創生

## 第1節　豊かな住生活の実現

### 1　住生活の安定の確保及び向上の促進

令和3年3月に閣議決定した、3年度から12年度を計画期間とする住生活基本計画（全国計画）において、社会環境の大きな変化や人々の価値観の多様化に対応した豊かな住生活の実現に向けて、施策を推進している。

#### （1）目標と基本的施策

#### ①「新たな日常」やDXの進展等に対応した新しい住まい方の実現

働き方改革の進展やコロナ禍を契機として、多様な住まい方、新しい住まい方への関心が高まる中、地方、郊外、複数地域での居住など、国民の新たな生活観をかなえる居住の場の多様化を推進している。また、家族構成、生活状況、健康状況等に応じて住まいを柔軟に選択できるよう、既存住宅市場・賃貸住宅市場の整備を推進している。さらに、社会経済のDXの進展等を踏まえ、住宅分野においても、契約・取引プロセスのDXや生産・管理プロセスにおけるDXを推進している。

#### ②頻発・激甚化する災害新ステージにおける安全な住宅・住宅地の形成と被災者の住まいの確保

安全な住宅・住宅地の形成に向けて、ハザードマップの整備・周知をはじめとする災害リスク情報の提供、防災・まちづくりと連携し、ハード・ソフト組み合わせた住宅・住宅地の浸水対策の推進とともに、地震時等に著しく危険な密集市街地の解消、住宅・住宅地のレジリエンス機能の向上等に取り組んでいる。また、災害発生時には、今ある既存住宅ストックの活用を重視して被災者の住まいを早急に確保することとしている。

#### ③子どもを産み育てやすい住まいの実現

子どもを産み育てやすく良質な住宅が確保されるよう、子育てしやすく家事負担の軽減に資するリフォームの促進とともに、若年世帯・子育て世帯のニーズにあわせた住宅取得の推進、子どもの人数、生活状況等に応じた柔軟な住替えの推進に取り組んでいる。また、良質で長期に使用できる民間賃貸住宅ストックの形成と賃貸住宅市場の整備を推進している。あわせて、子育てしやすい居住環境の実現とまちづくりに向けて、住宅団地の建替えや再開発等における子育て支援施設・公園・緑地、コワーキングスペースの整備など、職住・職育が近接する環境の整備とともに、地域のまちづくり方針と調和したコンパクトシティの推進等を行っている。

#### ④多様な世代が支え合い、高齢者等が健康で安心して暮らせるコミュニティの形成とまちづくり

高齢者、障害者等が健康で安心して暮らせる住まいの確保に向けて、バリアフリー性能や良

【関連リンク】
住生活基本計画
URL：https://www.mlit.go.jp/jutakukentiku/house/jutakukentiku_house_mn2_000011.html

好な温熱環境を備えた住宅の整備・リフォームを促進するとともに、サービス付き高齢者向け住宅等について、地方公共団体の適切な関与を通じての整備・情報開示を推進している。また、三世代同居や近居、身体・生活状況に応じた円滑な住替えが行われるとともに、家族やひとの支え合いで高齢者が健康で暮らし、多様な世代がつながり交流するミクストコミュニティの形成等を推進している。

### ⑤住宅確保要配慮者が安心して暮らせるセーフティネット機能の整備

住宅確保要配慮者（低額所得者、高齢者、障害者、外国人等）の住まいの確保に向けて、公営住宅の計画的な建替え等やストック改善を推進するとともに、住宅確保要配慮者の入居を拒まないセーフティネット登録住宅（令和4年度末時点で848,846戸登録）の活用を進め、地方公共団体のニーズに応じて家賃低廉化等の支援を行っている。

また、住宅確保要配慮者の入居・生活支援として、地方公共団体の住宅・福祉・再犯防止関係部局、居住支援協議会（令和4年度末時点で129協議会（47都道府県、87市区町村）が設立）、居住支援法人（4年度末時点で668法人を指定）等が連携して、住宅確保要配慮者に対する入居時のマッチング・相談、入居中の見守り・緊急時対応や就労支援等を行っている。

### ⑥脱炭素社会に向けた住宅循環システムの構築と良質な住宅ストックの形成
#### （ア）既存住宅流通の活性化

既存住宅流通の活性化に向けて、基礎的な性能や優良な性能が確保された既存住宅の情報が購入者に分かりやすく提示される仕組みを改善し、購入物件の安心感を高めていく。具体的には、「長期優良住宅の普及の促進に関する法律」に基づき、住宅の構造や設備について、一定以上の耐久性、維持管理容易性等の性能を備えた住宅（長期優良住宅）の普及を図ってきたとこ

ろである（認定長期優良住宅のストック数（令和3年度末時点）：135万戸）。また、既存住宅に関する瑕疵保険の充実、既存住宅状況調査や安心R住宅制度の普及、紛争処理体制の拡充等により、購入後の安心感を高めるための環境整備に取り組んでいる。

こうした中、長期優良住宅の普及促進、既存住宅に係る紛争処理機能の強化等を通じ、優良なストックの形成と住宅の円滑な取引環境の整備を図ることにより、質の高い既存住宅の流通を促進するため、「住宅の質の向上及び円滑な取引環境の整備のための長期優良住宅の普及の促進に関する法律等の一部を改正する法律」が令和3年5月28日に公布され、令和4年10月1日に全面施行された。

加えて、既存住宅流通の活性化には、良質な既存住宅が適正に評価される環境を整備することも重要である。そのため、宅地建物取引業者や不動産鑑定士の適正な評価手法の普及・定着を進め、建物の性能やリフォームの状況が評価に適切に反映されるよう取り組んでいる。また、住宅ストックの維持向上・評価・流通・金融等の仕組みを一体的に開発・普及等する取組みに対し支援を行っている。

#### （イ）長寿命化に向けた適切な維持管理・修繕、老朽化マンションの再生円滑化

適切な維持管理・修繕がなされるよう、住宅の計画的な点検・修繕と履歴情報の保存を推進している。加えて、耐震性・省エネルギー性能・バリアフリー性能等を向上させるリフォームや建替えに対して補助・税制面での支援を行い、安全・安心で良好な温熱環境を備えた良質な住宅ストックへの更新を図っている。また、「マンションの管理の適正化の推進に関する法律」に基づく管理計画認定制度等により、マンション管理の適正化や長寿命化、再生の円滑化を推進している。

#### （ウ）世代をこえて既存住宅として取引されうるストックの形成

2050年カーボンニュートラルの実現に向けて、既存住宅の省エネ改修への支援や、長期優良住宅ストック及びZEHストックの拡充等とともに、住宅の省エネルギー基準の義務づけを含めた更なる対策の強化に取り組んでいる。

また、炭素貯蔵効果の高い木造住宅等の普及や、CLT等を活用した中高層住宅等の木造化等により、まちにおける炭素の貯蔵を促進している。

#### ⑦空き家の状況に応じた適切な管理・除却・利活用の一体的推進

平成27年5月に全面施行された「空家等対策の推進に関する特別措置法」に基づき、周辺の居住環境に悪影響を及ぼす空き家（特定空家等）の除却等や、立地・管理状況の良好な空き家の多様な利活用の推進等、着実に取組みは進展してきた。

しかし、更に空き家の増加が見込まれる中、特定空家等となってからの対応は限界に近付いており、より早い段階での対応が必要であった。また、地域の需要に応じた空き家活用を進めることで、地域経済の活性化等に繋げていく視点も必要であった。

そこで、令和4年10月に社会資本整備審議会の下に設置した「空き家対策小委員会」において、空き家の利活用・流通の拡大を含めた更なる対策の強化を検討し、空き家の除却等の取組みの促進に加え、発生抑制や活用の拡大、適切な管理を総合的に強化する施策の方向性を定めた「社会資本整備審議会 住宅宅地分科会 空き家対策小委員会とりまとめ～今後の空き家対策のあり方について～」を5年2月に策定した。

これを踏まえ、空き家の除却等の更なる促進に加え、空き家が周囲に悪影響を及ぼす前の段階から有効活用や適切な管理を確保するなど対策を総合的に強化するため「空家等対策の推進に関する特別措置法の一部を改正する法律案」を令和5年通常国会において提出している。

#### ⑧居住者の利便性や豊かさを向上させる住生活産業の発展

居住者の利便性や豊かさを向上させるために欠かせない住生活産業については、その担い手の確保・育成を図るとともに、更なる成長に向けて新技術の開発や新分野への進出等による生産性向上や海外展開しやすい環境の整備に取り組んでいる。

### （2）施策の総合的かつ計画的な推進
#### ①住宅金融

消費者が、市場を通じて適切に住宅を選択・確保するためには、金利や家賃等に関する理解を深め、短期・変動型や長期・固定型といった多様な住宅ローンが安定的に供給されることが重要である。

民間金融機関による相対的に低利な長期・固定金利住宅ローンの供給を支援するため、独立行政法人住宅金融支援機構では証券化支援業務（フラット35）を行っている。証券化支援業務の対象となる住宅については、耐久性等の技術基準を定め、物件検査を行うことで住宅の質の確保を図るとともに、耐震性、省エネルギー性、バリアフリー性及び耐久性・可変性の4つの性能のうち、いずれかの基準を満たした住宅の取得に係る当初5年間（長期優良住宅等については当初10年間）の融資金利を引き下げるフラット35Sを実施している。

また、同機構は、高齢者が安心して暮らすことができる住まいを確保するため、住宅融資保険を活用したリバースモーゲージ[注1]型住宅ローンの供給の支援（リ・バース60）を行っている。

注1　所有する住宅及び土地を担保に融資を受け、毎月利息のみを支払い、利用者（高齢者等）の死亡等で契約が終了したときに、担保不動産の処分等によって元金を一括して返済する金融商品。住宅金融支援機構の住宅融資保険制度を活用する場合は、住宅の建設・購入等に関する融資に限られる。

さらに、災害復興住宅融資や既存住宅の省エネ改修工事に対するリフォーム融資（グリーンリフォームローン）等、政策的に重要でかつ民間金融機関では対応が困難な分野について、直接融資業務を行っている。

### ②住宅税制

令和5年度税制改正において、管理計画の認定を受けたマンション等において、長寿命化に資する大規模修繕工事が実施された場合に、当該マンションに係る固定資産税額を減額する特例措置を創設した。空き家の発生を抑制するための特例措置（空き家3,000万円控除）については、適用期間を4年間延長するとともに、相続人が相続又は遺贈により取得した被相続人居住用家屋の譲渡等をした場合、その譲渡後一定の期間内にその被相続人居住用家屋につき耐震改修工事又は除却工事が実施される場合も適用対象となる等の措置を講じた。

## 2 良好な宅地の供給及び活用

### （1）地価の動向

令和5年地価公示（令和5年1月1日時点）によると、全国の地価動向は、全用途平均・住宅地・商業地のいずれも2年連続で上昇し、上昇率が拡大した。

住宅地については、都市中心部や生活利便性に優れた地域では、住宅需要は堅調であり、地価上昇が継続し、生活スタイルの変化による需要者のニーズの多様化により、郊外部にも上昇範囲が拡大している。

商業地については、都市部を中心に、店舗需要は回復傾向にあり、堅調なオフィス需要やマンション用地需要等から地価の回復傾向がより進み、国内来訪客が戻りつつある観光地や、人流が回復しつつある繁華街では、店舗等の需要の回復が見られており、多くの地域で地価は回復傾向にある。

ウィズコロナの下で景気が緩やかに持ち直している中、新型コロナの影響で弱含んでいた地価は、コロナ前への回復傾向が顕著となった。

### （2）宅地供給の現状

良好な居住環境を備えた宅地の供給を促進するため、宅地開発に関連して必要となる公共施設の整備に対する支援等を実施している。

### （3）ニュータウンの再生

高度成長期等において大都市圏の郊外部を中心に計画的に開発された大規模な住宅市街地（ニュータウン）は、急速な高齢化及び人口減少の進展を背景に地域の活力の低下等の課題を抱えており、老朽化した住宅・公共施設の更新や生活を支える機能の充実等を通じて、誰もが暮らしやすい街へと再生を進めていく必要がある。また、ニュータウンの再生に資するための、住民・事業主・地権者等による主体的な取組みを推進するため、地方公共団体、民間事業者等からなる「住宅団地再生」連絡会議を開催し、推進の手法や取組み事例に関する情報提供及び意見交換等を行っている。

Ⅱ

第4章　心地よい生活空間の創生

# Column コラム

## 住宅団地の再活性化の取組み

　昭和40年代に開発された郊外の戸建住宅団地では、居住者の高齢化が進んでいます。神奈川にある「上郷ネオポリス」では、人口約2,000人のおよそ半数が高齢者となる中で、自治会や有識者、協力団体、企業などで構成される「上郷ネオポリスまちづくり協議会」が発足し、郊外住宅地の再生の仕組みや手法を探り、研究を重ねてきました。まちの拠点としてコンビニ併設コミュニティ施設が整備され、住民団体が立ち上げた法人が、地域住民のボランティアにより、施設内外の美観整備やイベントの企画・運営を実施しています。住み続けられるまちづくりのために、高齢期の住まいに関する情報提供なども実施し、住宅団地の再活性化に取り組んでいます。

【関連リンク】
上郷ネオポリス｜リブネスタウンプロジェクト｜大和ハウス工業
URL：https://www.daiwahouse.co.jp/about/community/livnesstown/kamigo/

## 第2節　快適な生活環境の実現

### 1　緑豊かな都市環境の形成

　令和3年度末現在の都市公園等整備状況は、113,828箇所、約130,352haとなっており、一人当たり都市公園等面積は約10.8m$^2$となっている。

### 2　歩行者・自転車優先の道づくりの推進

#### ①人優先の安全・安心な歩行空間の形成

　安全・安心な社会の実現を図るためには、歩行者の安全を確保し、人優先の安全・安心な歩行空間を形成することが重要である。幹線道路等において安全性を一層高めつつ自動車交通を生活道路から転換するとともに、生活道路において速度抑制や通過交通の進入抑制を図る面的対策等を実施することにより、人優先の安全・安心な歩行空間の形成を推進している。

#### ②安全で快適な自転車利用環境の創出

　過去10年間で自転車が関係する事故件数は、概ね半減しているが、自転車対歩行者の事故件数はほぼ横ばいにとどまっている状況であり、また、「道路交通法」の改正等（令和4年4月27日公布）により新たなモビリティも自転車通行空間を走行することなどを踏まえ、より一層安全で快適な自転車の利用環境整備が求められている。このため、自転車の交通ルール遵守の効果的な啓発や、警察庁と共同で「安全で快適な自転車利用環境創出ガイドライン」の見直し・周知を図っている。

#### ③多様なニーズに応える道路空間の実現

　賑わいのある道路を構築するため、令和2年度に歩行者利便増進道路（ほこみち）制度を創設した。また、社会情勢の変化に伴い多様化する道路へのニーズに対応するため、道路空間の柔軟な利活用や、「人中心の道路空間」の実現に取り組んでいる。

#### ④わかりやすい道案内の推進

地図を用いた案内標識（地図標識）を交通結節点や観光地へ設置するなど、訪日外国人等の公共交通機関の乗り換えやまちあるき等の支援を進めている。

#### ⑤柔軟な道路管理制度の構築

自動車交通の一層の円滑化と安全に加え、安全な歩行空間としての機能や地域のにぎわい・交流の場としての機能等の道路が有する多様な機能を発揮し、沿道住民等のニーズに即した柔軟な道路管理ができるよう、（ア）指定市以外の市町村による国道又は都道府県道の歩道の新設等の特例、（イ）市町村による歩行安全改築の要請制度、（ウ）NPO等が設置する並木、街灯等に係る道路占用の特例、（エ）道路と沿道施設を一体的に管理するための道路外利便施設の管理の特例、（オ）道路協力団体が設置する施設等に係る道路占用の特例、（カ）道を活用した地域活動における道路占用許可の弾力的な運用等を実施している。

## 第3節　自転車活用政策の推進

### 1　自転車活用推進法に基づく自転車活用推進計画の推進

自転車は、環境に優しい交通手段であり、災害時の移動・輸送や国民の健康の増進、交通の混雑の緩和等に資するものであることから、環境、交通、健康増進等が重要な課題となっている我が国においては、自転車の活用の推進に関する施策の充実が一層重要となっている。

このため、平成29年5月1日に「自転車活用推進法」（平成28年法律第113号）が施行され、同法に基づく「自転車活用推進計画」について、第1次計画が30年6月8日に閣議決定された。

これまで、第1次計画に基づいて、関係府省庁・官民が連携しながら取り組んできたが、持続可能な社会の実現に向けた自転車の活用の推進を一層図るため、令和3年5月28日に第2次計画が閣議決定された。第2次自転車活用推進計画に基づき、自転車交通の役割拡大による良好な都市環境の形成のため、地方公共団体における自転車活用推進計画の策定を促進するとともに、歩行者、自転車及び自動車が適切に分離された自転車通行空間の計画的な整備の推進に取り組んでいる。また、自転車通勤導入に関する手引きの周知や「『自転車通勤推進企業』宣言プロジェクト」等の展開により自転車通勤の拡大を図るとともに、都道府県等による自転車損害賠償責任保険等への加入を義務付ける条例の制定を促進するほか、利用者等に対する情報提供の強化等により、自転車損害賠償責任保険等への加入を促進している。

【関連リンク】
自転車活用推進官民連携協議会
URL：https://www.jitensha-kyogikai.jp/

【関連リンク】
GOOD CYCLE JAPAN
URL：https://www.mlit.go.jp/road/bicycleuse/good-cycle-japan/index.html

【関連リンク】
「第2次自転車活用推進計画を閣議決定しました！」
URL：https://www.mlit.go.jp/road/bicycleuse/torikumi.html

Ⅱ

第4章　心地よい生活空間の創生

## 第4節 利便性の高い交通の実現

**（1）都市・地域における総合交通戦略の推進**

安全で円滑な交通が確保された集約型のまちづくりを実現するためには、自転車、鉄道、バス等の輸送モード別、事業者別ではなく、利用者の立場でモードを横断的にとらえる必要がある。このため、地方公共団体が公共交通事業者等の関係者からなる協議会を設立し、協議会において目指すべき都市・地域の将来像と提供すべき交通サービス等を明確にした上で、必要となる交通施策やまちづくり施策、実施プログラム等を内容とする「都市・地域総合交通戦略」を策定（令和5年3月末現在121都市で策定・策定中）し、関係者がそれぞれの責任の下、施策・事業を実行する仕組みを構築することが必要である。国は、同戦略に基づき実施されるLRT注2等の整備等、交通事業とまちづくりが連携した総合的かつ戦略的な交通施策の推進を支援することとしている。

**（2）公共交通の利用環境改善に向けた取組み**

地域公共交通の利用環境改善や訪日外国人旅行者の受入環境整備を促進するために、LRT、BRT、キャッシュレス決済手段の導入等を支援している。

**（3）都市鉄道ネットワークの充実**

既存の都市鉄道ネットワークを有効活用しつつ速達性の向上を図ること等を目的とする都市鉄道等利便増進法を活用し、神奈川東部方面線（相鉄～JR・東急直通線）の整備を進めてきた結果、相鉄・JR直通線先行開業に続き、令和5年3月18日には相鉄・東急直通線が開業した。加えて、3年7月15日に取りまとめられた交通政策審議会答申「東京圏における今後の地下鉄ネットワークのあり方等について」を踏まえ、

東京メトロ有楽町線（豊洲～住吉）及び南北線（品川～白金高輪）の延伸について、4年3月28日に鉄道事業許可を行った。また、利用者サービスの向上等を図るための東京メトロの完全民営化の促進等に向け、関係者とも連携して必要な取組みを推進する。

また、これまで大都市圏の鉄道において慢性的に続いていた通勤混雑は、新型コロナウイルス感染症の影響による生活様式の変化等によって緩和された状態が続いている。今後は、鉄道の利用状況を継続的に把握するとともに、ポストコロナの利用状況を十分に検証の上、必要な施策を検討する。これらの取組みの推進により、国際競争力の強化に資する都市鉄道や豊かな国民生活に資する都市鉄道等、我が国の都市鉄道が目指すべき姿の実現に向けた取組みを推進していく。

**（4）都市モノレール・新交通システム・LRTの整備**

少子高齢化に対応した交通弱者のモビリティの確保を図るとともに、都市内交通の円滑化、環境負荷の軽減、中心市街地の活性化の観点から公共交通機関への利用転換を促進するため、LRT等の整備を推進している。令和4年度は、各都市において都市モノレール・新交通システムの延伸事業や路面電車のバリアフリー化が進められるなど、公共交通ネットワークの再構築等が進められている。5年度は、8月に新規路線として、芳賀・宇都宮LRT全線開業が予定されており、着実な開業に向け、事業の進捗にあわせた各種手続き等を進める。

**（5）バス・タクシーの利便性の向上**

人口減少により利用者も減少する中、バス・

---

注2 Light Rail Transit の略で、低床式車両（LRV）の活用や軌道・電停の改良による乗降の容易性、定時性、速達性、快適性などの面で優れた特徴を有する次世代の軌道系交通システム

タクシーを積極的に利用してもらうためには、利便性の向上が重要であり、バスの位置情報を提供するバスロケーションシステム、円滑な乗降を可能とするキャッシュレス決済等のシステム導入や、電気自動車の導入等によるクリーンかつ快適な利用環境の提供を促進している。

　また、高齢者や障害者等の移動制約者や大き

な荷物を持った外国人旅行者等も含め、誰もが利用しやすいバス・タクシーの利用環境を整備するため、地域公共交通確保維持改善事業補助金や税制特例等を活用し、ノンステップバス・ユニバーサルデザインタクシー・福祉タクシー等の導入を促進している。

Ⅱ

第4章　心地よい生活空間の創生

# 第5章　競争力のある経済社会の構築

第1節　交通ネットワークの整備

## 1　幹線道路ネットワークの整備

### （1）幹線道路ネットワークの整備

　幹線道路の整備は、昭和29年に策定された第1次道路整備五箇年計画以来、現在に至るまで着実に進められてきた。例えば、高速道路等の幹線道路ネットワークの整備は、高速道路のインターチェンジ周辺での工場の立地を促すなど、地域経済の活性化に大きく寄与するとともに、地方部における広域的な医療サービスの享受、災害等で幹線道路が途絶した場合の広域的な迂回ルートの確保等が可能となるなど、国民生活の質や安全の向上にも大きく貢献してきた。

　例えば、東京外かく環状道路（三郷南IC～高谷JCT）は平成30年6月2日に15.5kmが開通し、東京外かく環状道路の全体で約6割がつながった。これにより、中央環状内側の首都高（中央環状含む）の渋滞損失時間が約3割減少した。

　このようなストック効果が最大限発揮されるよう、幹線道路ネットワークの整備を引き続き推進する。特に、全国物流ネットワークの核と

図表II-5-1-1　高規格道路ネットワーク図

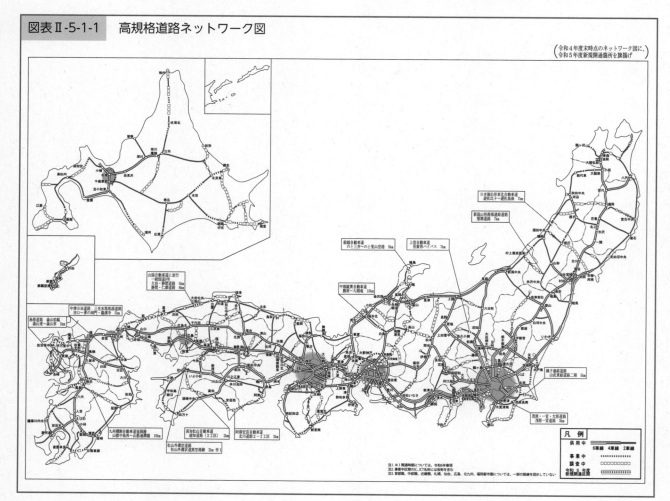

なる大都市圏環状道路等については、現下の低金利状況を活かし、財政投融資を活用した整備加速による生産性向上を図る。

一方で、全国においては未だ高速道路等の幹線道路ネットワークが繋がっていない地域があることから、計画的に整備を推進していく。

### （2）道路のネットワークの機能を最大限発揮する取組みの推進

生産性の向上による経済成長の実現や交通安全確保の観点から、必要なネットワークの整備と合わせ、今ある道路の運用改善や小規模な改良等により、道路ネットワーク全体の機能を最大限に発揮する取組みを推進している。特に平成27年8月より本格的な導入が開始されたETC2.0がその取組みを支えている。

### ①道路ネットワーク全体の機能を最大限に発揮する取組みを支えるETC2.0

ETC2.0とは、全国の高速道路上に約1,800箇所設置された路側機と走行車両が双方向で情報通信を行うことにより、これまでのETCと比べて、（ア）大量の情報の送受信が可能となる、（イ）ICの出入り情報だけでなく、経路情報の把握が可能となるなど、格段と進化した機能を有し、ITS推進に大きく寄与するシステムである。

### ②賢い料金

平成28年4月及び令和4年4月に首都圏で、平成29年6月に近畿圏で、令和3年5月からは中京圏で新たな高速道路料金を導入し、外側の環状道路への交通の転換や、都心流入の分散化などの効果が発揮されている。

### ③賢い投資

今あるネットワークの効果を、最小コストで最大限発揮させる取組みとして、上り坂やトンネルなどの構造上の要因で、速度の低下や交通の集中が発生する箇所を、ETC2.0等により収集したきめ細かい旅行速度データや加減速データ等のビッグデータにより特定し、効果的に対策するピンポイント渋滞対策を実施している。これまで、関越自動車道の大泉JCT付近等12箇所で、既存の道路幅員の中で、付加車線等を設置する運用を開始している。現在、関越自動車道の高坂SA付近等12箇所で、ピンポイント渋滞対策を実施している。

## ② 幹線鉄道ネットワークの整備

### （1）新幹線鉄道の整備

新幹線は、我が国の基幹的な高速輸送体系であり、地域間の移動時間を大幅に短縮させ、地域社会の振興や経済活性化に大きな効果をもたらす。また、新幹線は安全（昭和39年の東海道新幹線の開業以来、鉄道事業者の過失による乗客の死亡事故はゼロ）かつ環境にもやさしい（鉄道の$CO_2$排出原単位（g-$CO_2$／人キロ）は航空機の1/5、自家用車の1/6）という優れた特性を持っている。「全国新幹線鉄道整備法」に基づき、昭和48年に整備計画が定められた、いわゆる整備新幹線については、平成9年10月の北陸新幹線（高崎・長野間）の開業を皮切りに、東北新幹線、九州新幹線、北陸新幹線、北海道新幹線と順次開業してきており、令和4年9月には九州新幹線（武雄温泉・長崎間）が開業した。

北海道新幹線（新函館北斗・札幌間）については、北海道新幹線（新函館北斗・札幌間）の整備に関する有識者会議において、令和4年12月に、事業費が6,445億円増加するとの試算を含めた取りまとめがなされたところであり、引き続き、必要な財源を確保し、着実に整備を進める。青函共用走行区間のうち、青函トンネル内では、2年より、貨物列車の本数が少ない特定時期において、新幹線列車と貨物列車

の走行時間帯を区分し、新幹線の210km/h高速走行を実施している。引き続き、安全の確保に万全を期しつつ、新幹線の高速化と鉄道貨物輸送との両立について、検討を進める。北陸新幹線（金沢・敦賀間）については、工期・事業費ともに見直し後の計画の範囲内で順調に進捗しており、引き続き着実に整備を進める。

未着工区間である北陸新幹線（敦賀・新大阪間）については、従来、工事実施計画の認可後に行っていた調査も含め、施工上の課題を解決するための調査を、先行的・集中的に実施していく。

また、九州新幹線（西九州ルート）については、九州地域、西日本地域の未来にとってどのような整備のあり方が望ましいか議論を積み重ねることが重要と考えており、今後も関係者との協議を引き続き進める。

「全国新幹線鉄道整備法」では、四国新幹線、四国横断新幹線等の計11路線が、いわゆる基本計画路線に位置づけられている。平成29年度よりこれら基本計画路線を含む「幹線鉄道ネットワーク等のあり方に関する調査」を行っており、具体的には、新幹線整備が社会・経済に与える効果の検証や、効果的・効率的な新幹線の整備・運行手法の研究等に取り組んでいる。

中央新幹線は、東京・名古屋間を約40分、東京・大阪間を約1時間で結び、全線が開業することで三大都市が1時間圏内となり、人口7千万人を超える巨大な都市圏が形成されること

となる。

これにより、我が国の国土構造が大きく変革され、国際競争力の向上が図られるとともに、その成長力が全国に波及し、日本経済全体を発展させるものである。全線開業の時期については、平成28年に「独立行政法人鉄道建設・運輸施設整備支援機構法」の改正を行い、財政投融資（3兆円）を活用することにより、当初令和27年であった大阪までの全線開業を最大8年間前倒すことを可能としたところである。現在、国土交通大臣が認可した「中央新幹線品川・名古屋駅間工事実施計画（その1）及び（その2）」に従い、JR東海において、品川・名古屋間の早期開業に向け、工事を進めているところである。

### （2）技術開発の促進
#### ①超電導磁気浮上式鉄道（超電導リニア）
超電導リニアの技術開発については、超電導磁気浮上方式鉄道技術開発基本計画に基づき、既に確立している実用技術のより一層の保守の効率化、高温超電導磁石の運用安定性の確保を目指した技術開発を推進する。

#### ②軌間可変電車（フリーゲージトレイン）
フリーゲージトレインについては、軌間の異なる在来線間での直通運転を想定し、技術開発を行う。

## 3　航空ネットワークの整備

### （1）航空ネットワークの拡充
#### ①首都圏空港の機能強化等
訪日外国人旅行者の受入拡大、我が国の国際競争力の強化の観点から、首都圏空港（東京国際空港（羽田空港）、成田国際空港（成田空港））

の機能強化は必要不可欠であり、両空港で年間約100万回の発着容量とするための取組みを進めているところである。

具体的には、羽田空港において、令和2年3月から新飛行経路の運用を開始し、国際線の発

【関連リンク】
全国の新幹線鉄道網の現状
URL：https://www.mlit.go.jp/common/001292353.pdf

着容量を年間約4万回拡大しているところであり、引き続き、騒音対策・落下物対策や、地域への丁寧な情報提供に努めるとともに、新飛行経路の固定化回避に向けた取組みを進める。また、引き続き空港アクセス鉄道の基盤施設整備、国内線・国際線間の乗り継ぎ利便性向上のための人工地盤の整備、旧整備場地区の再編整備等を実施する。成田空港においては、地域との共生・共栄の考え方のもと、C滑走路新設等の年間発着容量を50万回に拡大する取組みを進めていくこととしている。

| 図表Ⅱ-5-1-2 | 羽田空港の概要 |
| --- | --- |

| 図表Ⅱ-5-1-3 | 成田空港の概要 |
| --- | --- |

## ②関西国際空港・中部国際空港の機能強化

　関西国際空港については運営権者において、民間の創意工夫を生かした機能強化が図られており、令和4年10月には新国内線エリアがオープンする等、引き続き、国際線キャパシティーを向上させるため第1ターミナルにおける国際線/国内線エリアの配置の見直しによる施設配置の再編等を含む第1ターミナル改修等による同空港の機能強化を推進し、関西3空港における年間発着容量50万回の実現を目指す。

　中部国際空港においては、国際線キャパシティーの向上を目的に、第1ターミナル改修等を引き続き行うとともに、完全24時間運用の実現などの機能強化の取組みを推進する。

| 図表Ⅱ-5-1-4 | 関西国際空港における第1ターミナル改修 |
| --- | --- |

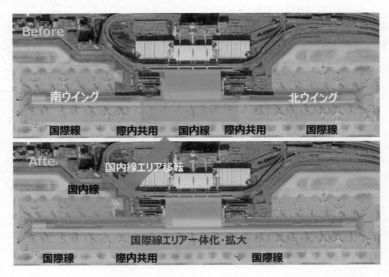

Ⅱ

第5章

競争力のある経済社会の構築

### ③地方空港の機能強化

　福岡空港については、滑走路処理能力の向上を図るため、滑走路増設事業を実施するとともに、空港の利便性向上を図るため、那覇空港においては国際線ターミナル地域再編事業、新千歳空港においては誘導路複線化等を実施している。

　その他の地方空港においては、航空機の増便や新規就航等に対応するため、エプロンの拡張やCIQ施設の整備等を実施している。

　また、航空機の安全運航を確保するため、老朽化が進んでいる施設について戦略的維持管理を踏まえた空港の老朽化対策を実施するとともに、地震災害時における空港機能の確保を図るため、滑走路等の耐震対策を進めている。

### ④航空自由化の戦略的推進による我が国の国際航空網の拡充

　国際航空網の拡充を図るため、我が国では航空自由化(オープンスカイ)注1を推進している。首都圏空港の厳しい容量制約を背景に、羽田空港を自由化の対象外とするなど一部制約が残るが、我が国を発着する国際旅客便数は、成田空港における二国間輸送を自由化の対象に追加した平成22年時点（2,649便／週注2）と比べて、令和元年時点（5,516便／週注2）で2倍強に増加した。

　その後、新型コロナウイルス感染症の感染拡大により、国際旅客便数は一時激減したが、水際措置が大幅に見直された令和4年10月以降、徐々に回復の傾向にある（4年10月末時点：1,920便／週）。

### ⑤航空機操縦士等の養成・確保

　我が国の航空業界においては、操縦士・整備士共に50代あたりを中心とした年齢構成のピークがあり、将来の大量退職が見込まれている。新型コロナウイルス感染症の感染拡大により航空需要は一時的に減退しているものの、今後予想される航空需要の回復・増加に対応するとともに、操縦士等として第一線で活躍するまでに長い時間を要することから、中長期的な視点で計画的に操縦士等の養成を継続する必要がある。

　これらを踏まえ、効率的な操縦士養成手法の導入に向けた調査の実施、国家資格についてのより合理的で利便性の高い試験方式の導入及び航空大学校における操縦士の着実な養成、新たな在留資格（特定技能）による航空機整備分野での外国人材の受け入れ、航空業界を志望する若年者の裾野拡大に向けたイベントの開催等に取り組む。

### （2）空港運営の充実・効率化
### ①空港経営改革の推進

　国管理空港等において、「民間の能力を活用した国管理空港等の運営等に関する法律（民活空港運営法）」を活用し、地域の実情を踏まえつつ民間の能力の活用や航空系事業と非航空系事業の一体的経営等を通じた空港経営改革を推進し、空港を活用した内外の交流人口拡大等による地域活性化を図っていくこととしている。具体的には、国管理空港について、平成28年7月に仙台空港、30年4月に高松空港、31年4月に福岡空港、令和2年4月に熊本空港、2年6月より順次北海道内7空港（うち3空港は地方管理空港）、3年7月に広島空港の運営委託

【関連リンク】
我が国主要航空会社の操縦士の年齢構成
URL：https://safetyp.cab.mlit.go.jp/

【関連リンク】
我が国主要航空会社の整備士の年齢構成
URL：https://safetyp.cab.mlit.go.jp/

---

注1　航空会社の新規参入や増便、航空会社間の競争促進による運賃低下等のサービス水準の向上を図るため、国際航空輸送における企業数、路線及び便数に係る制約を二か国間で相互に撤廃すること。

注2　いずれも各年の夏期スケジュールの第1週目の事業計画便数（期首時点での数値、往復で1便とカウント）。

が開始された。

## ② LCCの持続的な成長に向けた取組み

平成24年3月に本邦初となるLCCが就航した。以降令和4年冬ダイヤ当初計画時点で、ピーチ・アビエーションは国内31路線、国際7路線、ジェットスター・ジャパンは国内17路線、国際1路線、スプリング・ジャパンは国内3路線、国際6路線、ジップエアは国際6路線へネットワークを展開している。

政府は、国内各地域における、LCCを含む国際線就航を通じた訪日外国人旅行客の増大や国内観光の拡大等、新たな需要を創出するため「令和7年の地方空港における国際線就航都市数130都市」を目標とし、我が国及び各空港において様々な施策を行っている。

国の施策としては、主に①着陸料軽減措置、②空港経営改革、③受入環境整備の3つの観点から実施している。

## ③ビジネスジェットの受入れ推進

ビジネスジェットとは、数人から十数人程度を定員とする小型の航空機であり、利用者のスケジュールに応じた時間設定や、プライバシーが確保されるため搭乗中に商談等が可能など、時間価値の高いビジネスマン等が利用の対象となっている。

欧米では既にビジネスジェットがグローバルな企業活動の手段となっている。我が国においても経済のグローバル化に伴い、従来より、東京国際空港・成田国際空港の両空港を中心にアジア地域における経済成長の取り込みの観点から、その振興は重要な課題であったが、近年は富裕層旅客の取込み等インバウンド振興の観点からも重要性が増している。そこで、我が国ではビジネスや高付加価値旅行者の観光需要に応えるべく、ビジネスジェットの利用環境の改善

を図っている。例えば、富山空港において、令和4年度にビジネスジェット専用動線を整備し、一般旅客と動線を分離して利便性の向上を図るなど、ビジネスジェットの利用環境改善を着実に進めている。

## ④地方空港における国際線の就航促進

平成28年3月に策定された「明日の日本を支える観光ビジョン」において掲げられている、令和12年に訪日外国人旅行者数6,000万人という目標の実現に向けては、国際線就航による地方イン・地方アウトの誘客促進が重要である。各地域における国際線就航を通じた訪日客誘致の促進のため、東京国際空港以外の国管理空港・共用空港について、国際線の着陸料を定期便は7/10、チャーター便は1/2に軽減しており、平成28年度より、地方空港において国際旅客便の新規就航又は増便等があった場合に、路線誘致等にかかる地域の取組みと協調して、更に着陸料を1/2又は全額を軽減する措置を行っている。更に、平成29年度より、国土交通省が認定した「訪日誘客支援空港」等に対して、着陸料やグランドハンドリング経費等の新規就航・増便等への支援やボーディングブリッジやCIQ施設の整備等の旅客の受入環境高度化への支援等を実施し、各地における国際線就航に向けた取組みを促進している。

## （3）航空交通システムの整備

長期的な航空交通需要の増加やニーズの多様化に対応するとともに、国際民間航空機関（ICAO）や欧米等の動向も踏まえた世界的に相互運用性のある航空交通システムの実現のため、平成22年に「将来の航空交通システムに関する長期ビジョン（CARATS）」を産学官の航空関係者により策定し、ICAOの「世界航空交通計画（GANP）」と協調しつつ、その実現

【関連データ】
我が国のLCC旅客数の推移
URL：https://www.mlit.go.jp/statistics/file000010.html

Ⅱ

第5章　競争力のある経済社会の構築

に向けた検討を進めている。今後、準天頂衛星システム7機体制が確立されることを踏まえ、その静止衛星3機を用いた衛星航法補強システム（SBAS）の測位精度の向上により、高度化したサービスの提供を開始し、視界不良時における航空機の着陸機会の増加等を図っていく。

### （4）航空インフラの海外展開の戦略的推進

　アジア・太平洋地域における航空旅客数及び貨物取扱量は近年、世界最大であり[注3]、同地域の航空市場は今後も更なる成長が見込まれる。このため、同地域の航空ネットワークの強化に貢献するとともに、数多くの航空インフラプロジェクトが進行中である新興国の成長を我が国に積極的に取り込むことが、成長戦略として重要な課題である。

　令和4年度においては、日本企業連合とパラオ政府による空港運営会社により建設が進められていたパラオ国際空港のターミナル供用式典が開催された（4年5月）。「自由で開かれたインド太平洋（FOIP）」の戦略的要所であるパラオにおいて、新ターミナルが新たな玄関口として、地域の連結性向上の要となることが期待される。また、タイにおいては、スワンナプーム国際空港の地上直接送信型衛星航法補強システム（GBAS）の推進が引き続き行われた。

## 4　空港への交通アクセス強化

　空港への鉄道アクセスの更なる改善のため、国際拠点空港等へのアクセス線の整備等に向けた取組みを推進している。

　東京圏では、平成28年4月に取りまとめられた交通政策審議会答申「東京圏における今後の都市鉄道のあり方について」を踏まえ、羽田空港と多方面とを結ぶJR東日本の羽田空港アクセス線については令和5年3月に工事の施行の認可を行っており、羽田空港発着列車の増発のための京急空港線羽田空港第1・第2ターミナル駅引上線（京急空港線引上線）については4年3月に鉄道施設の変更を認可した。また、羽田空港内においては、空港整備事業として、京急空港線引上線の鉄道基盤施設整備に必要な歩行者通路の切回し工事に着手したほか、JR東日本の羽田空港アクセス線についても準備工事に着手した。そして、京浜急行電鉄品川駅において、線路の増設やホームドア設置、昇降施設の増設工事を進める等、空港アクセス乗換駅等の利便性向上やバリアフリー化の推進を図った。

　大阪圏では、令和13年春の開業に向けて、関西国際空港と新大阪駅・大阪都心部とのアクセス改善に資するなにわ筋線の整備を引き続き推進していく。

　また、福岡空港と天神地区とのアクセスの改善に寄与する福岡市地下鉄七隈線の延伸（天神南〜博多）については、令和5年3月27日に開業した。

---

注3　出典：ACI World Airport Traffic Dataset, 2022 Edition（2021 data）

## 第2節　総合的・一体的な物流施策の推進

「総合物流施策大綱（2021年度～2025年度）」に基づき、関係省庁・官民で連携しながら物流施策を総合的・一体的に推進している。

### 1　物流DXや物流標準化の推進によるサプライチェーン全体の徹底した最適化

総合物流施策大綱の1つ目の柱として、「①物流DXや物流標準化の推進によるサプライチェーン全体の徹底した最適化（簡素で滑らかな物流）」を掲げている。これまで生産性向上等の観点からその必要性が認識されながらもなかなか進捗してこなかった、物流の機械化やデジタル化、そしてそれらの前提となる伝票やデータ、外装やパレットなど、物流を構成する各種要素の標準化の推進を通じて物流分野におけるデジタルトランスフォーメーション（物流DX）の実現を目指していくこととしている。

### 2　時間外労働の上限規制の適用を見据えた労働力不足対策の加速と物流構造改革の推進

大綱の2つ目の柱である、「②労働力不足対策と物流構造改革の推進（担い手にやさしい物流）」については、生産年齢人口の減少や、令和6年4月に迫ったトラックドライバーへの時間外労働の上限規制の適用を踏まえ、トラックドライバーや船員の働き方改革や、労働生産性の改善に向けた革新的な取組みの推進等を図っていくこととしている。

#### （1）物流分野における働き方改革

少子高齢化や人口減少を背景として、物流分野においても、特にトラック業界、内航海運業界を中心として高齢化が進んでおり、大量退職や、生産年齢人口の減少に伴う人材確保が困難になることへの対応が引き続き必要となる。

人口減少に伴う労働力不足に加え、トラックドライバーの時間外労働時間規制、カーボンニュートラルへの対応、燃料高・物価高の影響を踏まえ、令和4年9月より「持続可能な物流の実現に向けた検討会」を設置した。

トラック運送事業については、平成30年12月に成立した改正「貨物自動車運送事業法」に基づき、令和2年4月に告示した「標準的な運賃」の浸透を図るなど各種施策に取り組むとともに、「自動車運送事業の働き方改革の実現に向けた政府行動計画」に基づき、物流の効率化、取引環境の適正化等を推進している。

内航海運業については、令和3年5月に成立した「海事産業の基盤強化のための海上運送法等の一部を改正する法律」に基づき、労務管理責任者の選任制度の創設等により船員の労務管理の適正化を推進するとともに、オペレーターに対して船員の労働時間を考慮した適切な運航計画の作成を義務付けること等により、船員の働き方改革を推進した。

【関連リンク】
総合物流施策大綱
URL：https://www.mlit.go.jp/seisakutokatsu/freight/seisakutokatsu_freight_tk1_000179.html

## （2）高度化・総合化・効率化した物流サービス実現に向けた更なる取組み

物流分野における労働力不足、多頻度小口輸送の進展等に対応し、物流事業の省力化及び環境負荷低減を推進するため、関係者が連携した物流の総合化・効率化に関する幅広い取組みを支援することを旨とした「物流総合効率化法」に基づき、共同輸配送、モーダルシフト、輸送網の集約等を内容とする合計367件（令和5年3月31日現在）の総合効率化計画を認定し、運行経費等補助や税制特例措置等の支援を行った。また、物流事業者や荷主等の連携による物量の平準化及び荷姿やデータ仕様の標準化等を推進することにより、積載効率の向上や事業者間連携の円滑化等を図ることとしている。また、我が国における物流のあるべき将来像を検討するため「フィジカルインターネット実現会議」を3年10月から開催し、4年3月に、22年までのロードマップを策定した。

## （3）地域間物流の効率化

複合一貫輸送等の推進に向け、港湾・貨物駅等の物流結節点の整備等を進めている。貨物鉄道輸送については、他の輸送モードとの連携（モーダルミックス）が不可避であり、誰でもいつでも利用できる体制づくり、貨物駅の高度利用、貨物鉄道のスマート化の推進等を促進していくこととしている。また、船舶大型化等に応じた複合一貫輸送ターミナルの整備や次世代高規格ユニットロードターミナルの形成に向けた取組みを推進している。

## （4）都市・過疎地等の地域内物流の効率化

「流通業務市街地の整備に関する法律」に基づき令和4年3月末までに20都市、29箇所の流通業務市街地注4の整備が行われ（うち27箇所が稼働中）、流通業務施設の適切かつ集約的な立地により都市の流通機能の向上及び道路交通の円滑化を図っている。

路上荷さばき駐車を削減するため、駐車場法に基づく駐車場附置義務条例に荷さばき駐車施設を位置付けるよう地方公共団体に促している。令和4年3月末現在で、88都市において、一定規模以上の商業施設等への荷さばき駐車施設の設置を義務付ける条例が適用されている。

また、大規模建築物が物流を考慮した設計となるよう、物流を考慮した建築物の設計・運用の手引きを周知し、その活用を促進している。

トラックドライバー不足が深刻化する中、再配達の削減に向けては、これまで国や関係事業者等が連携し開催してきた「宅配事業とEC事業の生産性向上連絡会」や「置き配検討会」における検討なども踏まえ、オープン型宅配ボックスや置き配などの推奨を図っている。令和4年4月には、「多様なライフスタイルをささえる持続可能な宅配の実現に向けた手引き」を公表し、宅配ロッカーの活用を含む、多様な受取方法や関係者の連携等により再配達を削減する取組みを紹介し、普及に向けたポイントを整理した。今後もこうした多様な受取方法を推進する。

無人航空機（いわゆるドローン等）は、離島や山間部等における物流網の維持や買物における不便を解消するなど、地域課題の解決手段として期待されている。令和2年度には「過疎地域等における無人航空機を活用した物流実用化事業」を創設し、4年度までの3箇年において、全国46地域の事業を採択するとともに、同年3月に公表した「ドローンを活用した荷物等配送に関するガイドラインVer.3.0」も活用しながらドローン物流の社会実装を推進した。

---

注4　トラックターミナル、倉庫等の物流関連施設が集約的に立地した大規模物流拠点として、高速道路インターチェンジ周辺部等の適地に建設された市街地。

## 3　強靱性と持続可能性を確保した物流ネットワークの構築

　3つ目の柱である、「③強靱で持続可能な物流ネットワークの構築（強くてしなやかな物流）」においては、昨今激甚化・頻発化している自然災害や今般の新型コロナウイルス感染症の流行によるサプライチェーンの途絶などを踏まえ、物流ネットワークの強靱性・持続可能性の確保を喫緊の課題として捉えて、我が国産業の国際競争力強化などに資する物流ネットワークの構築のほか、脱炭素社会の実現という目標達成に向けた取組みを推進することとされている。

### （1）物流上重要な道路ネットワークの戦略的な整備・活用

　国内輸送の約9割を担う貨物自動車による輸送における効率的な物流ネットワークの構築は極めて重要であり、三大都市圏環状道路や空港・港湾へのアクセス道路等の整備を進めている。平常時・災害時を問わない安定的な輸送を確保するため、国土交通大臣が物流上重要な道路輸送網を「重要物流道路」として指定し、トラックの大型化に対応した道路構造の強化や災害時の道路の啓開・復旧の迅速化等の機能強化及び重点支援を実施している。令和4年4月1日には、重要物流道路に追加指定し、4年7月1日には、重要物流道路のうち国際海上コンテナ車（40ft背高）の通行に道路構造等の観点から支障のない区間を、特車許可不要区間として追加指定した。

　また、車両運行管理支援サービス等の、ETC2.0を活用した取組みを推進しているほか、令和2年5月27日に公布された改正「道路法」により創設された特殊車両通行確認制度を4年4月1日に運用を開始した。また、道路情報の電子化の多頻度化、特に利用が多い経路の国による道路情報の電子化の代行、確認シス

テム利用マニュアルの作成等の確認制度の利用促進を行った。

　さらに、トラック輸送の省人化を促進し、生産性向上を図るため、一台で大型トラック2台分の輸送が可能な「ダブル連結トラック」を、特車許可基準の車両長を緩和し、平成31年1月より新東名を中心に本格導入した。令和4年11月には、事業者の要望を踏まえ、北陸・四国・九州等で更なる対象路線の拡充を行った。

　加えて、高速道路と民間施設を直結する民間施設直結スマートIC制度の活用を推進するとともに、引き続き、スマートICの整備を進めるなど、既存の道路ネットワークの有効活用・機能強化を図っていく。

### （2）国際海上貨物輸送ネットワークの機能強化

　経済のグローバル化が進展する中、世界的な海上輸送量は年々増加してきており、大量一括輸送による海上輸送の効率化の観点から、コンテナ及びバルク貨物輸送船舶の大型化等が進展している。

　コンテナ貨物については、日本の港湾は、釜山港や上海港といったアジア主要港に比較して相対的に貨物量が少ないことなどにより、船舶の大型化が進む、北米・欧州等と日本とを結ぶ国際基幹航路の寄港数が減少傾向にある。さらに、新型コロナウイルス感染症拡大を契機として、北米西岸を中心とする港湾混雑等により船舶の運航スケジュールに乱れが生じ、外航コンテナ船社による、運航スケジュールの正常化に向けた更なる寄港地の絞り込みが行われた結果、国際基幹航路の日本への寄港数が減少している。

　また、バルク貨物[注5]については大型船への対応が遅れており、相対的に不利な事業環境による国内立地産業の競争力低下等が懸念されてい

---

注5　穀物、鉄鉱石、石炭、油類、木材等のように、包装されずにそのまま船積みされる貨物の総称。

る。

　このような状況を踏まえ、サプライチェーンの安定化等に向けて、国際基幹航路の維持・拡大に、より一層取り組む必要があるほか、主要な資源・エネルギー等の輸入の効率化・安定化に向けた取組みを行っている。

　また、このような取組みとともに、引き続き、国際・国内一体となった効率的な海上輸送ネットワークを実現するための取組みを推進するとともに、施策の更なる充実・深化を図ることとしている。

### ①国際コンテナ戦略港湾の機能強化

　我が国への国際基幹航路の寄港を維持・拡大し、日本に立地する企業のサプライチェーンの安定化等を通じて我が国産業の国際競争力強化を図るべく、国際コンテナ戦略港湾である京浜港・阪神港に、国内外から貨物を集約する「集貨」、港湾背後への産業集積による「創貨」、大水深コンテナターミナル等の整備の推進等によるコストや利便性の面での「競争力強化」の3本柱の施策に加え、世界に選ばれる港湾の形成を目指し、港湾の脱炭素化や港湾におけるデジタル・トランスフォーメーション等の取組みを進めている。

　「集貨」については、港湾運営会社が実施する集貨事業に対して国が補助する「国際戦略港湾競争力強化対策事業」により、国内及び東南アジア等からの集貨のためのフィーダー航路網の充実等に取り組んだ。さらに、既存ストックを最大限に活用しつつ、集貨を促進するため、国際コンテナ戦略港湾における実証事業を通じて、複数のターミナル間における国際基幹航路と国内外のフィーダー輸送網等との円滑な接続・積み替え等に関する課題を検証し、ターミナルの一体利用に向けた機能強化を推進する。

　「創貨」については、多様な物流ニーズに対応するロジスティクス・ハブを形成し、新たな貨物需要を創出するため、流通加工機能を有する物流施設のコンテナターミナル近傍への立地の促進を図った。「競争力強化」については、国際基幹航路に就航する大型船の入港を可能とするため、国際コンテナ戦略港湾において、国際標準の水深、広さを有するコンテナターミナル等の整備を推進した。

　さらに、「ヒトを支援するAIターミナル」の実現に向けた取組みを深化させて、コンテナターミナルの更なる生産性向上や労働環境改善に資する技術開発を推進するため、技術開発テーマを国において設定し、具体の技術開発案件の実施を支援する。また、情報通信技術を活用し、ゲート処理の迅速化を図るために開発した新・港湾情報システム「CONPAS」については、阪神港における令和5年度中の本格運用開始に向け、引き続き取組みを進めていく。加えて、民間事業者間の港湾物流手続（港湾物流分野）、港湾管理者の行政手続や調査・統計業務（港湾管理分野）及び港湾の計画から維持管理までのインフラ情報（港湾インフラ分野）を電子化し、これらをデータ連携により一体的に取扱うデータプラットフォームである「サイバーポート」について、機能改善、利用拡大を進めるとともに、5年度中の三分野一体での運用を実現する。

図表Ⅱ-5-2-1　大型船の入港

【関連リンク】
サイバーポート
URL：https://www.mlit.go.jp/kowan/kowan_00002.html

**②資源・エネルギー等の安定的かつ効率的な海上輸送ネットワークの形成**

我が国産業や国民生活に不可欠な資源・エネルギー・食糧の安定的かつ安価な輸入を実現するため、企業間連携による大型船を活用した共同輸送に対応可能となるよう、徳山下松港、水島港、志布志港において岸壁等の整備を進めた。

**③国際・国内一体となった効率的な海上輸送ネットワークの構築**

国際海上輸送ネットワークや地域の拠点となる港湾において、地域の基幹産業の競争力強化等のため、国際物流ターミナル等の整備を行うとともに、ふ頭再編による国際ターミナルと内貿ユニットロードターミナルの近接化、港湾と背後の道路等とのシームレスな接続、船舶大型化への対応等を推進している。

**④海上交通環境の整備**

国際幹線航路のうち、浅瀬等の存在により、湾内航行に支障のある箇所の改良等を行うとともに、航路標識の整備等を行うことにより、船舶航行の安全性と海上輸送の効率性を両立させた海上交通環境の整備を行っている。

**（3）国際競争力の強化に向けた航空物流機能の高度化**

我が国の国際航空貨物輸送については、今後も伸びが期待されるアジア発着貨物を積極的に取り込むため、首都圏空港の機能強化や関西国際空港の貨物ハブ化の推進、中部国際空港の利活用の促進に向けた取組み等を進めている。

**（4）農林水産物・食品の輸出拡大に向けた物流の改善**

農林水産物・食品の輸出拡大に向けて、輸配送の共同化や輸送網の集約等による物流の効率化、輸出拠点となる港湾・空港における温度・衛生管理が可能な荷さばき施設の整備への支援等に取り組むとともに、我が国の質の高いコー

ルドチェーン物流サービスの国際標準化を推進している。

**（5）我が国物流システムの海外展開の推進**

サプライチェーンのグローバル化が深化する中、我が国の産業の国際競争力を維持・向上させていくためには、質の高い国際物流システムの構築が求められている。しかし、我が国の物流システムのアジア地域への展開に当たっては、相手国の制度上・慣習上等の課題が存在している。

このため、物流パイロット事業、政府間での政策対話、㈱海外交通・都市開発事業支援機構（JOIN）による物流関連インフラ整備への資金支援、人材育成事業、物流システムの国際標準化の推進等を通じ、官民連携により物流システムの海外展開に向けた環境整備を図っている。

**（6）国際物流機能強化に資するその他の施策**

大都市圏における国際物流の結節地域である国際港湾等周辺及び物流・産業の拠点である港湾において物流拠点及び物流施設の整備・再整備を推進することにより、大規模災害時における防災機能の向上を図りつつ、都市環境の改善とあわせた国際競争力の強化及び効率的な物流網の形成を図る。

国際海上コンテナ輸送については、令和2年後半以降、北米西岸港湾の混雑に端を発する世界的なコンテナ輸送の需給逼迫により、海上輸送運賃の高騰や運航スケジュールの乱れが発生した。

また、令和4年以降、ロシアによるウクライナ侵略により、ロシアに対する経済制裁やロシア領空の飛行禁止措置が実施され、ロシア・ウクライナ向け海上輸送に係る貨物引受けの原則停止や、欧州向け航空輸送に係る輸送時間・コストの増加等の影響が生じた。その他、新型コロナウイルスの感染拡大により中国・上海等の物流機能が停滞するなど、国際物流を取り巻く状況は大きく変化している。

このため、国土交通省は、船社・物流事業者・荷主団体等が一堂に会した情報共有会合を関係省庁と共同で開催するなど、現状や今後の見通し等に関して随時情報共有を行うとともに、外国政府に対する物流改善の働きかけを実施して

いる。また、我が国企業にとって代替的な輸送オプションを確保し、強靱なサプライチェーンの構築を図るため、従来の輸送手段・ルートを代替又は補完する輸送手段・ルートについて実態調査や実証輸送を実施している。

## 第3節　産業の活性化

### 1　鉄道関連産業の動向と施策

#### （1）鉄道事業の現況

　鉄道の旅客輸送量は、1980年代後半にかけて大きく伸び、近年は人ベース、人キロベースともに緩やかな増加傾向にあったが、令和2年度は新型コロナウイルス感染症の影響により、減少している。

　令和2年度の鉄道の旅客輸送量は、人ベースでは対前年度比約30％減の約177億人、人キロベースでは対前年度比約40％減の約2,631億人キロとなっている。全国に217社ある事業者をカテゴリ別に分けて旅客輸送量を見ると、人ベースでは、都市部に通勤路線等を多く持つ大手民鉄（16社）やJR（6社）がそれぞれ約4割前後で多く、次に地方交通（174社）、都市部で地下鉄や路面電車を運営する公営（11社）である。一方、人キロベースでは、新幹線をはじめ幹線輸送網を有するJRが5割を超え、大手民鉄の約1.8倍以上となっている。

#### （2）鉄道事業
#### ①鉄道分野の生産性向上に向けた取組み

　将来的な人材不足に対応し、特に経営の厳しい地方鉄道におけるコスト削減等を図るため、踏切がある等の一般的な路線での自動運転の導入に向けた検討、無線通信技術の活用により信号機等の地上設備の削減を可能とする地方鉄道向けの無線式列車制御システムや、VR空間上での軌道検査や工事・作業の計画策定支援システムの開発等鉄道分野における生産性向上に資する取組みを推進する。

#### ②JRの完全民営化に向けた取組み

　かつての国鉄は、公社制度の下、全国一元的な組織であったため、適切な経営管理や地域の実情に即した運営がなされなかったことなどから、巨額の長期債務を抱え経営が破綻した。このため、昭和62年4月に国鉄を分割民営化し、鉄道事業の再生が行われたところである。

　令和4年4月には、JR各社の発足から35年を迎えた。国鉄の分割民営化によって、効率的で責任のある経営ができる体制が整えられた結果、全体として鉄道サービスの信頼性や快適性が格段に向上し、経営面でも、JR東日本、JR西日本及びJR東海に続いてJR九州も完全民営化されるなど、国鉄改革の所期の目的を果たしつつある。一方で、JR北海道、JR四国及びJR貨物については、未だ上場が可能となるような安定的利益を計上できる段階には至っていないため、国としても、設備投資に対する助成や無利子貸付など、経営自立に向けた様々な支援を行ってきた。しかしながら、JR北海道及びJR四国については、地域の人口減少や他の交通手段の発達、低金利による経営安定基金の運用益の低下等に加え、新型コロナウイルスの感染拡大の影響により、その経営環境はより一層厳しさを増している。また、JR貨物については、近年は経常黒字を計上しているものの、災害等の影響を受けやすいなど安定的な事業運営にはなお課題が残されている。

　こうした背景を踏まえ、令和3年度以降も各社の経営状況に応じた適切な支援を講じ、各社

の完全民営化に向けた経営自立を図っていくことを目的に、令和3年3月に「日本国有鉄道清算事業団の債務等の処理に関する法律等の一部を改正する法律」（令和3年法律第17号）が可決・成立し、各社への支援の期限が延長された。これに基づき、3年度より、各社に対して経営安定基金の下支え、安全に資する設備投資や修繕費に対する助成金の交付、省力化・省人化に資する設備投資のための出資、DES（債務の株式化）など、経営自立に向けた支援を順次実施している。

### （3）鉄道車両工業

　鉄道新造車両の生産金額は、国内向けは平成28年度から増加傾向である一方、輸出向けは

その年の受注状況によって波がある。令和3年度の生産金額は2,619億円（1,936両）であった。生産金額の構成比は国内向け85.6%（2,241億円）、輸出向け14.4%（377億円）であり、前年度比は国内向け13.5%増加、輸出向け21.0%増加であった。

　また、鉄道車両部品（動力発生装置、台車等）の生産金額は4,077億円（前年度比3.6%減）、信号保安装置（列車自動制御装置用品、電気連動装置等）の生産金額は1,148億円（前年度比12.2%減）となっている。車両メーカー等は、鉄道事業者と連携し、高速化、安全性・快適性等の向上、低騒音・バリアフリーといった様々な社会的ニーズを満たす車両の開発を進めている。

## 2 自動車運送事業等の動向と施策

### （1）旅客自動車運送事業

　バス事業（乗合・貸切）、タクシー事業については、新型コロナウイルス感染症の拡大等により、輸送人員・運送収入が大きく減少し、厳しい経営状況が続いている。

　また、長引くコロナ禍において全国的に運転者が不足しており、バス・タクシー合わせて2年で約4万人の運転者が減少した。このままでは、今後需要が回復する中で供給が追いつかなくなるおそれがある。

　こうした運転者不足を解消するため、令和4年度補正予算において、二種免許取得支援を含む人材確保支援を実施することとした。これまでも氷河期世代を対象とした二種免許取得支援は存在したが、運転者不足に正面から取り組むために国土交通省が事業者に対して二種免許取得にかかる費用を直接支援するのは今回が初めてである。具体的には、事業者が負担する二種免許取得費用に加え、人材確保セミナーの開催

経費やPR資料の作成等の広報業務等についても補助対象としており、不足する人員を事業者が確保するために必要な支援を行うこととしている。

　また、自動車運送事業の給与水準は他産業に比べて低く、職業としての魅力を高めるためにも賃金を上げていくことが重要である。令和4年において、バスについては7事業者で、タクシーについては8地域で運賃改定を実施し、賃金引上げに向けた取組みを進めている。特にタクシーでは、東京特別区・武三（武蔵野市・三鷹市）地区において約15年ぶりに運賃改定が実施され、運送収入が増加し、運転者の賃金引上げや利用者の利便性を高めるための投資余力の確保につながっている。

### （2）自動車運転代行業

　自動車運転代行業は、飲酒時の代替交通手段として活用されており、令和4年12月末現在、

【関連データ】・乗合バスの輸送人員、営業収入の推移
　　　　　　　・貸切バス事業の概況
　　　　　　　・タクシー事業の現状
　　　　　　　URL：https://www.mlit.go.jp/statistics/file000010.html

総事業者数7,836者となっている。近年の動向としては、利用料金について、各都道府県に対して条例で最低利用料金を設定することが可能である旨の通知を発出したところである。

### （3）貨物自動車運送事業（トラック事業）

トラック事業者数は長期にわたり増加していたが、平成20年度以降は約62,000者とほぼ横ばいで推移している。中小企業が99％を占めるトラック運送事業では、荷主都合の長時間の荷待ち等によるドライバーの長時間労働、荷主に対して立場が弱く適正な運賃が収受できないなどの課題がある。このため、29年7月から、荷待ち時間の削減に向けその実態を把握すること等を目的として、荷主都合による荷待ち時間を記録することをトラック事業者に義務付ける措置を講じたほか、運送の対価である「運賃」と運送以外の役務の対価である「料金」の範囲を明確化するため、同年8月に標準貨物自動車運送約款等の改正を行い同年11月に施行し、取引環境の適正化等に向けた取組みを推進している。

また、平成30年12月に成立した改正「貨物自動車運送事業法」に基づき、①規制の適正化、②荷主対策の深度化、③標準的な運賃の告示制度の導入等の所要の措置を講じているところであり、引き続きトラック運送業の魅力的な労働環境の整備に向けた取組みを推進する。

### （4）自動車運送事業等の担い手確保・育成

ヒト・モノの輸送を担っている自動車運送事業等は、日本経済及び地域の移動手段として重要な社会基盤産業であるが、担い手不足が深刻化している。

自動車運送事業においては、職場環境改善に向けた各事業者の取組みを「見える化」するための運転者職場環境良好度認証制度の普及を推進しているほか、業種別にさまざまな対策に取り組んでいる。バス・タクシーについては、運転者不足への対応が喫緊の課題であり、賃金引上げ実現に向けた運賃改定の円滑な実施や二種免許取得支援の導入等により、人材確保に取り組んでいる。トラックについては、荷主や消費者等も巻き込んだ「ホワイト物流」推進運動や「標準的な運賃」の更なる普及浸透等に取り組んでいる。自動車整備については、「自動車整備の高度化に対応する人材確保に係る検討WG」を設置し、産学官が協力して人材確保・育成に取り組んでいる。

【関連データ】・トラック事業者数の推移
　　　　　　・自動車運送事業等の就業構造
URL：https://www.mlit.go.jp/statistics/file000010.html

## 3　海事産業の動向と施策

### （1）海事産業の競争力強化に向けた取組み

四面を海に囲まれる我が国において、海上輸送は、我が国の貿易量の99.5％、国内の貨物輸送量の約4割を担っており、我が国の国民生活や経済活動を支える社会インフラであり、海運とその物的基盤である造船業及び人的基盤である船員の3分野が一体となって支えている。

新型コロナウイルス感染症による影響など、近年、海事産業全体が直面している様々な課題に一体的に対応するため、令和3年5月に成立した「海事産業の基盤強化のための海上運送法等の一部を改正する法律」に基づき、各種支援を行っている。

具体的には、造船業・舶用工業の事業基盤強

【関連リンク】
「海事産業の基盤強化のための海上運送法等の一部を改正する法律案」を閣議決定
URL：https://www.mlit.go.jp/report/press/kaiji01_hh_000512.html

化のため、造船・舶用事業者が生産性向上等に取り組む「事業基盤強化計画」について、23件（39社）、海運業の競争力強化を図るため、事業基盤強化計画の認定を受けた造船事業者が建造し、安全・低環境負荷で船員の省力化に資する高品質な船舶を海運事業者が導入する「特定船舶導入計画」について12件（13隻）をそれぞれ認定した。認定事業者に対しては、税制特例及び政府系金融機関からの長期・低利融資等の支援措置が必要に応じて講じられるほか、同法に基づき、船員の労務管理の適正化を図るため、令和4年4月に船舶所有者に労務管理責任者の選任を義務付ける等の制度を創設した。

## （2）造船・舶用工業

### ①造船・舶用工業の現状

貿易を海上輸送に依存している我が国において、造船・舶用工業は、経済安全保障上不可欠であるとともに、地域経済・雇用に貢献している。また、艦艇・巡視船をすべて国内で建造・修繕しており、我が国の安全保障を支える重要な産業である。

船舶は我が国と中国・韓国で世界需要の9割以上を建造しており、世界単一の船舶市場において、し烈な国際競争を繰り広げている。鋼材等の原材料費の高騰等、我が国造船業を取り巻く環境は依然として厳しい状況が続いており、我が国造船業の事業基盤強化が急務である。また、世界の海上輸送の荷動き量の増加に伴い、船舶市場の拡大も見込まれる中、海運分野のカーボンニュートラル化（CN化）の加速、船舶の省人化・自動化の進展等の世界的な潮流に対応しつつ市場の成長を取り込めるよう国際競争力の強化を図る必要がある。

### ②経済安全保障の確保に関する取組み

安定的な海上輸送を確保するためには、船舶及びこれを構成する舶用機器の安定的な調達が不可欠である。政府全体の重要テーマである経済安全保障確保の観点から、令和4年5月に成立した「経済施策を一体的に講ずることによる安全保障の確保の推進に関する法律（経済安全保障推進法）」に基づき、同年12月に船舶の運航に欠かせない船舶用機関（エンジン）・航海用具（ソナー）・推進器（プロペラ）を特定重要物資に指定するとともに、安定的な供給体制の確保のため、設備投資の支援に必要な予算を令和4年度補正予算で措置した。当該制度の適切な運用を通じて、舶用機器製造事業者の取組みを支援していく。

### ③造船・舶用工業の国際競争力強化のための取組み

国土交通省は、海事産業強化法に基づく事業基盤強化計画等の支援措置と併せて、令和4年度に引き続き、船舶産業全体の生産性向上及び国際競争力強化を図るため、造船事業者間の連携や造船・舶用業界の垣根を越えたサプライチェーン全体の最適化を推進している。加えて、造船業において抜本的な生産性向上やビジネスモデルの変革を図るため、造船所のデジタル・トランスフォーメーション（DX）の実現に向けた技術開発や実証事業を支援している。

我が国の造船業がDXを実現し、成長力のある産業となるためには、現場で船づくりを支える技能者と、技術開発や設計を支える技術者の確保に加え、CN化や自動運航技術の実装に必要な高度な技術の習得に向けた人材育成も重要である。日本人技術者・技能者については、持続的な人材確保・育成のため、産学官連携の取組みを後押ししつつ、次世代の造船人材のあり方や働き方改革に向けた検討等を進める。また、現場を支える技能者の安定的な確保に向け、外国人材の適正な受入れを進める。

さらに、造船・舶用工業の維持発展のためには、国内における原材料費、労務費などのコストの適正な転嫁などの取引適正化も重要であり、国土交通省として「船舶産業取引適正化ガイドライン」を令和4年12月に策定・公表した。これを踏まえて業界において自主行動計画が策

定されており、官民で連携して、海事産業全体の健全な発展に向け引き続き取り組むこととしている。

また、造船分野における世界的な供給能力過剰問題が長期化する中、一部の国において市場を歪曲するような公的支援が行われており、我が国はWTO紛争解決手続を用いて、その是正が図られるよう取り組むとともに、経済協力開発機構（OECD）造船部会では、新たに合意された船価モニタリングや公的支援通報制度に基づき、コストを船価に適切に反映しないような不等廉価の抑止や市場歪曲的な公的支援の抑制に取り組んでいる。引き続き、これらの取組みを推進し、公正な競争条件の確保に努める。

### （3）海上輸送産業
#### ①外航海運

外航海運は、経済安全保障の確保に重要な役割を果たしていることから、日本船舶・日本人船員を確保することは極めて重要である。この課題に対処するため、「海上運送法」に基づき、日本船舶・船員確保計画の認定を受けた本邦対外船舶運航事業者が確保する日本船舶等（航海命令発令時に日本籍化が可能である外国船舶（準日本船舶）や、本邦船主の子会社が保有する一定の要件を満たした外国船舶を含む）について、トン数標準税制[注6]を適用し、安定的な海上輸送の早期確保を図っている。

さらに、外航船舶確保等計画の認定制度を盛り込んだ「海上運送法等の一部を改正する法律」が令和5年4月に成立した。認定を受けた上記の計画に基づき導入する一定の船舶について、特別償却率を最大32％まで引き上げ、経済安全保障に資する外航船舶の日本船主による計画的な導入・確保を促進している。

#### ②国内旅客船事業

国内旅客船事業は地域住民の移動や生活物資の輸送手段として重要な役割を担う一方、令和3年度の国内旅客船事業の輸送需要は49.1百万人（前年度比8.5％増）と、新型コロナウイルス感染症拡大の影響を受けており、燃油価格高騰も相まって、経営環境は厳しい状況にある。このため、独立行政法人鉄道・運輸機構の船舶共有建造制度や税制特例措置により省エネ性能の高い船舶の建造等を支援している。さらに、海運へのモーダルシフトを一層推進するため、モーダルシフトに最も貢献度の高かったと認められる事業者を表彰する「海運モーダルシフト大賞」を令和元年度に創設し、表彰を実施している。

#### ③内航海運

令和3年度の内航海運の輸送量は1,618億トンキロであり、国内物流の約4割、産業基礎物資輸送の約8割を担っており、モーダルシフトの受け皿としても重要である。

内航船舶については、船齢が法定耐用年数（14年）以上の船舶が全体の約7割を占めている。船員については、50歳以上が半数近くを占めており、若手船員の定着率の向上が課題となっている。

令和3年8月には内航海運暫定措置事業が終了し、船舶の供給に関する規制が解除されたことで、代替建造の促進や事業者間の競争促進等、内航海運を取り巻く環境は変化している。

これらの内航海運を巡る課題や環境の変化に対応するため、令和4年4月に施行された改正内航海運業法では、内航海運業に係る契約の書面交付を義務化し、契約書に盛り込むべき事項を法定化することで、契約内容の「見える化」

【関連データ】
国内旅客船事業者数及び旅客輸送人員の推移
URL：https://www.mlit.go.jp/statistics/file000010.html

---

注6 　毎年の利益に応じた法人税額の算出に代わり、船舶のトン数に応じた一定のみなし利益に基づいて法人税額を算出する税制。世界の主要海運国においては、同様の税制が導入されている。

を図るとともに、内航海運業者による法令違反が荷主の要求に起因する場合の「荷主に対する勧告・公表制度」や、「船舶管理業の登録制度」等を創設した。また、内航海運業者と荷主との連携強化のためのガイドラインの周知や、荷主業界と内航海運業界との意見交換の場である「安定・効率輸送協議会」等の開催を通じて、取引環境の改善や内航海運の生産性向上等を図ることとしている。

#### ④港湾運送事業

港湾運送事業は、海上輸送と陸上輸送の結節点として、我が国の経済や国民の生活を支える重要な役割を果たしている。令和4年3月末現在、「港湾運送事業法」の対象となる全国93港の指定港における一般港湾運送事業等の事業者数は854者（前年度より4者減）となっている。また、令和3年度の船舶積卸量は、全国で13億8,905万トン（前年度比7.1%増）となっている。

### （4）船員

船員の確保、育成は我が国経済の発展や国民生活の維持・向上に必要不可欠であり、国土交通省では我が国最大の船員養成機関として独立行政法人海技教育機構（JMETS）を活用し優秀な船員を育成している。外航船員について、経済安全保障等の観点から、一定数の日本人船員の確保・育成に取り組んでいる。内航船員について、近年、船員教育機関を卒業していない者を対象とした短期養成課程の支援や新人船員を計画的に雇用して育成する事業者への支援など、若手船員確保に取組んでおり、業界関係者の努力も相まって、新規就職者数が増加し、若

手船員の割合も増加傾向にある。

一方、厳しい労働環境等を背景に若手船員の定着が課題となっていることから、労務管理責任者制度の創設や労働時間管理の電子化の推進等を通じて船員の労務管理の適正化を図るなど、船員の働き方改革の実現に取り組んでいる。

### （5）海洋産業

海底からの石油・天然ガスの生産に代表される海洋開発分野は中長期的な成長が見込まれ、我が国の海事産業（海運業、造船業、舶用工業）にとって重要な市場である。しかしながら、国内に海洋資源開発のフィールドが少なく、我が国の海洋開発産業は未成熟である。このため、国土交通省生産性革命プロジェクトのひとつとして位置づけた「j-Ocean」や関係省庁とも連携したプログラムを通して自律型無人潜水機（AUV）の技術開発支援を行うなど、海洋開発市場への進出を目指す取組みを推進している。

### （6）海事思想普及、海事振興の推進

海洋立国である我が国において、国民の海洋に対する理解や関心の増進や、暮らしや経済を支える海事産業の認知度向上は、安定的な海上輸送及びそれを支える人材の確保のために重要な取り組みである。このため、国土交通省は、海事関連団体等と連携して、海事振興事業及び海洋教育事業を全国で展開している。令和4年度には、海事振興事業として、海を楽しく知ることができるオンラインイベント「海の日プロジェクト2022」を開催。海洋教育事業では「海洋教育プログラム（学習指導案）」や「ウェブ授業動画」の周知・広報など海洋教育を行う環境整備を実施した。

【関連データ】
日本人船員数の推移、内航船員新規就業者数の推移
URL：https://www.mlit.go.jp/statistics/file000010.html

II

第5章　競争力のある経済社会の構築

## 4　航空事業の動向と施策

　航空産業を取り巻く状況は、LCCの路線拡充や訪日外国人の増加等もあり、航空旅客数は国内・国際ともに7年連続で増加していたが、新型コロナウイルス感染症の影響を受け、令和元年度から減少へと転じた。我が国航空企業の輸送実績についてみると、3年度の国内旅客は 4,969万人（前年度比47.2％増）、国際旅客は176万人（前年度比約120.6％増）となり、2年度より増加しているが、いずれも比較的新型コロナウイルス感染症の影響が軽微であった元年度から著しく減少している。

## 5　貨物利用運送事業の動向と施策

　貨物利用運送事業[注7]は、複数の輸送機関を組み合わせることで、多様な利用者のニーズに対応したサービスの提供を行っている。近年は、荷主企業のグローバル化のニーズを反映し、国際輸送に関する利用運送事業への参入が増えている。また、国際貿易の重要性が一層高まり、 その迅速性が求められる一方で、輸送の安全確保も重要である。国土交通省では監査等を通じて事業者のコンプライアンスの徹底を図るなど、安全で確実な物流サービスの確保に取り組んでいる。

## 6　倉庫業の動向と施策

　倉庫業は、物流の結節点として生産者と消費者を結ぶ中核的な役割を担っている。近年の倉庫においては、電気料金の高騰や労働力不足、CNへの対応等が課題となっており、国土交通省においては、総合物流施策大綱を踏まえ、物 流のDX・GXを推進するとともに、省人化機器と太陽光発電設備等の導入支援や脱炭素型自然冷媒機器の導入支援を関係省庁と連携して取り組んでいる。

## 7　トラックターミナル事業の動向と施策

　トラックターミナル事業は、幹線と端末のトラック輸送の結節点として、輸送の効率化等に重要な役割を果たしている。近年は、高度化・ 多様化する物流ニーズに対応するため、配送センター機能（仕分け・流通加工等）も有する施設の整備が進んでいる。

---

【関連リンク】
航空輸送統計調査
URL: https://www.e-stat.go.jp/stat-search/files?page=1&toukei=00600360&metadata=1&data=1

---

注7　貨物の集荷から配達までの Door to Door の複合一貫輸送の担い手として、実運送事業者（自ら運送を行う者）の輸送手段（貨物自動車、鉄道、航空機、船舶）を利用して貨物の輸送サービスを行う事業。

## 8 不動産業の動向と施策

### （1）不動産業の動向

　不動産業は、全産業の売上高の3.4%、法人数の12.8%（令和3年度）を占める重要な産業の1つである。令和5年地価公示（令和5年1月1日時点）によると、全国の地価動向は、全用途平均・住宅地・商業地のいずれも2年連続で上昇し、上昇率が拡大した。住宅地では、都市中心部や生活利便性に優れた地域で、住宅需要は堅調であり、地価上昇が継続している。商業地では、都市部を中心に、店舗需要は回復傾向にあり、堅調なオフィス需要やマンション用地需要等から地価の回復傾向がより進んでいる。既存住宅の流通市場については、指定流通機構（レインズ）における令和4年度の成約件数が17.4万件（前年度比6.5%減）となった。

### （2）不動産業の現状

　宅地建物取引に係る消費者利益の保護と流通の円滑化を図るため、「宅地建物取引業法」の的確な運用に努めている。宅地建物取引業者数は、令和3年度末において128,597業者となっている。国土交通省及び都道府県は、関係機関と連携しながら苦情・紛争の未然防止に努めるとともに、同法に違反した業者には、厳正な監督処分を行っており、3年度の監督処分件数は162件（免許取消93件、業務停止27件、指示42件）となっている。

　不動産管理業については、マンション管理業・住宅宿泊管理業・賃貸住宅管理業それぞれ法律に基づき管理業を営む者に係る登録制度を設け、適正な業務運営を確保するための措置を実施している。マンション管理業は、立入検査や指導監督を行い管理の適正化を図るとともに、令和4年度から標準管理委託契約書の見直しを行っている。また、住宅宿泊管理業は、地方部

における担い手確保を目的とした講習制度の創設を図るとともに、関係法令等の遵守徹底等を図っている。さらに、賃貸住宅管理業は、登録の義務化（令和3年6月施行）により、法施行前の任意登録制度での登録数5,104件を上回る9,031件の登録（令和5年5月末日時点）を行うとともに、サブリース事業に関する法律の解釈・運用の考え方の改正等により、管理業やサブリース事業の適正な運営の確保に努めている。

### （3）市場の活性化のための環境整備
#### ①不動産投資市場の現状

　我が国における不動産の資産額は、令和3年末現在で約2,956兆円となっている[8]。

　国土交通省では、令和12年までにリート等[9]の資産総額を約40兆円にするという目標を新たに設定したところ、不動産投資市場の中心的存在であるJリートについては、5年3月末現在、60銘柄が東京証券取引所に上場されており、対象不動産の総額は約22.2兆円、私募リートと不動産特定共同事業と併せて約28.4兆円[10]となっている。

　Jリート市場全体の値動きを示す東証REIT指数は、欧米の金融引き締め強化への警戒感から令和4年6月に一時1,900ポイントを下回ることがあったものの、同年4月から9月までの上半期は概ね1,900ポイント台から2,000ポイント台を推移した。同年10月から令和5年3月の下半期は、令和4年12月の日銀による金融政策の一部見直しや、令和5年3月の米銀行の経営破綻や欧州金融機関の信用不安等を経て下落し、同年3月末時点で1,700ポイント台となった。

　また、Jリートにおける令和4年の1年間における資産取得額は、約0.9兆円となった。

---

注8　国民経済計算をもとに建物、構築物及び土地の資産額を合計
注9　Jリート、私募リート、不動産特定共同事業
注10　不動産特定共同事業については、令和3年度末時点の数値を使用

## ②不動産特定共同事業の推進

不動産特定共同事業の意義・活用のメリットや好事例、成功のポイントをまとめた「不動産特定共同事業（FTK）の利活用促進ハンドブック」を更新・周知した。また、不動産特定共同事業等の不動産証券化を活用したモデル事業の支援等、民間の資金・アイデアを活用した老朽・遊休不動産の再生の推進に向けた取組みを実施した。

## ③ ESG 投資等による良好な不動産の形成促進

我が国不動産へのESG投資を促進するため、不動産のE（環境課題）分野について気候関連財務情報開示タスクフォース（TCFD）対応ガイダンスの周知と改訂に向けた課題整理を行うとともに、S（社会課題）分野における基本的な考え方と評価項目や指標例について検討する有識者会議を開催し、ガイダンスを策定した。また、環境不動産等の良質な不動産の形成を促進するため、耐震・環境不動産形成促進事業においては、令和4年度には約20億円の出資を決定した。

## ④不動産に係る情報の環境整備

国土交通省では、不動産市場の透明化、不動産取引の円滑化・活性化等を図るため、以下の通り、不動産に係る情報を公表している。

### （ア）不動産取引価格情報

全国の不動産の取引価格等の調査を行っている。調査によって得られた情報は、個別の物件が特定できないよう配慮した上で、国土交通省ホームページ（土地総合情報システム）で、取引された不動産の所在、面積、価格等を四半期ごとに公表している（令和5年3月末現在の提供件数は、約488万件）。

また、不動産取引価格情報を他の土地・不動産関連情報と重ね合わせて表示することが出来

る新システム（土地・不動産情報ライブラリ）を令和6年度から公開できるようにするため、当該システムの開発を進めている。

### （イ）不動産価格指数

国際通貨基金（IMF）等の国際機関が作成した基準に基づき、不動産価格指数（住宅）を毎月、不動産価格指数（商業用不動産・試験運用）を四半期毎に公表している。即時的な動向把握を可能とするため、令和2年6月より、季節調整を加えた指数の公表を開始した。

### （ウ）既存住宅販売量指数

令和2年4月より、建物の売買を原因とした所有権移転登記個数をもとに、個人が購入した既存住宅の販売量に係る動向を指数化した「既存住宅販売量指数」の公表（試験運用）を開始した。

### （エ）法人取引量指数

令和4年3月より、建物の売買を原因とした所有権移転登記件数をもとに、法人が購入した既存建物の取引量に係る動向を指数化した「法人取引量指数」の公表（試験運用）を開始した。

## ⑤安心・安全な不動産取引環境の整備

既存住宅の流通促進を図るため、「安心R住宅」制度の運用や、インスペクション（建物状況調査等）の活用促進など、消費者が安心して既存住宅を取引できる市場環境整備の推進を図っている。さらに、地方公共団体が把握・提供している空き家・空き地の情報について、横断的に簡単に検索することを可能とする「全国版空き家・空き地バンク」の活用促進を通じて、空き家等に係るマッチング機能の強化を図っている。加えて、不動産取引における書面の電磁的方法による提供を可能とする改正「宅地建物

【関連リンク】
土地総合情報システム
URL：https://www.land.mlit.go.jp/webland/

取引業法」の施行（令和4年5月18日）に併せ「重要事項説明書等の電磁的方法による提供及びITを活用した重要事項説明実施マニュアル」を公表するなど、不動産取引のオンライン化を推進した。

#### ⑥土地税制の活用

令和5年度税制改正においては低未利用地の適切な利用・管理を促進するための特例措置について、適用期限を3年間延長するとともに、①市街化区域又は非線引き都市計画区域のうち用途地域設定区域に所在する土地、②所有者不明土地対策計画を策定した自治体に所在する土地については、土地等の譲渡対価に係る要件を500万円以下から800万円以下に引き上げる等の措置を講じた。これによって、今後、人口減少や世帯数減少等の影響によりさらに多くの低未利用地が発生する可能性があるところ、低未利用地が新たな利用意向のあるものに譲渡され、活用されることを促すとともに、本特例措置の活用などを通じた地域活性化の実現や、所有者不明土地の発生予防が期待される。

また、特例事業者等が不動産特定共同事業契約に基づき不動産を取得した場合の所有権の移転登記等に係る税率の特例措置については、適用期限を延長するとともに、不動産取得税の軽減対象となる建物用途に保育所を追加することとした。

このほか、長期保有土地等に係る事業用資産の買換え等の場合の課税の特例措置については、本社の買換についてのみ圧縮率を見直したうえで、優良住宅地の造成等のために土地等を譲渡した場合の長期譲渡所得の課税の特例については、対象事業の一部見直しを行ったうえで、適用期限を延長した。

土地の所有権移転登記等に係る登録免許税の特例措置、土地等の譲渡益に対する追加課税制度（重課）の停止措置、Jリート及び特定目的会社に係る登録免許税の特例措置、地域福利増進事業に係る課税標準の特例措置についても、それぞれ適用期限の延長を行った。

#### ⑦「不動産ID」の活用による不動産関連情報の連携・活用促進

我が国の不動産については、土地・建物いずれも、幅広い主体で共通で用いられている番号（ID）が存在せず、現状、住居表示の表記ゆれ等により、物件情報の照合やデータ連携が困難となっている。このため、国土交通省において、令和4年3月に「不動産IDルールガイドライン」を策定・公表し、不動産を一意に特定することができ情報連携のキーとなる「不動産ID」のルールを整備するとともに、「不動産ID」を情報連携のキーとした官民のデータ連携の促進に取り組んでいる。

## 9 公共工事の品質確保

国土交通省では、「公共工事の品質確保の促進に関する法律（公共工事品確法）」、「公共工事の入札及び契約の適正化の促進に関する法律（入札契約適正化法）」、「建設業法」を改正する「新・担い手3法」が令和元年6月に成立したことを踏まえて、市町村をはじめとするすべての公共工事の発注者が具体的な取組みを進めるよう求めている。

### （1）発注者責務を果たすための取組み

国土交通省では、「公共工事の入札及び契約の適正化を図るための措置に関する指針」（適正化指針）や「発注関係事務の運用に関する指針」（運用指針）を踏まえた発注関係事務の適切な運用に向けて様々な取組みを行っている。また、各発注者においてこれらの指針を踏まえた発注関係事務が適切に実施されているかについて、毎年、「入札契約適正化法に基づく実態

調査」等を行うとともに、その結果を取りまとめ、公表している。

### ①適正な予定価格の設定

公共工事の品質確保と担い手の育成・確保に必要な適正な利潤の確保のため、国土交通省直轄工事では、予定価格の設定に当たっては、適切に作成された仕様書及び設計図書に基づき、賃金の上昇や資機材価格の高騰などを含む市場における労務・資材等の最新の実勢価格を適切に反映しており、地方公共団体に対しても適正な予定価格の設定について様々な機会を通じて働きかけを行っている。また、公共建築工事積算基準とその運用に係る各種取組みをとりまとめた「営繕積算方式活用マニュアル」の普及を図るなど、積算に係る最新の各種基準・マニュアル類の整備・周知にも努めている。

### ②ダンピング対策

ダンピング受注は建設業の健全な発達を阻害することから、地方公共団体に対して低入札価格調査制度及び最低制限価格制度の適切な活用を徹底することによりダンピング受注を排除するよう、あらゆる機会を通じて求めてきた。この結果、令和元年11月時点で95団体あった未導入団体は、4年10月時点で73団体まで減少した。また、地方公共団体に対して調査基準価格及び最低制限価格の見直しなどダンピング対策の実効性の確保を要請するとともに、各市区町村における工事・業務に関するダンピング対策の取組状況を把握・公表する「見える化」等により、取組みの適切な見直しを求めている。

### ③適切な設計変更

国土交通省直轄工事では、設計図書に施工条件を適切に明示するとともに、必要があると認められたときは、適切に設計図書を変更している。また、令和4年5月に閣議決定にて一部変更した「適正化指針」において、「設計変更ガイドライン」の策定・公表及びこれに基づいた

適正な手続の実施に努めることを明記するとともに、地方公共団体に対して適切な設計変更が実施されるよう、様々な機会を通じて働きかけを行っている。

### ④施工時期の平準化

繰越明許費や国庫債務負担行為の適切な活用により、翌年度にわたる工期設定等の取組みについて国土交通省の事業において実施するとともに、地方公共団体における平準化の進捗・取組状況を把握・公表する「見える化」を実施するなどして、平準化の促進を図っている。

### ⑤適正な工期設定

新・担い手3法では、適正な工期設定が発注者の責務とされるとともに、著しく短い工期での契約締結の禁止が規定されている。国土交通省では、直轄工事において適正な工期を設定するための具体的かつ定量的な工期設定指針を策定している。また、令和2年7月に中央建設業審議会が作成・勧告した「工期に関する基準」においては、週休2日の確保等、適正な工期設定にあたって考慮すべき事項が記載されている。建設業において6年度から罰則付き時間外労働規制が適用されることも見据え、「工期に関する基準」の周知徹底等、工期の適正化に向けて発注者等に働きかけを行っている。

### ⑥多様な入札契約方式の活用

「公共工事品確法」では、多様な入札契約方式の選択・活用、段階的選抜方式、技術提案・交渉方式、地域における社会資本の維持管理に資する方式（複数年契約、包括発注、共同受注による方式）等が規定されている。国土交通省では、事業の特性等に応じた入札契約方式を各発注者が選定できるよう、「公共工事の入札契約方式の適用に関するガイドライン」を策定している。

## （2）発注者間の連携・支援

国土交通省では、公共工事の品質確保等に資する各種取組みについて、「地域発注者協議会」、「国土交通省公共工事等発注機関連絡会」、「地方公共工事契約業務連絡協議会」等を通じて、情報共有を実施し、発注者間の一層の連携に努めている。また、都道府県公共工事契約連絡協議会との更なる連携体制の強化を通じて、市町村等に対して直接入札制度の改善の働きかけを行っている。

## （3）受発注者間の意思疎通の緊密化等

「防災・減災、国土強靱化のための5か年加速化対策」等による公共工事の円滑な施工確保を図るため、地域の受発注者間の連携・意思疎通を促している。

---

**図表Ⅱ-5-3-1　「発注関係事務の運用に関する指針」の主なポイント**

**「発注関係事務の運用に関する指針（運用指針：令和2年1月改正）」改正の主なポイント**

**運用指針とは**：品確法第22条に基づき、地方公共団体、学識経験者、民間事業者等の意見を聴いて、国が作成（令和2年）
- 各発注者が発注関係事務を適切かつ効率的に運用できるよう、**発注者共通の指針**として、体系的にとりまとめ
- 国は、**本指針に基づき発注関係事務が適切に実施されているか**について毎年調査を行い、その結果をとりまとめ、公表

| 工事 | 測量、調査及び設計【新】 |
|---|---|
| **必ず実施すべき事項**<br>①予定価格の適正な設定<br>②歩切りの根絶<br>③低入札価格調査基準又は最低制限価格の設定・活用の徹底等<br>④施工時期の平準化【新】<br>⑤適正な工期設定【新】<br>⑥適切な設計変更<br>⑦発注者間の連携体制の構築 | ①予定価格の適正な設定<br>②低入札価格調査基準又は最低制限価格の設定・活用の徹底等<br>③履行期間の平準化<br>④適正な履行期間の設定<br>⑤適切な設計変更<br>⑥発注者間の連携体制の構築 |
| **実施に努める事項**<br>①ICTを活用した生産性向上【新】<br>②入札契約方式の選択・活用<br>③総合評価落札方式の改善【新】<br>④見積りの活用<br>⑤余裕期間制度の活用<br>⑥工事中の施工状況の確認【新】<br>⑦受注者との情報共有、協議の迅速化 | ①ICTを活用した生産性向上<br>②入札契約方式の選択・活用<br>③プロポーザル方式・総合評価落札方式の積極的な活用<br>④履行状況の確認<br>⑤受注者との情報共有、協議の迅速化 |
| **災害対応**<br>①随意契約等の適切な入札契約方式の活用<br>②現地の状況等を踏まえた積算の導入<br>③災害協定の締結等建設業者団体等や、他の発注者との連携 | |

---

## 10 持続可能な建設産業の構築

### （1）建設産業を取り巻く現状と課題

建設産業は、社会資本の整備を支える不可欠の存在であり、都市再生や地方創生など、我が国の活力ある未来を築く上で大きな役割を果たすとともに、震災復興、防災・減災、老朽化対策など「地域の守り手」としても極めて重要な役割を担っている。一方、建設業の現場では担い手の高齢化が進んでおり、将来的な担い手の確保が課題となっており、新・担い手3法に基づき、働き方改革の推進、生産性向上、処遇改善等を推進するための取組みを進めていく必要がある。また、平成28年12月に成立した「建設工事従事者の安全及び健康の確保の推進に関する法律」及び同法に基づく基本計画に基づき、安全衛生経費が下請まで適切に支払われるような施策の検討を進めてきた検討会の提言[注11]を

---

注11　建設工事における安全衛生経費の適切な支払いに向けて（提言）、令和4年6月27日第7回建設工事における安全衛生経費の確保に関する実務者検討会

踏まえ、安全衛生対策項目の確認表及び安全衛生経費を内訳として明示するための標準見積書の作成・普及等の取組を進める。

### （2）建設産業の担い手確保・育成

建設産業は、多くの「人」で成り立つ産業である。建設業就業者数は近年、横ばいで推移しているが、今後、高齢者の大量離職が見込まれており、建設産業が地域の守り手として持続的に役割を果たしていくためには、引き続き、若者をはじめとする担い手の確保・育成を図るとともに、建設業において令和6年度から罰則付き時間外労働規制が適用されることも見据え、働き方改革に取り組んでいくことが重要である。

このため、令和元年6月に成立した新・担い手3法も踏まえ、長時間労働の是正を図るとともに、賃金引き上げに向けた取組みや社会保険への加入徹底、建設キャリアアップシステムの活用等による処遇改善に加え、教育訓練の着実な実施による円滑な技能承継に取り組む。また、将来の労働力人口の減少を踏まえ、建設プロセス全体におけるICT活用、インフラ分野全体のDX、技術者制度の合理化、重層下請構造の改善、書類作成等の現場管理の効率化等による生産性の向上も図っていく。

また、現下の建設資材の高騰等を反映した請負代金や工期の設定が図られるよう、取組みを進めていく。

こうした取組みを官民一体となって推進し、建設業への入職を促進し、誇りを持って仕事に打ち込めるような環境整備に取り組んでいく。

また、将来的に生産性向上や国内人材確保の取組みを行ってもなお不足すると考えられる労働力を、外国人材の受入れによって中長期的に確保する必要がある。現在、平成31年度より開始された新たな在留資格「特定技能」（建設分野）による外国人材12,776人（令和4年12月末時点）が在留しており、その数は着実に増加している。引き続き外国人材の適正な受入れ環境の確保に取り組んでいくとともに、我が国が外国人材から「選ばれる国」であり続けるための施策の実施、円滑な受入れを促進することで建設業の担い手の確保を図る。

### （3）建設キャリアアップシステムの推進

建設産業における中長期的な担い手の確保・育成を図るためには、技能労働者がキャリアパスや処遇について将来の見通しを持ちながら、働きがいや希望をもって働くことができる環境を構築するとともに、ダンピング受注が起こりにくい市場構造を構築し、業界全体として人材への投資や賃金設定が適切に行われる好循環を生み出すことが重要である。

このため、担い手の技能・経験の見える化や適正な能力評価を業界横断的に進めるための建設キャリアアップシステム（CCUS）について、建設産業の持続的な発展のための業界共通の制度インフラとして普及を促進するとともに、更なる処遇改善などのメリットを技能労働者が実感できる環境づくりを目指す。また、公共工事において率先してCCUSの活用を促す見地から、国や地方公共団体等が発注する工事において、CCUSの活用状況を評価するモデル工事の実施や総合評価落札方式における加点等の取組みの促進を図る。

加えて、技能労働者の処遇改善に資する観点から、技能労働者の技能と経験に応じた能力評価制度の活用を更に進めるとともに、能力評価制度と連動した専門工事業者の施工能力の見える化を推進する。

技能労働者の処遇改善を着実に進めるため、技能・経験に応じてレベル別に賃金目安を示し、職種ごとに、レベルにあわせて賃金が上昇していくよう促すとともに、能力評価を技能労働者

【関連データ】
建設投資、許可業者及び就業者数の推移
URL：https://www.mlit.go.jp/statistics/file000010.html

の手当につなげるなどの個々の元請建設企業の取組みについて水平展開を行う。また、CCUSは、施工体制台帳の作成機能の活用等により、事務の効率化や書類削減などにも資するものであり、その普及を通じて、建設産業の生産性向上への寄与を図る。

## （4）公正な競争基盤の確立

建設産業においては、「技術力・施工力・経営力に優れた企業」が成長していけるよう、建設業者の法令遵守の徹底をはじめとする公正な競争基盤の確立が重要である。そのため、従前より下請取引等実態調査や立入検査等の実施、建設工事の請負契約を巡るトラブル等の相談窓口である「建設業取引適正化センター」の設置、「建設業取引適正化推進月間（期間）」の取組み、また請負代金や工期などの契約締結の状況に関するモニタリング調査の実施等により、元請・下請間の取引の適正化に取り組んでいる。

## （5）建設企業の支援施策
### ①地域建設業経営強化融資制度

地域建設業経営強化融資制度は、元請建設企業が工事請負代金債権を担保に融資事業者（事業協同組合等）から工事の出来高に応じて融資を受けることを可能とするものであり、これにより元請建設企業の資金繰りの円滑化を推進している。本制度では、融資事業者が融資を行うにあたって金融機関から借り入れる転貸融資資金に対して債務保証を付すことにより、融資資金の確保と調達金利等の軽減を図っている。

### ②下請債権保全支援事業

下請債権保全支援事業は、ファクタリング会社[注12]が、下請建設企業等が元請建設企業に対して有する工事請負代金等債権の支払保証又は買取を行う場合に、保証、買取時における下請建設企業等の保証料、買取料負担を軽減するとともに、保証債務履行時等のファクタリング会社の損失の一部を補償することにより、下請建設企業等の資金繰りの改善、連鎖倒産の防止を図る事業である。なお、本事業は令和4年度末を期限としていたが、5年度においても引き続き実施することとした。

### ③建設産業の担い手確保に向けた女性・若者の入職・定着の促進事業

他産業を上回る高齢化が進行する建設業にとって将来の担い手確保が喫緊の課題であり、多様な人材が入職し、かつ、働きつづけられる業界とする取組が必要である。女性の就業継続の観点から働き方改革を推進するため、中小建設企業でも取り入れられる取組みを収集、課題別に整理し解決策としてまとめ展開するとともに、未だ進路が固まっていない中学生を中心に出前教室・体験教室を通じた魅力発信を実施していく。

## （6）建設関連業の振興

社会資本整備・管理を行う上で、工事の上流に当たる測量や調査設計の品質確保が重要であることから、令和元年6月の改正で新たに、広く公共工事品確法の対象として位置付けられたところであり、建設業だけでなく、建設関連業（測量業、建設コンサルタント、地質調査業）も重要な役割が求められている。

国土交通省では、建設関連業全体の登録業者情報を毎月、その情報を基にした業種ごとの経営状況の分析を翌年度末に公表しており、また関連団体と協力し就職前の学生を対象に建設関連業の説明会を開催するなど、建設関連業の健全な発展と登録制度の有効な活用に努めている。

注12　他人が有する売掛債権の保証や債権の買取りを行い、その債権の回収を行う金融事業会社のこと。現在、銀行子会社系、前払保証会社系、リース会社系等8社のファクタリング会社が、当事業を運営している。

### （7）建設機械の現状と建設生産技術の発展

我が国における主要建設機械の保有台数は、令和元年度で約103万台であり、建設機械の購入台数における業種別シェアは、建設機械器具賃貸業が約49％、建設業が約27％となっており、建設業とともに、建設機械器具賃貸業が欠かせないものとなっている。i-Constructionの取組みの一環として、ICT施工の普及促進を推進しており、3次元データを活用した建設機械の自動制御等により高精度かつ効率的な施工を実現するマシンコントロール／マシンガイダンス技術等の積極的な活用を図っている。ICT施工の普及促進のためには、ICT建設機械等の普及が必要である。

### （8）建設工事における紛争処理

建設工事の請負契約に関する紛争を迅速に処理するため、建設工事紛争審査会において紛争処理手続を行っている。令和3年度の申請実績は、中央建設工事紛争審査会では35件（仲裁10件、調停21件、あっせん4件）、都道府県建設工事紛争審査会では87件（仲裁18件、調停51件、あっせん18件）である。

# 第6章　安全・安心社会の構築

## 第1節　ユニバーサル社会の実現

### 1　ユニバーサルデザインの考え方を踏まえたバリアフリー化の実現

「どこでも、だれでも、自由に、使いやすく」というユニバーサルデザインの考え方を踏まえた「高齢者、障害者等の移動等の円滑化の促進に関する法律（バリアフリー法）」に基づき、旅客施設等（旅客施設、車両等、道路、路外駐車場、都市公園、建築物等）の新設等の際の「移動等円滑化基準」への適合義務、既存の旅客施設等に対する適合努力義務を定めている。バリアフリー法により、令和3年4月には、東京2020大会のレガシーとしての共生社会の実現に向け、国・地方公共団体・国民・施設設置管理者の障害者高齢者施設等の適正利用の責務や公共交通事業者等の役務の提供方法に関する遵守義務の創設など、移動等円滑化にかかる「心のバリアフリー」の観点からの施策の充実などソフト対策を強化する改正「バリアフリー法」が全面施行された。

この「バリアフリー法」に基づき、令和3年度から7年度までを目標期間としたバリアフリー整備目標を策定し、地方部を含めたバリアフリー化、聴覚障害及び知的・精神発達障害に係るバリアフリーや心のバリアフリーの推進等をはじめハード・ソフト両面での一層のバリアフリー化に取り組んでいる。

#### （1）公共交通機関のバリアフリー化

「バリアフリー法」に基づき、公共交通事業者等に対して、旅客施設の新設・大規模な改良及び車両等の新規導入の際に公共交通移動等円滑化基準に適合させることを義務付け、既存施設については同基準への適合努力義務が課されているとともに、その職員に対し、バリアフリー化を図るために必要な教育訓練を行うよう努力義務を定めている。また、平成30年の「バリアフリー法」改正により、公共交通事業者等によるハード・ソフト一体的な取組みを推進するため、一定の要件を満たす公共交通事業者等が、施設整備、旅客支援等を盛り込んだハード・ソフト取組計画を毎年度作成し、国土交通大臣に提出するとともに、その取組状況の報告・公表を行うよう義務付ける制度を新たに設けるなど、既存の設備を含む更なるハード対策、旅客支援等のソフト対策を一体的に推進している。さらに、旅客船、鉄道駅等の旅客ターミナルのバリアフリー化やノンステップバス、リフト付きバス、福祉タクシー等の車両の導入等に対する支援措置を実施している。

#### （2）居住・生活環境のバリアフリー化
#### ①住宅・建築物のバリアフリー化

高齢者、障害者等が地域の中で安全・安心で快適な住生活を営むことができるよう、一定のバリアフリー性を満たした住宅を取得する際の独立行政法人住宅金融支援機構のフラット35Sにおける融資金利の引き下げ、バリアフリー改修工事に対する支援等によって住宅のバリアフ

【関連データ】
公共交通機関のバリアフリー化の現状
URL：https://www.mlit.go.jp/statistics/file000010.html

リー化を促進しているほか、公営住宅や建替え事業によって新たに供給する都市再生機構賃貸住宅については、バリアフリー化を標準仕様とするとともに、民間事業者等によるサービス付き高齢者向け住宅の整備に対する支援等を実施している。

また、公共施設や店舗等については、「バリアフリー法」に基づく義務付け制度や容積率の特例措置のほか、「高齢者、障害者等の円滑な移動等に配慮した建築設計標準」の周知等を通じてバリアフリー化を促進している。官庁施設については、不特定かつ多数の者が利用する施設について「バリアフリー法」に基づく建築物移動等円滑化誘導基準を満たした整備を推進している。

### ②歩行空間のバリアフリー化

駅、官公庁施設、病院等を結ぶ道路や駅前広場等において、高齢者・障害者をはじめとする誰もが安心して通行できるよう、幅の広い歩道の整備や歩道の段差・傾斜・勾配の改善、無電柱化、視覚障害者誘導用ブロックの整備等による歩行空間のユニバーサルデザイン化を推進している。

### ③都市公園等におけるバリアフリー化

都市公園等において、出入口や園路の段差解消、高齢者や障害者等が利用しやすいトイレの設置等のバリアフリー化を推進するため、「バリアフリー法」に基づく基準やガイドラインを定めるとともに、それに基づく公園施設の整備を支援している。

## 2　少子化社会の子育て環境づくり

### （1）仕事と育児との両立の支援
### ①子育て世帯に適した住宅確保等の支援

子育て世帯に適した住宅・居住環境を確保するため、高齢者等が有する比較的広い住宅を子育て世帯等向けの賃貸住宅として活用する取組みを支援している。また、子育て世帯向けの賃貸住宅（地域優良賃貸住宅）の整備及び家賃低廉化や、公的賃貸住宅と子育て支援施設等との一体的整備に対して、地方公共団体を通じて支援している。

さらに、子どもの安全・安心の確保や、子育て期の親同士の交流機会の創出に資する共同住宅の整備に対し支援している。

### ②テレワークの推進

令和3年12月24日に閣議決定された「デジタル社会の実現に向けた重点計画」等において、テレワークの推進が位置づけられており、新型コロナウイルス感染症拡大防止と社会経済活動の維持の両立を持続的に可能とするためにも、テレワークの推進は必要である。

国土交通省では、総務省、厚生労働省、経済産業省や関係者団体等とともに、東京2020大会の開会式が予定されていた7月24日[注1]を「テレワーク・デイ」と定め、東京2020大会が開催された令和3年は、大会期間を含む7月19日～9月5日を「テレワーク・デイズ2021」としてテレワークの実施を呼びかけ、1,531団体、約92.2万人が参加した。

また、新たな働き方・住まい方への対応として、職住近接・一体の生活圏の形成に向け、テレワーク拠点整備等の推進を行ったほか、テレワークによる働き方の実態やテレワーク人口の定量的な把握を行った。

【関連データ】
「バリアフリー法」に基づく特定建築物の建築等の計画の認定実績
URL：https://www.mlit.go.jp/statistics/file000010.html

---

注1　令和2年3月30日に、東京オリンピックは令和3年7月23日から開催されることが決定された。

## （2）子どもがのびのびと安全に成長できる環境づくり

　子どもをはじめとした公園利用者の安全・安心を確保するため、「都市公園における遊具の安全確保に関する指針（改訂第2版）」等の指針について周知を行うとともに、地方公共団体における公園施設の長寿命化計画の策定や、当該計画に基づく公園施設の改築等を支援している。

## （3）高速道路のサービスエリアや「道の駅」における子育て応援

　全国の高速道路のサービスエリア及び国が整備した「道の駅」において、子育て応援の目的から24時間利用可能なベビーコーナーの設置、屋根付きの優先駐車スペースの確保等を実施しており、高速道路のサービスエリアについては整備が完了した。

## 3　高齢社会への対応

### （1）高齢者が安心して暮らせる生活環境の整備

　バリアフリー化された公営住宅等の供給とライフサポートアドバイザーによる日常の生活相談、緊急対応等のサービスを併せて提供するシルバーハウジング・プロジェクトを実施している。また、高齢者や子育て世帯等の多様な世帯が安心して健康に暮らすことができる住環境（スマートウェルネス住宅）を実現するため、スマートウェルネス住宅等推進事業等において、サービス付き高齢者向け住宅の整備、住宅セーフティネット制度に基づく住宅確保要配慮者専用賃貸住宅への改修、先導的な高齢者等向けの住まいづくり・まちづくり及び高齢者や子育て世帯等の生活支援施設等を導入する再開発事業に関する取組み等を支援している。

### （2）高齢社会に対応した輸送サービスの提供

　市町村やNPO等による自家用車を使用した有償運送を可能とする自家用有償旅客運送が、令和3年度末現在3,140団体において実施されている。自家用有償旅客運送は、営利事業として行われているバス・タクシー事業者による輸送サービスの提供が困難であり、かつ、地域の旅客輸送の確保に必要な輸送であることについて地域の関係者間で協議が調っている場合に、実施できることとなっている。

## 4　歩行者移動支援の推進

　バリアフリー情報等の新たな需要が見込まれる自動走行ロボット等の普及など社会環境が変化しているため、「ICTを活用した歩行者移動支援の普及促進検討委員会」において新たに提言を取りまとめた。また、ロボット実証を通して、バリアフリー情報等と自動走行ロボットとの親和性を確認するとともに、アイデアコンテストやシンボジウムを通して移動支援サービスの普及を促進した。

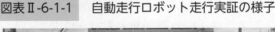

図表Ⅱ-6-1-1　自動走行ロボット走行実証の様子

Ⅱ

第6章　安全・安心社会の構築

# 第2節　自然災害対策

我が国の国土は、気象、地形、地質等が極めて厳しい状況下にあり、毎年のように地震、津波、風水害・土砂災害等の自然災害が発生している。令和4年も、8月の大雨や9月の台風第14号及び台風第15号等により、全国各地で河川の氾濫及び内水等による浸水被害や土砂災害

による被害等が生じた。また、気候変動の影響による水害・土砂災害の頻発・激甚化、南海トラフ巨大地震・首都直下地震等の巨大地震の発生等も懸念されることから、自然災害対策の重要性はますます高まっている。

## 1　防災減災が主流となる社会の実現

### （1）総力戦で挑む防災・減災プロジェクト

近年、毎年のように全国各地で地震災害や水災害、火山災害などあらゆる自然災害が頻発し、甚大な被害が発生しており、今後も気候変動の影響によって水災害の更なる激甚化・頻発化が懸念される中、国民の命と暮らしを守り、我が国の経済成長を確保するためには、防災・減災、国土強靱化等の取組をさらに強化する必要がある。

こうした状況を踏まえ、これまでの災害を教訓とし、あらゆる自然災害に対し、国土交通省として総力を挙げて防災・減災に取り組むべく、国土交通大臣を本部長とする「国土交通省防災・減災対策本部」を設置した。「国民目線」と「連携」をキーワードとして施策の検討を進め、令和2年7月に「総力戦で挑む防災・減災プロジェクト」として主要10施策を取りまとめた。

その後、令和3年6月にも、「住民避難」と「輸送確保」のための対策を中心にプロジェクトをとりまとめた。

これまで、プロジェクトのPDCAサイクルを回しながら、施策の実行に必要な予算要求や制度改正を行い、プロジェクトに盛り込んだ防災・減災対策を着実に推進するとともに災害対応等を踏まえ、プロジェクトの充実・強化を図るなど、継続的に取組を推進し、施策の進捗状況等を踏まえ、防災業務計画等への反映を図っている。

令和4年6月に、3年7月の熱海市の土砂災

害や4年3月の福島県沖を震源とする地震などの災害の教訓も踏まえ、プロジェクト全体の充実・強化を図った「令和4年度　総力戦で挑む防災・減災プロジェクト」をとりまとめた。本プロジェクトでは、特に、3年度災害対応で明らかになった課題等を踏まえ、強化すべきテーマとして激甚化・頻発化する災害等に対し、同様の被害を繰り返し発生させないという観点から「再度災害の防止」と、一刻も早く、被災地の状況を把握し、通常の平穏な暮らしを取り戻すことができるようにという観点から「初動対応の迅速化・適正化」の2つを設定した。

また、施策の充実・強化に当たっては、関係省庁や企業等も含めた更なる連携促進、リスクコミュニケーション、デジタルトランスフォーメーション（DX）の3つのツールを積極的に活用することとした。

引き続き、災害対応を踏まえ、プロジェクトについて不断の見直しや改善を行い、防災・減災に関する取組の更なる充実・強化を図っていく。

### （2）気候変動を踏まえた水災害対策「流域治水」の推進

気候変動による災害の激甚化・頻発化を踏まえ、これに対応した治水計画への見直しを行い、施設管理者が主体となって行う河川整備等の事前防災対策を加速化させることに加え、あらゆる関係者が協働して流域全体で行う「流域治水」

への転換を推進し、総合的かつ多層的な対策を行っている。

### （ア）気候変動を踏まえた計画の見直し

気候変動の影響による将来の降雨量の増加等を考慮して治水計画を見直すことが重要である。

河川・下水道分野では、計画的に事前防災対策を進めるために、堤防整備や河道掘削、ダム、遊水地等の整備を加速化するとともに、現況施設能力や河川の整備の基本となる洪水の規模を超える洪水に対しても氾濫被害をできるだけ軽減するよう、降雨量の増加等を踏まえた計画への見直しを順次進めている。

海岸分野では、平均海面水位の上昇や台風の強大化等を踏まえ、「海岸保全基本方針」の変更（令和2年）や海岸保全施設の技術上の基準の見直し（令和3年）を実施した。今後は、気候変動の影響を明示的に考慮した海岸保全対策へと転換していく。

また、砂防分野では、土砂災害発生数の増加等の課題・解決の方向性をまとめた「気候変動を踏まえた砂防技術検討会中間とりまとめ」を受け、これに基づいた適応策を検討している。

### （イ）流域治水の推進

河川管理者等が主体となって行う治水事業等を強力に推進するとともにあらゆる関係者が協働して、流域全体で治水対策に取り組む「流域治水」を推進する。流域治水では、集水域と河川区域のみならず、氾濫域も含めて一つの流域として捉え、地域の特性に応じ、①氾濫をできるだけ防ぐ・減らすための対策、②被害対象を減少させるための対策、③被害の軽減、早期復旧・復興のための対策をハード・ソフト一体で

総合的、かつ、多層的に進めることとしている。

具体的には、全国109の全ての一級水系で策定・公表された「流域治水プロジェクト」に基づくハード・ソフト一体となった事前防災対策に取り組むとともに、令和3年11月に全面施行された、流域治水関連法の中核をなす改正「特定都市河川浸水被害対策法」に基づく特定都市河川を全国の河川に拡大し、ハード整備の加速に加え、国・都道府県・市町村・企業等のあらゆる関係者の協働による水害リスクを踏まえたまちづくり・住まいづくり、流域における貯留・浸透機能の向上等を推進している。

### （3）南海トラフ巨大地震、首都直下地震、日本海溝・千島海溝周辺海溝型地震への対応

南海トラフ巨大地震が発生した場合、地震発生後数分から数十分で巨大な津波が関東から九州の太平洋側に押し寄せ、沿岸部を中心に広域かつ甚大な被害の発生が想定される。

また、首都直下地震が発生した場合、強い揺れに伴う建物の倒壊や火災により、特に密集市街地で甚大な被害の発生が想定される。

さらに、日本海溝・千島海溝沿いの巨大地震が発生した場合、巨大な津波が、北海道から千葉県にかけての太平洋沿岸に襲来し、甚大な被害の発生が想定される。特に、冬季には積雪寒冷地特有の対応が必要となる。また、南海トラフ及び日本海溝・千島海溝沿いでは、M7クラス以上の地震が発生した後に続けてM8クラス以上の大規模地震が発生する可能性があり、被害が拡大する恐れがある。

これらの切迫する地震に対し国土交通省では、「応急活動計画」と「発生に備え推進する対策」の2本柱で構成される「国土交通省南海

【関連リンク】
気候変動を踏まえた治水計画のあり方 提言 改訂版【概要】
URL: https://www.mlit.go.jp/river/shinngikai_blog/chisui_kentoukai/pdf/r0304/00_gaiyou.pdf

【関連リンク】
「流域治水」の基本的な考え方
URL: https://www.mlit.go.jp/river/kasen/suisin/pdf/01_kangaekata.pdf

トラフ巨大地震対策計画」及び「国土交通省首都直下地震対策計画」について、近年の地震における知見等を踏まえ、適宜計画を見直しながら、地震防災対策を推進している。

　日本海溝・千島海溝沿いの巨大地震対策については、令和4年5月に「日本海溝・千島海溝周辺海溝型地震に係る地震防災対策の推進に関する特別特措法」が改正されたことを受け、同年11月に「国土交通省日本海溝・千島海溝周辺海溝型地震対策計画」の改定を行った。この計画では、積雪寒冷地特有の課題を考慮した避難路・避難場所の整備や後発地震への注意を促す情報の発信の実施などを位置付けており、今後、対策を推進していく。

## 2　災害に強い安全な国土づくり・危機管理に備えた体制の充実強化

### （1）水害対策

　我が国の大都市の多くは洪水時の河川水位より低い低平地に位置しており、洪水氾濫に対する潜在的な危険性が極めて高い。これまで、洪水を安全に流下させるための河道拡幅、築堤、ダム等の治水対策により、治水安全度は着実に向上してきている。しかしながら、令和4年8月の大雨や9月の台風第14号及び台風第15号等、近年毎年のように水害が発生している。今後の気候変動による水害の頻発化・激甚化も踏まえ、河道掘削、築堤、ダムや遊水地などの河川整備等の加速化を図るとともに、流域全体を俯瞰し、国・都道府県・市町村、地元企業や住民などあらゆる関係者が協働してハード・ソフト対策に取り組む「流域治水」の取組を強力に推進する必要がある。

#### ①計画的に実施する治水対策

　気候変動等に伴う水害の頻発・激甚化を踏まえて、事前防災対策を計画的に実施することが重要である。このため、築堤、河道掘削、遊水地、放水路、ダム等の整備を計画的に推進している。そのうち、既存ストックの有効活用として、ダムの貯水容量を増加させるためのかさ上げや放流設備の増設による機能向上等のダム再生、大雨が見込まれる場合に利水容量の一部を事前に放流して空き容量を確保する事前放流等に取り組んでいる。

　また、人口・資産が高密度に集積している首都圏・近畿圏のゼロメートル地帯等の低平地において、堤防決壊による甚大な被害を回避するため高規格堤防の整備を実施している。高規格堤防はまちづくりと一体となって整備を行い、幅を広くなだらかな勾配で堤防を整備することにより、堤防の決壊を防ぐとともに、高台の避難場所としての機能や良好な住環境・都市空間が提供されるなど多様な効果の発揮が期待される。

#### ②水害の再度災害防止対策

　激甚な水害の発生や床上浸水の頻発により、人命被害や国民生活に大きな支障が生じた地域等において、再度災害の防止を図るため、河川の流下能力を向上させるための河道掘削や築堤等を短期集中的に実施している。

#### ③流域の特性等を踏まえた様々な治水対策
#### （ア）流域関係者が連携した流域での取組み

　集水域においては、公共に加え、民間による雨水貯留浸透施設の整備促進や水田貯留（田んぼダム）、ため池の活用、また特定都市河川流域における貯留機能保全区域の指定等により流域での貯留を強化し、河川への雨水の流出を抑制することで氾濫をできるだけ防ぐ・減らすための対策を推進する。また、氾濫域における土地利用や住まい方についての対応も重要である。例えば、災害危険区域や特定都市河川流域における浸水被害防止区域の指定等による災害リスクを抱えた地域において発災前の段階からより安全なエリアへの住居や施設の移転、人口動態や土地利用等を踏まえた居住誘導、立地適

正化計画の防災指針に基づく居住の安全性強化等の防災対策を推進し、安全なまちづくりを促進していく。

### （イ）内水対策

近年、計画規模を上回る局地的な大雨等の多発、都市化の進展による雨水流出量の増大等における内水氾濫の被害リスクが増大している。このため、河道掘削等の水位を下げる取組みや、下水道浸水被害軽減総合事業等を活用し、地方公共団体、関係住民、民間の事業者等が一体となって、雨水流出抑制施設を積極的に取り入れるなどの効率的なハード対策に加え、特定都市河川制度を活用した浸水リスクが高い区域における土地利用規制、内水ハザードマップの作成等のソフト対策、止水板や土のう等の設置、避難活動といった自助の取組みを組み合わせた総合的な浸水対策を推進している。

### ④水防体制の強化

水防管理団体等と連携し、出水期前に洪水に対しリスクの高い区間の共同点検を実施するとともに、水防技術講習会、水防演習等を実施し、水防技術の普及を図るなど、水害による被害を最小限にするための水防体制の強化に向けた支援を行っている。

また、市町村地域防災計画に位置づけられた浸水想定区域内の地下街等（建設予定・建設中のものを含む。）、要配慮者利用施設、大規模工場等における避難確保・浸水防止計画作成等の取組みを支援している。

### ⑤自衛水防の取組みの推進

市町村地域防災計画に定められた高齢者施設等の要配慮者利用施設については、「水防法」及び「土砂災害防止法」により、当該施設管理者等に洪水等に対する避難確保計画の作成及び避難訓練の実施が義務付けられている。また、令和3年の「水防法」及び「土砂災害防止法」の改正により、要配慮者利用施設における避難の実効性確保のため、避難確保計画や避難訓練の結果報告を受けた市町村長が施設管理者等に対して必要な助言・勧告を行うことができる制度が創設された。

国土交通省としては、水災害の防止・軽減を図るため、こうした自衛水防の取組みを推進している。

### ⑥洪水時の予報・警報の発表や河川情報の提供

国土交通大臣又は都道府県知事は、流域面積が大きい河川で洪水によって国民経済上重大又は相当な損害が生じるおそれのある河川を洪水予報河川として指定し、気象庁長官と共同して水位又は流量を示した洪水予報を発表している。すべての国の洪水予報では、令和4年6月から想定を上回る降水による急激な水位上昇に対応できるよう運用方法を改善した。また、洪水予報河川以外の主要な河川を水位周知河川として指定し、洪水時に氾濫危険水位（洪水特別警戒水位）への到達情報を発表している。4年3月末現在、洪水予報河川は428河川、水位周知河川は1,756河川が指定されている。さらに、現在国が管理する洪水予報河川の全109水系を対象に洪水情報のプッシュ型配信も運用開始している。このような河川を対象にした情報のほか、気象庁からは、洪水によって災害が起こるおそれがある場合に、国土交通省令で定める予報区を対象に洪水警報等を発表している。

雨量観測については、適切な施設管理や防災活動等に役立てるために、高分解能・高頻度に集中豪雨や局地的な大雨を的確に把握できるXRAIN（国土交通省高性能レーダ雨量計ネットワーク）での観測を行っており、インターネット上でも雨量情報の提供を行っている。

また、国管理河川においては、災害の切迫感をわかりやすく伝えるため、雨量や観測水位をもとに、河川の上下流連続的な水位を推定し、堤防等の高さとの比較により危険度を表示する、洪水の危険度分布（水害リスクライン）を公表している。また、洪水予報河川以外の河川

を対象に、河川の上流域の降雨が地表面や地中を通って河川を流れ下る流量を指数化し、過去の災害時の指数値と比較して洪水危険度を表した「洪水キキクル（洪水警報の危険度分布）」を公表しており、洪水危険度を同一画面上でひとめで確認できるよう、令和5年2月から気象庁ウェブサイトにおいてこれらの一体的な表示を開始した。なお、この「洪水キキクル（洪水警報の危険度分布）」においても、危険度が上昇したときに、希望者向けのプッシュ型通知を民間事業者と協力して実施している。

　河川の水位、河川カメラ、洪水予報、水防警報等の河川情報や、河川の水位に影響を及ぼす雨量等の気象データや気象警報等の発表状況については、国土交通省「川の防災情報」ウェブサイトより、リアルタイムで河川管理者、市町村、住民等に提供を行っており、洪水時の警戒や避難等に役立てられている。

　また、河川の水位等の河川情報をデータ配信し、民間企業によりウェブサイトやアプリを通じて配信する等、メディア等と連携した防災情報の発信を推進するとともに、アプリ等によりプッシュ型で離れて暮らす家族の住む地域の防災情報を入手し、直接電話をかけて避難を呼びかける「逃げなきゃコール」等により、住民の適切な避難行動等を支援する取組みの高度化を図っている。

### ⑦水害リスク情報の充実

　令和3年の水防法改正により、住宅等の防護対象のある全ての一級・二級河川について、想定最大規模の降雨に対応した洪水浸水想定区域の指定・公表の対象に追加された。

　都道府県が実施する洪水浸水想定区域の指定・公表及び市町村が実施する洪水ハザードマップの作成・公表について、防災・安全交付金により支援する。

　洪水浸水想定区域については、洪水予報河川及び水位周知河川の約100％[注2]において指定・公表済みであり、洪水ハザードマップについては、この浸水想定区域を含む市町村の約99％[注3]で作成済みである。

　ハザードマップは、住民の避難に役立つことが期待されている一方、情報の理解には一定のハードルがあるとともに、利用者の多様な特性に対応できていないため、ハザードマップのユニバーサルデザインに関する検討会において「わかる・伝わる」ハザードマップのあり方について検討を行っている。この取組の一環として重ねるハザードマップを改良し、誰でも簡単に災害リスクと災害時に取るべき行動が分かるようにすることとしている。

　また、浸水範囲と浸水頻度の関係をわかりやすく図示した「水害リスクマップ（浸水頻度図）」の整備を推進し、水害リスク情報の充実を図り、防災・減災のための土地利用等の促進を図る。

　さらに、このような水害リスク情報等の提供を通じて、民間企業における「気候関連財務情報開示タスクフォース」（TCFD）への対応等の気候変動リスク開示の取組を支援する。

### ⑧河川の戦略的な維持管理

　樋門、水門、排水機場等の河川管理施設が洪水時等に所要の機能を発揮できるよう、施設の状態を把握し、適切な維持管理を行う必要がある。河川整備の推進により管理対象施設が増加してきたことに加え、今後はそれら施設の老朽化が加速的に進行する中、「河川法」では、管理者が施設を良好な状態に保つように維持・修繕し、施設の点検を適切な頻度で行うことが明確化されている。

　このことから、河川管理施設等の維持管理は、機能に支障が生じてから対策を行う従来の事後保全型から、点検等により状態を把握して適切

注2　令和4年3月末現在
注3　令和4年3月末現在

な時期に対策を行う予防保全型への転換を図りつつ、主要な河川構造物については長寿命化計画を策定し、計画的に施設の修繕や更新等を行うこととしている。あわせて、長寿命化のために必要な技術開発等を進めるとともに、中小河川についても適切な維持管理が進むよう、維持管理に関する技術基準等の検討を都道府県等と連携して進めている他、各地方整備局等に相談窓口を設け、技術支援等を行っている。

### ⑨河川における不法係留船対策

河川において不法係留船は、河川管理上の支障（河川工事実施の支障、洪水時の流下阻害、河川管理施設の損傷、燃料漏出による水質汚濁、河川利用の支障等）となるため、その所有者等に対し、適法な係留・保管施設への移動を指導するとともに、必要に応じて所有者に代わり行政代執行等を実施して、不法係留船の解消に取り組んでいる。

なお、平成25年5月に「プレジャーボートの適正管理及び利用環境改善のための総合的対策に関する推進計画」を策定し、令和元年9月には、対策の効果を検証するため、三水域（港湾・河川・漁港）合同による「プレジャーボート全国実態調査」の結果を公表した。また、3年3月には放置艇解消に向けた対策の実効性を高めるための方策を「プレジャーボートの放置艇対策の今後の対応について」としてとりまとめ取組みを推進しているところである。

### ⑩道路における洪水・冠水対策

道路においては、近年の豪雨被害を踏まえ、渡河部の橋梁や河川に隣接する道路構造物の流失防止対策を行うとともに、各道路管理者、警察、消防等とアンダーパス等の冠水危険箇所に関する情報を共有し、情報連絡及び通行止め体制を構築するとともに、冠水の警報装置や監視施設の整備、ウェブサイト[注4]による冠水危険箇所の公開等を推進している。

### ⑪下水道の耐水化

令和元年東日本台風や令和2年7月豪雨において、河川からの氾濫や内水氾濫の発生により、下水処理場、ポンプ場の浸水に伴う機能停止等の被害が発生したことを踏まえ、耐水化を検討する上での浸水深の設定方法や効率的・効果的な対策手法などを通知するとともに、令和3年度までに耐水化計画を策定し、早期にポンプ設備等の耐水化を目指すとともに、浸水への備えを盛り込むなどのBCP（業務継続計画）の見直しを実施している。

### （2）土砂災害対策

我が国は、平地が少なく急峻な地形と脆弱な地質が広く分布しており、さらに経済の発展・人口の増加に伴い、丘陵地や山麓斜面にまで宅地開発等が進展している。その結果、土砂災害のおそれのある箇所は令和4年3月末時点で約68万か所存在することが明らかとなっており、多くの人々が土砂災害の危険に曝されている。また、豪雨や地震等に伴う土砂災害は、過去10年（平成25年～令和4年）の平均で、1年間に約1,440件発生しており、4年も795件の土砂災害が発生し、死者が4名となるなど、多大な被害が生じている。

今後の気候変動に伴う降雨の増加による土砂災害の頻発化・激甚化を踏まえ、従来の土砂災害防止施設整備による事前防災対策や、土砂災害警戒区域等の指定及び標識の設置等による土砂災害リスクに関する周知に加えて、林野部局と連携した流木対策や、まちづくりの計画と一体的に実施する土砂災害対策等、関係部局と連携した効率的・効果的な土砂災害対策を推進している。

---

注4　「道路防災情報ウェブマップ」ウェブサイト：
　　　https://www.mlit.go.jp/road/bosai/doro_bosaijoho_webmap/index.html

Ⅱ

第6章　安全・安心社会の構築

また、人工衛星等を活用した土砂災害状況等の把握も強化しており、令和4年8月の大雨等では、宇宙航空研究開発機構（JAXA）との協定に基づいて人工衛星による被災地域の緊急観測を実施し、土砂移動等が発生したと推定される箇所を早期に把握し、地方整備局による迅速な被災状況調査を実施した。

### ①根幹的な土砂災害対策

　近年の大規模な土砂災害では、人命だけでなく道路やライフライン等の公共インフラが被災し、応急対策や生活再建に時間を要する事例が多数生じている。土石流や土砂・洪水氾濫等の大規模な土砂災害から、人命はもちろん地域の社会・経済活動を支える公共インフラを保全するため、土砂災害防止施設の整備を推進している。

### ②土砂災害発生地域における緊急的な土砂災害対策

　土砂災害により人命被害や国民の生活に大きな支障が生じた地域において、安全・安心を確保し、社会経済の活力を維持・増進していくため、再度災害防止を目的とした土砂災害防止施設の集中的な整備を推進している。

**図表Ⅱ-6-2-1　いのちとくらしを守る土砂災害対策の推進**

## いのちとくらしを守る土砂災害対策の推進

○ 確実に「いのち」を守ることに加え、物流ネットワークや電力、水道、通信、学校、病院など「くらし」に直結する基礎的なインフラを集中的に保全
○ 林野部局と連携した流木対策や、砂防事業の計画とまちづくりの計画の一体的な検討を踏まえた、土砂災害対策を推進

■ 令和4年8月豪雨による土砂災害

土砂災害によるネットワークインフラの被災

流木による被害

■居住、公共公益施設の誘導を図る区域や基礎的インフラを保全

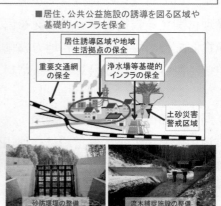
居住誘導区域や地域生活拠点の保全
重要交通網の保全
浄水場等基礎的インフラの保全
土砂災害警戒区域
砂防堰堤の整備
流木捕捉施設の整備

### ③要配慮者を守る土砂災害対策

　自力避難が困難な高齢者や幼児等は、日本の人口の約3割（総務省統計局『人口推計（2021年（令和3年）10月1日現在）』より算出）にも関わらず過去20年間の土砂災害による死者行方不明者の約半分を占めている。このため「土砂災害警戒区域等における土砂災害防止対策の推進に関する法律」（土砂災害防止法）に基づき、土砂災害警戒区域内に位置する要配慮者利用施設のうち、市町村地域防災計画に名称及び所在地等を定められた施設の管理者等に対し避難確保計画の作成及び計画に基づく訓練の実施・報告を義務づけている。また、それらの報告を受けた市町村長が施設管理者等に対して必要な助言・勧告を行うことができる制度とすることで、施設利用者の円滑かつ迅速な避難の確保が図られるよう支援を行っている。

【関連リンク】
砂防設備の効果事例
URL：https://www.mlit.go.jp/river/sabo/shisetsu_kouka/koukajirei/index.html

【関連データ】
土砂災害による死者・行方不明者に占める高齢者、幼児等の割合（平成15年～令和4年）
URL：https://www.mlit.go.jp/statistics/file000010.html

### ④市街地に隣接する山麓斜面における土砂災害対策

山麓斜面に市街地が接している都市において、土砂災害に対する安全性を高め緑豊かな都市環境と景観を保全・創出するために、市街地に隣接する山麓斜面にグリーンベルトとして一連の樹林帯の形成を図っている。

### ⑤道路の法面・盛土の土砂災害防止対策

高度化された点検手法等により把握した災害リスク等に対し、法面・盛土対策を実施している。

### ⑥地域防災力向上に資する土砂災害対策

土砂災害リスクが高く、土砂災害の発生による地域住民の暮らしへの影響が大きい中山間地域において、地域社会の維持・発展を図るため、人命を守るとともに、避難場所や避難路、役場等の地域防災上重要な役割を果たす施設を保全する土砂災害防止施設の整備を推進している。また、リスク情報の提示など土砂災害警戒区域等における避難体制の充実・強化に係る取組みに対して支援している。

### ⑦土砂災害防止法に基づく土砂災害対策の推進
（ア）土砂災害警戒区域等の指定等による土砂災害対策の推進

「土砂災害防止法」に基づき、土砂災害が発生するおそれがある土地の区域を明らかにするため、法に基づく基礎調査を行い、土砂災害により住民等の生命又は身体に危害が生ずるおそれのある区域を土砂災害警戒区域に、建築物に損壊が生じ住民等の生命又は身体に著しい危害が生ずるおそれのある区域を土砂災害特別警戒区域に指定している。土砂災害警戒区域にかかる基礎調査は令和元年度末までに一通り完了し、それらの箇所については3年度末までに区域指定を概ね完了している。また、近年の土砂災害の発生状況等を踏まえた社会資本整備審議会からの答申を受け、2年8月に土砂災害対策基本指針を変更し、土砂災害警戒区域等の指定基準を満たす箇所の抽出精度を向上させるため、今後の基礎調査においてより詳細な地形図データを用いることとした。さらに、土砂災害警戒区域等の認知度向上を図るため、標識の設置等の取組みを推進している。

土砂災害警戒区域においては、市町村地域防災計画に避難場所、避難経路等に関する事項を定める等により警戒避難体制の整備を図るとともに、土砂災害特別警戒区域においては、一定の開発行為の制限、建築物の構造規制等を図るなどのソフト対策を講じている。また、土砂災害に対する警戒避難体制の整備やハザードマップの作成のためのガイドラインや事例集を示し、市町村における取組みを促進している。

さらに、土砂災害警戒情報を警戒レベル4避難指示の判断に資する情報と明確に位置付け、都道府県知事から関係市町村長への通知及び一般への周知を義務付けるなど、情報伝達体制の確立を図っている。

図表Ⅱ-6-2-2　土砂災害警戒区域等のイメージ図

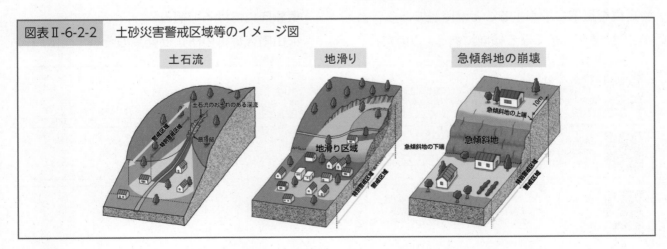

Ⅱ

第6章　安全・安心社会の構築

### ⑧大規模な土砂災害への対応

河道閉塞（天然ダム）や火山噴火に伴う土石流等のおそれがある場合には、「土砂災害防止法」に基づく緊急調査を行い、被害が想定される土地の区域及び時期の情報を市町村へ提供している。近年、雨の降り方の激甚化・頻発化に伴い土砂災害が発生しているため、緊急調査を含め災害対応力向上を図る訓練や関係機関との連携強化を推進している。

### ⑨土砂災害警戒情報の発表

大雨による土砂災害発生の危険度が高まった時に、市町村長が警戒レベル4避難指示を発令する際の判断や住民の自主避難の参考となる情報を対象となる市町村等を特定し、土砂災害警戒情報として都道府県と気象庁が共同で発表している。また、土砂災害警戒情報を補足する情報として、土砂災害発生の危険度をより詳細に示したメッシュ情報等を提供している。

### （3）火山災害対策
### ①活発な火山活動に伴う土砂災害への対策

火山噴火活動に伴い発生する火山泥流や降雨による土石流等に備え、被害を防止・軽減する砂防堰堤や導流堤等の整備を進めている。また、継続的かつ大量の土砂流出により適正に機能を確保することが著しく困難な施設は、除石等を行い機能の確保を図っている。

火山噴火活動に伴う土砂災害は、大規模となるおそれがあるとともに、あらかじめ噴火位置や規模を正確に予測することが困難であることから、被害が大きくなる傾向にある。このため、

活発な火山活動等があり噴火に伴う土砂災害のおそれがある49火山を対象として、事前の施設整備とともに噴火状況に応じた機動的な対応によって被害を軽減するため「火山噴火緊急減災対策砂防計画」の策定を進めている。また、改正「活動火山対策特別措置法」が平成27年12月に施行され、火山防災協議会の構成員となる都道府県及び地方整備局等の砂防部局が、噴火に伴う土砂災害の観点から火山ハザードマップの検討を行うこととなった。そのため、「火山砂防ハザードマップ（火山ハザードマップのうち、土砂災害に関するもの）」を整備することにより、火山防災協議会における一連の警戒避難体制の検討を支援している。

火山噴火の際に噴火前後の比較による迅速な状況把握を可能とするため、測量用航空機に搭載したSAR観測機器を用いて、全国の活動的な火山を対象とした周期的な観測を実施している。

また、火山噴火リアルタイムハザードマップシステムの整備を行い、浅間山や富士山を始めとした14火山を対象に運用するなど（令和4年度末時点）、噴火時に自治体を支援する取組みを推進している。

### ②活発な火山活動に伴う降灰対策

道路においては、噴火に伴う路上への降灰が交通の支障になるなど、社会的影響が大きいことから、路面清掃車による迅速かつ的確な除灰作業を行うための体制整備を推進している。

### ③気象庁における取組み

火山噴火災害の防止と軽減のため、全国の火

【関連リンク】
土砂災害警戒情報・土砂キキクル（大雨警報（土砂災害）の危険度分布）
URL：https://www.jma.go.jp/jma/kishou/know/bosai/doshakeikai.html

【関連リンク】
土砂災害警戒情報
URL：https://www.mlit.go.jp/mizukokudo/sabo/sabo_ken_link.html

【関連リンク】
火山防災のために監視・観測体制の充実が必要な火山
URL：https://www.mlit.go.jp/river/sabo/pdf/hmkinkyugensailevel.pdf

山活動の監視を行い、噴火警報等の迅速かつ的確な発表に努めている。特に「火山防災のために監視・観測体制の充実等が必要な火山」として火山噴火予知連絡会によって選定された50火山については、観測施設を整備し、24時間体制で火山活動を監視している（常時観測火山）。

　また、平成26年9月の御嶽山の噴火災害を踏まえた「活動火山対策特別措置法」の改正等による火山防災協議会の必須構成員として、警戒避難体制の整備に必要な事項である噴火警戒レベルについて、火山災害警戒地域に指定されている49火山全てで運用するとともに改善を進めている。

#### ④海上保安庁における取組み

　海域における火山活動に伴う現象として、周辺海域に認められる変色水等を観測し、航行船舶に情報を提供している。また、海域火山の活動状況を把握するための基礎資料とするため、海底地形、地質構造等の基礎情報の整備を行っている。

　令和3年8月の噴火により約35年ぶりに新島が形成された福徳岡ノ場では、引き続き変色水が確認されるなど火山活動は活発であり、4年8月には、海徳海山付近の海域で浮遊物を伴う変色水を認めた。また、西之島についても、平成25年の再噴火以来、噴火と休止を繰り返していることから、今後もこれら海域火山の火山活動の監視観測を実施していく。

#### ⑤国土地理院における取組み
##### （ア）火山活動観測・監視体制の強化

　全国の活動的な火山において、電子基準点（GNSS[注5]連続観測施設）や可搬型GNSS連続観測装置（REGMOS）等によるGNSS連続観

測、自動測距測角装置による連続観測を実施し、地殻の三次元的な監視を行っている。さらに、他機関のGNSS観測データを合わせた統合解析や、陸域観測技術衛星2号（だいち2号）のデータを使用したSAR干渉解析[注6]により、火山周辺の地殻変動をより詳細に監視している。

##### （イ）火山周辺の地理空間情報の整備

　火山特有の地形等を詳細に表した火山基本図データや火山の地形分類を表した火山土地条件図の整備・更新を行っている。

##### （ウ）火山噴火等に伴う自然災害に関する研究等

　GNSSや干渉SAR等の観測と解析の精度を向上する研究や、それらの観測データの解析結果から火山活動のメカニズムを解明する研究を行っている。

### （4）高潮・侵食等対策
#### ①高潮・高波対策の推進

　頻発する高潮や高波による災害等から人命や財産を守るため、海岸堤防の整備等のハード対策を行うとともに、「水防法」に基づく水位周知海岸及び高潮浸水想定区域の指定等のソフト対策を推進しており、令和3年には高潮浸水想定区域の指定対象を拡大し、浸水リスク情報の空白域を解消するために、「水防法」が改正された。この「水防法」改正を踏まえ、高潮浸水想定区域図作成の手引きを改定した。4年3月末までに20都道府県で高潮浸水想定区域図が公表されている。

　また、港湾の堤外地には物流・産業機能が集中していることから、これらを高潮・高波による被害から守るため、令和元年房総半島台風による被害も踏まえ、港湾管理者や港湾で活動す

【関連リンク】
GNSS連続観測がとらえた日本列島の動き
URL：https://www.gsi.go.jp/kanshi/

---

注5　Global Navigation Satellite System：全球測位衛星システム
注6　人工衛星で宇宙から地球表面の変動を監視する技術。

る企業等の関係者が連携した高潮・高波対策に取り組む。

### ②海岸侵食対策の推進

様々な要因により全国各地で海岸侵食が生じていることから、離岸堤・突堤等の整備や養浜等に加え、河川、海岸、港湾、漁港の各管理者間で連携したサンドバイパス[注7]やサンドリサイクル等[注8]の侵食対策を進めている。

### ③高潮にかかる防災気象情報の提供

気象庁では、高潮による災害のおそれがある場合には高潮特別警報、高潮警報、高潮注意報を発表して警戒・注意を呼びかけるとともに、高潮にかかる防災気象情報の改善を進めている。台風や発達した低気圧等の接近に伴う高潮災害では、潮位が上昇する前に風が強まり屋外への立退き避難が困難な状況となることがあり、暴風が吹き始める前に避難を完了することが重要である。このため、警戒レベル4避難指示を発令する目安となる高潮警報について、暴風が吹き始める時間帯も考慮して十分なリードタイムを確保して発表する運用をしている。また、警報級の現象が5日先までに予想されているときに、その可能性を［高］又は［中］で知らせる高潮の早期注意情報（警報級の可能性）の運用を令和4年9月8日に開始した。これは、高潮災害への心構えを高める警戒レベル1の情報である。

### （5）津波対策

### ①津波対策の推進

南海トラフ巨大地震等による大規模な津波災害に備え、最大クラスの津波に対しては「津波防災地域づくりに関する法律」に基づき、ハードとソフトの施策を組み合わせた多重防御による対策を進めており、津波浸水想定の設定、ハザードマップの作成支援、津波災害警戒区域等の指定、推進計画の作成、避難計画の立案等において地方公共団体を支援している。

また、地方自治体の津波防災地域づくりに関する取組みを支援する相談窓口を国に設け、ワンストップで相談・提案を行う体制を構築している。

海岸の津波対策においては、堤防の損傷等を軽減する機能を発揮する粘り強い構造の海岸堤防等の整備や耐震化、水門・陸閘等の統廃合や自動化・遠隔操作化等のハード対策を行うとともに、水門・陸閘等の安全かつ確実な操作体制の構築等のソフト対策を推進している。水門・陸閘等については、「海岸法」において操作規則の策定を義務付けるとともに、平成28年4月に補訂した「津波・高潮対策における水門・陸閘等管理システムガイドライン」により、現場操作員の安全の確保を最優先した上で、津波・高潮等の発生時に水門等の操作を確実に実施できる管理体制の構築を図っている。

港湾の津波対策においては、大規模津波発生時にも港湾機能を維持するため、「粘り強い構造」の防波堤の整備や航路啓開訓練、迅速な沖合退避や係留強化に資する海・船の視点から見た港湾強靭化の検討等、防災・減災対策を推進している。また、津波防災等の分野で顕著な功績を挙げた方々を表彰する「濱口梧陵国際賞」授賞式を令和3年に続き開催し、津波防災に係る普及啓発活動を行っている。

道路の津波対策においては、避難誘導標識システムの整備、地域住民の方々と避難訓練等を

**【関連リンク】**
海岸保全施設（堤防、離岸堤等）の整備により駿河湾沿岸の高波被害を防止
URL: https://www.cas.go.jp/jp/seisaku/kokudo_kyoujinka/kouhou/koukahakkijirei/pdf/koukahakkijirei/jirei1-8.pdf

注7　海岸の構造物によって砂の移動が断たれた場合に、上手側に堆積した土砂を、下手側海岸に輸送・供給し、砂浜を復元する工法。

注8　流れの下手側の海岸に堆積した土砂を、侵食を受けている上手側の海岸に戻し、砂浜を復元する工法。

実施し、防災機能の強化を図っている。

空港の津波対策においては、津波被災の可能性のある空港において、津波被災後に早期に緊急物資・人員の輸送拠点機能を確保するための、地震・津波に対応する避難計画・早期復旧計画を策定し、計画に基づき避難訓練等の取組みや関係機関との協力体制構築等の取組みを推進している。

鉄道の津波対策においては、南海トラフ巨大地震等による最大クラスの津波からの避難の基本的な考え方（素早い避難が最も有効かつ重要な対策であること等）を踏まえた津波発生時における鉄道旅客の安全確保への対応方針と具体例等を取りまとめており、鉄道事業者における取組みを推進している。

その他、切迫する巨大地震・津波等に備え、津波浸水リスクの高い地域等において、河川堤防のかさ上げ、液状化対策、復興まちづくりの事前準備等を推進している。

### ②津波にかかる防災情報の提供

津波による災害の防止・軽減を図るため、気象庁は、全国の地震活動を24時間体制で監視し、津波警報、津波情報等の迅速かつ的確な発表に努めている。また、海底津波計、GPS波浪計及び沿岸の津波観測点のデータを監視し、津波警報の更新や津波情報等に活用している。

今後の取組みとして、聴覚障害者や遊泳中の方等への情報伝達手段として「赤と白の格子模様の旗（津波フラッグ）」の全国的な周知・普及をさらに進めるほか、津波発生が予想された際に適切な避難行動を促進するための、津波避難の緊急性がより分かりやすく伝わるような津波到達予想時刻のビジュアル化による提供や、津波発生後の適切な救助活動等の応急対策を支援するための津波警報・注意報の解除見込み時間の提供に向けた準備を進めている。船舶の津波対策に役立てるため、海上保安庁は、南海トラフ巨大地震、首都直下地震等による津波の挙動を示した津波防災情報図を作成、提供している。

### ③津波避難対策

将来、南海トラフ巨大地震をはじめとする巨大地震の発生による津波被害が懸念されることから、都市計画の基礎的なデータを活用した避難施設等の適正な配置を行うための方法を取りまとめた技術的な指針を平成25年6月に策定し、公表するとともに、都市防災総合推進事業等を通じて、地方公共団体が実施する避難場所・避難経路等の整備を支援している。

港湾においては、地方公共団体等による津波避難計画の策定や津波避難施設の整備を促進している。また、津波等からの退避機能を備えた物流施設等を整備する民間事業者に対しても、一般財団法人民間都市開発推進機構による支援を行っている。

### ④津波被害軽減の機能を発揮する公園緑地の整備

東日本大震災の教訓を踏まえ、地方公共団体が復興まちづくり計画の検討等に活用できるよう「東日本大震災からの復興に係る公園緑地整備に関する技術的指針」を平成24年3月に取りまとめ、公園緑地が多重防御の1つとしての機能、避難路・避難地としての機能、復旧・復興支援の機能、防災教育機能の4つの機能を有するものとし、減災効果が発揮されるための公園緑地の計画・設計等の考え方を示している。

### ⑤官庁施設における津波対策

官庁施設は、災害応急対策活動の拠点施設として、あるいは、一時的な避難場所として、人命の救済に資するものであるため、津波発生時において必要な機能を確保することが重要である。

平成25年2月に社会資本整備審議会より答申を受けた「大津波等を想定した官庁施設の機能確保の在り方について」において示されたハード・ソフトの対策の組み合わせによる津波対策の考え方を踏まえ、官庁施設を運用管理する機関と連携しつつ、総合的かつ効果的な津波対策を推進している。

Ⅱ

第6章　安全・安心社会の構築

### （6）地震対策

#### ①住宅・建築物の耐震・安全性の向上

　令和12年までに耐震性が不十分な住宅を、7年までに耐震性が不十分な耐震診断義務付け対象建築物を、それぞれおおむね解消とする目標を達成するため、「建築物の耐震改修の促進に関する法律」に基づき、耐震診断義務付け対象建築物の耐震診断結果の公表等により耐震化の促進を図っている。

　住宅・建築物の耐震化については、耐震診断及び耐震改修等に要する費用の補助、税制優遇、融資等による支援を行うとともに、耐震診断義務付け対象建築物については、重点的な支援を実施している。

　ブロック塀等については、所有者等に向けた安全点検チェックポイントの周知を行うとともに、耐震診断や除却・改修等に要する費用への支援等により、安全確保の推進を図っている。

#### ②宅地耐震化の推進

　地震等による盛土造成地の滑動崩落や宅地の液状化による被害を防ぐため、宅地耐震化推進事業により地方公共団体が実施する変動予測調査を支援するとともに、大規模盛土造成地における宅地被害の再度災害防止等、宅地の安全性確保に対する対策を支援している。

#### ③被災地における宅地の危険度判定の実施

　地震等により被災した宅地における二次災害を防止し、住民の安全確保を図るため、被災後に迅速かつ的確に宅地の危険度判定を実施できるよう、都道府県・政令市から構成される被災宅地危険度判定連絡協議会と協力して体制整備を図っている。

#### ④密集市街地の改善整備

　防災・居住環境上の課題を抱えている密集市街地の早急な改善整備は喫緊の課題であり、「地震時等に著しく危険な密集市街地（危険密集市街地）」（約1,990ha、令和3年度末）について令和12年度までに最低限の安全性を確保し、おおむね解消することとしている。

　また、地域防災力の向上に資するソフト対策について、令和7年度までに、全ての危険密集市街地で実施されることを目標としている。

　この実現に向け、幹線道路沿道建築物の不燃化による延焼遮断機能と避難路機能が一体となった都市の骨格防災軸（防災環境軸）や避難地となる防災公園の整備、防災街区整備事業、住宅市街地総合整備事業、都市防災総合推進事業等による老朽建築物の除却と合わせた耐火建築物等への建替え、避難や消防活動に資する狭あい道路の拡幅等のハード対策及び感震ブレーカーの設置や防災マップの作成、訓練の実施等の地域防災力の向上に資するソフト対策を推進している。

#### ⑤オープンスペースの確保

　防災機能の向上により安全で安心できる都市づくりを図るため、地震災害時の復旧・復興拠点や物資の中継基地等となる防災拠点、市街地火災等から避難者の生命を保護する避難地等として機能する防災公園等の整備を推進している。また、防災公園と周辺市街地の整備改善を一体的に実施する防災公園街区整備事業を実施している。

#### ⑥防災拠点等となる官庁施設の整備の推進

　官庁施設については、災害応急対策活動の拠点としての機能を確保するとともに人命の安全を確保する必要があることから、官庁施設の耐震基準を満足する割合を令和7年度までに100%とすることを目標とし、所要の耐震性能を満たしていない官庁施設について、耐震改修

【関連リンク】
密集市街地の整備改善について
URL: https://www.mlit.go.jp/jutakukentiku/house/content/001485928.pdf

等による耐震化を推進している。また、地方公共団体をはじめとする様々な関係者との連携の下、大規模災害の発生に備え、防災拠点等となる官庁施設の整備を推進している。

### ⑦公共施設等の耐震性向上

河川事業においては、いわゆるレベル2地震動においても堤防、水門等の河川構造物が果たすべき機能を確保するため、耐震照査を実施するとともに、必要な対策を推進している。

道路事業においては、地震による被災時に円滑な救急・救援活動、緊急物資の輸送、復旧活動に不可欠な緊急輸送を確保するため、緊急輸送道路上の橋梁及び同道路をまたぐ跨道橋、ロッキング橋脚橋梁の耐震補強対策や無電柱化を実施している。

海岸事業においては、ゼロメートル地帯等において地震により堤防等が損傷し、大規模な浸水が生じないよう、また、南海トラフ地震等において、津波到達前に堤防等の機能が損なわれないよう、施設の機能や背後地の重要度等を考慮して、耐震対策を推進している。

港湾事業においては、災害時に陸上輸送が遮断された場合でも緊急物資の海上輸送機能を確保するとともに、発災直後から企業活動の維持を図るため、耐震強化岸壁の整備、臨港道路の耐震化及び民有港湾施設の耐震化支援等を推進している。

空港事業においては、地震発生後における緊急物資等輸送拠点としての機能確保や航空ネットワークの維持に必要となる滑走路等の耐震対策を実施している。

鉄道事業においては、首都直下地震や南海トラフ地震等の大規模地震に備え、地震時における、鉄道ネットワークの維持や鉄道利用者の安全確保等を図るため、主要駅や高架橋等の鉄道施設の耐震対策を推進している。また、令和4年3月に発生した福島県沖を震源とする地震による東北新幹線の脱線及び施設被害を踏まえ、学識経験者等による検証委員会を設置し、脱線・

逸脱防止対策や構造物等の耐震対策等、これまで進めてきた新幹線の地震対策について検証を進めている。このうち、構造物等の耐震対策については、同年12月に中間とりまとめを公表し、同年3月の地震において比較的大きな軌道沈下が発生した高架橋と同様の新幹線の高架橋の柱については、7年度までに前倒しする形で優先的に耐震補強を進めている。

下水道事業においては、地震時においても下水道が果たすべき役割を確保するため、重要な下水道施設の耐震化を図る「防災」と、被災を想定して被害の最小化を図る「減災」を組み合わせた総合的な地震対策を推進している。

### ⑧大規模地震に対する土砂災害対策

南海トラフ地震等の大規模地震に備え、防災拠点や重要交通網等への影響、孤立集落の発生が想定される土砂災害警戒区域等において、ハード・ソフト一体となった総合的な土砂災害対策を推進している。

また、大規模地震発生後は、関係機関と連携を図り、災害状況等を迅速に把握するとともに、応急対策を的確に実施することが重要である。このため、衛星等を活用した状況把握の迅速化や関係機関等と実践的な訓練を行うなど危機管理体制の強化を図っている。

### ⑨気象庁における取組み

地震による災害の防止・軽減を図るため、全国の地震活動及び南海トラフ沿いの地殻変動を24時間体制で監視し、緊急地震速報、地震情報、南海トラフ地震に関連する情報等の迅速かつ的確な発表に努めている。また、令和4年12月より「北海道・三陸沖後発地震注意情報」の運用を、5年2月より地震発生直後の迅速な救助活動を支援するため、より詳細な推計震度分布情報の提供を開始した。

長周期地震動については、令和5年2月より観測情報のオンライン提供及び長周期地震動の予測を含めた緊急地震速報の発表を開始した。

**⑩海上保安庁における取組み**

巨大地震発生メカニズムの解明のため、海溝型巨大地震の発生が将来予想されている南海トラフ等の太平洋側海域において、海底地殻変動観測を実施し、想定震源域におけるプレート境界の固着状態の把握に努めている。特に、南海トラフの強固着域の沖側におけるゆっくりすべりの検出（令和元年度）、及び東北地方太平洋沖地震後の経時的な地殻変動メカニズムの理解（3年度）に貢献している。

**⑪国土地理院における取組み**

**（ア）地殻変動観測・監視体制の強化**

全国及び南海トラフ沿いの地域等において、電子基準点等約1,300点によるGNSS連続観測、だいち2号の観測データを使用したSAR干渉解析、水準測量等による地殻変動の監視を強化している。

**（イ）防災地理情報の整備**

主要な活断層が存在する地域や、人口や社会インフラが集中している地域を対象に、活断層図等、土地本来の災害リスク評価の基礎となる防災地理情報を整備・更新している。

**（ウ）地震に伴う自然災害に関する研究等**

GNSS、干渉SAR、水準測量等の測地観測成果から、地震の発生メカニズムを解明するとともに、観測と解析の精度を向上する研究を行っている。また、国土の基本的な地理空間情報と震度を組み合わせて解析し、災害時における迅速な情報の提供に関する研究開発及び評価を行っている。さらに、関係行政機関・大学等と地震予知に関する調査・観測・研究結果等の情報交換とそれらに基づく学術的な検討を行う地震予知連絡会、地殻変動研究を目的として関係行政機関等が観測した潮位記録の収集・整理・提供を行う海岸昇降検知センターを運営している。

**⑫帰宅困難者対策**

大都市において大規模地震が発生した場合、都市機能が麻痺し東日本大震災以上の帰宅困難者が発生することが予想されることから、人口・都市機能が集積した地域における滞在者等の安全確保のため、平成24年に都市再生安全確保計画制度を創設し、都市再生緊急整備地域（全国52地域：令和5年3月末現在）において、都市再生安全確保計画の作成や、都市再生安全確保施設に関する協定の締結、各種規制緩和等により、官民の連携による都市の防災性の向上を図っている。また、主要駅周辺等も補助対象地域としている都市安全確保促進事業により、都市再生安全確保計画等の作成や計画に基づくソフト・ハード両面を総合的に支援している。加えて、帰宅困難者等への対応能力を都市機能として事前に確保するため、災害時拠点強靱化緊急促進事業により、防災拠点の整備を支援している。

**⑬災害時の業務継続機能の確保**

大都市の業務中枢拠点において、世界水準のビジネス機能・居住機能を集積し、国際的な投資と人材を呼び込むためには、我が国大都市の弱みである災害に対する脆弱性を克服していくことが必要である。このため、災害に対する対応力の強化として、災害時の業務継続に必要なエネルギーの安定供給が確保される業務継続地区の構築を行うため、エネルギー面的ネットワークの整備を推進している。

**⑭地下街の安心安全対策**

都市内の重要な公共的空間である地下街は、大規模地震等災害発生時に利用者等の混乱が懸念されるとともに、施設の老朽化も進んでいることから、「地下街の安心避難対策ガイドライン」を策定し、利用者等の安心避難のための防災対策を推進している。

## （7）雪害対策

### ①冬期道路交通の確保（雪寒事業）

冬期の道路交通確保のため、道路管理者と関係機関で構築した情報連絡本部等で策定したタイムラインに基づき、出控えなどの行動変容を促すとともに、必要に応じて、並行する高速道路と国道の同時通行止めを含む計画的・予防的な通行止めや集中除雪などを実施している。また、立ち往生等の発生が懸念される箇所の事前把握や消融雪施設等の整備、除雪機械の確保や適切な配置、AI技術を活用したカメラ画像の解析による交通障害自動検知の推進、関係機関及び民間企業との災害時における協定の締結等を推進している。さらに、通行止めが長時間見込まれる際は乗員保護を実施することとしている。

### ②豪雪地帯における雪崩災害対策

全国には、約21,000箇所の雪崩危険箇所があり、集落における雪崩災害から人命を保護するため、雪崩防止施設の整備を推進している。

### ③大雪に関する防災気象情報の提供

気象庁では大雪による災害の防止や交通障害等の雪による社会的な混乱を軽減するために、警報・注意報や気象情報等を発表し段階的に警戒や注意を呼びかけている。5日先までに警報級の大雪が予想されている時には、「早期注意情報（警報級の可能性）」を発表して注意を呼びかけ、冬型の気圧配置により日本海側で数日間降雪が持続するようなときなどで精度良く予測が可能な場合には48時間先からの24時間予想降雪量を情報発表して、早めの対策を呼びかけている。社会的影響の大きい災害が起こるおそれのある時には、そのおおむね3～6時間前に「大雪警報」を発表して警戒を呼びかけ、短

時間に顕著な降雪が観測され今後も継続すると見込まれる場合には、「顕著な大雪に関する気象情報」を発表し大雪への一層の警戒を呼びかけている。

加えて、積雪の深さと降雪量について24時間前の状況から6時間先までの予報を一体的に確認できる、「今後の雪（降雪短時間予報）」を気象庁ホームページで公開しており、外出予定の変更や迂回経路の選択等の行動判断を支援する資料となっている。

## （8）防災情報の高度化

### ①防災情報の集約

「国土交通省防災情報提供センター」[注9]では、国民が防災情報を容易に入手・活用できるよう、保有する雨量等の情報を集約・提供しているほか、災害対応や防災に関する情報がワンストップで入手できる。

### ②ハザードマップ等の整備

災害発生時に住民が適切な避難行動をとれるよう、市町村によるハザードマップの作成及び住民への周知・活用を促進するとともに、全国の各種ハザードマップを検索閲覧できるハザードマップポータルサイト[注10]を整備し、公開している。

### ③防災気象情報の改善

気象庁では、気象災害を防止・軽減するために、特別警報・警報・注意報や気象情報等を発表し段階的に警戒や注意を呼びかけるとともに、実際にどこで危険度が高まっているかリアルタイムで予測し地図上で確認できるキキクル（大雨・洪水警報の危険度分布）等を提供している。また、国土交通省や都道府県と共同で土

【関連データ】
ハザードマップの整備状況
URL：https://www.mlit.go.jp/statistics/file000010.html

注9 「国土交通省防災情報提供センター」ウェブサイト：https://www.mlit.go.jp/saigai/bosaijoho/
注10 「ハザードマップポータルサイト」：https://disaportal.gsi.go.jp/

砂災害警戒情報、指定河川洪水予報を発表している。

令和4年度は、3年4月に取りまとめられた防災気象情報の伝え方の改善策と推進すべき取組みとして、線状降水帯による大雨に関する半日程度前からの呼びかけや大雨特別警報（浸水害）の指標の改善等、防災気象情報がより一層避難をはじめとする防災対策に役立てられるような取組みを実施した。他方、防災気象情報の複雑化が指摘されていることを踏まえ、河川・砂防・海岸部局等との緊密な連携の下、「防災気象情報に関する検討会」という有識者検討会を開催し、防災気象情報全体の体系整理や個々の防災気象情報の抜本的な見直しを行うべく、検討を進めている。

### （9）危機管理体制の強化

自然災害への対処として、災害に結びつくおそれのある自然現象の予測、迅速な情報収集、災害時の施設点検・応急復旧、海上における救助活動、被災自治体の支援等の初動対応体制を構築するとともに、災害対応のさらなる迅速化・高度化を図るため、「統合災害情報システム（DiMAPS）」等を用いて災害初動期の情報収集・共有体制を強化するなど、災害対応力の向上を図っている。

### ① TEC-FORCE（緊急災害対策派遣隊）による災害対応

令和4年度は、主に4年8月の大雨及び台風第14号等の災害に対し、TEC-FORCEを派遣し被災自治体を支援した。

令和4年8月の大雨では、停滞した前線等の影響により、東北・北陸地方の日本海側を中心に記録的な大雨となり、各地で土砂災害や河川の氾濫、浸水被害が発生した。国土交通省では、1道18県27市町村へTEC-FORCEを派遣し、各地の河川氾濫箇所等において、排水ポンプ車による浸水排除や被災状況調査を実施するなど、被災地の早期の復旧・復興を支援した。

令和4年9月には、九州を中心に西日本で記録的な大雨や暴風をもたらした台風第14号により、宮崎、熊本県内で多数の孤立の発生や、各地で土砂崩れや浸水等の被害が発生した。国土交通省では、1道2府31県33市町村へTEC-FORCEを派遣し、専門家による被災した橋梁等の応急措置及び復旧方針等の技術的助言や、被災状況調査を実施するなど、被災地の早期の復旧・復興を支援した。

これらの被災状況調査では、オンラインでの被災状況の集約などを可能とするiTEC（TECアプリ）やドローン等を活用し、活動の効率化や調査結果の迅速な共有等に効果を発揮した。

### ②業務継続体制の確保

首都直下地震発生時に防災対策業務を遅滞なく実施するとともに、業務停止が社会経済活動に重大な影響を及ぼす業務の継続性を確保することを目的に、平成30年5月に国土交通省業務継続計画（第4版）を取りまとめた。また、業務の継続体制確保に向け、首都直下地震を想定した職員非常参集訓練等を毎年実施している。

### ③災害に備えた情報通信システム・機械等の配備

災害時の情報通信体制を確保するため、本省、地方整備局、関係機関等の間で、マイクロ回線と光ファイバを用いた信頼性の高い情報通信ネットワーク整備に加え、災害現場からの情報収集体制を強化するために衛星通信回線を活用した通信機器や臨時回線を構築可能なi-RAS、公共BBといった通信機器も全国に配備し、機動性の高い運用体制を整えている。また、大規模災害が発生した場合、全国の地方整備局等に配備している災害対策用ヘリコプター、移動型衛星通信設備（Car-SAT）、衛星通信車、排水ポンプ車、照明車等の災害対策用機械を迅速に派遣できる体制をとっており、令和4年度に発生した災害時においてこれらの災害対策用機械を現地へ派遣し、復旧活動の支援等を行った。

#### ④実践的・広域的な防災訓練の実施

　「水防月間」（5月）から6月にかけて、全国7箇所にて各地域の特性に応じた総合水防演習を実施し、水防技術の向上・伝承及び水防団の士気高揚を図るとともに、幅広い主体の参加による地域社会全体の防災意識の向上、実践的なシナリオによる災害対処能力のさらなる向上を図った。

　「防災の日」（9月1日）には、首都直下地震を想定した国土交通省緊急災害対策本部運営訓練を実施したほか、地方整備局等において自治体とのTV会議等による情報伝達訓練等を実施し、大規模地震への対応力の向上を図った。さらに、「津波防災の日」「世界津波の日」（11月5日）に際し、高知県高知市、南国市で国・県・市の参加のもと、南海トラフ巨大地震を想定した大規模津波防災総合訓練を実施し、住民等の避難訓練、救助訓練、道路・航路啓開や緊急排

水訓練等を行った。

#### ⑤海上保安庁による災害対応

　海上保安庁では、組織力・機動力を活かし、海上で発生した災害のほか、陸域で発生した災害に対しても巡視船艇・航空機や特殊救難隊等を出動させ、人命救助や被害状況調査を実施するとともに、被災地域の状況やニーズに合わせ情報発信を行いつつ、被災者支援を実施している。

　令和4年も自然災害による被害が各地にもたらされ、行方不明者の捜索のほか、多数の漂流物等に関する航行警報や海の安全情報による情報提供、さらには、電気等のライフライン確保のため、協定に基づく電力会社の人員及び資機材の搬送や、給水支援による被災者支援を実施した。

| 図表Ⅱ-6-2-3 | 海上保安庁による災害対応の状況 |

#### ⑥地方整備局及び北海道開発局の体制の確保

　国土交通省の現場を支える地方整備局及び北海道開発局は、災害からの復旧・復興や新たな社会資本整備などに努めてきたところであり、近年の激甚化・頻発化する自然災害やインフラ老朽化対策に対応する中で、その役割や地域からの期待も大きくなっている。

　一方で、地方整備局等については、避難につながる迅速な情報提供や災害発生時の機敏な初動対応など、国民の命と暮らしを守るための的

確な対応を行う上で多くの課題に直面している。

　こうした中、数多くの自然災害からの復旧・復興や、防災・減災、国土強靱化への取組み等に対応するため、地方整備局等に必要な体制を確保していく。

#### （10）ICTを活用した施設管理体制の充実強化

　危機管理に備えた公共施設管理体制の充実強化のため、ICTを活用した高度化を図っている。具体的には、インターネット等を活用した

防災情報の提供等、安全な道路利用のための対策を進めているほか、排水機場等の河川管理施設や下水処理場・ポンプ場等の遠隔監視・操作、河川の流況や火山地域等の遠隔監視を実施するなど、管理の高度化を図っている。

さらに、津波・高潮等による災害に対して、水門・陸閘等を安全かつ迅速、確実に閉鎖するため、衛星通信等を利用した水門・陸閘等の自動化、遠隔操作化について、防災・安全交付金により支援している。

### （11）公共土木施設の災害復旧等

令和4年の国土交通省所管公共土木施設（河川、砂防、道路、海岸、下水道、公園、港湾等）の被害は、4年8月の大雨等や令和4年台風第14号、第15号の暴風雨等など、全国的に災害が頻発したことにより、約3,892億円（9,812箇所）と報告されている。

これらの自然災害による被害について、被災直後から現地にTEC-FORCEを派遣し、被災調査等を実施したほか、災害復旧や改良復旧の計画立案を支援するため、本省災害査定官を派遣し、復旧方針、工法等の技術的助言など、被災自治体への支援を実施している。

また、大規模災害時において、様々な災害査定の効率化（机上査定限度額の引上げ、設計図書の簡素化等）を実施したことにより、被災地域において迅速な災害復旧が図られている。災害査定においては、ドローン等のデジタル技術の活用やリモート査定を行うことで、災害査定の効率化が図られている。さらに、災害復旧においては、原形復旧のみならず、再度災害を防止するため、施設の機能を強化する改良復旧の観点から取り組んでいる。あわせて、環境省と連携し宅地内やまちなかに堆積した廃棄物や土砂を一括して撤去できるスキームを活用する等、関係機関が緊密に連携することにより、市町村が行う土砂等の撤去の迅速化に努めている。加えて、令和4年度は、地方公共団体からの要請に基づき、直轄権限代行による災害復旧

事業や応急組立橋の貸出しによる早期の交通確保を支援している。

この他、令和4年8月の大雨等により被災した地域や事前防災・減災対策を図る必要の生じた地域等99地区において、緊急的かつ機動的に防災・減災対策等強化事業推進費を配分し、住民等の安全・安心の確保を図っている。

### （12）安全・安心のための情報・広報等ソフト対策の推進

安全・安心の確保のために、自然災害を中心として、ハード面に限らずソフト面での対策の取組みを進めるため、「国土交通省安全・安心のためのソフト対策推進大綱」に基づき、毎年、進捗状況の点検を行ってきたが、東日本大震災を受けて、ソフトとハードの調和的かつ一体的な検討が必要であることが顕在化したことから、社会資本整備重点計画・国土交通省防災業務計画の見直しを踏まえ、検討を行っている。

### （13）盛土による災害防止に向けた取組み
#### ①盛土による災害防止に向けた対策の推進

令和3年7月に静岡県熱海市伊豆山で発生した土石流災害を契機とする盛土による災害防止対策については、同年12月に有識者会議である「盛土による災害の防止に関する検討会」において取りまとめられた提言を踏まえ、危険な盛土箇所に関する対策や、危険な盛土等を規制するための新たな法制度の創設等、関係府省の緊密な連携の下、提言に位置づけられた施策の推進に全力で取り組んでいる。

#### ②盛土の総点検

令和3年8月11日に、農林水産省、林野庁、国土交通省、環境省の関係局長等による連名で、都道府県知事に対し盛土の総点検を依頼し、4年3月末時点において、全国の総点検対象となる約3.6万箇所のうち、ほぼ全ての盛土について目視等による点検完了の報告があった。

### ③宅地造成及び特定盛土等規制法の施行に向けた対応

盛土等による災害から国民の生命・身体を守るため、令和4年5月に「宅地造成等規制法」を抜本的に改正し、盛土等を行う土地の用途やその目的にかかわらず、危険な盛土等を全国一律の基準で包括的に規制する「宅地造成及び特定盛土等規制法」を公布した（令和5年5月26日に施行）。

法施行後の円滑な運用のため、農林水産省及び林野庁と連携し、規制区域の指定等のための基礎調査実施要領や盛土等の安全対策に必要なマニュアル、ガイドライン等の策定を行っている。

引き続き、本法に基づく規制が速やかに、かつ、実効性を持って行われるよう、地方公共団体による早期の規制区域指定のための基礎調査の実施や危険な盛土に対する安全性把握調査、安全対策等の取組みを支援する等、盛土による災害防止に向けて取組む。

### （建設工事から発生する土の搬出先の明確化等）

盛土等に伴う災害防止を促進するため、盛土等の行為に関する規制と併せて、建設発生土の搬入・搬出プロセスに着目し、必要な対策を講ずる。具体的には、工事の発注段階で建設発生土の搬出先を指定する等の指定利用等を進めるとともに、「資源有効利用促進法」等に基づく建設発生土の計画制度強化やストックヤード運営事業者登録制度の創設により搬出先の明確化を図る。

### （14）災害危険住宅移転等

自然災害の発生した地域又は災害のおそれのある区域内の住居の移転について、防災集団移転促進事業や、がけ地近接等危険住宅移転事業により移転を促進している。

## 3 災害に強い交通体系の確保

### （1）多重性・代替性の確保等

風水害・土砂災害・地震・津波・噴火・豪雪・原子力災害等が発生した直後から、救命・救助活動等が迅速に行われ、社会経済活動が機能不全に陥ることなく、また、制御不能な二次災害を発生させないことなどを目指し、高規格道路のミッシングリンクの解消及び暫定2車線区間の4車線化、高規格道路と代替機能を発揮する直轄国道とのダブルネットワークの強化、災害時の道路閉塞を防ぐ無電柱化等を推進し、災害に強い道路ネットワークの構築を進め、鉄道・港湾・空港等の施設の耐災化や緊急輸送体制の確立を図ることにより多重性・代替性を確保するとともに、利用者の安全確保に努めている。

### （2）道路防災対策

大規模災害時の救急救命活動や復旧支援活動を支えるため、災害に強い国土幹線道路ネットワークの構築、レーザープロファイラ等を活用した土砂災害等の危険箇所の把握及び防災対策（法面・盛土対策等）、震災対策（耐震補強等）、雪寒対策（防雪施設の整備等）、道路施設への防災機能強化（道の駅及びSA・PAの防災機能の付加、避難路・避難階段の整備）等を進めるとともに、大規模地震に備えた道路啓開計画の実効性を高めるため、民間企業等との災害協定の締結や、道路管理者間の協議会による啓開体制の構築を推進している。また、平成26年11月の「災害対策基本法」の改正を踏まえ、速やかな道路啓開に資する、道路管理者による円滑な車両移動のための体制・資機材の整備を推進している。

さらに、発災時には、道路管理用カメラ等による状況把握や官民のプローブデータなども活用した「通れるマップ」により関係機関に通行可否情報の共有・提供を実施している。

また、令和5年3月までに、近年の自然災害の頻発化・激甚化を踏まえ、災害時に防災拠点

としての利用以外の禁止・制限等が可能となる防災拠点自動車駐車場として、道の駅354箇所、SA・PA 146箇所を指定した。

このほか、地方公共団体のニーズを踏まえた、津波や洪水による浸水から避難するため、道路の高架区間等の活用が可能な箇所において、避難階段等の整備を推進している。また、津波被害を軽減するための対策の一つとして、標識柱等へ海抜表示シートを設置し、道路利用者への海抜情報の提供を推進している。

### （3）無電柱化の推進

道路の防災性の向上や安全で快適な通行空間の確保、良好な景観の形成、観光振興の観点から、令和3年5月に策定した無電柱化推進計画に基づき、無電柱化を推進しており、沿道区域における届出・勧告制度の運用開始、道路事業や市街地開発事業等の実施時に原則無電柱化、将来の電力需要が見込める場合の道路整備と同時の管路等の整備、緊急輸送道路等の既設電柱に対する優先順位を決めた早期の占用制限の開始等の取組を行う。

### （4）各交通機関等における防災対策

空港については、平成30年の台風第21号や北海道胆振東部地震や令和元年房総半島台風により空港機能やアクセス機能が喪失し、多くの滞留者が発生したことを踏まえ、このような大規模自然災害による多様なリスクに対し、アクセス事業者を含めた関係機関が一体となって対応する「統括的災害マネジメント」の実現による自然災害に強い空港作りを目指している。

そのため、耐震対策や浸水対策等のハード対策に加え、ソフト対策として「統括的災害マネジメント」の考え方を踏まえ、各空港で策定された空港BCP[注11]に基づき、災害時の対応を行うとともに、訓練の実施等による空港BCPの

実効性強化に取り組んでいる。

鉄道については、旅客会社等が行う落石・雪崩対策等の防災事業や、開通以来30年以上が経過する青函トンネルについて、独立行政法人鉄道建設・運輸施設整備支援機構が行う先進導坑や作業坑に発生している変状への対策等に対し、その費用の一部を助成している。

また、風水害・雪害等からの鉄軌道の安全確保を図るため、トンネル、雪覆、落石覆その他の災害等防止設備等の点検や、除雪体制の整備、災害により列車の運転に支障が生ずるおそれのある場合の当該路線の監視等の適切な実施、適切な計画運休等の実施など、災害に強く安全な鉄道輸送の確保のために必要な対応を行っている。

さらに、令和2年12月にとりまとめられた「防災・減災、国土強靱化のための5か年加速化対策」に基づき、豪雨対策や浸水対策、耐震対策、老朽化対策を7年度までの間に集中的に実施することとしている。

被災した鉄道に対する復旧支援については、「鉄道軌道整備法」に基づく災害復旧事業費補助により、地震や豪雨などの災害で被災した鉄道の早期復旧を支援している。また、特に大規模な災害で甚大な被害を受けた鉄道において、事業構造を変更し、公的主体が鉄道施設を保有する場合に、国の支援を手厚くし、復旧を強力に支援している。

### （5）円滑な支援物資輸送体制の構築等

首都直下地震や南海トラフ巨大地震等の広域かつ大規模な災害が発生し、物流システムが寸断された場合、国民生活や経済活動へ甚大かつ広域的な影響が生じることが想定される。被災者の生活の維持のためには、必要な支援物資を確実・迅速に届けることが重要であることから、災害時における円滑な支援物資物流を実現するため、引き続き、地方ブロックごとに国、地方

---

注11　空港全体としての機能保持及び早期復旧に向けた目標時間や関係機関の役割分担等を明確化した空港の事業継続計画（A2（Advanced/Airport)-BCP）。

公共団体、物流事業者団体等の関係者が参画する協議会等において、物流専門家の派遣を含む都道府県と物流事業者団体との災害時協力協定の締結の促進や、平成30年度に策定した「ラストマイルにおける支援物資輸送・拠点開設・運営ハンドブック」（以下、「ハンドブック」）の周知、新たな民間物資拠点のリストアップの促進を行った。

また、令和4年度においては、新型コロナウイルス等感染症対策を踏まえた物資輸送拠点の設営等、新たな課題に対応したハンドブックの改訂を行うとともに、大雨や大雪等、予見可能な災害におけるサプライチェーンの維持を図るため、荷主と物流事業者の連携体制の構築等、大規模地震以外の災害等にも対応可能なBCP策定ガイドラインを策定した。

## 第3節　建築物の安全性確保

### （1）住宅・建築物の安全性の確保

構造・防火安全性等が確保されたストック形成、既存ストックの有効活用等の観点から、建築基準及び関係規定等の適切な運用及び見直しに継続的に取り組んでいる。

近年のビル火災等を踏まえ、令和4年12月に「直通階段が一つの建築物等向けの火災安全改修ガイドライン」を策定するとともに、5年度より建築物の火災安全改修に係る支援制度を新たに設けるなど、既存建築物の火災安全対策の推進に取り組んでいる。

### （2）昇降機や遊戯施設の安全性の確保

昇降機（エレベーター、エスカレーター）や遊戯施設の事故原因究明のための調査並びに地方公共団体及び地方整備局職員を対象とした安全・事故対策研修を引き続き行うとともに、昇降機の適切な維持管理に関する指針等の積極的な活用及び既設エレベーターへの戸開走行保護装置の設置の促進等についての周知を行い、安全性の確保に向けた取組みを進めた。

## 第4節　交通分野における安全対策の強化

## 1　運輸事業者における安全管理体制の構築・改善

「運輸安全マネジメント制度」は、運輸事業者に安全統括管理者の選任と安全管理規程の作成を義務付け、経営トップのリーダーシップの下、会社全体が一体となった安全管理体制を構築することを促し、国土交通省が運輸安全マネジメント評価（運輸事業者の取組状況を確認し、必要な助言等を行うもの）を行う制度であり、JR西日本福知山線列車脱線事故等の教訓を基に、平成18年10月に導入されたものである。

令和4年度においては、運輸安全マネジメント評価を延べ294者（鉄道63者、自動車119者、海運99者、航空13者）に対して実施した。

また、同制度への理解を深めるため、国が運輸事業者を対象に実施する運輸安全マネジメントセミナーについては、令和4年度において2,321人が受講した。さらに、中小事業者に対する同制度の一層の普及・啓発等を図るため、平成25年7月に創設した認定セミナー制度（民間機関等が実施する運輸安全マネジメントセミナーを国土交通省が認定する制度）に関しては、令和4年度において6,202人がセミナーを受講した。その他、運輸事業の安全に関するシンポジウム等も実施した。

運輸安全マネジメント制度においては、知床遊覧船事故を受け、小型旅客船事業者による運輸安全マネジメントの取組の強化を通じ、経営

トップの安全意識の底上げ・向上を図ることや、効果的な評価実施のため国の体制強化を図ることが急務となっている。このため、事業規模、経営状況等の態様や運航環境等に即してメリハリをつけた小規模事業者のための評価手法を検討した上で、今後概ね5年間を目途に小型旅客船不定期航路事業者の運輸安全マネジメント評価を実施することとした。

加えて、テロへの対応について、先進事例の情報収集を行い集約した知見を事業者間で共有し、その対応が求められる事業者を中心に評価を実施するとともに、感染症への対応についても、効果的な手法を検討し評価を実施した。

また、昨今の自然災害の頻発化・激甚化を受け、運輸安全マネジメント制度の中に自然災害対応を組み込むことにより運輸事業者の取組みを促進するため、令和2年7月、「総力戦で挑む防災・減災プロジェクト」の一環として、運輸事業者が防災マネジメントに取り組む際のガイダンスとなる「運輸防災マネジメント指針」を策定・公表したところであり、以後の運輸安全マネジメント評価においては、同指針を活用し、防災マネジメントに関する評価を実施している。これらの取組みにより、運輸安全マネジメント制度の強化・拡充を図った。

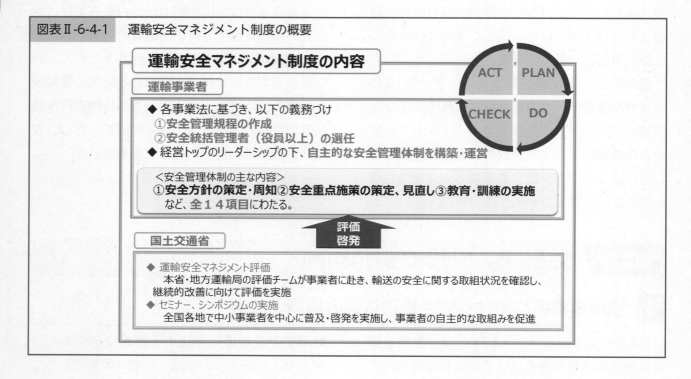

図表Ⅱ-6-4-1　運輸安全マネジメント制度の概要

## 2　鉄軌道交通における安全対策

鉄軌道交通における運転事故件数は、自動列車停止装置（ATS）等の運転保安設備の整備や踏切対策の推進等を行ってきた結果、長期的には減少傾向[注12]にあるが、一たび列車の衝突や脱線等が発生すると、多数の死傷者を生じるおそれがあることから、引き続き安全対策の推進が必要である。

### （1）鉄軌道の安全性の向上

過去の事故等を踏まえて、必要な基準を制定するなどの対策を実施し、これを鉄軌道事業者が着実に実行するよう指導するとともに、保安

注12　JR西日本福知山線列車脱線事故があった平成17年度など、甚大な人的被害を生じた運転事故があった年度の死傷者数は多くなっている。

監査等を通じた実行状況の確認や、監査結果等のフィードバックによる更なる対策の実施を通じて、鉄軌道の安全性の向上を促している。

また、鉄軌道事業者に対し、計画的に保安監査を実施するほか、重大な事故、同種トラブル等の発生を契機に臨時に保安監査を実施するなど、メリハリの効いた効果的な保安監査を実施することにより、保安監査の充実を図っている。

## （2）踏切対策の推進

都市部を中心とした「開かずの踏切」[注13]等は、踏切事故や慢性的な交通渋滞等の原因となり、早急な対策が求められている。このため、道路管理者と鉄道事業者が連携し、「踏切道改良促進法」及び「第11次交通安全基本計画」に基づき、立体交差化、構造改良、横断歩道橋等の歩行者等立体横断施設の整備、踏切遮断機等の踏切保安設備の整備等により踏切事故の防止に努めている。

令和4年度は、「踏切道改良促進法」に基づき、改良すべき踏切道として、新たに85箇所を指定した。指定した踏切道をはじめ、課題のある踏切道については、地方踏切道改良協議会を適宜開催し、道路管理者と鉄道事業者が、地域の実情に応じた踏切対策の一層の推進を図った。

また、災害時の管理方法の指定制度に基づき、災害時の管理の方法を定めるべき踏切道として191箇所を指定した。指定した踏切道については、道路管理者と鉄道事業者が、災害時に長時間遮断が生じないよう、連絡体制や優先開放の手順等の管理方法の策定に向けた協議を行い、取組みを推進した。さらに、道路管理者と鉄道事業者が連携して作成・公表している「踏切安全通行カルテ」を更新し、踏切対策の「見える化」を進めた。このほか、視覚障害者の踏切内での事故を受け令和4年6月に改訂した「道路の移動等円滑化に関するガイドライン」の周知に加え、詳細な仕様や構造の検討を進めるとともに、

踏切道におけるバリアフリー対策を推進した。

令和5年度は、引き続き、改良すべき踏切道を国土交通大臣が機動的に指定し、立体交差化や踏切周辺道路の整備、踏切保安設備の整備、踏切道におけるバリアフリー対策の推進などの総合的かつ一体的な対策を推進する。また、災害時の管理の方法を定めるべき踏切道として、法指定を進めるとともに、指定された踏切道における管理の方法の策定を目指し、災害時の適確な管理の促進を図る。併せて、改良後の踏切対策の評価により、着実なフォローアップを実施する。

## （3）ホームドアの整備促進

視覚障害者等をはじめとしたすべての駅利用者の安全性向上を図ることを目的に、ホームからの転落等を防止するホームドアの整備を促進しており、「交通政策基本計画」（令和3年5月28日閣議決定）及び「移動等の円滑化の促進に関する基本方針」（2年12月25日）に基づき、7年度までに、優先度が高い3,000番線、うち平均利用者数が10万人／日以上の駅で800番線を整備することとしている。3年度末時点において、駅全体で2,337番線、うち平均利用者数が10万人／日以上の駅で406番線が整備された。この整備目標の達成に向け、都市部においては、鉄道駅バリアフリー料金制度（3年12

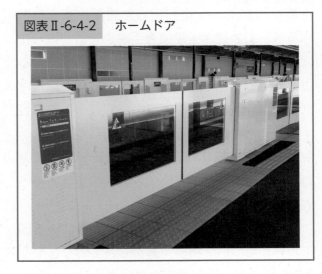

図表Ⅱ-6-4-2　ホームドア

---

注13　列車の運行本数が多い時間帯において、踏切遮断時間が40分／時以上となる踏切。

月創設。5年3月末時点で16社より届出）を活用するとともに、地方部においては、支援措置を重点化することにより、全国の鉄道駅のバリアフリー化を加速化していくこととしている。

### （4）鉄道施設の戦略的な維持管理・更新

鉄道の橋梁やトンネル等の老朽化が進んでおり、これらの鉄道施設を適切に維持管理するこ

とが課題となっている。鉄道利用者の安全確保及び鉄道の安全・安定輸送の確保を図るため、地域の人口減少が進み経営環境が厳しさを増す地方の鉄道事業者に対して、鉄道事業の継続性等を確認した上で、将来的な維持管理費用を低減し長寿命化に資する鉄道施設の改良・補強を支援している。

## 3　海上交通における安全対策

我が国の周辺海域では、毎年約2,000隻の船舶事故が発生している。ひとたび船舶事故が発生すると、尊い人命や財産が失われるばかりでなく、我が国の経済活動や海洋環境にまで多大な影響を及ぼす可能性があるため、更なる安全対策の推進が必要である。

### （1）船舶の安全性の向上及び船舶航行の安全確保

#### ①船舶の安全性の向上

船舶の安全に関しては、国際海事機関（IMO）を中心に国際的な基準が定められており、我が国はIMOにおける議論に積極的に参画している。我が国で航行する船舶の安全を確保するため、日本籍船に対する船舶検査を実施し、国際基準等への適合性を確認している。また、コロナ禍を踏まえ、ITを利用した遠隔検査を推進する等、引き続き船舶検査手続き等の非接触化に努めている。ヒューマンエラーの防止による海上安全の向上や船員の労働環境改善が期待されるほか、我が国海事産業の国際競争力等に資するものと考えられる自動運航船については、令和7年（2025年）までの実用化を目指し、「自動運航船の安全ガイドライン」の策定等各種の取組を進めている。

また、IMOにおいても自動運航船に係る国際ルールについて検討が進められており、令和4年5月には、我が国等の提案を基にした具体的な条文の策定に向けた作業が開始されたとこ

ろ、国内での実証事業の成果等も活用し、引き続きIMOにおける議論をリードしていく。

#### ②船舶航行の安全確保

船員の訓練及び資格証明並びに当直の基準に関する国際条約（STCW条約）に準拠した「船員法」及び「船舶職員及び小型船舶操縦者法」に基づき、船員に必要な資格・教育訓練等を定めるとともに、小型船舶操縦者の資格及び遵守事項について定め、人的な面から船舶航行の安全を確保するとともに、運航労務監理官による監査を通じて、関係法令の遵守状況等の確認を行い、関係法令に違反していることが判明した事業者等に対しては、行政処分等により再発防止を図っている。また、小型船舶の安全確保のため、小型船舶操縦者が遵守すべき事項として、酒酔い等操縦の禁止、危険操縦の禁止、ライフジャケットの着用等を義務づけており、これらについて、小型船舶乗船者を中心に規制内容の説明やリーフレットの配布を行う等、関係省庁、団体と連携して周知・啓発を図るとともに、違反者への再教育講習を行っている。

また、「水先法」に基づき、水先人の資格を定め、船舶交通の安全を確保しており、水先業務の安定的な提供や人材の確保・育成に向けた施策を推進している。

海難審判所では、職務上の故意又は過失によって海難を発生させた海技士、小型船舶操縦士及び水先人等に対して「海難審判法」に基

づく調査、審判を実施しており、令和4年には290件の裁決を行い、海技士、小型船舶操縦士及び水先人等計381名に対する業務停止（1から2か月）及び戒告の懲戒を行うなど、海難の発生防止に努めている。

海上保安庁では、5年間ごとに取組むべき海上安全行政の方向性と具体的施策を「交通ビジョン」として位置づけ、令和5年3月に新たな「第5次交通ビジョン」を策定し、これに基づき各種施策を推進していく。

令和4年における船舶事故の特徴として、船舶種類別では、プレジャーボート、漁船、貨物船の順で船舶事故隻数が多く、プレジャーボートの船舶事故隻数は約6割を占めている。また、プレジャーボートの船舶事故について海難種類別でみると、運航不能（機関故障）が最も多く発生しており、船舶事故全体の2割を占めている。

このため、海上保安庁では、プレジャーボートの機関故障を減少させるため、海事局等の関係機関と連携し海難防止講習会や訪船指導等のあらゆる機会を通じて、発航前検査のみでなく、整備事業者等による定期的な点検整備の実施を呼び掛けている。

また近年、カヌー、SUP（スタンドアップパドルボード）、ミニボート等のマリンレジャーが盛んになっている状況を踏まえ、関係機関、民間団体、販売店等の事業者及び海難防止活動に協力的なマリンレジャー愛好家と連携し、広く安全啓発活動を実施している。

このほか、海上保安庁が運用している総合安全情報サイト「ウォーターセーフティガイド」において、マリンレジャーの事故防止のための情報を掲載し、周知することで愛好者の安全意識の向上を図っている。

加えて「海の安全情報」では、避難勧告等の緊急情報、全国各地の灯台等で観測した気象現況等の海難防止に資する情報を海事関係者から

マリンレジャー愛好者まで幅広く提供している。

平成30年9月の台風21号の影響により発生した関西国際空港連絡橋への船舶衝突事故を受け、走錨事故対策のために、大阪湾海上交通センターにおいては、大阪湾北部海域の監視体制強化をすべく、レーダー施設等の整備を進めている。さらに、「海上交通安全法等の一部を改正する法律」が令和3年7月に施行されたところ、4年9月の台風接近時には、船舶に対する湾外等の安全な海域への避難を勧告する制度及びバーチャルAIS航路標識の緊急表示制度をそれぞれ施行後初めて運用し、船舶交通の安全確保に努めた。加えて、走錨対策の一環として、船員が錨泊予定地における自船の走錨リスクを判定し、リスクに応じた走錨対策（錨泊地や錨泊方法の変更等）の実施を促すスマートフォン等向けのアプリである「走錨リスク判定システム」を開発、3年7月に無料公開し、普及促進を図った。

海図については、電子海図情報表示装置（ECDIS）の普及に伴い、重要性の増した電子海図の更なる充実を図っている。また、外国人船員に対する海難防止対策の一環として英語にも対応した海図等を刊行している。この他、航路、港湾施設、潮汐等に関する情報を水路書誌として刊行するとともに、水路通報、航行警報等により最新の情報提供を行っている。

航路標識については、海水の浸入を遮断する対策及び電源喪失時における予備電源設備の整備など、船舶交通の環境及びニーズに応じた効果的かつ効率的な整備を行っており、令和4年度に407箇所の改良・改修を実施した。

我が国にとって輸入原油の9割以上が通航する極めて重要な海上輸送路であるマラッカ・シンガポール海峡については、船舶の航行安全確保が重要であり、沿岸国及び利用国による「協力メカニズム」[注14] の下、我が国として航行援助

Ⅱ

第6章

安全・安心社会の構築

---

注14　国連海洋法条約第43条に基づき沿岸国と海峡利用国の協力を世界で初めて具体化したもので、協力フォーラム、プロジェクト調整委員会及び航行援助施設基金委員会の3要素で構成されている。

施設基金注15への資金拠出等の協力を行っている。これに加え、我が国と沿岸3国（インドネシア、マレーシア及びシンガポール）において、日ASEAN統合基金事業（JAIF）として承認された同海峡の水路測量調査に協力するため、我が国としても、海事関係団体からの専門家派遣による技術協力等を行っている。今後も官民連携して同海峡の航行安全・環境保全対策に積極的に協力していく。

### （2）乗船者の安全対策の推進

乗船者の事故における死者・行方不明者のうち約6割は海中転落によるものである。転落後に生還するためには、まず海に浮いていること、その上で速やかに救助要請を行うことが必要である。小型船舶（漁船・プレジャーボート等）からの海中転落による乗船者の死亡率は、ライフジャケット非着用者が着用者の約4倍と高く、ライフジャケットの着用が海中転落事故からの生還に大きく寄与していることがわかる。また、通報時に携帯電話のGPS機能を「ON」にしていることで、緊急通報位置情報通知システムにより遭難位置を早期に把握することができ、救助に要する時間の短縮につながる。

このため、海上保安庁では、海での痛ましい事故を起こさないために①ライフジャケットの常時着用、②防水パック入り携帯電話等の連絡手段の確保、③118番・NET118注16の活用と

いう「自己救命策3つの基本」のほか「家族や友人・関係者への目的地等の連絡」について講習会やメディア等を活用して周知・啓発を行っている。

### （3）救助・救急体制の強化

海上保安庁では、迅速かつ的確な救助・救急活動を行うため、緊急通報用電話番号「118番」の運用を行っているほか、「海上における遭難及び安全に関する世界的な制度（GMDSS）」により、24時間体制で海難情報の受付を行うなど、事故発生情報の早期把握に努めている。また、海上において発生した海難や人身事故に適切に対応するため、特殊救難隊、機動救難士、潜水士等の救助技術・能力の向上を図るとともに、救急救命士及び救急員が実施する救急救命処置等の質を医学的・管理的観点から保障するメディカルコントロール体制の構築、巡視船艇・航空機の高機能化、関係機関及び民間救助組織との連携を推進するなど、救助・救急体制の充実・強化を図っている。

また、令和4年4月に発生した北海道知床沖の遊覧船事故を受け、捜索救助に係る関係機関との調整機能の強化や自衛隊への災害派遣要請の迅速化を図るとともに、釧路航空基地に新たに機動救難士を配置するなど、迅速かつ的確な救助・救急体制の強化に取り組んでいる。

## 4　航空交通における安全対策

### （1）航空の安全対策の強化
#### ①航空安全プログラム（SSP）

航空局は、国際民間航空条約第19附属書に従い、民間航空の安全に関する目標とその達成のために講ずべき対策等を航空安全プログラム

（SSP）として定め、平成26年から実施している。今般、国際民間航空機関（ICAO）におけるSSPに関する動向を踏まえ、安全目標に対する進捗度合いの評価のために統計的手法を導入するなど、我が国SSPの有効性を向上させ

---

注15　マラッカ・シンガポール海峡に設置されている灯台等の航行援助施設の代替又は修繕等に要する経費を賄うために創設された基金。

注16　聴覚や発話に障がいを持つ方を対象に、スマートフォンなどを使用した入力操作により、海上保安庁への緊急時の通報が可能となるサービス。

るための改正を行うこととしている。

また、報告が義務づけられていない航空の安全情報の収集のため、平成26年より航空安全情報自発報告制度（VOICES）を運用しており、空港の運用改善等に向けた提言が得られている。引き続き、安全情報の重要性の啓蒙を通じ、制度の更なる活用を図るとともに、得られた提言を活用して安全の向上を図ることとしている。

## ②航空輸送安全対策

特定本邦航空運送事業者[注17]において、航空機に起因する乗客の死亡事故は昭和61年以降発生していないが、安全上のトラブルに適切に対応するため、航空会社等における安全管理体制の強化を図り、予防的安全対策を推進するとともに、国内航空会社の参入時・事業拡張時の事前審査及び抜き打ちを含む厳正かつ体系的な立入監査を的確に実施している。また、我が国に乗り入れる外国航空機に対する立入検査等により、航空機の運航及び機体の安全性の監視を実施している。

航空機からの落下物対策については、平成29年9月に落下物事案が続けて発生したことを踏まえ、30年3月に「落下物対策総合パッケージ」を策定した。同パッケージに基づき、同年9月に「落下物防止対策基準」を策定し、本邦航空会社のみならず、日本に乗り入れる外国航空会社にも対策の実施を義務付けており、本邦航空会社は31年1月から、外国航空会社は同年3月から適用している。

また、平成29年11月より、国際線が多く就航する空港を離着陸する航空機に部品欠落が発生した場合、外国航空会社を含む全ての航空会社等から報告を求めている。報告された部品欠落情報については、原因究明の結果等を踏まえて国として航空会社への情報共有や指示、必要

に応じて落下物防止対策基準への対策追加等を実施しており、再発防止に活用している。引き続き「落下物対策総合パッケージ」に盛り込まれた対策を関係者とともに着実かつ強力に実施していく。

平成30年10月末以降航空従事者の飲酒に係る不適切事案が相次いで発生したことを踏まえ、31年1月から令和元年7月にかけて厳格な飲酒基準を策定し、こうした基準が適切に遵守されるよう、監査等を通じて指導・監督を実施してきたところである。令和3年度から2か年度にわたり、客室乗務員による飲酒検査での不正、アルコール検知、飲酒事案の虚偽報告事案が発生したことを踏まえ、飲酒検査体制の強化、アルコール教育の適切な実施（効果測定含む。）及び組織的な飲酒傾向の把握等が図られるよう、引き続き指導・監督を実施していく。

## ③航空機の安全性審査

国土交通省では、設計・製造国政府としての責任を果たすべく、審査職員の能力維持・向上を図るとともに、米国・欧州の航空当局との密接な連携等により、国産及び輸入航空機の安全・環境基準への適合性の審査を適切かつ円滑に取り組んだ。

## ④無人航空機・「空飛ぶクルマ」に係る環境整備

無人航空機については、「航空法」において、飛行禁止空域や飛行の方法に加え、飛行禁止空域における飛行や規定の飛行の方法によらない飛行の場合の許可・承認などの基本的なルールが定められている。また、無人航空機の所有者等の把握や安全上問題のある機体の排除を通じた無人航空機の飛行の更なる安全性向上を図るため、令和4年6月から無人航空機の機体登録が義務化された。更に、有人地帯（第三者上空）での目視外補助者なし飛行（レベル4飛行）の

---

注17　客席数が100又は最大離陸重量が5万キログラムを超える航空機を使用して航空運送事業を経営する本邦航空運送事業者のこと。

実現のため、同年12月から機体認証制度や操縦者技能証明制度等が導入された。5年3月に、まずは山間部において、レベル4飛行が開始されたところ、今後は安全性確保を前提としつつ段階的に人口密度の高いエリアへ拡大していく。いわゆる「空飛ぶクルマ」については世界各国で機体開発の取組がなされているが、我が国においても、都市部での送迎サービスや離島や山間部での移動手段、災害時の救急搬送などの活用を期待し、次世代モビリティシステムの新たな取り組みとして、世界に先駆けた実現を目指している。令和7年の大阪・関西万博における飛行の開始を目指し、「空の移動革命に向けた官民協議会」において機体や運航の安全基準、操縦者の技能証明基準、交通管理などについて検討を行っている。

### ⑤小型航空機の安全対策

小型航空機については、これまでも操縦士に対し定期的な技能審査を義務付ける制度を導入する（平成26年）などの取組みを進めてきたが、東京都調布市における住宅への墜落事故など、近年、事故が頻発しており、更なる安全確保に向けた抜本的な対策が必要である。

このため、国土交通省では、全国主要空港における安全講習会の開催などの追加対策を講じるとともに、平成28年12月に立ち上げた「小型航空機等に係る安全推進委員会」を定期的に開催し、有識者や関係団体等の意見を踏まえながら今後の小型航空機の安全対策の構築に係る調査・検討を進めている。具体的には、定期的なメールマガジン、SNSによる安全情報・安全啓発動画の配信などの情報発信強化のほか、操縦士に対する技能審査制度の実効性向上のため、チェックリストの記載・保存の義務化や操縦技能審査員に対する指導・監督強化などを図っている。また、小型航空機用に開発・販売されている簡易型飛行記録装置（FDM）に係る実証実験を平成30年度より行い、令和4年度は、これまでの実証実験から得られた活用策の検討結果を踏まえ当該機器の普及促進を図るための導入ガイドラインの検討を行っており、策定に向け取り組んでいる。

### （2）安全な航空交通と交通容量増大に対応するための航空保安システムの構築

安全性を確保しつつ、ポストコロナの航空交通の増大に対応しながら、脱炭素化（カーボンニュートラル）の実現に向け、航空機の運航前及び運航中において運航効率の高い経路及び高度を航行するため、今後、航空情報や運航情報など航空機の運航に必要な情報の共有を実現するシステムの運用を開始するとともに、運用サービスの拡充を順次計画している。

## 5　航空、鉄道、船舶事故等における原因究明と事故等防止

運輸安全委員会は、独立性の高い専門の調査機関として、航空・鉄道・船舶の事故及び重大インシデント（事故等）の調査により原因を究明し、国土交通大臣等に再発防止及び被害の軽減に向けた施策等の実施を求めている。

令和4年度中、調査対象となる事故等は、航空34件、鉄道14件、船舶844件発生した。また、同年度中、航空22件、鉄道13件、船舶861件の調査報告書を公表した。

### ①令和4年度中に調査報告書を公表した主な事案

航空事故等では、令和2年12月、旅客機が上昇中、左側エンジンのファンブレードが破断した事案について、疲労破壊による破断に至った要因の分析を行い、亀裂を検出するには検査手法及び検査間隔が不十分であったことが

関与したことなどを明らかにした（4年8月公表[注18]）。

　鉄道事故等では、令和3年10月、千葉県北西部を震源とする地震により新交通システムの列車が脱線した事案について、地震の揺れが列車にどのように影響して脱線に至ったか要因の分析を行い、軌道経営者に対し、事故現場付近の施設に、地震動の影響により列車の案内輪が案内軌条に乗り上げないようにする対策を講ずることなどの勧告[注19]を行った（5年2月公表[注20]）。

### ②事故等防止に関する普及啓発活動

　令和4年11月、ウェブサイトで公開している調査報告書の検索機能の向上のため、複数モード横断検索機能の追加などを行った[注21]。また、各種統計に基づく分析や紹介すべき事故事例をまとめた「運輸安全委員会ダイジェスト」を発行したり[注22]、地図上から船舶事故等調査報告書を検索できる「船舶事故ハザードマップ」を提供する[注23]など啓発活動を行っている。

### ③無人航空機の事故等調査の開始

　令和3年6月に「運輸安全委員会設置法」が改正され、運輸安全委員会の調査対象に無人航空機に係る重大な事故等が加わったことを受け、4年7月に「運輸安全委員会設置法施行規則」を改正し、その詳細を定め、同年12月5日に施行した[注24]。

### ④旅客船の浸水事故に係る事故調査と対策

　令和4年4月23日、北海道知床沖で旅客船が沈没し、乗員乗客計26名が死亡・行方不明となる重大事故が発生した。本件については、運輸安全委員会が事故原因究明等のための調査を実施しているところ、同年12月15日に本船の浸水から沈没に至るメカニズム等についてまとめた経過報告を公表するとともに、早急に講じるべき再発防止策について、国土交通大臣に意見を述べた。二度とこのような事故を起こさないよう、有識者からなる「知床遊覧船事故対策検討委員会」を設置し、同年12月に再発防止対策として「旅客船の総合的な安全・安心対策」が取りまとめられた。

　本事故を受け、監査の実効性を向上させるため、新たに設置した通報窓口に寄せられる情報も活用しつつ、抜き打ち・リモートによる監査を実施したほか、運航労務監理官の能力の向上に取り組んだ。また、船舶検査の実効性を向上させるため、日本小型船舶検査機構（JCI）の検査方法を総点検・是正し、強化を図るとともに、JCIに対する監督を強化した。さらに、限定沿海を航行する旅客船の法定無線設備から携帯電話を除外するとともに、改良型救命いかだ等の安全設備導入補助に必要な予算を令和4年度補正予算で措置した。また、令和4年12月の運輸安全委員会の経過報告を受け、限定沿海区域を航行区域とする小型旅客船に水密隔壁の設置等を義務付けることを決定するとともに、小型旅客船運航事業者に対し、船首甲板開口部の閉鎖確認を含む発航前検査の確実な実施や結果の記録、避難港の再確認、避難港の活用に関する教育・訓練を実施するよう指導し、その結果を確認した。

　今後とも、抜き打ち・リモートによる監視強化や行政処分等の違反点数制度の創設など監

---

注18　報告書概要　http://www.mlit.go.jp/jtsb/aircraft/p-pdf/AI2022-5-1-p.pdf
注19　委員会は、必要があると認めるときは、航空事故等、鉄道事故等若しくは船舶事故等の防止又は航空事故、鉄道事故若しくは船舶事故が発生した場合における被害の軽減のため講ずべき措置について原因関係者に勧告することができる（運輸安全委員会設置法第27条第1項）。
注20　報告書概要　https://www.mlit.go.jp/jtsb/railway/p-pdf/RA2023-2-1-p.pdf
注21　複数モード横断検索　https://jtsb.mlit.go.jp/jtsb/cross/index.php
注22　安全へのツール　https://www.mlit.go.jp/jtsb/bunseki.html
注23　安全情報　https://www.mlit.go.jp/jtsb/anzen.html
注24　関係法令　https://www.mlit.go.jp/jtsb/kankei.html

査・処分の強化、地域の関係者による協議会の設置等に取り組んでいく。また、安全統括管理者・運航管理者に対する試験制度の創設、小型船舶のみを使用する旅客不定期航路事業者に対する事業許可更新制度の創設、届出事業の登録事業化の導入等を通じた事業者の安全管理体制の強化や、旅客船の船長に必要な特定操縦免許取得の厳格化等を通じた船員の資質の向上、船舶の使用停止処分の創設等に関する法律改正事項を盛り込んだ「海上運送法等の一部を改正する法律」が令和5年4月に成立したことを受け、同法の施行に向けて政省令等の整備を進めていく。

## 6 公共交通における事故による被害者・家族等への支援

令和4年度においても、公共交通事故発生時には、被害者等へ相談窓口を周知するとともに被害者等からの相談を聞き取って適切な機関を紹介し、平時には、支援に当たる職員に対する教育訓練の実施、外部の関係機関とのネットワークの構築、公共交通事故被害者等支援フォーラムの開催、公共交通事業者による被害者等支援計画の策定の働きかけ等を行った。

平成28年1月に発生した軽井沢スキーバス事故については、継続的な遺族会との意見交換会の開催や、遺族会が開催する安全を誓う集いについて関係者とともに支援を実施している。また、令和4年4月に発生した知床遊覧船事故に関しては、事故発生直後から相談窓口を24時間体制としたほか、被害者ご家族への説明会を開催する等、ご家族と相互に連絡を取り合う体制を継続し、ご家族への支援を実施している。

## 7 道路交通における安全対策

令和4年の交通事故死者数は、昭和45年のピーク時の16,765人から2,610人（対前年比26人減）まで減少し、警察庁が保有する昭和23年からの統計で、戦後最少を更新した。しかし、交通事故死者の約半数が歩行中・自転車乗用中で、そのうち約半数が自宅から500m以内の身近な場所で発生するなど依然として厳しい状況である。このため、更なる交通事故の削減を目指し、警察庁等と連携して各種対策を実施している。

### （1）道路の交通安全対策

#### ①ビッグデータ等を活用した幹線道路・生活道路の交通安全対策の推進

道路の機能分化を推進することで自動車交通を安全性の高い高速道路等へ転換させるとともに、交通事故死者数の約半数以上を占めている幹線道路については、安全性を一層高めるために都道府県公安委員会と連携した「事故危険箇所」の対策や「事故ゼロプラン（事故危険区間重点解消作戦）」により、効果的・効率的に事故対策を推進している。

一方、幹線道路に比べて死傷事故件数の減少割合が小さい生活道路については、車両の速度抑制や通過交通進入抑制による安全な歩行空間の確保等を目的として、警察庁と国土交通省は、「ゾーン30プラス」として設定し、人優先の安全・安心な通行空間の整備を推進した。

具体的には、警察と道路管理者は検討段階から緊密に連携して、最高速度30キロメートル毎時の区域規制と物理的デバイスとの適切な組合せにより交通安全の向上を図ろうとする区域

【関連データ】
交通事故件数及び死傷者数等の推移
URL：https://www.mlit.go.jp/statistics/file000010.html

Ⅱ 第6章 安全・安心社会の構築

を「ゾーン30プラス」として設定し、ハンプ
や狭さくの設置等による車両の速度抑制対策や
通過交通の進入抑制対策、外周幹線道路の交通
を円滑化するための交差点改良等を推進してい
る。これらの交通安全対策の立案等にあたって
は、急減速や速度超過などの潜在的な危険箇所
を見える化するため、ビッグデータ等の活用を
推進している。

また、自転車対歩行者の事故件数が過去10
年でほぼ横ばいにとどまっている状況であり、
車道通行を基本とする自転車と歩行者が分離さ
れた形態での整備を推進している。

### ②通学路等の交通安全対策の推進

通学路については、平成24年に発生した集
団登校中の児童等の死傷事故を受け、通学路緊
急合同点検を実施し、学校、教育委員会、道路
管理者、警察などの関係機関が連携して、交通
安全対策を実施した。その後、継続的な通学路
の安全確保のため、市町村ごとの「通学路交通
安全プログラム」の策定などにより、定期的な
合同点検の実施や対策の改善・充実等の取組み
を推進しており、「通学路交通安全プログラム」
に位置付けられた交通安全対策事業への支援を
重点的に実施している。

また、令和元年に発生した園児等の死傷事故
を受け決定された「未就学児等及び高齢運転者
の交通安全緊急対策」（令和元年6月18日関係
閣僚会議決定）に基づき行われた緊急安全点検
の結果を踏まえた交通安全対策事業への支援も
重点的に実施している。

さらに、令和3年6月に発生した下校中の小
学生の死傷事故を受け決定された「通学路等に
おける交通安全の確保及び飲酒運転の根絶に係
る緊急対策」（令和3年8月4日関係閣僚会議
決定）に基づき通学路合同点検を実施し、この
結果を踏まえ、学校、教育委員会、警察、道路
管理者等の関係者が連携し、ハード・ソフトの
両面から必要な対策を推進している。なお、通
学路合同点検の結果、抽出された対策必要箇所

における交通安全対策を対象とする個別補助制
度を創設し、重点的に支援している。

### ③高速道路の安全性、信頼性や使いやすさを向上する取組み

令和元年9月に策定した「高速道路における
安全・安心基本計画」等を踏まえ、利用者視点
のもと、新技術等を活用しつつ、高速道路の安
全性、信頼性や使いやすさを向上する取組みを
計画的に推進していく。

具体的には、暫定2車線区間における走行性
や安全性の課題を効率的に解消するため、時間
信頼性の確保や事故防止、ネットワークの代替
性確保の観点から選定した優先整備区間の中か
ら財源確保状況も踏まえ、計画的に4車線化等
を実施していく。また、正面衝突事故防止対策
として、長大橋及びトンネル区間において、車
両の逸脱防止性能等を満たす区画柵を全国6箇
所（約1km）の実道で令和3年度より試行設
置し、効果検証を実施しており、今後、試行設
置箇所を約13km拡大し、引き続き効果検証を
推進していく。

また、世界一安全な高速道路の実現を目指し、
事故多発地点での集中的な対策に取り組むだけ
でなく、高速道路での逆走事故対策として、高
速道路出入口部の一般道のカラー舗装や画像認
識技術を活用した路車連携技術の実用化を推進
する。

休憩施設の不足解消や使いやすさの改善に向
けた取組みとして、休憩施設の駐車マス数の拡
充を継続していくとともに、令和4年8月から
高速道路機構および高速道路会社が行う有識者
委員会にて今後の対応方針を検討し、対策を推
進する。

### （2）安全で安心な道路サービスを提供する計画的な道路施設の管理

全国には道路橋が約73万橋、道路トンネル
が約1万本存在し、高度経済成長期に集中的に
整備した橋梁やトンネルは、今後急速に高齢化

を迎える。

こうした状況を踏まえ、平成26年より、全国の橋やトンネルなどについて、国が定める統一的な基準により、5年に1度の頻度で点検を行っている。

平成30年度までに実施した橋梁、トンネル等の一巡目点検の結果、橋梁では次回点検までに措置を講ずべきものが全国に約7万橋存在する。このうち、地方公共団体管理の橋梁では修繕が完了したものが約46％（令和3年度末時点）に留まることを踏まえ、「道路メンテナンス事業補助制度」により計画的かつ集中的に支援している。

今後、地方公共団体が計画的に措置ができるよう、具体的な対策内容を盛り込んだ長寿命化修繕計画の策定・公表を促すとともに、直轄診断・修繕代行による支援、地域単位での一括発注の実施、修繕に係る研修の充実等、技術的にも支援していく。さらに、高速道路の老朽化に対応するため、大規模更新・修繕事業を計画的に進めているほか、跨線橋の計画的な維持及び修繕が図られるよう、あらかじめ鉄道事業者等との協議により、跨線橋の維持又は修繕の方法を定め、第三者被害の予防及び鉄道の安全性確保等に取り組んでいる。

## （3）バスの重大事故を受けた安全対策の実施

平成28年の軽井沢スキーバス事故等を踏まえ、二度とこのような悲惨な事故を起こさないよう、安全対策をとりまとめ、着実に実施してきた。他方、令和4年8月に名古屋市の高速道路において乗合バスが、同年10月には静岡県の県道において観光バスがそれぞれ横転し、乗客が亡くなる痛ましい事故が発生したところ、事業者に対する指導や監査により法令遵守を改めて徹底するとともに、事故調査等を通じて明らかになる事実関係も踏まえつつ、再発防止に向けた対策を検討していく。

## （4）事業用自動車の安全プラン等に基づく安全対策の推進

「事業用自動車総合安全プラン2025」を令和3年3月に策定し、7年までに事業用自動車の事故による24時間死者数を225人以下、重傷者数を2,120人以下、人身事故件数を16,500件以下、飲酒運転を0件とする事故削減目標を掲げ、その達成に向けた各種取組みを進めている。

### ①業態毎の事故発生傾向、主要な要因等を踏まえた事故防止対策

輸送の安全の確保を図るため、トラック・バス・タクシーの業態毎の特徴的な事故傾向を踏まえた事故防止の取組みについて評価し、更なる事故削減に向け、必要に応じて見直しを行う等、フォローアップを実施している。

### ②運輸安全マネジメントを通じた安全体質の確立

平成18年10月より導入した「運輸安全マネジメント制度」により、事業者が社内一丸となった安全管理体制を構築・改善し、国がその実施状況を確認する運輸安全マネジメント評価を、令和4年度は自動車運送事業者119者に対して実施した。特に、平成29年7月の運輸審議会の答申を踏まえ、令和3年度までに全ての事業者の運輸安全マネジメント評価を行うとした貸切バス事業者については、同年度において、229者の評価を実施し、代表者変更により越年した1者についても4年度に評価を行い、全ての貸切バス事業者の評価を終了した。

### ③自動車運送事業者に対するコンプライアンスの徹底

自動車運送事業者における関係法令の遵守及び適切な運行管理等の徹底を図るため、悪質違反を犯した事業者や重大事故を引き起こした事業者等に対する監査の徹底及び法令違反が疑われる事業者に対する重点的かつ優先的な監査を

実施している。

　また、平成28年11月より、事故を惹起するおそれの高い事業者を抽出・分析する機能を備えた「事業用自動車総合安全情報システム」の運用を開始した。

　さらに、貸切バスについては、軽井沢スキーバス事故を受けて取りまとめた総合的対策に基づき、法令違反を早期に是正させる仕組みの導入や行政処分を厳格化して違反を繰り返す事業者を退出させるなどの措置を、同年12月より実施するとともに、29年8月より、民間の調査員が一般の利用者として実際に運行する貸切バスに乗車し、休憩時間の確保などの法令遵守状況の調査を行う「覆面添乗調査」を実施している。

### ④飲酒運転等の根絶

　事業用自動車の運転者による酒気帯び運転や覚醒剤、危険ドラッグ等薬物使用運転の根絶を図るため、点呼時のアルコール検知器を使用した確認の徹底や、薬物に関する正しい知識や使用禁止について、運転者に対する日常的な指導・監督を徹底するよう、講習会や全国交通安全運動、年末年始の輸送等安全総点検なども活用し、機会あるごとに事業者や運行管理者等に対し指導を行っている。

　また、令和4年3月には、飲酒傾向の強い運転者に対して適切な指導・監督が実施できるよう、運送事業者による運転者への指導・監督時の実施マニュアルにおいて、アルコール依存症関係の記載を拡充した。

### ⑤IT・新技術を活用した安全対策の推進

　自動車運送事業者における交通事故防止のための取組みを支援する観点から、デジタル式運行記録計等の運行管理の高度化に資する機器の導入や、過労運転防止のための先進的な取組み等に対し支援を行っている。さらに、輸送の安全確保の根幹を成す運行管理について、ICTの活用による運行管理の高度化に向けた検討を進めており、令和4年7月から、遠隔の営業所等間で点呼を行う遠隔点呼を実施できるようにし、また、5年1月から、乗務後の点呼を自動点呼機器により行う乗務後自動点呼を実施できるようにした。

### ⑥事業用自動車の事故調査委員会の提案を踏まえた対策

　「事業用自動車事故調査委員会」[注25]において、社会的影響の大きな事業用自動車の重大事故について、より高度かつ複合的な事故要因の調査分析を行っているところであり、令和元年9月5日に神奈川県横浜市神奈川区で発生した大型トラックの踏切事故などの特別重要調査対象事案等について、5年3月までに53件の報告書を公表した。

### ⑦運転者の健康起因に伴う事故防止対策の推進

　睡眠呼吸障害、脳疾患、心臓疾患等の主要疾病による健康起因事故を防止するため、疾病の早期発見に有効とされる各種スクリーニング検査の普及に向けモデル事業を行っているほか、事業者の運転者に実際にスクリーニング検査を受診してもらい、受診後の運転者に対する事業者の対応等を調査するモデル事業を実施している。また、視野障害に関する運転リスク及び眼科検診の受診や治療継続の必要性について周知するため、運転者の視野障害が原因となる事故の抑止に向けて事業者が取組むべき内容をまとめた「視野障害対策マニュアル」を令和4年3

【関連リンク】
大型トラックの踏切事故（横浜市神奈川区）
URL: https://www.mlit.go.jp/jidosha/anzen/jikochosa/pdf/1943102-outline.pdf

---

注25　【参考】事業自動車事故調査委員会ウェブサイト
　　　https://www.mlit.go.jp/jidosha/anzen/jikochosa/report1.html

月に策定し公表した。

#### ⑧国際海上コンテナの陸上運送の安全対策

国際海上コンテナの陸上運送の安全対策を推進すべく、平成25年6月に関係者間での確実なコンテナ情報の伝達等について記載した「国際海上コンテナの陸上における安全輸送ガイドライン」の改訂及びマニュアルの策定を行い、地方での関係者会議や関係業界による講習会等において本ガイドライン等の浸透を図るなど、関係者と連携した安全対策に取り組んでいる。

### （5）自動車の総合的な安全対策
#### ①今後の車両安全対策の検討

第11次交通安全基本計画（計画年度：令和3～7年度）を踏まえ、交通政策審議会陸上分科会自動車部会において、今後の車両の安全対策のあり方、車両の安全対策による事故削減目標等について審議され、令和3年6月に報告書が取りまとめられた。報告書では「歩行者・自転車等利用者の安全確保」、「自動車乗員の安全確保」、「社会的背景を踏まえて重視すべき重大事故の防止」及び「自動運転関連技術の活用・適正利用促進」を今後の車両安全対策の柱とするとともに、12年までに、車両安全対策により、年間の30日以内交通事故死者数を1,200人削減、重傷者数を11,000人削減するとの目標が掲げられた。また、高齢運転者の事故防止対策として、ペダルの踏み間違いなど運転操作ミス等に起因する高齢運転者による事故が発生していることや、高齢化の進展により運転者の高齢化が今後も加速していくことを踏まえ、「安全運転サポート車」（サポカー）の普及促進に取り組むとともに、3年11月以降の国産新車乗用車から順次衝突被害軽減ブレーキの装着義務化を進める等により、先進的な安全技術を搭載した自動車の性能向上と普及促進に取り組んだ。

#### ②安全基準等の拡充・強化

自動車の安全性の向上を図るため、国連の自動車基準調和世界フォーラム（WP.29）において策定した国際基準を国内に導入することを通じ、大型車に備える衝突被害軽減ブレーキの検知対象の対歩行者の追加を含む性能要件の大幅強化及び大型車への車両後退通報装置（バックアラーム等）の装備義務化など、保安基準の拡充・強化を行った。引き続き、自動車の安全性向上に向けて、更なる保安基準の拡充・強化を図っていく。

#### ③先進安全自動車（ASV）の開発・実用化・普及の促進

産学官の連携により、先進技術を搭載した自動車の開発と普及を促進し、交通事故削減を目指す「先進安全自動車（ASV）推進プロジェクト」では、令和3年度から7年度の5年間にわたる第7期ASV推進検討会において「自動運転の高度化に向けたASVの更なる推進」を基本テーマに掲げ、事故実態の分析を通じ、①運転者の意図と反した誤った操作及び、認知ミスによる明らかに誤った操作よりも、システムの安全操作を優先する安全技術、②車両間の通信により、遮蔽物のある交差点での出会い頭の事故等を防止する安全技術、③歩行者等の交通弱者と通信を行い、交通弱者が被害者となる事故を防止する安全技術等がより安全に寄与する事故形態の検討を行った。

#### ④自動車アセスメントによる安全情報の提供

安全な自動車及びチャイルドシートの開発やユーザーによる選択を促すため、これらの安全性能を評価し結果を公表している。令和4年度は、13車種を対象に、衝突安全性能評価と予防安全性能評価を統合した「自動車安全性能2022」の結果を公表した。さらに自転車に対応した衝突被害軽減ブレーキについて、評価を開始した。

#### ⑤自動運転の実現に向けた取組み

高速道路でのより高度な自動運転の実現に向

け、国連WP29における議論を主導し、令和4年6月に車線変更、高速度域に対応した自動運転機能等についての国際基準の改正が合意された。

また、令和6年10月より開始される「OBD検査[注26]」の導入に向けて、検査の合否判定に必要なシステムの開発など、環境整備を進めた。さらに、レベル4の自動運転技術に対する審査手法を構築するため、シミュレーション等を活用した安全性評価手法等の策定のための調査を実施した。

#### ⑥自動車型式指定制度

自動車型式指定制度においては、保安基準への適合性及び生産過程における品質管理体制等の審査を独立行政法人自動車技術総合機構交通安全環境研究所と連携して実施し、自動車の安全性と環境性能の確保を図っている。なお、令和4年度の自動車型式指定件数は1,831件、装置型式指定件数は580件であった。

また、一部メーカーによる、型式指定申請時の排出ガス性能や燃費性能を確認する試験における不正行為を受け、同種の型式指定に係る不正事案を防止するため、監査の強化等に取り組むとともに、型式指定に係る試験の効率化に向けた検討を行うこととしている。

#### ⑦リコールの迅速かつ着実な実施・ユーザー等への注意喚起

自動車のリコールの迅速かつ確実な実施のため、自動車メーカー等及びユーザーからの情報収集に努め、自動車メーカー等のリコール業務について監査等の際に確認・指導するとともに、

安全・環境性に疑義のある自動車については、独立行政法人自動車技術総合機構交通安全環境研究所において技術的検証を行っている。また、リコール改修を促進するため、ウェブサイトやソーシャル・メディアを通じたユーザーへの情報発信を強化した。さらに、自動車不具合情報の収集の強化等のため、「自動車不具合情報ホットライン」についての改修を行った。なお、令和4年度のリコール届出件数は383件、対象台数は465万台であった。

また、国土交通省に寄せられた不具合情報や事故・火災情報等を公表し、ユーザーへの注意喚起が必要な事案や適切な使用及び保守管理、不具合発生時の適切な対応について、ユーザーへの情報提供を実施している。令和4年度は、ブレーキホールドの正しい操作方法や誤った操作について動画を作成し、注意喚起を行った。冬季の冬用タイヤやチェーンの適切な使用については、季節に合わせた報道発表やツイッターを通じて、ユーザー等への注意喚起を行った。

#### ⑧自動車の整備・検査の高度化

令和2年4月に施行された「道路運送車両法の一部を改正する法律」により、高度な整備技術を有するものとして国が認証を与えた整備工場（認証工場）でのみ作業が可能な整備の範囲を拡大することで、自動車の使用者が安心して整備作業を整備工場に委託できる環境作りを進めている。具体的には、これまで「対象装置の取り外しを行う整備（分解整備）」がその対象であったのに対し、対象装置に「自動運行装置」を加えるとともに、取り外しは行わずとも制動装置等の作動に影響を及ぼすおそれがある作業

【関連リンク】
自動車のリコール・不具合情報
URL：https://www.mlit.go.jp/RJ/

【動画】
正しく使おうブレーキホールド～正しい使用方法や注意点について～
URL：https://youtu.be/bJ0PRP1b5GY

注26　OBD（On Board Diagnosis）検査：自動車に搭載された電子装置の故障や不具合の有無の検査

# Column コラム

## 「交通事故被害者ノート」による自動車事故被害者へのアウトリーチ

　国土交通省では、自動車事故被害者ご本人やそのご家族などが、事故の概要等の記録を残していただくこと、警察、独立行政法人自動車事故対策機構（ナスバ）や自治体、民間被害者支援団体などで行われている支援制度を知っていただくことなどを目的とした「交通事故被害者ノート」を作成しました。

　令和4年12月より国土交通省及びナスバのウェブサイトにてPDFデータの配布を行うほか、全国の都道府県にある犯罪被害者の方向けの総合的対応窓口等にて冊子の配布を行っております。

　国土交通省としては、「交通事故被害者ノート」が必要とする事故被害者の方々のお手元に届き、不安の解消やサポートにつながるよう、周知に取り組んでいます。

交通事故被害者ノート

【関連リンク】自賠責ポータル：https://www.mlit.go.jp/jidosha/anzen/04relief/index.html
　　　　　　　自動車局：https://www.mlit.go.jp/jidosha/jidoshajiko.html
　　　　　　　ナスバ：https://www.nasva.go.jp

を対象に含め、特定整備と改称した。

　また、「車載式故障診断装置を活用した自動車検査手法のあり方検討会」最終報告書を踏まえた、令和6年10月開始予定の新たな電子的検査を導入するための体制整備を進めている。

### （6）被害者支援
#### ①自動車損害賠償保障制度による被害者保護

　自動車損害賠償保障制度では、クルマ社会の支え合いの考えに基づき、自賠責保険の保険金支払いとともに、自動車事故対策事業として、ひき逃げ・無保険車事故による被害者の救済（保障事業）や、重度後遺障害者への介護料の支給や療護施設の設置・運営等（被害者保護増進等事業）を実施している。

　令和4年度には、被害者支援等を安定的・継続的に実施するため、「自動車損害賠償保障法」を改正した。本改正を踏まえ、被害者支援等のさらなる充実に取り組むとともに、自動車事故被害者への情報提供の充実、新たな仕組みに係る自動車ユーザーの理解促進にも取り組み、安全・安心なクルマ社会を実現していく。

#### ②交通事故相談活動の推進

　地方公共団体に設置されている交通事故相談所等の活動を推進するため、研修や実務必携の発刊を通じて相談員の対応能力の向上を図るとともに、関係者間での連絡調整・情報共有のための会議やホームページで相談活動の周知を行うなど、地域における相談活動を支援している。これにより、交通事故被害者等の福祉の向上に寄与している。

### （7）機械式立体駐車場の安全対策

機械式駐車装置の安全性に関する基準について、国際的な機械安全の考え方に基づく質的向上と多様な機械式駐車装置に適用するための標準化を図るため、平成29年5月にJIS規格を制定した（令和5年5月　一部改正）。また、同年12月に社会資本整備審議会「都市計画基本問題小委員会都市施設ワーキンググループ」で、今後の機械式駐車装置の安全確保に向けた施策の具体的方向性についてとりまとめ、30年7月には、このとりまとめに基づく「設置後の点検等による安全確保」の推進に向けて、「機械式駐車設備の適切な維持管理に関する指針」を策定した。

さらに、近年、機器等の交換が適切に実施されなかったことによる機械式駐車設備の事故が発生している状況をふまえ、令和3年9月に指針の一部見直しを行った。

---

## 第5節　危機管理・安全保障対策

## 1　犯罪・テロ対策等の推進

### （1）各国との連携による危機管理・安全保障対策

#### ①セキュリティに関する国際的な取組み

主要国首脳会議（G7）、国際海事機関（IMO）、国際民間航空機関（ICAO）、アジア太平洋経済協力（APEC）等の国際機関における交通セキュリティ分野の会合やプロジェクトに参加し、我が国のセキュリティ対策に活かすとともに、国際的な連携・調和に向けた取組みを進めている。平成18年に創設された「陸上交通セキュリティ国際ワーキンググループ（IWGLTS）」には、現在16箇国以上が参加しており、陸上交通のセキュリティ対策に関する枠組みとして、更なる発展が見込まれているほか、日米、日EUといった二国間会議も活用し、国内の保安向上、国際貢献に努めている。

#### ②海賊対策

国際海事局（IMB）によると、令和4年における海賊及び武装強盗事案の発生件数は115件であり、地域別では、西アフリカ（ギニア湾）が21件及び東南アジア海域が70件となっている。

平成20年以降、ソマリア周辺海域において凶悪な海賊事案が急増したが、各国海軍等による海賊対処活動、商船側によるベスト・マネジメント・プラクティス（BMP）[注27]に基づく自衛措置の実施、商船の民間武装警備員の乗船等国際社会の取組みにより、近年は低い水準で推移している。しかしながら、不審な小型ボートから追跡を受ける事案が依然として発生しており、商船の航行にとって予断を許さない状況が続いている。

このような状況の下、我が国としては、「海賊行為の処罰及び海賊行為への対処に関する法律」に基づき、海上自衛隊の護衛艦により、アデン湾において通航船舶の護衛を行うと同時に、P-3C哨戒機による警戒監視活動を行っている。国土交通省においては、船社等からの護衛申請の窓口及び護衛対象船舶の選定を担うほか、一定の要件を満たす日本船舶において民間武装警備員による乗船警備を可能とする「海賊多発海域における日本船舶の警備に関する特別措置法」については、令和4年12月に同法施行令改正を行い、対象船舶を拡大したところ、その的確な運用を図り、日本籍船のより一層の航行安全の確保に万全を期していく。

---

注27　国際海運会議所等海運団体により作成されたソマリア海賊による被害を防止し又は最小化するための自衛措置（海賊行為の回避措置、船内の避難区画（シタデル）の整備等）を定めたもの。

海上保安庁においては、ソマリア沖・アデン湾における海賊対処のために派遣された護衛艦に、海賊行為があった場合の司法警察活動を行うため海上保安官8名を同乗させ、海上自衛官とともに海賊行為の警戒及び情報収集活動に従事させている。また、同周辺海域沿岸国の海上保安機関との間で海賊の護送と引渡しに関する訓練等を実施している。

東南アジア海域等においては、巡視船や航空機を派遣し、公海上でのしょう戒のほか、寄港国海上保安機関等と連携訓練や意見・情報交換を行うなど連携・協力関係の推進に取り組んでいる。

### ③中東地域における対応

我が国に輸入される原油の約9割は中東地域からのものであり、中東地域を航行する船舶の航行の安全を確保することは重要である。中東地域は、高い緊張状態が継続しており、航行船舶に対する事案も発生し、令和元年6月13日にはオマーン湾を航行していた我が国関係船舶が攻撃を受ける事案が発生している。

我が国としては、令和4年11月1日に元年12月27日の閣議決定「中東地域における日本関係船舶の安全確保に関する政府の取組みについて（令和3年12月24日一部変更）」を一部変更し、引き続き、更なる外交努力や航行安全対策の徹底、自衛隊による情報収集活動を行っている。国土交通省においても、関係省庁から情報共有を受けつつ関係業界との綿密な情報共有や適時の注意喚起等に引き続き取り組み、我が国関係船舶の航行安全の確保に万全を期していく。

### ④港湾における保安対策

日ASEANの港湾保安専門家による会合等、諸外国との港湾保安に関する情報共有等を通じて、地域全体の港湾保安の向上を図る。

### （2）公共交通機関等におけるテロ対策の徹底・強化

国際的なテロの脅威は極めて深刻な状況であり、公共交通機関や重要インフラにおけるテロ対策の取組みを進めることは重要な課題である。今後のG7広島サミットや大阪・関西万博などの大型国際イベントの開催等も見据え、国土交通省では、所管の分野においてハード・ソフトの両面からテロ対策を強化する等、引き続き、関係省庁と連携しつつ、取組みを進める。

### ①鉄道におけるテロ対策の推進

令和3年10月に発生した京王線車内傷害事件等を受けて同年12月に取りまとめた対応策等を踏まえ、各種非常用設備の表示を共通化するガイドラインの運用や、非常時の通報装置の活用や危険物の持ち込みについての利用者向けの呼びかけの実施等に取り組んでいるほか、車内防犯カメラの設置の基準化について検討を進めている。

### ②船舶・港湾におけるテロ対策の推進

「国際航海船舶及び国際港湾施設の保安の確保等に関する法律」に基づく国際航海船舶の保安規程の承認・船舶検査、国際港湾施設の保安規程の承認、入港船舶に関する規制、国際航海船舶・国際港湾施設に対する立入検査及びポートステートコントロール（PSC）を通じて、保安の確保に取り組んでいる。

### ③航空におけるテロ対策の推進

国際民間航空条約に規定される国際標準に従って航空保安体制の強化を図っている。各空港においては、車両及び人の侵入防止対策としてフェンス等の強化に加え、侵入があった場合に迅速な対応ができるよう、センサーを設置するなどの対策を講じているほか、高度な保安検査機器の導入を促進するなど航空保安検査の高度化を図っている。また、令和4年3月に施行された「航空法」等の一部を改正する法律によ

り、旅客等に対する航空機搭乗前の保安検査の受検義務付け、危害行為の防止に関する施策の基本となるべき方針（「危害行為防止基本方針」）の策定など航空保安対策の確実な実施に係る制度が整備されたところ、これらに基づき関係者と連携を図りながら、保安対策を推進している。

加えて、令和2年7月に「重要施設の周辺地域の上空における小型無人機等の飛行の禁止に関する法律」に基づき8空港注28を対象空港として指定し、当該空港周辺での小型無人機等の飛行を禁止するとともに、これに違反して飛行する小型無人機等に対する退去命令や飛行妨害等の措置をとることができるよう体制整備を行っている。また、上記8空港以外の空港についても、同年9月より、空港の機能を確保する観点から、空港の設置者に対し、空港周辺における無人航空機の飛行等の行為に関し、行為が禁止されていることの周知や場周警備の一環としての巡視の実施、違反行為が確認された場合の連絡体制の構築等を義務付け、これらの実施のための体制整備を行っている。

#### ④自動車におけるテロ対策の推進

防犯カメラの設置、不審者・不審物発見時の警察への通報や協力体制の整備等、テロの未然防止対策を推進している。多客期におけるテロ対策として、車内の点検、営業所・車庫内外における巡回強化、警備要員等の主要バス乗降場への派遣等を実施するとともに、バスジャック対応訓練の実施についても推進している。

#### ⑤重要施設等におけるテロ対策の推進

河川関係施設等では、河川・海岸等の点検・巡視時における不審物等への特段の注意、ダム管理庁舎及び堤体監査廊等の出入口の施錠強化

等を行っている。道路関係施設では、高速道路や直轄国道の点検・巡視時における不審物等への特段の注意、休憩施設のごみ箱の集約等を行っている。国営公園では、巡回警備の強化、はり紙掲示等による注意喚起等を行っている。

#### （3）物流におけるセキュリティと効率化の両立

国際物流においても、セキュリティと効率化の両立に向けた取組みが各国に広がりつつあり、我が国においても、物流事業者等に対してAEO制度注29の普及を促進している。

航空貨物に対する保安体制については、荷主から航空機搭載まで一貫して航空貨物を保護することを目的に、ICAOの国際基準に基づき制定されたKS/RA制度注30を導入している。

また、主要港のコンテナターミナルにおいては、トラック運転手等の本人確認及び所属確認等を確実かつ迅速に行うため、出入管理情報システムの導入を推進し、平成27年1月より本格運用を開始している。加えて、CONPAS（新・港湾情報システム）における入場受付にもPS（Port Security）カードを活用することでゲート処理時間の短縮を図った。また、新型コロナウイルス感染症への対応の一環として、港湾物流事業を継続する必要があるため、セキュリティを確保しつつ本人確認及び所属確認等を非接触に行えるよう出入管理情報システムの改修を進めている。

#### （4）情報セキュリティ対策

近年、情報セキュリティのサプライチェーンリスクが指摘される中、サイバー攻撃が複雑化・巧妙化しており、情報セキュリティ対策の重要性がますます高まっている。

国土交通省においては、所管する独立行政法

---

注28　新千歳空港、成田国際空港、東京国際空港、中部国際空港、関西国際空港、大阪国際空港、福岡空港、那覇空港。
注29　貨物のセキュリティ管理と法令遵守の体制が整備された貿易関連事業者を税関が認定し、通関手続の簡素化等の利益を付与する制度。
注30　航空機搭載前までに、特定荷主（Known Shipper）、特定航空貨物利用運送事業者又は特定航空運送代理店業者（Regulated Agent）又は航空会社においてすべての航空貨物の安全性を確認する制度。

人や重要インフラ事業者等とともに情報セキュリティ対策の強化に取り組んでおり、内閣サイバーセキュリティセンター（NISC）との連携の下、サイバー攻撃への対処態勢の充実・強化等の取組みを推進している。

## 2 事故災害への対応体制の確立

鉄道、航空機等における多数の死傷者を伴う事故や船舶からの油流出事故等の事故災害が発生した場合には、国土交通省に災害対策本部を設置し、迅速かつ的確な情報の収集・集約、関係行政機関等との災害応急対策が実施できるよう体制整備を行っている。海上における事故災害への対応については、巡視船艇・航空機・大型浚渫兼油回収船等の出動体制の確保、防災資機材や救助資機材の整備等を行うとともに、合同訓練等を実施し、関係機関等との連携強化を図っている。また、油等防除に必要な沿岸海域環境保全情報を整備し、海洋状況表示システム（海しる）を通じて提供している。

## 3 海上における治安の確保

### （1）テロ対策の推進

テロの未然防止措置として、原子力発電所や石油コンビナート等の重要インフラ施設に対して、巡視船艇・航空機による監視警戒を行っているほか、旅客ターミナル、フェリー等のいわゆるソフトターゲットにも重点を置いた警戒を実施している。

また、新たなテロの脅威として、ドローンを使用したテロの発生も懸念されていることから、関係機関と連携して不審なドローン飛行に関する情報を把握するとともに、ドローン対策資機材を活用するなど複合的な対策を講じている。

さらに、テロ対策については、官民の連携が重要であるところ、海上保安庁では、平成29年度から官学民が参画する「海上・臨海部テロ対策協議会」を定期的に開催しており、令和5年のG7広島サミット等や令和7年の大阪・関西万博に向けて、官民一体となったテロ対策を推進している。

### （2）不審船・工作船対策の推進

不審船・工作船は、覚せい剤の運搬や工作員の不法出入国等の重大犯罪に関与している可能

図表Ⅱ-6-5-1　テロ対策訓練の様子

性が高く、我が国の治安を脅かすこれらの活動を未然に防止することは重大な課題である。

海上保安庁では、巡視船艇・航空機により不審な船舶に対する監視警戒を行うとともに、海上自衛隊との共同訓練を含む各種訓練を通じて不審船対処能力の維持・向上にも努めている。引き続き、関係機関等との連携を一層強化して、不審船・工作船の早期発見に努め、発見時には厳格に対処していく。

### （3）海上犯罪対策の推進

最近の海上犯罪の傾向として、国内密漁事犯

では、密漁者と買受業者が手を組んだ組織的な形態で行われるものや、暴力団が資金源として関与するものなどが見受けられる。海上環境事犯では、処理費用の支払いを逃れるために廃棄物を海上に不法投棄するものや、外国漁船による違法操業事犯においても取締りを逃れるために、夜陰に乗じて違法操業を行うものなどが発生している。密輸事犯では、一度に大量の違法薬物を海上コンテナ貨物に隠匿して密輸する事件が相次いでおり、密航事犯では、貨物船等からの不法上陸などが発生している。

このような各種海上犯罪については、その様態が悪質・巧妙化しており、依然として予断を許さない状況にあるが、海上保安庁では、巡視船艇・航空機を効率的かつ効果的に運用することで監視・取締りや犯罪情報の収集・分析、立入検査を強化するとともに、国内外の関係機関との情報交換等、効果的な対策を講じ、厳正かつ的確な海上犯罪対策に努めている。

## 4 安全保障と国民の生命・財産の保護

### （1）北朝鮮問題への対応

我が国では、「特定船舶の入港の禁止に関する特別措置法」に基づき、すべての北朝鮮籍船舶、北朝鮮の港に寄港したことが確認された第三国籍船舶及び日本籍船舶並びに国際連合安全保障理事会の決定等に基づき制裁措置の対象とされた船舶が入港禁止措置の対象とされているが、令和5年4月7日の閣議において、国際情勢にかんがみ、当該入港禁止措置の期限を7年4月13日まで延長することが決定された。

国土交通省・海上保安庁では、本措置の確実な実施を図るため、これら船舶の入港に関する情報の確認等を実施しているほか、関係行政機関と緊密に連携し、「国際連合安全保障理事会決議第千八百七十四号等を踏まえ我が国が実施する貨物検査等に関する特別措置法」に基づく対北朝鮮輸出入禁止措置の実効性確保に努めている。

国土交通省・海上保安庁及び気象庁では、累次の北朝鮮関係事案の発生を踏まえ、関係省庁との密接な連携の下、即応体制の強化、北朝鮮に対する監視・警戒態勢の継続をしているところであり、弾道ミサイル発射事案や核実験においても、関係する情報の収集や必要な情報の提供を行うなど、国民の安全・安心の確保に努めている。特に、北朝鮮の弾道ミサイルが我が国周辺に発射された場合などには、我が国周辺の航空機や船舶に対して直接、又は、事業者などを通じて迅速に情報を伝達し、注意を促すこととしている。

### （2）国民保護計画による武力攻撃事態等への対応

「武力攻撃事態等における国民の保護のための措置に関する法律」及び「国民の保護に関する基本指針」を受け、国土交通省・観光庁、国土地理院、気象庁及び海上保安庁において「国民の保護に関する計画」を定めている。

国土交通省・観光庁では、地方公共団体等の要請に応じ、避難住民の運送等について運送事業者である指定公共機関との連絡調整等の支援等を実施すること、国土地理院では、地理空間情報を活用した被災状況や避難施設等に関する情報を関係省庁等と連携して国民に提供すること、気象庁では、気象情報等について関係省庁等と連携して国民に提供すること、海上保安庁では、警報及び避難措置の指示の伝達、避難住民の誘導等必要な措置を実施すること等を定めている。

# 5 重篤な感染症及び影響の大きい家畜伝染病対策

## （1）重篤な感染症対策

重篤な感染症対策については、関係省庁と緊密に連携し対応している。

### ①新型インフルエンザ等対策

「新型インフルエンザ等対策特別措置法」（特措法）において、国土交通省を含む指定行政機関は自ら新型インフルエンザ等対策を的確かつ迅速に実施し、並びに地方公共団体及び指定公共機関が実施する対策を的確かつ迅速に支援することにより、国全体として万全の態勢を整備する責務を有するとされている。

国土交通省では、「国土交通省新型インフルエンザ等対策行動計画」において、特措法の各種措置の運用等について、（ア）運送事業者である指定（地方）公共機関の役割等、（イ）新型インフルエンザ等緊急事態宣言時の対応等を規定している。

なお、特措法は、新型コロナウイルス感染症もその対象としている。

### ②新型コロナウイルス感染症対策

令和元年12月に中国武漢市で感染が広がった新型コロナウイルス感染症について、我が国でも2年1月15日に最初の感染者が確認され、政府は同年1月30日に新型コロナウイルス感染症対策本部（以下「政府対策本部」という。）を設置した。同日、国土交通省に「国土交通省新型コロナウイルス感染症対策本部」（以下「省対策本部」という。）を設置、5年3月末まで45回の省対策本部を開催し、国内における感染防止対策、水際対策等に省を挙げて取り組んだ。

### （ア）国内における感染防止対策

令和2年5月には、事業者及び関係団体による自主体な感染予防対策を進めるため、感染拡大予防ガイドラインを策定することとされ、国土交通省所管の分野においても、5年3月末時点で50のガイドラインを策定・公表している。

また、新型コロナウイルスのワクチン接種について、国土交通省の関係業界団体への接種促進を呼びかけるほか、オミクロン株対応ワクチンの職域接種の実施にあたり、事業者と政府の間の調整等を行った。

### （イ）水際対策

令和4年度における新型コロナウイルス感染症に対する水際対策については、国内においてウィズコロナに向けた新たな段階へ移行していることや、G7各国による水際措置の撤廃が進んでいることなどを踏まえ、保健医療体制にかかる負荷に配慮する最低限の措置を残しつつ、緩和を進めてきたところである。国土交通省としては、関係省庁と連携して、外国人の新規入国制限の見直し、入国者総数の上限撤廃、空港・海港における国際線受入の再開等の水際対策に取り組んだ。

## （2）影響の大きい家畜伝染病対策

影響の大きい家畜伝染病対策については、平成30年9月、岐阜県の養豚場において、26年ぶりとなる豚熱の発生が確認され、その後、令和5年3月31日までに、18県で86例の発生が確認されている。また、4年10月、岡山県の養鶏場において、我が国では前年度に引き続き鳥インフルエンザの発生が確認され、その後26道県において、5年3月31日現在、国内で82例の鳥インフルエンザの陽性事案の発生が確認されている。

国土交通省では、地方公共団体が実施する防疫措置に必要となる資機材の提供、同地方公共団体が行う防疫措置についての関係事業者に対する協力要請を行うなど、更なる感染拡大の防止のため、関係省庁と緊密に連携して必要な対応を講じている。

# 第7章　美しく良好な環境の保全と創造

## 1　地球温暖化対策の実施等

気候変動の影響により、自然災害が激甚化・頻発化するなど、地球温暖化対策は世界的に喫緊の課題となっている。我が国においては、「2050年カーボンニュートラル」の実現及び、2030年度温室効果ガス46％削減、さらに50％の高みに向けた挑戦を目標として掲げ、GX（グリーントランスフォーメーション）に係る取組みを加速化させている。成長志向型カーボンプライシングをはじめとする「5つの政策イニシアティブ」について議論するため、令和4年7月に官邸に「GX実行会議」を創設し、カーボンプライシングの基本的な考え方や脱炭素投資による経済成長等を示した「GX実現に向けた基本方針」（以下「本基本方針」という。）を取りまとめ、5年2月に閣議決定をした。本基本方針の中では、5年度から「排出量取引制度」を試行的に開始、10年度に「炭素に対する賦課金」を導入することが示され、その結果として得られる将来の財源を裏付けとした「GX経済移行債」を発行していくこと等が盛り込まれた。また、本基本方針に基づき、法制上の措置を盛り込んだ「脱炭素成長型経済構造への円滑な移行の推進に関する法律」が5月に成立した。

こうした中で、地域のくらしや経済を支える幅広い分野を所管する国土交通省では、民生・運輸部門の脱炭素化等に貢献するため、住宅・建築物や公共交通・物流等における省エネ化、インフラを活用した太陽光や水力、バイオマス等の再エネの導入・利用拡大（創エネ）、輸送・インフラ分野における非化石化等を推進している。

## 2　地球温暖化対策（緩和策）の推進

### （1）まちづくりのグリーン化の推進

2050年カーボンニュートラルの実現に向けて、脱炭素に資する都市・地域づくりを推進していくため、「まちづくりのグリーン化」に取り組んでいる。

具体的には、都市のコンパクト・プラス・ネットワークや居心地が良く歩きたくなる空間づくりを進め公共交通の利用の促進等を図ることで$CO_2$排出量の削減につなげる「都市構造の変革」、エネルギーの面的利用や環境に配慮した民間都市開発等を推進することでエネルギー利用の効率化につなげる「街区単位での取組」、グリーンインフラの社会実装の推進等により都市部の$CO_2$吸収源拡大につなげる「都市における緑とオープンスペースの展開」の3つの柱で取組みを進めている。また、省庁横断的な取組みである「地域脱炭素ロードマップ」に基づく脱炭素先行地域に対して支援を強化するなど、重点的に取り組んでいる。

### （2）環境に優しい自動車の開発・普及、最適な利活用の推進

環境性能に優れた自動車の普及を促進するため、エコカー減税等による税制優遇措置を実施

II

第7章

美しく良好な環境の保全と創造

している。なお、エコカー減税等については、令和5年度税制改正において、自動車ユーザーの急激な負担増を回避するため、5年末まで現行措置を据え置きつつ、燃費基準の切り上げ等の見直しを3年間で段階的に行うこととされた。また、地球温暖化対策等を推進する観点から、トラック・バス事業者等に、燃料電池自動車、電気自動車、ハイブリッド自動車や天然ガス自動車等の導入に対する補助を行っている。

### （3）交通流対策等の推進

道路の整備に伴って、いわゆる誘発・転換交通が発生する可能性があることを認識しつつ、二酸化炭素の排出削減に資する環状道路等幹線道路ネットワークの強化、ETC2.0を活用したビッグデータ等の科学的な分析に基づく渋滞ボトルネック箇所へのピンポイント対策、ICT・AI等を活用した交通需要調整のための料金施策を含めた面的な渋滞対策の導入検討などの取組みのほか、道路照明灯の更なる省エネルギー化、高度化を図るとともに、LED道路照明の整備を推進している。また、安全で快適な自転車利用環境の向上に関する取組みを推進している。加えて、通勤交通マネジメントをはじめとする事業者の主体的な取組みの促進等により、日常生活における車の使い方をはじめとする国民の行動変容を促す取組みの推進により、自動車交通量の減少等を通じて環境負荷の低減を図っている。

### （4）公共交通機関の利用促進

自家用乗用車からエネルギー効率が高く$CO_2$排出の少ない公共交通機関へのシフトは、地球温暖化対策の面から推進が求められている。このため、環境省と連携して、LRT・BRTシステムの導入を支援するほか、エコ通勤優良事業所認証制度を活用した事業所単位でのエコ通勤の普及促進に取り組んだ。

### （5）高度化・総合化・効率化した物流サービス実現に向けた更なる取組み

国内物流の輸送機関分担率（輸送トンキロベース）はトラックが最大であり、5割を超えている。トラックの$CO_2$排出原単位[注1]は、大量輸送機関の鉄道、内航海運より大きく、物流部門における$CO_2$排出割合は、トラックが約9割を占めている。国内物流を支えつつ、$CO_2$の排出を抑制するために、トラック単体の低燃費化や輸送効率の向上と併せ、鉄道、内航海運等のエネルギー消費効率の良い輸送機関の活用を図ることが必要である。更なる環境負荷の小さい効率的な物流体系の構築に向け、大型CNGトラック等の環境対応車両の普及促進、港湾の低炭素化の取組みへの支援や冷凍冷蔵倉庫において使用する省エネ型自然冷媒機器の普及促進等を行っている。また、共同輸配送やモーダルシフトの促進や、省エネ船の建造促進等内航海運・フェリーの活性化に取り組んでいる。加えて、「エコレールマーク」（令和5年4月現在、商品166件（187品目）、取組み企業98社を認定）や「エコシップマーク」（5年5月末現在、荷主189者、物流事業者213者を認定）の普及に取り組んでいる。貨物鉄道においては、4年7月の「今後の鉄道物流の在り方に関する検討会」における提言を踏まえ、貨物鉄道が物流における諸課題の解決を図る重要な輸送モードとして、その特性を十分に活かした役割を発揮できるよう、指摘された課題の解決に向けて関係者と連携して取り組んでいる。また、港湾においては、我が国の産業や港湾の競争力強化と脱炭素社会の実現に貢献するため、脱炭素化に配慮した港湾機能の高度化や水素等の受入環境の整備等を図るカーボンニュートラルポート（CNP）の形成を推進しており、低炭素型荷役機械の導入支援、水素を用いた港湾荷役機械を導入するための実証事業等を行っている。さらに、国際海上コンテナターミナルの

---

注1　貨物トンを1km輸送するときに排出される$CO_2$の量。

整備、国際物流ターミナルの整備、複合一貫輸送に対応した国内物流拠点の整備等を推進することにより、貨物の陸上輸送距離削減を図っている。

このほか、関係省庁、関係団体等と協力して、グリーン物流パートナーシップ会議を開催し、荷主と物流事業者の連携による優良事業者への表彰や普及啓発を行っている。総合物流施策大綱（2021～2025年度）策定後は、同大綱の3つの柱である「物流DXや標準化の推進によるサプライチェーン全体の徹底した最適化」、「労働力不足対策の推進と物流構造改革の推進」、「強靭で持続可能な物流ネットワークの構築」のそれぞれに即した取組みも表彰対象とし、物流分野全般の課題解決に資する取組みを幅広く支援している。

### （6）鉄道・船舶・航空・港湾における低炭素化の促進

#### ①鉄道分野における脱炭素化の取組み

2050年カーボンニュートラルに向けて更なる脱炭素化を図るため、令和4年3月より「鉄道分野におけるカーボンニュートラル加速化検討会」を立ち上げ、議論を行った。同年8月の同検討会中間とりまとめを踏まえ、鉄軌道事業者等に対する新たな支援制度の創設や鉄道脱炭素官民連携プラットフォームの開催を通じて、鉄道分野及び鉄道関連分野の脱炭素化の実現を促進した。

引き続き、令和5年5月に出された同検討会の最終とりまとめを踏まえ、関係省庁とも連携しながら、エネルギー効率の高い車両の導入、水素を燃料とする燃料電池鉄道車両の開発やバイオディーゼル燃料の導入促進等を進めるほか、鉄道アセットを活用した再生可能エネルギーの導入拡大や、環境優位性のある鉄道の利用促進により、社会全体の脱炭素化に貢献することを目指す。

#### ②海運における省エネ・低炭素化の取組み

国際海運分野については、令和3年11月に、我が国が米国、英国等とIMOに共同提案した2050年国際海運カーボンニュートラルの目標を実現すべく、IMOにおいて引き続き議論を主導する。また、この目標を達成するための2040年時点の中間目標として、平成20年比50％削減目標を令和4年12月にIMOに対して新たに提案した。加えて、令和3年度より、グリーンイノベーション基金を活用して水素・アンモニア等を燃料とするゼロエミッション船の実用化に向けた技術開発・実証を行っている。アンモニア燃料船については令和8年、水素燃料船については令和9年の実証運航開始を目指しているところ、令和5年5月には、世界で初めて船舶用大型エンジンによるアンモニア燃料と重油の混焼運転試験を開始するなど、この分野の技術開発をリードしている。国土交通省として、引き続き世界に先駆けた国産「日の丸」エンジンの開発支援を継続していく。内航海運分野においても、船舶の省エネ・低脱炭素化を促進しており、令和4年度は「内航カーボンニュートラル推進に向けた検討会」のとりまとめに示した施策を具体化すべく、荷主等と連携し、新たな技術・手法を組み合わせた連携型省エネ船の開発、バイオ燃料の活用や運航効率の一層の改善に向けた取組み、省エネルギー・省$CO_2$の見える化を推進している。省エネルギー・省$CO_2$の見える化については、省エネ法における荷主のエネルギー使用量の算定において、内航船省エネルギー格付制度の評価に応じた原単位を使用できるよう措置した。また、関係省庁とも連携してLNG燃料船、水素FC船、バッテリー船等の実証・導入を支援するなど船舶の低・脱炭素化に向けた取組みを一層加速させている。

#### ③航空分野のCO₂排出削減の取組み

航空の脱炭素化に向けて、令和4年6月に「航空法等の一部を改正する法律」が成立し、航空

会社や空港管理者等が主体的・計画的に脱炭素化の取組みを進めるための制度的枠組を導入した。

また、令和4年12月には同法に基づき、今後の航空における脱炭素化の基本的な方向性を示す航空脱炭素化推進基本方針を策定した。当該方針に沿って、航空会社や空港管理者による脱炭素化推進計画の作成を支援、進捗をフォローアップし、航空の脱炭素化を着実に進める。

国際航空分野では、国際民間航空機関（ICAO）において、令和4年10月、我が国が議論をリードしてきた$CO_2$排出削減の長期目標について「2050年までのカーボンニュートラル」が採択された。

また、「航空機運航分野における$CO_2$削減に関する検討会」で取りまとめた工程表の取組みを着実に進めていくため、SAF（Sustainable Aviation Fuel：持続可能な航空燃料）の導入促進、管制の高度化等による運航の改善、機材・装備品等への環境新技術の導入の3つのアプローチ毎に関係省庁と共同して官民協議会を設置した。SAFの導入促進については、2030年時点の本邦航空会社による燃料使用量の10％をSAFに置き換えるという目標に向け、国際競争力のある国産SAFの製造・供給、SAFのサプライチェーンの構築、CORSIA適格燃料の登録・認証取得（ICAOにおける環境持続可能性・GHG排出量の評価等）などに取り組む。

空港分野においては、「空港分野における$CO_2$削減に関する検討会」において空港施設・空港車両等からの$CO_2$排出削減、空港の再エネの導入など各空港における脱炭素化の推進について検討を進めている。また、空港の脱炭素化に向けた官民連携プラットフォームの取組みや利用者への理解促進をするとともに、「空港脱炭素化推進のための計画策定ガイドライン（第二版）」及び「空港脱炭素化事業推進のため

のマニュアル（初版）」を参考にしつつ、各空港において空港脱炭素化推進協議会の設置や空港脱炭素化推進計画の策定を推進する。

#### ④港湾におけるカーボンニュートラルポート（CNP）形成の推進

港湾においては、我が国の産業や港湾の競争力の強化と脱炭素社会の実現に貢献するため、脱炭素化に配慮した港湾機能の高度化や水素等の受入環境の整備等を図るカーボンニュートラルポート（CNP）の形成を推進している。

令和4年12月に施行された「港湾法の一部を改正する法律（令和4年法律第87号）」により、港湾管理者が、多岐に亘る関係者が参加する港湾脱炭素化推進協議会における検討を踏まえて、港湾脱炭素化推進計画を作成するなど、CNPの形成をより一層推進する体制が構築された。また、港湾管理者による同計画の作成を支援するとともに、低炭素型荷役機械の導入、停泊中船舶に陸上電力を供給する設備の整備、水素を動力源とする荷役機械等に関する現地実証、LNGバンカリング拠点の整備、洋上風力発電の導入等を推進する。

加えて、サプライチェーンの脱炭素化に取り組む荷主等のニーズへ対応するため、コンテナターミナル等の脱炭素化の取組み状況を客観的に評価する認証制度の導入に向けて、国際展開も視野に入れて検討を進める。

#### （7）住宅・建築物の省エネ性能の向上

2050年カーボンニュートラル、2030年度温室効果ガス46％排出削減（2013年度比）、さらに50％の高みに向けた挑戦という目標の実現に向け、我が国のエネルギー消費量の約3割を占める建築物分野における取組みが急務となっている。

住宅・建築物の省エネ対策を強力に進めるた

【関連リンク】
カーボンニュートラルポート（CNP）とは
URL: https://www.mlit.go.jp/kowan/kowan_tk4_000054.html

め、「脱炭素社会の実現に資するための建築物のエネルギー消費性能の向上に関する法律等の一部を改正する法律」が令和4年6月に公布され、2025年度までに原則全ての新築住宅・非住宅に省エネ基準適合を義務付けることとした。加えて、より高い省エネ性能への誘導のため、建築物の販売・賃貸時の省エネ性能表示制度を強化するとともに、形態規制の合理化等により既存ストックの省エネ改修を推進することとしている。また、再エネ設備導入促進のための措置として、市町村が地域の実情に応じて再エネ設備の設置を促進する区域を設定できることとした。

このほか、省エネ・省$CO_2$等に係る先導的なプロジェクトやZEH・ZEB等の省エネ性能の高い住宅・建築物に対する支援を行うとともに、独立行政法人住宅金融支援機構のフラット35SにおけるZEH等への融資金利引下げ等を実施している。また、設計・施工技術者向けの講習会の開催等により、省エネ住宅・建築物の生産体制の整備に対する支援を行っている。さらに、住宅の省エネ化を推進するため、国土交通省、環境省、及び経済産業省は住宅の省エネリフォーム等に関する新たな補助制度をそれぞれ創設し、ワンストップで利用可能とするなど、連携して支援を行う。

### （8）下水道における省エネ・創エネ対策等の推進

高効率機器の導入等による省エネ対策、下水汚泥の固形燃料化等の創エネ対策、下水汚泥の高温焼却等による一酸化二窒素の削減を推進している。

### （9）建設機械の環境対策の推進

燃費基準値を達成した油圧ショベル、ブルドーザ等の主要建設機械を燃費基準達成建設機械として認定する制度を運営しており、令和5年1月現在で163型式を認定している。一方、これらの建設機械の購入に対し低利融資制度等の支援を行っている。

また、令和32年目標である建設施工におけるカーボンニュートラルの実現に向けて、動力源の抜本的な見直しが必要であり、GX建設機械（電動等）の導入拡大を図るため、GX建設機械認定制度創設の検討を行う。

### （10）都市緑化等による$CO_2$の吸収源対策の推進

都市緑化等は、パリ協定に基づく我が国の温室効果ガス削減目標の吸収源対策に位置づけられており、市町村が策定する緑の基本計画等に基づき、都市公園の整備や、道路、港湾等の公共施設や民有地における緑化を推進している。また、地表面被覆の改善等、熱環境改善を通じたヒートアイランド現象の緩和による都市の低炭素化や緑化による$CO_2$吸収源対策の意義や効果に関する普及啓発にも取り組んでいる。

### （11）ブルーカーボンを活用した吸収源対策の推進

$CO_2$吸収源の新しい選択肢として、沿岸域や海洋生態系により隔離・貯留される炭素（ブルーカーボン）が注目され、令和元年6月に「地球温暖化防止に貢献するブルーカーボンの役割に関する検討会」を設置した。2年7月にはブルーカーボンに関する試験研究を行う技術研究組合「ジャパンブルーエコノミー技術研究組合（JBE）」の設立を認可し、藻場の保全活動等の取組みによりブルーカーボン生態系が吸収した$CO_2$吸収量をクレジットとして認証する「ブルーカーボン・オフセット・クレジット制度」の試行に取り組んでいる。

## 3 再生可能エネルギー等の利活用の推進

### （1）海洋再生可能エネルギー利用の推進

　洋上風力発電の導入に関し、港湾区域内において港湾管理者が事業者を選定済みの全国6港のうち、能代港内及び秋田港内において、令和4年12月から5年1月にかけて、我が国初となる大型商用洋上風力発電の運転が開始された。また、一般海域においても、「海洋再生可能エネルギー発電設備の整備に係る海域の利用の促進に関する法律」に基づく公募により、経済産業省及び国土交通省が3年度に計5区域において事業者を選定した。4年12月には「秋田県八峰町及び能代市沖」、「秋田県男鹿市、潟上市及び秋田市沖」、「新潟県村上市及び胎内市沖」、「長崎県西海市江島沖」の計4区域において事業者公募を開始するなど、洋上風力発電の導入が加速化している。

　また、洋上風力発電設備の設置及び維持管理に利用される港湾（基地港湾）について、これまで国土交通大臣が4港を指定している。このうち、秋田港では整備が完了し、令和3年4月に港湾法に基づく発電事業者への埠頭の長期貸付を開始した。能代港、鹿島港、北九州港については引き続き地耐力強化などの必要な整備を実施している。

　また、浮体式洋上風力発電施設の商用化に向けて同施設のコスト低減が喫緊の課題となっている。このため、平成30年度より安全性を確保しつつ浮体構造や設置方法の簡素化等を実現するための設計・安全評価手法を検討しているところ、令和2年度からは検査の効率化を実現するための手法を検討している。引き続き洋上風力発電の導入促進に向けた取組みを進めていく。

### （2）未利用水力エネルギーの活用

　ダムによる治水機能の強化、水力発電の促進、地域振興の3つの政策目標を官民連携の新たな枠組みのもとで実現する「ハイブリッドダム」の取組みを推進している。この取組みの一環として、国が管理する治水等多目的ダム等において最新の気象予測技術を活用した洪水後期放流の活用、非出水期水位の弾力的運用などのダム運用の高度化を試行的に行うとともにダム管理用水力発電設備の積極的な導入等による未利用エネルギーの徹底的な活用を図ることとしている。また、河川等における取組みとして、登録制による従属発電の導入、現場窓口によるプロジェクト形成支援、砂防堰堤における小水力発電の検討情報の提供等、技術的支援及び発電設備の導入支援等を実施し、小水力発電の導入促進を図っている。

### （3）下水道バイオマス等の利用の推進

　国土交通省では、下水汚泥のエネルギー利用、下水熱の利用等を推進している。平成27年5月には、「下水道法」が改正され、民間事業者による下水道暗渠への熱交換器設置が可能になったほか、下水道管理者が下水汚泥をエネルギー又は肥料として再生利用することが努力義務化された。固形燃料化やバイオガス利用等による下水汚泥のエネルギー利用、再生可能エネルギー熱である下水熱の利用について、PPP/PFI等により推進している。

### （4）太陽光発電等の導入推進

　公的賃貸住宅、官庁施設や、道路、空港、港湾、鉄道・軌道施設、公園、ダム、下水道等のインフラ空間等を活用した太陽光発電等について、施設等の本来の機能を損なわないよう、ま

【関連リンク】
洋上風力発電
URL：https://www.mlit.go.jp/kowan/kowan_mn6_000005.html

た、周辺環境への負荷軽減にも配慮しつつ、可能な限りの導入拡大を推進している。

### （5）水素社会実現に向けた取組みの推進

#### ①燃料電池自動車の普及促進

　燃料電池自動車の世界最速普及を達成すべく、また、比較的安定した水素需要が見込まれる燃料電池バス等を普及させることが水素供給インフラの整備においても特に重要であるとの認識の下、民間事業者等による燃料電池自動車の導入事業について支援している。令和4年末までに、燃料電池自動車の保有台数は7,425台となった。

#### ②水素燃料電池船の実用化に向けた取組み

　「水素燃料電池船の安全ガイドライン」について、最新の知見や動向を踏まえて、水素燃料電池船の安全性を確保しつつ、開発・実用化をより推進する観点から令和3年8月に改訂版を公表した。

#### ③水素燃料船の開発

　令和3年より、「グリーンイノベーション基金」を活用した「次世代船舶の開発」プロジェクトにおいて、水素燃料エンジンの技術開発を支援しており、9年の実証運航開始を目指している。また、「海事産業集約連携促進技術開発費補助金」を通じて、様々な業種で連携して水素燃料船等の開発を行う事業者を支援し、技術のトップランナーを中核としたシステムインテグレータの育成を行っている。このような取組みを通して、我が国の海事産業の競争力を高めていく。

#### ④液化水素の海上輸送システムの確立

　平成27年度より、川崎重工業株式会社等が、豪州の未利用エネルギーである褐炭を用いて水素を製造し、我が国に輸送を行う液化水素サプライチェーンの構築事業（経済産業省「未利用エネルギー由来水素サプライチェーン構築実証事業」（国土交通省連携事業））を実施している。

#### ⑤下水汚泥由来の水素製造・利活用の推進

　下水汚泥は、量・質の両面で安定しており、下水処理場に集約される。下水処理場が都市部に近接している等の特徴から、効率的かつ安定的な水素供給の実現の可能性が期待されている。

#### ⑥燃料電池鉄道車両の開発

　東日本旅客鉄道株式会社等が水素を燃料とする燃料電池鉄道車両の開発しているところ、国土交通省等における手続きを経て、令和4年3月より営業路線において試験車両の実証試験が開始された。

## 4　地球温暖化対策（適応策）の推進

　気候変動による様々な影響に備えるための取組みは、「気候変動適応法」（平成30年法律第50号）に基づき策定された、政府の「気候変動適応計画」（令和3年10月22日閣議決定）に基づいて、総合的かつ計画的に推進している。

## 第2節　循環型社会の形成促進

### 1　建設リサイクル等の推進

#### （1）建設リサイクルの推進

「建設工事に係る資材の再資源化等に関する法律（建設リサイクル法）」に基づき、全国一斉パトロール等による法の適正な実施の確保に努めている。

また、国土交通省における建設リサイクルの推進に向けた基本的考え方、目標、具体的施策を示した「建設リサイクル推進計画2020～「質」を重視するリサイクルへ～」（計画期間：最大10年間、必要に応じて見直し）を令和2年9月に策定し、各種施策に取り組んでいる。

具体的には、建設発生土の更なる有効利用を促進し、今後は「質」の向上が重要な視点と考え、①建設副産物の高い再資源化率の維持等、循環型社会形成へのさらなる貢献、②社会資本の維持管理・更新時代到来への配慮、③建設リサイクル分野における生産性向上に資する対応等を主要課題とした取り組むべき施策を実施している。

#### （2）下水汚泥の肥料利用・リサイクルの推進

下水汚泥のリサイクルを推進（令和2年度リサイクル率75％）し、下水汚泥の固形燃料化等によるエネルギー利用を進めている。さらに、下水道革新的技術実証事業（B-DASHプロジェクト）により、下水道資源を有効利用する革新的な技術及びシステムの実証を進めている。

## Column　コラム

### 下水汚泥資源の肥料利用の拡大に向けて

輸入依存度の高い肥料原料の価格が高騰する中、令和4年9月9日に開催された食料安定供給・農林水産業基盤強化本部において、岸田総理より、堆肥や下水汚泥資源の利用拡大に向けた施策の具体化について指示が出されました。

これを受け、国土交通省と農林水産省は「下水汚泥資源の肥料利用の拡大に向けた官民検討会」を共同で設置し、今後の推進策の方向性を取りまとめました。

また、令和4年12月27日に決定された食料安全保障強化政策大綱では、2030年までに堆肥・下水汚泥資源の使用量を倍増し、肥料の使用量（リンベース）に占める国内資源の利用割合を40％まで拡大（2021年：25％）する目標等が位置づけられました。

国土交通省としては、引き続き農林水産省と連携し、肥料の流通経路の確保等に向けたマッチング等に取り組んでいきます。

【関連リンク】
下水汚泥資源の肥料利用の拡大に向けた官民検討会：
URL：https://www.mlit.go.jp/mizukokudo/sewerage/mizukokudo_sewerage_tk_000784.html

【関連リンク】
食料安定・農林水産業基盤強化本部
URL：https://www.kantei.go.jp/jp/singi/nousui/kaisai.html

【関連リンク】
建設廃棄物の搬出量、建設リサイクル推進計画2020 達成基準値
URL：https://www.mlit.go.jp/report/press/sogo03_hh_000247.html

## 2 循環資源物流システムの構築

### （1）海上輸送を活用した循環資源物流ネットワークの形成

循環型社会の構築に向けて循環資源の「環」を形成するため、循環資源の広域流動の拠点となる港湾をリサイクルポート（総合静脈物流拠点港）として全国で22港指定している。リサイクルポートでは、岸壁等の港湾施設の確保、循環資源取扱支援施設の整備への助成、官民連携の促進、循環資源の取扱いに関する運用等の改善を行っている。

また、大規模災害時に発生する災害廃棄物の迅速かつ円滑な処理を進めるため、災害廃棄物の仮置き場や処分場等としての港湾の活用可能性について関係機関等と連携して検討する。

### （2）廃棄物海面処分場の計画的な確保

港湾整備により発生する浚渫土砂や内陸部での最終処分場の確保が困難な廃棄物等を受け入れるため、海面処分場の計画的な整備を進めている。特に大阪湾では、大阪湾フェニックス計画[注2]に基づいて広域処理場を整備し、大阪湾圏域から発生する廃棄物等を受け入れている。また、首都圏で発生する建設発生土をスーパーフェニックス計画[注3]に基づき海上輸送し、全国の港湾等の埋立用材として広域利用を行っている。

## 3 自動車・船舶のリサイクル

### （1）自動車のリサイクル

「使用済自動車の再資源化等に関する法律（自動車リサイクル法）」に基づき、使用済自動車が適切にリサイクルされたことを確認する制度を導入している。また、「道路運送車両法」の抹消登録を行う際、自動車重量税還付制度も併せて実施し、使用済自動車の適正処理の促進及び不法投棄の防止を図っている。なお、令和3年度において、自動車リサイクル法に基づき解体が確認され、永久抹消登録及び解体届出がなされた自動車は1,220,399台である。

### （2）船舶のリサイクル

船舶の再資源化解体（シップ・リサイクル）[注4]は、インド、バングラデシュ等の開発途上国を中心に実施されており、労働災害と環境汚染等が問題視されてきた。この問題を国際的に解決するため、我が国は世界有数の海運・造船国として国際海事機関（IMO）における議論及び条約起草作業を主導し、「2009年の船舶の安全かつ環境上適正な再資源化のための香港国際条約」（シップ・リサイクル条約）が採択された。

同条約の発効要件は、①15か国以上が締結、②締約国の商船船腹量の合計が40％以上、③締約国の直近10年における最大年間解体船腹量の合計が締約国の商船船腹量の3％以上であるところ、我が国は、平成31年3月に同条約を締結し、各国に対して同条約の早期締結に向けて働きかけを行ってきており、令和5年3月末時点の発効要件の充足状況はそれぞれ①20か国、②30.7％、③2.4％[注5]となっている。

注2　近畿2府4県169市町村から発生する廃棄物等を、海面埋立により適正に処分し、港湾の秩序ある整備を図る事業。
注3　首都圏の建設発生土を全国レベルで調整し、埋立用材を必要とする港湾において港湾建設資源として有効利用する仕組み。
注4　寿命に達した船舶は、解体され、その大部分は鋼材として再活用される。
注5　令和3年の世界の商船船腹量の40％を締約国の商船船腹量と仮定して試算。

## 4　グリーン調達に基づく取組み

「国等による環境物品等の調達の推進等に関する法律（グリーン購入法）」に基づく政府の基本方針の一部変更を受け、「環境物品等の調達の推進を図るための方針（調達方針）」を令和5年2月24日に策定した。これに基づき、公共工事における資材、建設機械、工法、目的物等のグリーン調達[注6]を積極的に推進している。

## 5　木材利用の推進

木材は、加工に要するエネルギーが他の素材と比較して少なく、多段階における長期的利用が地球温暖化防止、循環型社会の形成に資するなど環境にやさしい素材であることから、公共工事等において木材利用推進を図っている。

令和3年10月1日に施行された「公共建築物等における木材の利用の促進に関する法律の一部を改正する法律（令和3年法律第77号）」[注7]により、法律の対象が公共建築物から建築物一般に拡大された。また、同法等に基づき、自ら整備する公共建築物において木造化、内装等の木質化、CLTの活用等に取り組むとともに、木材利用に関する技術基準、手引き等の作成及び関係省庁や地方公共団体等への普及に努めている。

また、温室効果ガスの吸収源対策の強化を図る上でも、我が国の木材需要の約4割を占める建築物分野における取組みが求められている。このような中、建築物分野における木材利用の更なる促進に資する規制の合理化なども盛り込んだ「脱炭素社会の実現に資するための建築物のエネルギー消費性能の向上に関する法律等の一部を改正する法律」を令和4年6月17日に公布した。

さらに、木造住宅・建築物の整備の推進のため、地域材を使用した長期優良住宅やZEH等の良質な木造住宅や地域の気候風土に適応した木造住宅等の整備に対する支援、先導的な設計・施工技術を導入する建築物や木造化の普及に資する建築物の整備に対する支援、地域における木造住宅生産体制の整備、担い手の育成の取組みに対する支援等に取り組んでいる。

**図表Ⅱ-7-2-1　木材利用の整備事例**

■瀬棚海上保安署（内装等の木質化：天井仕上等）

注6　ここでは「グリーン購入法」第2条に規定された環境物品等を調達することをグリーン調達という。
注7　法改正により名称が「脱炭素社会の実現に資する等のための建築物等における木材の利用の促進に関する法律」に変わっている。

## 第3節　豊かで美しい自然環境を保全・再生する国土づくり

## 1　生物多様性の保全のための取組み

　令和4年12月にカナダ・モントリオールで開催されたCOP15において、「昆明・モントリオール生物多様性枠組」が採択され、さらに5年3月に「生物多様性国家戦略2022-2030」が策定されたことを受け、グリーンインフラを含め、河川、都市の緑地、海岸、港湾等において生物の生息・生育地の保全・再生・創出等の取組みを引き続き推進することとした。

## 2　豊かで美しい河川環境の形成

### （1）良好な河川環境の保全・形成
**①多自然川づくり、生態系ネットワークの形成**

　河川整備に当たっては、「多自然川づくり基本指針（平成18年10月策定）」に基づき、河川全体の自然の営みを視野に入れ、地域の暮らしや歴史・文化との調和にも配慮し、河川が本来有している生物の生息・生育・繁殖環境及び多様な河川景観の保全・創出する「多自然川づくり」をすべての川づくりにおいて推進している。

　また、自然再生事業等による湿地等の再生、魚道整備等による魚類の遡上・降下環境の改善等を図るとともに、多様な主体と連携した生態系ネットワークの形成による流域の生態系の保全・創出を推進している。

**②河川における外来種対策**

　生物多様性に対する脅威の1つである外来種は、全国の河川において生息域を拡大している。この対策として、「地域と連携した外来植物防除対策ハンドブック（案）」等の周知を行うとともに、各地で外来種対策を実施している。

### （2）河川水量の回復のための取組み

　良好な河川環境を保全するには、豊かな河川水量の確保が必要である。このため、河川整備基本方針等において動植物の生息・生育環境、景観、水質等を踏まえた必要流量を定め、この確保に努めているほか、水力発電所のダム等の下流の減水区間における清流回復の取組みを進めている。また、ダム下流の河川環境を保全するため、洪水調節に支障を及ぼさない範囲で洪水調節容量の一部に流水を貯留し、活用放流するダムの弾力的管理及び弾力的管理試験を行っているほか、河川の形状等に変化を生じさせる中規模フラッシュ放流の取組みを進めている。さらに、平常時の自然流量が減少した都市内河

【関連リンク】
総合的な土砂管理と流砂系
URL：https://www.mlit.go.jp/river/sabo/sougoudoshakanri/sougoudosyatowa.pdf

【関連リンク】
子どもの水辺再発見プロジェクト・水辺の楽校プロジェクト
URL：https://www.mlit.go.jp/river/kankyo/play/kawanimanabu.html

【関連リンク】
河川水難事故防止ポータルサイト
URL：https://www.mlit.go.jp/river/kankyo/play/anzenriyou.html

【関連リンク】
河川水質の現況
URL：https://www.mlit.go.jp/river/toukei_chousa/kankyo/kankyou/suisitu/index.html

川では、下水処理場の処理水の送水等により、河川流量の回復に取り組んでいる。

### （3）流域の源頭部から海岸までの総合的な土砂管理の取組みの推進

　土砂の流れの変化による河川環境の変化や海域への土砂供給の減少、沿岸漂砂の流れの変化等による海岸侵食等が進行している水系について、流域の源頭部から海岸まで一貫した総合的な土砂管理の取組みを関係機関が連携して推進している。具体的には、砂防、ダム、河川、海岸における土砂の流れに関する問題に対応するため、適正な土砂管理に向けた総合土砂管理計画の策定や、土砂を適切に下流へ流すことのできる透過型砂防堰堤の設置並びに既設砂防堰堤

の改良、ダムにおける土砂バイパス等による土砂の適切な流下、河川の砂利採取の適正化、サンドバイパス、養浜等による砂浜の回復などの取組みを関係機関と連携し進めている。

### （4）河川における環境教育

　川は身近に存在する自然空間であり、環境学習や自然体験活動等の様々な活動が行われている。子どもたちが安全に川で学び、遊ぶためには、危険が内在しているなど、正しい知識が不可欠であることから、教育関係者や一般利用者向けの学習支援素材の作成や、市民団体が中心となって設立された特定非営利活動法人「川に学ぶ体験活動協議会（RAC）」等と連携した川の指導者の育成等を推進している。

## 3　海岸・沿岸域の環境の整備と保全

　津波、高潮、高波等から海岸を防護しつつ、生物の生息・生育地の確保、景観への配慮や海岸の適正な利用の確保等が必要であり、「防護」「環境」「利用」の調和のとれた海岸の整備と保全を推進している。また、「美しく豊かな自然を保護するための海岸における良好な景観及び環境並びに海洋環境の保全に係る海岸漂着物等の処理等の推進に関する法律（海岸漂着物処理推進法）」に基づき、関係機関と緊密な連携を図り、海岸漂着物等に対する実効的な対策を推

進している。

　また、海岸に漂着した流木等が異常に堆積し、これを放置することにより海岸保全施設の機能を阻害する場合は、海岸管理者に対して「災害関連緊急大規模漂着流木等処理対策事業」により支援している。なお、海岸保全施設の機能の確保や海岸環境の保全と公衆の海岸の適正な利用を図ることを目的に、放置座礁船の処理や海域において異常に堆積しているヘドロ等の除去についても支援している。

## 4　港湾行政のグリーン化

### （1）今後の港湾環境政策の基本的な方向

　我が国の港湾が今後とも物流・産業・生活の場としての役割を担い、持続可能な発展を遂げていくためには、過去に劣化・喪失した自然環境を少しでも取り戻し、港湾のあらゆる機能について環境配慮に取り込むことが重要である。そのため、港湾の開発・利用と環境の保全・再生・創出を車の両輪としてとらえた「港湾行政のグリーン化」を図る。

### （2）良好な海域環境の積極的な保全・再生・創出

　港湾整備で発生する浚渫土砂等を有効に活用した干潟造成、覆砂、深堀跡の埋め戻し、生物共生型港湾構造物の普及等を実施するとともに、行政機関、研究所等の多様な主体が環境データを登録・共有することができる海域環境データベースを構築し、環境データの収集・蓄積・解析・公表を図りつつ、沿岸域の良好な自然環

境の保全・再生・創出に積極的に取り組む。

　また、自然環境の大切さを学ぶ機会の充実を図るため、保全・再生・創出した場を活用した「海辺の自然学校」を全国各地で実施する。

## （3）放置艇対策の取組み

　放置艇は、景観や船舶の航行等に影響を及ぼすとともに津波による二次被害も懸念されることから、小型船舶の係留・保管能力の向上と放置等禁止区域の指定等の規制措置の対策を実施している。

## 5　道路の緑化・自然環境対策等の推進

　道路利用者への快適な空間の提供、周辺と一体となった良好な景観の形成、地球温暖化やヒートアイランドへの対応、良好な都市環境の整備等の観点から、道路の緑化は重要である。このため、道路緑化に係る技術基準に基づき、良好な道路緑化の推進及びその適切な管理を図っている。

図表Ⅱ-7-3-1　道路緑化の事例（兵庫県神戸市）

## 第4節　健全な水循環の維持又は回復

## 1　水循環政策の推進

### （1）水循環基本法に基づく政策展開

　「水循環基本法」（平成26年法律第16号）が令和3年6月に改正され、水循環における地下水の適正な保全及び利用が明確に位置付けられたことや、2年6月の水循環基本計画の改定以降に進んだ水循環に関する取組みがあったことを踏まえ、4年6月に水循環基本計画の一部見直しを行った。見直しに当たっては、政府が講ずべき施策として「地下水の適正な保全及び利用」の項目を新設するなど地下水に関する内容を充実させるとともに、流域治水、水循環政策における再生可能エネルギーの導入促進等に関する取組みを追加しており、見直し後の計画に基づき健全な水循環の維持又は回復のための取組みを進めている。

　また、令和4年6月、水循環基本法に基づき、

「水循環白書」を閣議決定、国会報告した。「水循環白書」は、政府が水循環に関して講じた施策について、毎年、国会に報告するものであり、今回は、「地下水マネジメントのさらなる推進に向けて」と題し特集を組み、地下水に係る施策の変遷を振り返るとともに、地下水マネジメントの取組み状況と今後の展望についてとりまとめ、国土交通省による地下水データベース開発に関する取組み等を紹介した。

### （2）流域マネジメントの推進

　流域の森林、河川、農地、都市、湖沼、沿岸域等において、人の営みと水量、水質、水と関わる自然環境を適正で良好な状態に保つ又は改善するため、流域において関係する行政などの公的機関、事業者、団体、住民等の様々な主体

が連携して活動することを「流域マネジメント」とし、更なる展開と質の向上を図っている。

　令和4年度は、各地域の水循環に係る計画のうち4年8月に7計画、5年3月に5計画を「流域水循環計画」として公表した（5年3月時点で合計69計画）。

　財政的な支援として、平成30年度より、社会資本整備総合交付金及び防災・安全交付金の配分に当たって、「流域水循環計画」に基づき実施される事業を含む整備計画である場合には、一定程度配慮されることとなっている。

　流域マネジメントの更なる展開と質の向上に向けて、流域マネジメントの取組みのポイントを、具体事例を通して紹介した「流域マネジメントの事例集　人材育成・資金調達編」を令和5年3月に作成した。また、流域マネジメントに関する知識や経験を有するアドバイザーから、流域水循環計画の策定・実施に必要となる技術的な助言・提案等を行うことを目的とした「水循環アドバイザー制度」により、6つの地方公共団体への支援を実施した。

## 2 水の恵みを将来にわたって享受できる社会を目指して

　近年、我が国の水資源を巡っては、危機的な渇水、大規模自然災害、水インフラの老朽化・劣化に伴う大規模な事故等、新たなリスクや課題が顕在化している。これらを背景として、需要主導型の「水資源開発の促進」からリスク管理型の「水の安定供給」へ水資源政策の転換を進めている。

　平成29年5月の国土審議会からの答申を受け、我が国の産業と人口の約5割が集中する全国7水系6計画の水資源開発基本計画を抜本的に見直すこととしており、令和5年3月末時点において、4計画(吉野川水系(平成31年4月)、

利根川及び荒川水系（令和3年5月）、淀川水系（4年5月）、筑後川水系（5年1月））が閣議決定・国土交通大臣決定し、計画の見直しが完了している。

　リスク管理型の新たな計画では、危機的な渇水時も含めて水需給バランスを総合的に点検し、既存施設の徹底活用によるハード対策と必要なソフト対策を一体的に推進することで、安全で安心できる水を安定して利用できる仕組みをつくり、水の恵みを将来にわたって享受できる社会を目指している。

## 3 水環境改善への取組み

### （1）水質浄化の推進

　水環境の悪化が著しい全国の河川等においては、地方公共団体、河川管理者、下水道管理者等の関係機関が連携し、河川における水質浄化対策や下水道整備による生活排水対策など、水質改善に取組んでいる。

### （2）水質調査と水質事故対応

　良好な水環境を保全・回復する上で水質調査は重要であり、令和3年は一級河川109水系の991地点を調査した。また、市民と協働で水質調査マップの作成や水生生物調査等を実施した。

　油類や化学物質の流出等による河川の水質事故は、令和3年に一級水系で754件発生した。水質汚濁防止に関しては、河川管理者と関係機

【関連リンク】
令和3年全国一級河川の水質現況（令和4年7月7日発表）
URL：https://www.mlit.go.jp/river/toukei_chousa/kankyo/kankyou/suisitu/r3_suisitu.html

関で構成される水質汚濁防止連絡協議会を109水系のすべてに設立しており、水質事故発生時の速やかな情報連絡や、オイルフェンス設置等の被害拡大防止に努めている。

### （3）閉鎖性海域の水環境の改善

東京湾、伊勢湾、大阪湾を含む瀬戸内海等の閉鎖性海域では、陸域からの汚濁負荷量は減少しているものの、干潟・藻場の消失による海域の浄化能力の低下等により、依然として赤潮や青潮が発生し漁業被害等が生じている。

また、漂流ごみ・油による環境悪化や船舶への航行影響等が生じている。令和2年7月の大雨では、有明海・八代海等で大量に漂流木等が発生し、船舶航行等に支障が及ぶ恐れがあった

ため、海洋環境整備船が漁業者と連携して回収作業を実施した。さらに3年8月の海底火山「福徳岡ノ場」の噴火に伴って発生した軽石の除去作業を実施した。

きれいで豊かな海を取り戻すため、①汚泥浚渫、覆砂、深堀跡の埋め戻しによる底質改善、②干潟・藻場の再生や生物共生型港湾構造物の普及による生物生息場の創出、③海洋環境整備船による漂流ごみ・油の回収、④下水道整備等による汚濁負荷の削減、⑤多様な主体が連携・協働して環境改善に取組む体制の整備等の取組みを推進する。併せて、耐波性能等を強化した海洋環境整備船を順次配備するなど、更なる漂流物回収体制の強化を推進する。

| 図表Ⅱ-7-4-1 | 海洋環境整備船と漁業者との連携した回収作業の様子 |

### （4）健全な水環境の創造に向けた下水道事業の推進

豊かな海の再生や生物の多様性の保全に向け、近傍海域の水質環境基準の達成・維持などを前提に、冬期に下水放流水に含まれる栄養塩類の濃度を上げることで不足する窒素やリンを

供給する、栄養塩類の能動的運転管理を進めている。合流式下水道については、令和5年度末までに雨天時に放流される汚水まじりの下水の抑制等、緊急改善対策の完了を図ることとしている。

## 4　水をはぐくむ・水を上手に使う

### （1）水資源の安定供給

水利用の安定性を確保するためには、需要と供給の両面から地域の実情に応じた多様な施策を行う必要がある。具体的に、需要面では水の回収・反復利用の強化、節水意識の向上等があり、供給面ではダム等の水資源開発施設の建設、

維持管理、老朽化対策、危機管理対策等がある。

また、地下水の適正な保全及び利用、雨水・再生水の利用促進のほか、「水源地域対策特別措置法」に基づいて、水源地域の生活環境、産業基盤等を整備し、あわせてダム貯水池の水質汚濁の防止等に取り組んでいる。

さらに、気候変動の影響により、渇水がより深刻化し、渇水による社会生活や経済への更なる影響が発生することが懸念されている。このため、渇水による被害を防止、軽減する対策を推進するべく、既存施設の水供給の安全度と渇水リスクの評価を行うとともに、渇水被害を軽減するための対策等を定める渇水対応タイムライン（時系列の行動計画）の作成を促進する。渇水による影響が大きい水系から渇水対応タイムラインの作成を進め、令和4年度末に国が管理する22水系24河川で運用を開始している。

### （2）水資源の有効利用
#### ①下水処理水の再利用拡大に向けた取組み
　下水処理水は、都市内において安定した水量が確保できる貴重な水資源である。下水処理水全体のうち、約1.4%が用途ごとに必要な処理が行われ、再生水としてせせらぎ用水、河川維持用水、水洗トイレ用水等に活用されており、更なる利用拡大に向けた取組みを推進している。

#### ②雨水利用等の推進
　水資源の有効利用を図り、あわせて下水道、河川等への雨水の集中的な流出の抑制に寄与するため、雨水の利用を推進するための取組みを実施している。
　具体的には、雨水を一時的に貯留し水洗トイレ用水や散水等へ利用する取組みを推進しており、これらの利用施設は、令和3年度末において4,105施設あり、その年間利用量は約1,244万m³である。

### （3）安全で良質な水の確保
　安全で良質な水道水の確保のため、河川環境や水利用に必要となる河川流量の確保や、水質事故などの不測の事態に備えた河川管理者や水道事業者等の関係機関の連携による監視体制の強化、下水道、集落排水施設、浄化槽の適切な役割分担のもとでの生活排水対策の実施により、水道水源である共用水域等の水質保全に努めた。

### （4）雨水の浸透対策の推進
　近年、流域の都市開発による不浸透域の拡大により、降雨が地下に浸透せず短時間で河川に流出する傾向にある。降雨をできるだけ地下に浸透させることにより、豪雨による浸水被害等を軽減させるとともに、地下水の涵養や湧水の復活等の健全な水循環系の構築にも寄与する雨水貯留浸透施設の整備を推進・促進している。

### （5）地下水の適正な保全及び利用
　地下水の減少や汚染による地下水障害はその回復に極めて長時間を要し、特に地盤沈下は不可逆的な現象である。このため、地下水障害の防止や生態系の保全等を確保しつつ、地域の地下水を守り、水資源等として利用していくことが求められている。これらの課題に対応し、水循環基本法が地下水の適正な保全及び利用を図るために改正され（令和3年6月）、水循環基本計画が一部変更された（4年6月）ことも踏まえ、より一層、地域の実情に応じた地下水マネジメントの推進を支援する。

## 5 下水道整備の推進による快適な生活の実現

### （1）下水道による汚水処理の普及
　汚水処理施設の普及率は令和3年度末において、全国で92.6%（下水道の普及率は80.6%）となった（東日本大震災の影響により、調査対象外とした福島県の一部市町村を除いた集計データ）ものの、地域別には大きな格差がある。

特に人口5万人未満の中小市町村における汚水処理施設の普及率は82.7%（下水道の普及率は53.7%）と低い水準にとどまっている。今後の下水道整備においては、人口の集中した地区等において重点的な整備を行うとともに、地域の実情を踏まえた効率的な整備を推進し、普

及格差の是正を図ることが重要である。

### ①汚水処理施設の早期概成に向けた取組み

　汚水処理施設の整備を進めるに当たっては、汚水処理に係る総合的な整備計画である「都道府県構想」において、経済性や水質保全上の重要性等の地域特性を踏まえ、適切な役割分担を定めることとしている。令和8年度末までの汚水処理施設整備の概成を目指して整備を促進しており、人口減少等の社会状況変化を踏まえ、汚水処理手法の徹底的な見直しを推進している。

　また、早期かつ安価な整備を可能とするため、地域の実情に応じた新たな整備手法を導入するクイックプロジェクトの導入や、民間活力を活用して整備を推進するための官民連携事業の導入など、整備手法や発注方法の工夫により、未普及地域の解消を推進している。

### （2）下水道事業の持続性の確保

### ①ストックマネジメントの推進

　下水道は、令和2年度末現在、管渠延長約49万km、終末処理場約2,200箇所に及ぶ膨大なストックを有している。これらは、高度経済成長期以降に急激に整備されたことから、今後急速に老朽化施設の増大が見込まれている。小規模なものが主ではあるが、管路施設の老朽化や硫化水素による腐食等に起因する道路陥没が年間に約2,700箇所で発生している。下水道は人々の安全・安心な都市生活や社会経済活動を支える重要な社会インフラであり、代替手段の確保が困難なライフラインであることから、効率的な管路点検・調査手法や包括的民間委託の導入検討を行うとともに、予防保全管理を実践したストックマネジメントの導入に伴う計画的かつ効率的な老朽化対策を実施し、必要な機能を持続させることが求められている。平成27年5月には「下水道法」が改正され、下水道の

維持修繕基準が創設された。これを受け、腐食のおそれが大きい排水施設については、5年に1度以上の適切な頻度で点検を行うこととされ、持続的な下水道機能の確保のための取組みが進められている。また、本改正においては、下水道事業の広域化・共同化に必要な協議を行うための協議会制度が創設されるなど、地方公共団体への支援を強化することにより、下水道事業の持続性の確保を図っている。

### ②下水道の広域化の取組み

　下水道の持続可能な事業運営に向け、「全ての都道府県における令和4年度までの広域化・共同化計画の策定」を目標と設定し、平成30年度中にすべての都道府県において検討体制構築を完了させた。国土交通省としても、平成30年度に創設した「下水道広域化推進総合事業」や、先行して計画策定に取り組む都道府県におけるモデルケースの検討成果の水平展開などにより、引き続き財政面、技術面の双方から支援を行っていく。また、国土交通省では、令和3年度より、下水道革新的技術実証事業（B-DASHプロジェクト）として、ICTを活用した下水道施設広域管理システムの実証を進めている。

### ③経営健全化の促進

　下水道は、国民生活に不可欠なインフラであるが、その経営は汚水処理費（公費で負担すべき部分を除く）を使用料収入で賄うことが原則とされている。人口減少等に伴う収入の減少や老朽化施設の増大等、課題を克服し、将来に渡って下水道サービスを維持するため、経営に関する的確な現状把握や中長期収支見通しを含む経営計画の策定、定期検証に基づく収支構造の適正化を促すなど、経営健全化に向けた取組みを推進している。

【関連リンク】
都市規模別汚水処理人口普及率
URL：https://www.mlit.go.jp/report/press/content/001497948.pdf

### ④民間活力の活用推進と技術力の確保

　下水道分野においては、コンセッション方式を含むPPP/PFI手法の導入及び検討や下水処理場等の維持管理業務における包括的民間委託[注8]の更なる活用に向けた取組みを実施している。コンセッション方式については、浜松市、須崎市に続き、令和4年4月に宮城県において事業が開始された。引き続き、コンセッション方式を含むPPP/PFI手法の案件形成の推進を図る。

　また、技術力の確保については、地方公共団体の要請に基づき、下水道施設の建設・維持管理等の効率化のための技術的支援、地方公共団体の技術者養成、技術開発等を地方共同法人日本下水道事業団が行っている。

### （3）下水道分野の広報の推進

　下水道の使命を果たし、社会に貢献した好事例を平成20年度より「国土交通大臣賞（循環のみち下水道賞）」として表彰しその功績を称えるとともに、広く発信することで全国的な普及を図っている。また、先進的な下水道広報活動の事例を各地方公共団体と共有し全国展開を図るほか、将来の下水道界を担う人材の育成や下水道の多様な機能の理解促進を目的に、広報素材を提供するなど下水道環境教育を推進している。

---

## 第5節　海洋環境等の保全

### （1）船舶からの排出ガス対策

　船舶の排ガス中の硫黄酸化物（SOx）による人や環境への悪影響低減のため、MARPOL条約[注9]により、船舶用燃料油の硫黄分濃度の上限が規制されている。同条約に基づき令和2年1月1日から、基準値が従来の3.5%から0.5%へ強化された。

　本規制に適合するためには、硫黄分の低い燃料油（規制適合油）に切り替える必要があることから、業界が規制に円滑に対応できるよう、さまざまな取組みを行ってきた。また、規制強化開始後も、業界が適切に対処することができるよう、省内に設置した本件に関する相談窓口や業界団体等を通じて、国土交通省としても引き続き情報の把握に努めている。

### （2）大規模油汚染等への対策

　日本海等における大規模な油汚染等への対応策として、日本、中国、韓国及びロシアによる海洋環境保全の枠組みである「北西太平洋地域海行動計画（NOWPAP）」における「NOWPAP地域油危険物質及び有害物質流出緊急時計画」の見直しなど、国際的な協力体制の強化に取り組んでいる。また、「油等汚染事件への準備及び対応のための国家的な緊急時計画」及び「排出油等防除計画」を見直し、本邦周辺海域で発生した大規模油流出事故における防除体制等を整えるとともに、大型浚渫兼油回収船による迅速かつ確実な対応体制を確立している。

　さらに、MARPOL条約において船舶からの油や廃棄物等の排出が規制されていることを受け、国土交通省では、港湾における適切な受入れを確保するため、港湾管理者の参考となるよう「港湾における船内廃棄物の受入れに関するガイドライン（案）」を策定している。

### （3）船舶を介して導入される外来水生生物問題への対応

　水生生物が船舶のバラスト水[注10]に混入し、

---

注8　施設管理について放流水質基準等の性能の確保を条件として課しつつ、運転等の方法については民間事業者に委ねるなど、民間の創意工夫により業務の効率化を図る、複数年契約。
注9　船舶による汚染の防止のための国際条約
注10　主に船舶が空荷の時に、船舶を安定させるため、重しとして積載する海水等

を十分に踏まえ、環境整備を働きかけている。

### （3）我が国の強みを活かした案件形成

　我が国の「質の高いインフラシステム」は、①使いやすく長寿命かつ低廉なライフサイクルコスト、②技術移転、人材・企業育成等相手国発展のための基盤づくりの実施、③工期等契約事項の確実な履行、及び④環境や防災、安全面にも配慮した経験に基づいた技術の導入を特長として有し、これらの強みを活かした案件形成や「川下」の姿を見据えた案件形成後の継続的なフォローを行う。

### （4）我が国コンサルタントによる調査等の質の向上

　案件形成を円滑に進めるためには、我が国コンサルタントによる成果の質のさらなる向上を図る必要がある。このため、第三者による技術的助言への支援、事業調査の早期段階における我が国企業の知見の聴取及びコンサルタントの業務実施環境の整備等に取り組む。

### （5）我が国企業の競争力の強化

　競合国企業は、海外展開事業の規模と実績において我が国企業を大きく上回っており、価格面及び提供する商品の質の柔軟性を含めた供給能力面において、我が国企業の競争力を強化していく必要がある。そのため、現地ローカル企業との連携の促進、海外での設計・製造拠点の設置や現地職員の活用並びにM&Aによる現地・海外企業の取得といった取組みを支援するとともに、国際標準化等に係る戦略的取組みを推進する。

### （6）我が国企業の海外展開に係る人材の確保と環境の整備

　我が国企業が海外案件に従事するに当たり、海外展開に従事できる能力を有する人材が不足しているため、我が国企業の人材流動化を促進する観点から、技術者の海外工事・業務の実績を国内事業で活用できるよう認定するとともに、優秀なものを表彰する「海外インフラプロジェクト技術者認定・表彰制度」の運用等を行っているほか、「海外インフラ展開人材養成プログラム」や中堅・中小建設業海外展開推進協議会（JASMOC）を通じた中堅・中小建設企業の海外展開を支援している。

### （7）案件受注後の継続的なフォローアップ

　海外案件においては、相手国からの金銭の支払いが遅延する等のトラブルが潜在的なリスクと見込まれており、事業価格の高騰等を招いている。このようなトラブルの解決を働きかける相手方が相手国政府や自治体、公的機関になることも多く、我が国企業の独力での解決は困難を伴いがちである。

　このため、トラブル発生時のトップクレーム等働きかけや相談窓口の設置、政変・騒乱等や感染症拡大への対応支援を行っている。

## 3　国土交通省のインフラシステム海外展開に係るアプローチ

　国土交通省は、具体的には以下の（1）～（4）を利用して、企業が海外インフラ展開に参入しやすい環境を形成するために、様々な形で支援を行っている。

### （1）トップセールスによる案件形成への働きかけ

　政務レベルによるトップセールスは、インフラ案件獲得等に重要な役割を有しており、コロナ禍においてはオンライン会議等による相手国への働きかけを実施してきた。一方で、対面での取組みによって我が国の「質の高いインフラ

システム」に対する理解を醸成する重要性も再認識された。往来の再開に向けた動きが本格化してきていることを踏まえ、国土交通省としても、オンライン会議等による情報発信に引き続き努めることに加え、政務レベルのトップセールス等による政府間対話を本格的に再開し、我が国企業の参入・受注に向けた活動を支援している。

### （2）官民ファンドによる事業支援

海外における交通・都市開発分野の事業は、初期投資が大きく資金回収までに長い期間を要することに加えて、政治リスク、需要リスク等の様々なリスクが存在するため、民間だけでは参入が困難なケースもみられる。

（株）海外交通・都市開発事業支援機構（JOIN）は、このようなリスクを分担し、出資や人材派遣等を通じて事業参画を行う、ハンズオン機能を有する官民ファンドとして平成26年に設立され、これまでに40事業への支援決定を行っている（令和5年3月末時点）。

令和4年度においては、デジタルや脱炭素等のポストコロナの投資ニーズを踏まえつつ、北米における航空旅客向け自動運転車椅子移動サービス事業や米国における環境配慮型都市開発事業等の支援を行った。

## Column コラム

### JOINの交通分野におけるデジタル技術の海外展開支援

日系自動車メーカーの自動運転技術の海外展開においては、我が国の主導する様式による高精度3次元道路地図の普及が一つの鍵となっています。

JOINでは、日本国内で高精度3次元道路地図整備を行う我が国企業とともに特別目的会社を通じて、現地事業体に出資することで、北米及び欧州における高精度3次元道路地図を整備する事業を支援しています。

本事業により、日本、北米及び欧州の自動車市場で統一された様式の高精度3次元道路地図を提供し、車両のシステム開発などの負担の軽減や日系自動車メーカーが北米及び欧州において自動運転車を展開する際の足がかりを築くことが期待されています。

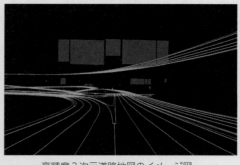

高精度3次元道路地図のイメージ図

高精度3次元道路地図の測量風景

【関連リンク】
海外交通・都市開発事業支援機構ウェブサイト
URL：https://www.join-future.co.jp/investments/achievement/index.php?c=investment_view&pk=1628151475

### （3）官民合同の協議会等による情報提供やビジネスマッチングの機会提供

我が国のスタートアップ企業、地方・中小企業が高い技術力やノウハウを有していながら、海外進出を具体化するに及んでいないケースも考えられることから、インフラシステム海外展開の担い手の裾野を広げることを目指し、支援を進めてきた。

中堅・中小建設企業を対象とした海外展開に係る情報提供や技術PR等のプロモーション、

# 3 各分野における多国間・二国間国際交渉・連携の取組み

## （1）国土政策分野

アジア各国等において、政府関係者、国際機関等様々なステークホルダーをネットワーク化し、会議、ウェブサイト等により国土・地域政策に係る課題や知見を共有する仕組みである「国土・地域計画策定・推進支援プラットフォーム（SPP）」の第5回会合を、令和5年2月にネパールにおいて、ネパール政府、国連人間居住計画（UN-Habitat）福岡本部と共催した。本会合では、各国の国土計画の実効性や気候変動への対応にかかる課題等について議論したほか、開催国であるネパールの国土計画に関するブレインストーミングや、各国の報告に基づくケーススタディを実施した。

## （2）都市分野

国際的な不動産見本市である「MIPIM」（令和5年3月フランス・カンヌ開催）において、日本の都市開発・不動産市場のPRを行い、シティセールス等を図っている。

タイでは、同国運輸省の要請を受け、クルンテープ・アピワット中央駅周辺（バンスー地区）における都市開発推進について、現地JICA専門家を通じて技術協力を行うとともに、令和4年度には国土交通省、独立行政法人都市再生機構、タイ王国運輸省、タイ国有鉄道の4者で、2年度に交換した事業推進に関する協力覚書の更新（2年延長）を行い今後の協力継続を確認した。

カンボジアでは、令和3年にプノンペン都から、地元ディベロッパーが進める「ING City」プロジェクトへの日本企業参画について提案を受け、日本企業と当該地元ディベロッパーとのビジネスマッチングイベントを4年11月に開催した。

また、我が国企業の海外展開促進を図るため、独立行政法人都市再生機構による調査やセミナー等の取組みを行っている。令和4年度はオーストラリアにおいて、平成30年に同国ニューサウスウェールズ州と交換した覚書に基づき、令和8年開港予定の西シドニー国際空港周辺地域におけるエアロトロポリス開発計画について、日本企業を対象とした現地セミナーを開催した。

さらに、J-CODE（海外エコシティエコシティプロジェクト協議会）による案件形成推進等の取組みを支援している。

## （3）水分野

水問題は地球規模の問題であるという共通認識のもと、国際会議等において問題解決に向けた議論が行われている。令和4年4月には、熊本市で第4回アジア・太平洋水サミットが開催され、岸田内閣総理大臣をはじめとするアジア太平洋地域31カ国の首脳級・閣僚級のほか、国内外からオンラインも含めて約5,500人が参加し、「持続可能な発展のための水〜実践と継承〜」をテーマに水に関する諸問題の解決に向けた議論がなされた。首脳級会合では、岸田総理より気候変動適応策・緩和策、基礎的生活環境の改善に資する質の高いインフラ整備を通じた日本の貢献策「熊本水イニシアティブ」が発表され、参加国首脳級の決意表明である「熊本宣言」が採択された。国土交通省からは、斉藤国土交通大臣、中山国土交通副大臣（当時）、加藤国土交通政務官（当時）が開会式や首脳級会合に出席したほか、各セッション・分科会に登壇し、アジア太平洋地域の水問題の解決に向けた国土交通省の貢献可能な取組み、健全な水循環の維持・回復を図ることは社会の持続可能

【関連リンク】
国土・地域計画策定・推進支援プラットフォーム（SPP）
URL：https://spp-pr.com/conferences/index.html

性、強靱性、包摂性を保つ上で最も重要な要素の一つであること、継続的な生態系調査やグリーンインフラの推進の重要性などを発信した。

それに加え、水資源分野では、独立行政法人水資源機構を事務局とし関係業界団体や関係省庁からなる「水資源分野における我が国事業者の海外展開活性化に向けた協議会」を活用して相手国のニーズや課題を把握し、治水機能や$CO_2$削減に資する発電を含む利水機能の向上を図るダム再生事業の案件形成に向けた調査を行うなど、水資源分野の案件形成に向けた取組みを実施した。

### （4）防災分野

世界の水関連災害による被害の軽減に向けて、災害予防が持続可能な開発の鍵であるという共通認識を形成するため、我が国の経験・技術を発信するとともに、水災害予防の強化に関する国際連帯の形成に努めている。また、相手国の防災課題と日本の防災技術をマッチングさせるワークショップ「防災協働対話」をインドネシアやベトナム、ミャンマー、トルコで実施している。現在、既存ダムを有効活用するダム再生や危機管理型水位計などの本邦技術を活用した案件形成を進めているところである。また、国立研究開発法人土木研究所水災害・リスクマネジメント国際センター（ICHARM）では、統合洪水解析システム（IFAS）や降雨流出氾濫（RRI）モデル等の開発、リスクマネジメントの研究、博士課程及び修士課程を含む人材育成プログラムの実施、UNESCOやアジア開発銀行、及び世界銀行のプロジェクトへの参画及び国際洪水イニシアチブ（IFI）事務局としての活動等を通じ、水災害に脆弱な国・地域を対象にした技術協力・国際支援を実施している。また、砂防分野においては、イタリア、韓国、スイス及びオーストリアと砂防技術に係る二国

間会議を開催しているほか、JICA専門家の派遣等や研修の受入を通じて土砂災害対策や警戒避難、土地利用規制などの技術協力を行っている。

### （5）道路分野

世界道路協会（PIARC）の各技術委員会等に継続的に参画し、国際貢献に積極的に取り組んでおり、令和2年からは4年間の戦略計画がスタートし、加盟国による調査研究が進められている。

また、日ASEAN交通連携の枠組みの下、ASEAN地域における橋梁維持管理の質の向上を目指した「橋梁維持管理技術共同研究プロジェクト」に取り組んでおり、令和4年7月に専門家会合を開催し、同年10月に日ASEAN交通大臣会合にて成果物として「橋梁維持管理技術参考資料」が承認された。

### （6）住宅・建築分野

国際建築規制協力委員会（IRCC）、日米加建築専門家会合（BEC）等への参加など、建築基準等に係る国際動向について関係国間での情報交換を行った。また、カンボジアからの要請を受け、建築物の構造安全や火災安全に関する建築技術基準の策定支援に取り組んでいる。

### （7）鉄道分野

令和4年度も、インド高速鉄道に関する合同委員会や日英鉄道協力会議の開催、JICA専門家の派遣を通じた技術協力など、二国間での連携に向けた取組みを実施している。

### （8）自動車分野

平成27年の第13回日ASEAN交通大臣会合にて承認された、「自動車基準・認証制度をはじめとした包括的な交通安全・環境施策に関す

【関連リンク】
国際機関への参画　（1）世界道路協会（PIARC）
URL：https://www.mlit.go.jp/road/sisaku/kokusai/sankaku/index02.html

（左余白縦書き）II 第8章 戦略的国際展開と国際貢献の強化

る日ASEAN新協力プログラム」に基づく取組みとして、アジア地域官民共同フォーラムを開催する等により、アジア地域における基準調和・相互認証活動、交通安全・環境保全施策などについて情報交換を行っている。

### （9）海事分野

海事分野では、IMOにおける世界的な議題への対応の他、局長級会談等を通じた二国間協力、CSG会議（海運先進国当局間会議）や日ASEAN交通連携を通じた多国間協力の取組み等を実施している。

令和4年9月のCSG会議において、我が国から、パナマ運河の新料金体系やスエズ運河の通航料改訂について問題提起を行い、海運先進国間の連携を呼びかけた。

我が国は、ASEAN等新興国・途上国に対する海上保安能力向上や公共交通インフラの整備として巡視船や旅客船等の供与を行っており、令和4年6月にはフィリピンに対して大型巡視船2隻、同年11月にはサモアに対して新造貨客船を供与した。この他、平成29年10月より、マラッカ・シンガポール海峡の共同水路測量調査への専門家派遣等、技術協力を実施している。

また、日ASEAN交通連携協力プロジェクトの一環として、ASEAN域内の内航船等において低環境負荷船を普及促進させるため、「ASEAN低環境負荷船普及戦略」に基づき、令和4年9月の海上交通WGにおいて、ASEAN各国の具体的取組み等を共有した。

さらに、東南アジアでの浮体式洋上風力発電のニーズが高まっている中、我が国の優れた海事技術である洋上浮体技術の海外展開に取り組んでいる。

### （10）港湾分野

我が国の質の高い港湾技術の発信、世界の様々な港湾技術に関する最新の知見の取得、技術基準等の海外展開・国際標準化の推進のため、国際航路協会（PIANC）や国際港湾協会（IAPH）等と協調し、各種研究委員会活動に積極的に参画している。特に、PIANC、IAPHには、日本から副会長を輩出し、政府自らその会員となり各国の政府関係者等との交流を行っている。

また、港湾分野の脱炭素化の推進のため、令和4年3月、日米間のカーボンニュートラルポート（CNP）に関する初めての具体的な協力として、日米CNPワークショップを開催した。さらに、同年8月にサンフランシスコで開催された第5回日米インフラフォーラムでは、日米両国の官民関係者が参加し、両国港湾のCNP取組み状況や最新技術の知見について意見交換を行った。

### （11）航空分野

令和4年4月には、EUとの間で「航空業務に関する日本国と欧州連合構成国との間の協定の特定の規定に関する日本国と欧州連合との間の協定」について、同年11月には、クロアチア共和国政府との間で日・クロアチア航空協定について、それぞれ実質合意に至るなど、航空分野における条約の締結に向けた進展が見られた。

また、令和4年7月に韓国で開催された第57回アジア太平洋航空局長会議において、航空安全、航空保安、航空管制等に関するアジア太平洋地域各国の取組みについて意見交換を行ったほか、同年9月にはICAOの第41回総会に参加した各国政府代表団との間で14件の個別会談を実施、12月には、フランス航空当局との間で3年ぶりの作業部会を開催、シンガポール航空当局との間で対話を開催し協力覚書を締結するなど、コロナ禍において中断していた多国間・二国間における航空当局間の連携強化に取り組んでいる。

### （12）物流分野

日中韓物流大臣会合における合意に基づき、北東アジア物流情報サービスネットワーク

（NEAL-NET）の加盟国・加盟港湾の拡大等、日中韓の物流分野における協力の推進について中韓と議論を進めた。令和4年11月及び5年3月には日中韓物流課長級会合を開催し、3年に開催された第8回日中韓物流大臣会合で採択された共同声明及び行動計画の進捗状況や、第9回日中韓物流大臣会合に向けた今後のスケジュールについて意見交換を行った。

また、ASEANとの関係では、令和5年1月にタイ、同年2月にインドネシアとの間で物流政策対話を開催し、両国政府の物流関連政策や物流課題等について情報交換を行った。さらに、同年3月にはASEAN各国の物流担当の行政官との間で日ASEAN物流専門家会合を開催し、日ASEAN交通連携の下で推進しているプロジェクトの進捗について各国と議論を進めた。

## （13）地理空間情報分野

ASEAN地域等に対し、電子基準点網の設置・運用支援等を行っている。具体的にはインドネシアを対象に、電子基準点の利活用に関する調査検討業務を実施し、インドネシアの状況調査、政府関係者の理解促進に取り組んだ。

## （14）気象・地震津波分野

気象庁は、世界気象機関（WMO）の枠組みの下、気象観測データや予測結果等の国際的な交換や技術協力により各国の気象災害の防止・軽減に貢献しており、令和5年1～2月にアジア各国の国家気象水文機関の専門家を東京に招いて、気象レーダーの整備・運用等に関するワークショップを開催した。

また、国際連合教育科学文化機関（UNESCO）政府間海洋学委員会（IOC）の枠組みの下、北西太平洋における津波情報を各国に提供し、関係各国の津波防災に貢献している。

さらに、国際協力機構（JICA）等と協力して、開発途上国に対し気象、海洋、地震、火山などの様々な分野で研修等を通した人材育成支援・技術協力を行っている。

## （15）海上保安分野

海上保安庁は、世界海上保安機関長官級会合、北太平洋海上保安フォーラム、アジア海上保安機関長官級会合といった多国間会合や、二国間での長官級会合、連携訓練等を通じて、捜索救助、海上セキュリティ対策等の各分野で海上保安機関間の連携・協力を積極的に推進している。

また、シーレーン沿岸国における海上保安能力向上支援のため、国際協力機構（JICA）や公益財団法人日本財団の枠組みにより、海上保安庁Mobile Cooperation Team（MCT）や専門的な知識を有する海上保安官を専門家として各国に派遣しているほか、各国の海上保安機関等の職員を日本に招へいし、能力向上支援に当たっている。

また、海上保安政策に関する修士レベルの教育を行う海上保安政策プログラムを開講し、アジア諸国の海上保安機関職員を受け入れるなどして各国の連携協力、認識共有を図っている。

図表Ⅱ-8-2-1　ジブチ沿岸警備隊に対する能力向上支援

## 第3節　国際標準化に向けた取組み

### （1）自動車基準・認証制度の国際化

　我が国は、安全で環境性能の高い自動車を早期に普及させるため、国連自動車基準調和世界フォーラム（WP.29）等に積極的に参加し、安全・環境基準の国際調和を推進するとともに、その活動を通じ、高度な自動運転技術などの優れた日本の新技術を国際的に普及させていくこととしている。令和5年のWP.29では我が国が欧州以外から初めて副議長を務めるとともに、引き続き、①日本の技術・基準の戦略的国際標準化、②国際的な車両認証制度（IWVTA）の実現、③アジア諸国の国際基準調和への参加促進、④基準認証のグローバル化に対応する体制の整備の4つの柱を着実に実施し、自動車基準認証制度の国際化を積極的に推進している。

### （2）鉄道に関する国際標準化等の取組み

　欧州が欧州規格の国際標準化を積極的に推進する中、日本の優れた技術が国際規格から排除されると、鉄道システムの海外展開に当たって大きな障害となる可能性があるなど、鉄道分野における国際競争力へ大きな影響を与えることから、鉄道技術の国際標準化を推進することが重要である。このため、鉄道関係の国際規格を一元的に取り扱う組織である公益財団法人鉄道総合技術研究所「鉄道国際規格センター」において、鉄道の更なる安全と鉄道産業の一層の発展を図るべく、活動を行っている。

　このような取組みの結果、国際標準化機構（ISO）の鉄道分野専門委員会（TC269）では議長として国際標準化活動を主導し、国際電気標準会議（IEC）の鉄道電気設備とシステム専門委員会（TC9）と併せ、それぞれにおける個別規格の提案・審議等の国際標準化活動で中心的な役割を担い、成果を上げている。引き続き、これら国際会議等における存在感を高め、鉄道技術の国際標準化の推進に取り組むこととしている。

　また、国内初の鉄道分野における国際規格の認証機関である独立行政法人自動車技術総合機構交通安全環境研究所は、鉄道認証室設立以来、着実に認証実績を積み重ね、鉄道システムの海外展開に寄与している。

### （3）船舶や船員に関する国際基準への取組み

　我が国は、海運の環境負荷軽減や安全性向上を目指すとともに、我が国の優れた省エネ技術等を普及するため、国際海事機関（IMO）における「SOLAS条約[注1]」、「MARPOL条約」、「STCW条約」等による基準の策定において議論を主導している。

　また、海上保安庁は、国際水路機関（IHO）での海図や水路書誌、航行警報等の国際基準に関する議論に参画している。さらに、船舶交通の安全を確保するとともに、船舶の運航能率のより一層の増進を図るため、国際航路標識協会（IALA）ENAV委員会において新たな海上データ通信方式であるVDESの国際標準化に関する議論を主導している。

### （4）土木・建築分野における基準及び認証制度の国際調和

　土木・建築・住宅分野において、外国建材の性能認定や評価機関の承認等の制度の運用や、JICA等による技術協力等を実施している。また、設計・施工技術のISO制定に参画するなど、土木・建築分野における基準及び認証制度の国際調和の推進に取り組んでいる。

### （5）高度道路交通システム（ITS）の国際標準化

　効率的なアプリケーション開発や国際貢献、国内の関連産業育成のため、ISO等の国際標準

注1　海上における人命の安全のための国際条約

化機関におけるITS技術の国際標準化を進めている。

特にISOのITS専門委員会（ISO/TC204）に参画し、ITS関連サービスの役割機能モデルに関する標準化活動を行っている。また、国連の自動車基準調和世界フォーラム（WP29）の自動運転に係る基準等について検討を行う各分科会等の共同議長等又は副議長として議論を主導している。

### （6）地理情報の標準化

地理空間情報を異なる地理情報システム（GIS）間で相互利用する際の互換性を確保することなどを目的として、ISOの地理情報に関する専門委員会（ISO/TC 211）における国際規格の策定に積極的に参画している。あわせて、国内の地理情報の標準化に取り組んでいる。

### （7）技術者資格に関する海外との相互受入の取決め

APECアーキテクト・プロジェクト、APECエンジニア・プロジェクトでは、一定の要件を満たすAPEC域内の建築設計資格者、構造技術者等に共通の称号を与えている。APECアーキテクト・プロジェクトでは、我が国は、オーストラリア、ニュージーランドとの二国間相互受入の取決めの締結、APECアーキテクト中央評議会への参加等を通じ、建築設計資格者の流動化を促進している。

### （8）下水道分野

我が国が強みを有する下水道技術の海外展開を促進するため、現在、「水の再利用」に関する専門委員会（ISO/TC282）、「汚泥の回収、再生利用、処理及び廃棄」に関する専門委員会（ISO/ TC275）、「雨水管理」に関するワーキンググループ（ISO/TC224/WG11）等へ積極的・主導的に参画している。

### （9）物流システムの国際標準化の推進

コールドチェーン物流への需要の拡大が見込まれるASEAN等を念頭に置いて、我が国の質の高いコールドチェーン物流サービスの国際標準化を推進している。

具体的には、日本式コールドチェーン物流サービス規格（JSA-S1004）のASEAN各国への普及を推進するため、令和2年度に策定した普及戦略に基づき、ASEAN各国のアクションプランを策定している。コールドチェーンの重要性等について理解を醸成するため、5年1月にはタイ政府、同年2月にはインドネシア政府との共催により、現地物流事業者等を対象としたコールドチェーン物流ワークショップを開催した。また、同規格をベースとした当該分野の国際規格化に向けて、国際標準化機構（ISO）に設置された技術委員会（TC315）において、我が国は議長国として議論を主導している。

### （10）港湾分野

日ベトナム間で、平成26年に署名し、29年及び令和2年に更新した「港湾施設の国家技術基準の策定に関する協力に係る覚書（MOC）」に基づき、我が国のノウハウを活用した、ベトナムの国家技術基準の策定協力を実施しており、これまでに、8項目の国家技術基準の発行に至った。また、令和2年度からは、ベトナム政府からの要請に基づき、新たな設計基準（防波堤、浚渫・埋立）について、策定を進めており、ベトナム国内の審査段階に至っている（4年度末までに発行予定）。なお、5年度以降もMOCを更新し、基準等の策定及び普及に係る支援を引き続き予定している。

# 第9章　DX及び技術研究開発の推進

## 第1節　DXによる高度化・効率化

### 1　国土交通行政のDX

社会全体のデジタル化は喫緊の課題であり、政府として、デジタル庁の創設やデジタル田園都市国家構想といった政策が進められているところ、国土交通省においても必要な取組みを、より一層加速させる必要がある。このため、国土交通行政のDXを推進すべく、全省的な推進組織として、令和3年12月に「国土交通省DX推進本部」を設置し、所管分野における業務、ビジネスモデルや国土交通省の文化・風土の変革、行政庁としての生産性向上に取り組んでいる。

#### （1）インフラ分野のDX

インフラ分野のDXは、デジタル技術を活用して、管理者側の働き方やユーザーに提供するサービス・手続なども含めて、インフラまわりをスマートに変容させるものである。例えば、3Dハザードマップを活用したリアルに認識できるリスク情報の提供、現場にいなくても現場管理が可能になるリモートでの立会いによる監督業務やデジタルデータを活用した配筋検査の省力化、及び自動・自律・遠隔施工等に取り組んでいる。令和4年3月には「インフラ分野のDXアクションプラン」を策定し、個別施策毎

図表Ⅱ-9-1-1　インフラ分野のネクスト・ステージ

インフラ分野全般でDXを推進するため **分野網羅的** に取り組む

業界内外・産学官も含めて **組織横断的** に取り組む

**1.「インフラの作り方」の変革**
～現場にしばられずに現場管理が可能に～

データの力によりインフラ計画を高度化することに加え、i-Constructionで取り組んできたインフラ建設現場（調査・測量、設計、施工）の生産性向上を加速するとともに、安全性の向上、手続き等の効率化を実現する

自動化建設機械による施工

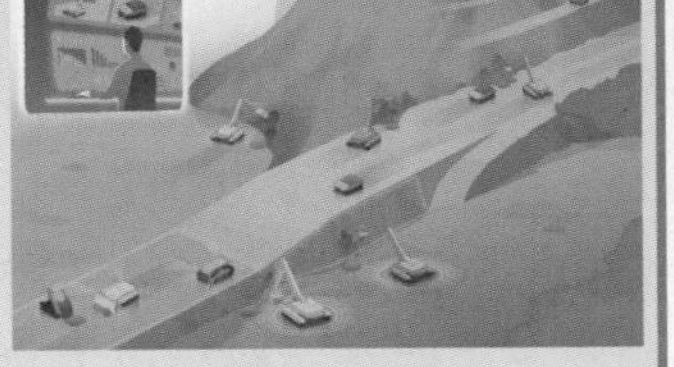

公共工事に係るシステム・手続きや、工事書類のデジタル化等による作業や業務効率化に向けた取組実施
- 次期土木工事積算システム等の検討
- ICT技術を活用した構造物の出来形確認等

**2.「インフラの使い方」の変革**
～賢く"Smart"、安全に"Safe"、持続可能に"Sustainable"～

インフラ利用申請のオンライン化に加え、デジタル技術を駆使して利用者目線でインフラの潜在的な機能を最大限に引き出す（Smart）とともに、安全（Safe）で、持続可能（Sustainable）なインフラ管理・運用を実現する

VRを用いた検査支援・効率化

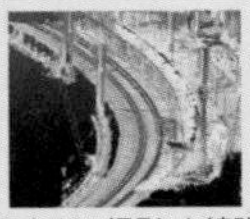

VRカメラで撮影した線路をVR空間上で再現

自動化・効率化によるサービス提供

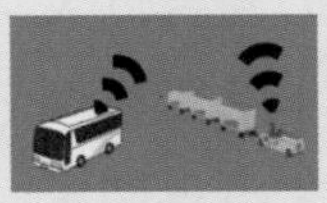

空港における地上支援業務（車両）の自動化・効率化

ハイブリッドダムの取組による治水機能の強化と水力発電の促進

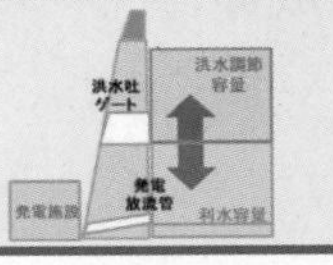


**3.「データの活かし方」の変革**
～より分かりやすく、より使いやすく～

「国土交通データプラットフォーム」をハブに国土のデジタルツイン化を進め、わかりすく使いやすい形式でのデータの表示・提供、ユースケースの開発等、インフラまわりのデータを徹底的に活かすことにより、仕事の進め方、民間投資、技術開発が促進される社会を実現する。

国土交通データプラットフォームでのデータ公開

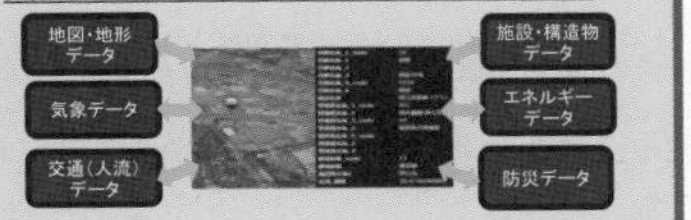


今後、xROAD・サイバーポート（維持管理情報）等と連携拡大

データ連携による情報提供推進、施策の高度化

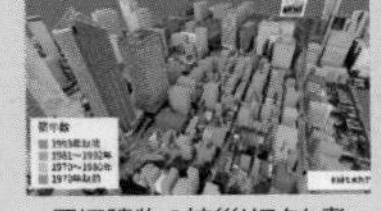

周辺建物の被災リスクも考慮した建物内外にわたる避難シミュレーション

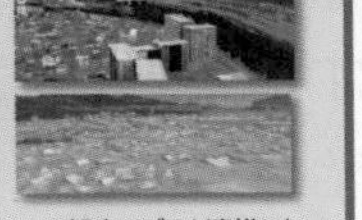

3D都市モデルと連携した3D浸水リスク表示、都市の災害リスクの分析

の取組概要や目指す姿、令和7年度までの具体的な工程等といった実行計画をとりまとめた。今後は、取組みを更に深化・加速化させ、インフラDXアクションプランのネクスト・ステージとして分野網羅的・組織横断的な取組みを推進するため、「インフラの作り方」や「インフラの使い方」、「データの活かし方」の変革に取り組む。令和5年はDXによる変革を一層加速させる「躍進の年」として、引き続き取組みを進めていく。

　建設業は社会資本の整備の担い手であると同時に、社会の安全・安心の確保を担う、我が国の国土保全上必要不可欠な「地域の守り手」である。人口減少や高齢化が進む中にあっても、これらの役割を果たすため、建設業の賃金水準の向上や休日の拡大等による働き方改革とともに、生産性向上が必要不可欠である。国土交通省では、前述のインフラ分野のDXの取組みに先駆けて、インフラ分野のDXを推進する上で中核となるi-Constructionを平成28年度より推進しており、ICTの活用等により調査・測量から設計、施工、検査、維持管理・更新までのあらゆる建設生産プロセスにおいて、抜本的な生産性向上に取り組んでいる。

　i-Constructionのトップランナー施策の一つでもあるICT施工については、平成28年度の土工から始まり、舗装工、浚渫工、河川浚渫工、地盤改良工、法面工、構造物工へICTを導入した他、舗装修繕工や点検などの維持管理分野や、民間等の要望も取り入れながら逐次対象工種を拡大しており、土工では3割以上の時間短縮効果が確認された。また、直轄工事におけるICT施工を経験した建設企業の割合は大手で9割を超える一方で、中小では約5割程度に留まっているため、自治体に対する専門家の派遣、小規模な現場へのICT施工の導入、ICT施工を行うことのできる技術者の育成等、自治体や中小企業が更にICTを導入しやすくなるような環境整備等も行っている。また、今

後はICTによる作業の効率化からICTによる工事全体の効率化を目指し、更なる生産性の向上を図る。

　また、生コンの製造から現場打込みまでの情報について、これまで紙管理としていたものを電子媒体化し、クラウド上で関係者が共有可能な取組みを令和4年度の直轄土木工事で試行した。5年度はJIS規格の改正を踏まえた取組みを継続して進めていく。

　さらに、内閣府の官民研究開発投資拡大プログラム（PRISM）の予算を活用して、建設現場のデータのリアルタイムな取得・活用などの革新的技術を導入・活用するモデルプロジェクトを令和4年度は22件実施するなど、革新的技術を活用した建設現場の一層の生産性向上を推進した。

　建設現場の生産性向上に関するベストプラクティスの横展開に向けて、平成29年度より「i-Construction大賞」を実施しているが、令和4年度には、この取組みをさらに拡大するため「インフラDX大賞」と改称し、インフラの利用・サービスの向上や建設業界以外の取組みについても含めて広く募集した。また、インフラ分野におけるスタートアップの取組みを支援し、活動の促進、建設業界の活性化へつなげることを目的に、これまでの「国土交通大臣賞」「優秀賞」の他、新たに「スタートアップ奨励賞」を設置した。令和4年度は計25団体（国土交通大臣賞4団体、優秀賞19団体、スタートアップ奨励賞2団体）を表彰しており、引き続きインフラDXの普及促進に取り組んでいく。

## （2）行政手続のDX

　行政手続のオンライン化を加速し、国民等の利便性向上や行政の業務効率化等に資する国土交通行政のDXを推進するため、申請受付から審査、通知などの申請業務に係るプロセスを一貫して処理できるシステムの拡充等を実施する。

デジタル庁と連携し、「デジタル社会の実現に向けた重点計画」（令和4年6月7日改定）に掲げられた国土交通分野におけるデジタル化施策を推進している。

## 1 ITS の推進

ITSは、高度な道路利用、ドライバーや歩行者の安全性、輸送効率及び快適性の飛躍的向上の実現とともに、交通事故や渋滞、環境問題、エネルギー問題等の様々な社会問題の解決を図り、自動車産業、情報通信産業等の関連分野における新たな市場形成の創出につながっている。

また、令和4年6月に閣議決定された「デジタル社会の実現に向けた重点計画」に基づき、交通安全対策・渋滞対策・災害対策等に有効となる道路交通情報の収集・配信に係る取組み等を積極的に推進している。

### ①社会に浸透した ITS とその効果
### （ア）ETC の普及促進と効果

ETCは、今や日本全国の高速道路及び多くの有料道路で利用可能であり、車載器の新規セットアップ累計台数は令和5年3月時点で約8,228万台、全国の高速道路での利用率は令和5年3月時点で約94.3%となっている。従来高速道路の渋滞原因の約3割を占めていた料金所渋滞はほぼ解消され、$CO_2$排出削減等、環境負荷の軽減にも寄与している。さらに、ETC専用ICであるスマートICの導入や、ETC車両を対象とした料金割引等、ETCを活用した施策が実施されるとともに、有料道路以外においても駐車場やドライブスルーでの決済等への応用利用も可能となるなど、ETCを活用したサービスは広がりと多様化を見せている。

### （イ）道路交通情報提供の充実と効果

走行経路案内の高度化を目指した道路交通情報通信システム（VICS）対応の車載器は、令和5年3月時点で約7,859万台が出荷されている。VICSにより旅行時間や渋滞状況、交通規制等の道路交通情報がリアルタイムに提供されることで、ドライバーの利便性が向上し、走行燃費の改善が$CO_2$排出削減等の環境負荷の軽減に寄与している。

### ②新たな ITS サービスの技術開発・普及
### （ア）ETC2.0 の普及と次世代の ITS 推進

平成27年8月より本格的に車載器の販売が開始されたETC2.0は、令和5年3月時点で約928万台がセットアップされている。

ETC2.0では、全国の高速道路上に設置された約1,800箇所のETC2.0路側機を活用し、渋滞回避支援や安全運転支援等の情報提供の高度化を図り、交通の円滑化と安全に向けた取組みを進めている。また、収集した速度や利用経路、急ブレーキのデータなど、多種多様できめ細かいビッグデータを活用して、ピンポイント渋滞対策や交通事故対策、生産性の高い賢い物流管理など、道路ネットワークの機能を最大限に発揮する取組みを推進している。

更なる取組みとして、自動運転時代を見据え、道路利用者の安全・利便性を飛躍的に向上させるため、車両内外のデータをセキュアに連携させる基盤を構築し、次世代のITSを推進する。

【関連リンク】
ETC 総合情報ポータルサイト
URL：https://www.go-etc.jp/

【関連リンク】
ETC 2.0
URL：https://www.mlit.go.jp/road/ITS/j-html/etc2/

Ⅱ

第9章　DX 及び技術研究開発の推進

### （イ）先進安全自動車（ASV）プロジェクトの推進

　産学官の連携により、先進技術を搭載した自動車の開発と普及を促進する「先進安全自動車（ASV）推進プロジェクト」では、第7期ASV推進計画を立ち上げ、事故実態の分析を通じて、車両間の通信により、遮蔽物のある交差点での出会い頭の事故等を防止する安全技術、歩行者等の交通弱者と通信を行い、交通弱者が被害者となる事故を防止する安全技術等がより安全に寄与する事故形態の検討を行った。

## 2 自動運転の実現

　国土交通省では、交通事故の削減や高齢者の移動支援等に資する自動運転の実現に向けて、「環境整備」、「技術の開発・普及促進」及び「実証実験・社会実装」の3つの観点から取組みを進めている。

　「環境整備」については、令和4年6月に国連WP29において合意された高速道路での車線維持機能を有する自動運行装置の要件の改正を保安基準に取り入れるとともに、同年4月に道路交通法の一部を改正する法律が成立し、レベル4に相当する運転者がいない状態での自動運転を可能とする制度が創設されたことを踏まえ、運転者が不在となる場合を想定した保安基準の整備を行った。また、旅客／貨物自動車運送事業者が、従来と同等の輸送の安全等を確保しつつ、レベル4の自動運転車を用いて事業を行うことを可能とするために必要となる法令の整備を実施した。さらに、自動運転に対応した区画線の要件案や、車載センサでは検知困難な前方の道路情報を車両に提供するための仕様案の作成に向け、官民連携の共同研究を進めている。

　「技術の開発・普及促進」については、衝突被害軽減ブレーキ等の安全運転支援機能を備えた車「安全運転サポート車（サポカー）」の普及啓発、高速道路の合流部等での情報提供による自動運転の支援、自動運転を視野に入れた除雪車の高度化等に取り組んでいる。

　「実証実験・社会実装」については、国土交通省及び経済産業省において「自動運転レベル4等先進モビリティサービス研究開発・社会実装プロジェクト」を立ち上げ、運転者が存在せず、遠隔監視のみにより運行する自動運転移動サービスの事業モデルの検討や、自動運転移動サービスの横展開にあたって車両開発等の効率化を図るための走行環境やサービス環境の類型化などを行った。また、自動運転による地域公共交通実証事業を実施しその持続可能性について検証したほか、新たに全国8箇所において自動運転サービスの実証実験における技術的支援を行い、和歌山県太地町においては本格導入に移行した。

## 3 地理空間情報を高度に活用する社会の実現

　誰もがいつでもどこでも必要な地理空間情報[注1]を活用できる「G空間社会（地理空間情報高度活用社会）」の実現のため、令和4年3月に閣議決定された「地理空間情報活用推進基本計画」に基づき、地理空間情報のポテンシャルを最大限に活用した多様なサービス創出・提供に向けた取組みを産学官民が一層連携して推進している。

---

注1　空間上の特定の地点又は区域の位置を示す情報（当該情報に係る時点に関する情報を含む）及びこの情報に関連づけられた情報。G空間情報（Geospatial Information）とも呼ばれる。

## （1）社会の基盤となる地理空間情報の整備・更新

　電子地図上の位置の基準として共通に使用される基盤地図情報[注2]及びこれに国土管理等に必要な情報を付加した国の基本図である電子国土基本図[注3]について、関係行政機関等と連携して迅速な整備・更新を進めている。また、空中写真、地名に関する情報、都市計画基礎調査により得られたデータや国土数値情報等の国土に関する様々な情報の整備、GIS化の推進等を行っている。

## （2）地理空間情報の活用促進に向けた取組み

　各主体が整備する様々な地理空間情報の集約・提供を行うG空間情報センターを中核とした地理空間情報の流通の推進、Web上での重ね合わせができる地理院地図[注4]の充実等、社会全体での地理空間情報の共有と相互利用を更に促進するための取組みを推進している。さらに、近年激甚化しつつ多発する自然災害を受け、地形や明治期の低湿地データ、地形分類図、自然災害伝承碑等の地理院地図を通じて提供する地理空間情報が、地域における自然災害へのリスクを把握する上で極めて有用であることから、防災・減災の実現等につながるそれらの地理空間情報の活用力の向上を意図して、地理院地図の普及活動を行った。また、地理空間情報を活用した技術を社会実装するためのG空間プロジェクトの推進のほか、産学官連携による「G空間EXPO」の開催など、更なる普及・人材育成の取組みを行った。

## 4　電子政府の実現

　「デジタル社会の実現に向けた重点計画」（以下「重点計画」）等に基づき、デジタル社会の実現に向けた取組みを行っている。特に、国・地方を通じた行政全体のデジタル化により、国民・事業者の利便性向上を図る施策については、「重点計画」を踏まえ、政府全体で取組みを進めており、国土交通省においても積極的に推進している。また、「規制改革実施計画」（令和4年6月閣議決定）において、原則として全ての手続についてオンライン化を行うこととされており、国土交通省所管手続についてもこれに基づき速やかに対応を進めているところである。

　自動車保有関係手続に関しては、検査・登録、保管場所証明、自動車諸税の納付等の諸手続をオンラインで一括して行うことができる「ワンストップサービス（OSS）」を平成17年から新車の新規登録を対象として、関係省庁と連携して開始し、以後、対象地域や対象手続の拡大を進めてきた。OSSの利用は、新規登録手続について令和2年度で131.3万件（32.9％）、3年度で126.5万件（34.1％）、継続検査について2年度で714.4万件（33.3％）、3年度で821.1万件（38.7％）となっている[注5]。

　OSS利用率の更なる向上のため「オンライン利用率引上げに係る基本計画」（令和3年12月改定）において目標利用率を設定した上で、OSSの利用促進策を講じているところ。具体的には、令和5年1月の自動車検査証の電子化

に伴い、継続検査等の手続において、OSSで申請を行った場合に運輸支局等以外でも自動車検査証のICタグ情報の記録等を可能とするこ とにより、自動車検査証の受取のための運輸支局等への来訪が不要となり、完全オンラインによる手続が可能となった。

## 5　公共施設管理用光ファイバ及びその収容空間等の整備・開放

　令和4年3月時点で、国の管理する河川・道路管理用光ファイバのうち、芯線約18,000km を民間事業者等へ開放した。

## 6　水管理・国土保全分野におけるDXの推進

　水管理・国土保全分野においては、防災・減災対策や河川等の整備・管理において、デジタル技術の積極的な活用による変革を進めている。

　例えば、本川・支川が一体となった洪水予測による予測の高度化やAIを用いたダム運用の高度化に向けた技術開発・実装を進めているほか、小型で安価なセンサによる浸水範囲のリアルタイム把握に向けた実証に取り組んでいる。また土砂災害等に対し、夜間・悪天候時でも利用可能な人工衛星等を用いた迅速かつ安全な情報収集を行い、的確な警戒避難につなげているほか、高速通信技術を用いた無人化施工による安全性等の向上に取り組んでいる。下水道分野では、局地的な大雨等に対して、センサ、レーダー等に基づく管路内水位、雨量、浸水等の観測情報の活用により、既存施設の能力を最大限 活用した効率的な運用、地域住民の自助・共助の促進を支援する取組みを進めている。

　また、これまで目視等で行っていた河川・砂防・海岸のインフラ施設等の維持管理について、ドローン等により取得した画像や三次元点群データを活用した点検により、点検レベルを維持・向上しつつ省力化を図るための技術開発を進めている。

　さらに、デジタル技術を活用したイノベーション推進のため、実績の河川情報等、技術開発に資するデータのオープンな提供に取り組んでいるほか、官民連携によるオープンイノベーションにより、洪水予測や治水対策効果の「見える化」等の技術開発を促進するため、仮想空間に流域を再現した実証実験基盤の整備を進めることとしている。

# Column コラム

## ハイブリッドダムの推進（流域防災DX）

　気候変動の影響による水害の激甚化・頻発化を踏まえた治水対策とともに、2050年カーボンニュートラルに向けた取組を加速するため、「ハイブリッドダム」の取組みを開始しました。

　「ハイブリッドダム」では、気象予測技術の進展によるダム運用の高度化、最新の土木技術を活用したダム改造等により、治水機能の強化と水力発電の促進の両立を図ります。このうち洪水時のダム操作の工夫等により発電量を増やすダム運用の高度化については、令和4年度に6つのダムで行った試行により215万kWhを増電し、令和5年度は対象ダムをさらに拡大して実施します。

　また、官民連携で取り組むことで、ダム立地地域の振興への貢献も目指しています。

### 官民連携の新たな枠組みによるハイブリッドダム

| 治水機能の強化（国等） | ✕ | 水力発電の促進（民間） | ✕ | 地域振興（民間・自治体） |
|---|---|---|---|---|
| ・運用高度化による治水への有効活用<br>・放流設備の改造・嵩上げ、堆砂対策 | | ・運用高度化等による増電<br>・発電施設の新設、増強 | | ・発生した電力を活用したダム立地地域の振興 |

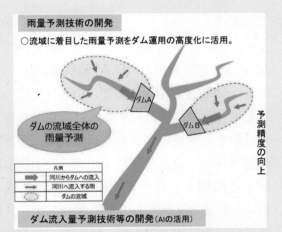

雨量予測技術の開発

○流域に着目した雨量予測をダム運用の高度化に活用。

ダムの流域全体の雨量予測

予測精度の向上

凡例
河川からダムへの流入
河川へ流入する雨
ダムの流域

ダム流入量予測技術等の開発（AIの活用）

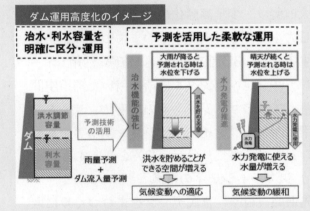

ダム運用高度化のイメージ

治水・利水容量を明確に区分・運用

予測を活用した柔軟な運用

大雨が降ると予測される時は水位を下げる

晴天が続くと予測される時は水位を上げる

洪水を貯めることができる空間が増える

水力発電に使える水量が増える

気候変動への適応

気候変動の緩和

【関連リンク】
国土交通省水管理・国土保全局ホームページ（ハイブリッドダム）
URL：https://www.mlit.go.jp/river/dam/hybridsounding.html

## 7 ビッグデータの活用

### （1）交通関連ビッグデータを活用した新たなまちづくり

　移動に関するビッグデータやシミュレーション技術、調査結果の利活用方策等の都市交通調査体系のあり方を検討するため、令和3年度から「新たな都市交通調査体系のあり方に関する検討会」を開催している。

　令和4年度は、シミュレーション技術を活用した都市交通調査手法の開発や、調査結果の利活用に必要な統合プラットフォームの構築等の今後の方向性を示した中間とりまとめを公表した。今後は中間とりまとめで示した改善策の実現に向けた検討を進めていく。

### （2）ビッグデータを活用した電子国土基本図の修正

　電子国土基本図は、国土の基本図として様々な地図のベースとして利用されている。この電

子国土基本図の登山道をより正確に表示するため、民間事業者との協力協定により提供された、登山者がスマートフォンで取得した経路情報（ビッグデータ）を活用して、登山道の修正に取り組んでいる。

## 8 気象データを活用したビジネスにおける生産性向上の取組み

ビッグデータである気象データを活用して企業の生産性向上を図るべく、気象庁では、産学官連携の「気象ビジネス推進コンソーシアム（WXBC）」における「気象ビジネスフォーラム」や各種セミナーの開催等の取組みを行っている。

また、「気象データアナリスト」の育成のため、教育内容等が一定以上の水準を満たすと認められる民間講座を「気象データアナリスト育成講座」として認定し、気象データ等を活用したビジネス創出や課題解決など産業界における気象データ利活用促進に努めている。

## 9 まちづくりDXの推進

人口減少・少子高齢化の中で豊かで多様な暮らし方を支える「人間中心のまちづくり」を実現するため、3D都市モデルの整備・活用・オープンデータ化、デジタル技術を用いた都市空間再編、エリアマネジメントの高度化、データを活用したオープンイノベーション創出等を進めるなど、まちづくり分野のDXを推進する。

### （1）スマートシティの推進

先進的技術や、官民データをまちづくりに取り込み、地域の抱える課題解決、新たな価値の創出を図るスマートシティについて、国土交通省においては、「スマートシティモデルプロジェクト」として、令和元年度より全国の牽引役となる先駆的な取組について、都市サービスの導入に向けた実証実験への支援を行っている。

令和4年度は「スマートシティ実装化支援事業」として14地区を選定するなど実証事業の支援を行った。また、スマートシティモデル事業等推進有識者委員会を開催し、モデル事業等から得られた知見の整理等を行うとともに、先進事例の横展開等により、スマートシティを強力に推進していく。

### （2）3D都市モデル（PLATEAU）

国土交通省ではこれまで、令和4年度に創設した地方公共団体に対する新たな補助制度である「都市空間情報デジタル基盤構築支援事業」の活用等により、全国約130都市で3D都市モデルを整備し、さらに100件程度の多様な分野における3D都市モデルのユースケース開発の実証に取り組んできた。加えて、4年度には、土木構造物や水部、地下構造物の標準データモデルを策定するとともに、オープンデータを活用した新たなビジネスやイノベーションの創出のため、データ利用環境の改善（SDK開発等）、チュートリアルの充実、ハッカソン・ピッチイベントの開催等を実施してきた。今後も、PLATEAUと建築・不動産に係るデジタル施策を一体的に進める「建築・都市のDX」をはじめ、3D都市モデルの整備・活用・オープンデータ化の取組みを一層推進していく。

【関連リンク】
気象ビジネス推進コンソーシアム（WXBC）
URL: https://www.data.jma.go.jp/developer/consortium/

【関連リンク】
気象データアナリスト育成講座の認定制度について
URL: https://www.jma.go.jp/jma/kishou/shinsei/wda/

## 10　国土交通データプラットフォーム

　国土に関するデータ、経済活動、自然現象に関するデータを連携させ、分野を跨いだデータ検索・取得を可能とすることで業務の効率化やスマートシティなどの施策の高度化、産学官連携によるイノベーション創出等を実現するためのデータ連携基盤として「国土交通データプラットフォーム」の構築を進めている。

　令和2年4月に、国や地方公共団体等が保有するデータと連携し、APIを活用して同一地図上で表示・検索・ダウンロードを可能とした「国土交通データプラットフォーム」を一般公開した。その後も連携データの拡充や機能改良等に取り組んでおり、5年4月にリニューア

ル公開した「国土交通データプラットフォームver3.0」においては、工事基本情報約5万件や、BIM/CIMデータや3次元点群データ、3D都市モデル（PLATEAU）等の様々なデータと連携している他、利用者の使用性向上に向けた類似語検索・地図範囲内検索の実装、Webページの大幅な改良等、検索性やUI等の抜本的な見直し・充実を図ったところである。今後も、データ連携や機能の充実に取り組むとともに、国土交通データプラットフォームをハブとした視覚化機能の強化に向けた各種データのデジタル地図化やデータ形式の標準化等に取り組んでいく。

## 第3節　技術研究開発の推進

## 1　技術政策における技術研究開発の位置づけと総合的な推進

　国土交通省では、事業・施策の効果・効率をより一層向上させ、国土交通に係る技術が広く社会に貢献することを目的として、「国土交通省技術基本計画」で技術政策の基本方針を示し、技術研究開発の取組みを推進している。今般、「科学技術・イノベーション基本計画」（令和3年3月閣議決定）等の政府全体の方針に基づき、社会資本整備審議会・交通政策審議会技術分科会技術部会での議論を踏まえ、「第5期国土交通省技術基本計画」（期間：令和4～8年度）を策定した。

　第5期では、技術研究開発等を通じて実現を目指す将来の社会イメージを新たに作成した。

**（1）施設等機関、特別の機関、外局、国立研究開発法人等における取組み**

　施設等機関、特別の機関、外局や国土交通省

所管の国立研究開発法人等における主な取組みはリンク先のとおりである。国立研究開発法人においては、我が国における科学技術の水準の向上を通じた国民経済の健全な発展その他の公益に資するため研究開発の最大限の成果を確保することを目的とし、社会・行政ニーズに対応した研究を重点的・効率的に行っている。

**（2）地方整備局における取組み**

　技術事務所及び港湾空港技術調査事務所においては、管内の関係事務所等と連携し、建設工事用材料及び水質等の試験・調査、施設の効果的・効率的な整備や維持管理に関する調査・検討等、地域の課題に対応した技術開発や新技術の活用・普及等を実施している。

【関連リンク】
国土交通データプラットフォーム
URL：https://www.mlit-data.jp/platform

### （3）建設・交通運輸分野における技術研究開発の推進

　建設技術に関する重要な研究課題のうち、特に緊急性が高く、対象分野の広い課題を取り上げ、行政部局が計画推進の主体となり、産学官の連携により、総合的・組織的に研究を実施する「総合技術開発プロジェクト」において、令和4年度は、「建築物と地盤に係る構造規定の合理化による都市の再生と強靱化に資する技術開発」等、計4課題について、研究開発に取り組んだ。

　また、交通運輸分野においても、安全環境、人材確保難等の交通運輸分野が抱える政策課題解決に資する技術研究開発を、産学官の連携により推進しており、令和4年度は、「SBASの他の交通モードでの利活用に向けた調査研究業務」に取り組んだ。

### （4）民間企業の技術研究開発の支援

　民間企業等の研究開発投資を促進するため、試験研究費に対する税額控除制度を設けている。

### （5）公募型研究開発の推進

　建設分野の技術革新を推進していくため、国土交通省の所掌する建設技術の高度化及び国際競争力の強化、国土交通省が実施する研究開発の一層の推進等に資する技術研究開発に関する提案を公募する「建設技術研究開発助成制度」では、政策課題解決型技術開発公募（2～3年後の実用化を目標）の公募を行い、令和4年度は新規6課題、継続11課題を採択した。また、スタートアップの技術開発支援を目的に『スタートアップタイプ』を新設した。

　また、交通運輸分野については、安全安心で快適な交通社会の実現や環境負荷軽減等に資するイノベーティブな技術を発掘から社会実装まで支援する「交通運輸技術開発推進制度」において、新規8課題、継続5課題を実施した。また、令和4年度第2次補正予算を活用し、本制度の充実化を図った。さらに、同制度の成果の普及・促進等を図るため、「交通運輸技術フォーラム」を5年3月に開催した。

 【関連リンク】国土地理院 URL：https://www.gsi.go.jp/cais/index.html

 【関連リンク】国土技術政策総合研究所 URL：http://www.nilim.go.jp/lab/bcg/siryou/youran.htm

 【関連リンク】海上保安庁 URL：https://www.kaiho.mlit.go.jp/soshiki/soumu/center/center.html

 【関連リンク】建築研究所 URL：https://www.kenken.go.jp/english/pdf/pamphlet.pdf

 【関連リンク】海上・港湾・航空技術研究所（分野横断的な研究） URL：https://www.mpat.go.jp/news/index.html

 【関連リンク】海上・港湾・航空技術研究所（港湾、航路、海岸及び飛行場等に係る技術に関する研究開発） URL：https://www.pari.go.jp/about/summary/

 【関連リンク】国土交通政策研究所 URL：https://www.mlit.go.jp/pri/gaiyou/kenkyutheme.html

 【関連リンク】気象庁気象研究所 URL：https://www.mri-jma.go.jp/Research/project/plans.html

 【関連リンク】土木研究所 URL：https://www.pwri.go.jp/jpn/about/pr/publication/index.html

 【関連リンク】交通安全環境研究所 URL：https://www.ntsel.go.jp/main.html

 【関連リンク】海上・港湾・航空技術研究所（船舶に係る技術及びこれを活用した海洋の利用等に係る技術に関する研究開発） URL：https://www.nmri.go.jp/study/research_organization/

 【関連リンク】海上・港湾・航空技術研究所（電子航法に関する研究開発） URL：https://www.enri.go.jp/research/research_index.htm

## 2 公共事業における新技術の活用・普及の推進

### （1）公共工事等における新技術活用システム

民間事業者等により開発された有用な新技術を公共工事等で積極的に活用するための仕組みとして、新技術のデータベース（NETIS）を活用した「公共工事等における新技術活用システム」を運用しており、令和4年度は公共工事等に関する技術の水準を一層高める画期的な新技術として推奨技術等を6件選定した。

### （2）新技術の活用促進

公共工事等における新技術の活用促進を図る

ため、実用段階前の要素技術について現場実証を行うとともに、各設計段階において活用の検討を行い、活用の効果の高い技術については工事発注時に発注者指定を行っている。加えて、発注者や施工者が新技術を選定する際に参考となる技術の比較表を、関係業界からの提案も踏まえながらテーマ毎に作成・公表している。また、現場ニーズと技術シーズのマッチングについて、令和3年度に実施要領を改訂し現場施行を実施している。さらに直轄土木工事において新技術の活用を原則義務化している。

## 第4節　建設マネジメント（管理）技術の向上

### 1 公共工事における積算技術の充実

公共工事の品質確保の促進を目的に、中長期的な担い手の育成及び確保や市場の実態の適切な反映の観点から、予定価格を適正に定めるため、積算基準に関する検討及び必要に応じた見直しに取り組んでいる。

### 2 BIM/CIM の取組み

BIM/CIM（Building/Construction Information Modeling, Management）とは、建設事業で取扱う情報をデジタル化することにより、調査・測量・設計・施工・維持管理等の建設事業の各段階に携わる受発注者のデータ活用・共有を容易にし、建設事業全体における一連の建設生産・管理システムの効率化を図ることを言う。令和5年度から全ての直轄土木業務・工事（小規模なもの等は除く）にBIM/CIMを原則適用する。また、3次元モデルを活用・共有することによる受発注者の生産性向上を目指すと共に、これまでの検討から上げられる課題について検討・解決することで更なるBIM/CIMの適用拡大を図っていく。

官庁営繕事業においては、令和5年度より、新営事業にEIR（発注者情報要件）を原則適用

とすること等により、設計業務及び工事の品質の確保及び事業の円滑化を図るとともに、BIM活用の考え方や手続等を「官庁営繕事業におけるBIM活用ガイドライン」等の技術基準として示すことにより、受発注者におけるBIM活用の円滑化・効率化を図っている。

また、官民一体となってBIMの推進を図る「建築BIM推進会議」（事務局：国土交通省）を令和元年6月から開催し、「建築BIMの将来像と工程表」をとりまとめたほか、設計・施工・維持管理のワークフロー等を整理したガイドラインを策定した。その後、モデル事業による試行・検証や推進会議における議論を踏まえ4年3月にガイドライン、5年3月に将来像と工程表の改定を行った。

## 第5節　建設機械・機械設備に関する技術開発等

### （1）建設機械の開発及び整備

　国が管理する河川や道路の適切な維持管理、災害復旧の迅速な対応を図るため、維持管理用機械及び災害対策用機械の全国的な整備及び老朽化機械の更新を実施している。また、治水事業及び道路整備事業の施工効率化、省力化、安全性向上等を図るため、建設機械と施工に関する調査、技術開発に取り組んでいる。

### （2）機械設備の維持管理の合理化と信頼性向上

　災害から国民の生命・財産を守る水門設備・揚排水ポンプ設備、道路排水設備等は、その多くが高度経済成長以降に整備されており、今後、建設から40年以上経過する施設の割合は加速度的に増加する見込みである。これらの機械設備は、確実に機能を発揮することが求められているため、設備の信頼性を確保しつつ効率的・効果的な維持管理の実現に向け、状態監視型の保全手法の適用を積極的に推進している。

　また、河川機械設備については、令和4年7月にとりまとめられた社会資本整備審議会答申「河川機械設備のあり方について」においてシステム全体の信頼性の確保、担い手不足等に対応した遠隔化・自動化・集中管理への移行、技術力の維持向上の観点から提言された内容を踏まえ、量産品のエンジンを採用したマスプロダクツ型排水ポンプの開発等を推進することで、総合信頼性の向上を目指している。

### （3）建設施工における技術開発成果の活用

　大規模水害、土砂災害、法面崩落等の二次災害の危険性が高い災害現場において、安全で迅速な復旧工事を行うため、遠隔操作が可能で、かつ、分解して空輸できる油圧ショベルを開発し、災害復旧活動に活用している。

### （4）建設施工への自動化・自律化技術の導入に向けた取組み

　建設機械施工の自動化・自律化・遠隔化技術は、建設機械を人が搭乗することなく稼働させるものである。本技術は、1人のオペレーターが複数の建設機械を稼働させることや、遠隔地から建設機械を稼働させることを可能にするものであるため、建設現場の抜本的な生産性向上や働き方改革に資する技術として期待されている。

　本技術の普及を産官学一体となって推進していくことを目的として、関係する省庁、業界団体、研究機関が参画する「建設機械施工の自動化・自律化協議会」を令和3年度に設置した。本協議会では、自動・自律・遠隔施工の技術開発の促進に資する協調領域や機能要件の策定、現場導入の促進に資する安全の制度や施工管理基準の整備に向けた検討を実施している。

【関連リンク】
建設機械施工の自動化・自律化協議会
URL：https://www.mlit.go.jp/tec/constplan/sosei_constplan_tk_000049.html

国土交通白書全文や関連資料は、
国土交通白書のホームページからご覧になれます。

https://www.mlit.go.jp/statistics/file000004.html

# 国土交通白書2023
## 令和5年版

令和5年8月31日　発　　　行

編　集　　国土交通省

〒100-8918
東京都千代田区霞が関2-1-3
電話　03(5253)8111（代表）

発　行　　株式会社サンワ

〒102-0072
東京都千代田区飯田橋2-11-8
電話　03(3265)1816

発　売　　全国官報販売協同組合

〒105-0001
東京都北区田端新町1-1-14
電話　03(6737)1500

乱丁・落丁本はおとりかえいたします。

ISBN978-4-9913198-0-8

古紙パルプ配合率70％再生紙を使用

VEGETABLE
OIL INK

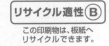

リサイクル適性Ⓑ

この印刷物は、板紙へ
リサイクルできます。